GROSSES WÖRTERBUCH
PSYCHOLOGIE

GRUNDWISSEN VON A–Z

Compact Verlag

Text: Sabine Schrader
Chefredaktion: Evelyn Boos
Redaktion: Bianca Müller
Fachredaktion: Wera Aretz
Produktion: Wolfram Friedrich
Umschlaggestaltung: Inga Koch

ISBN 3-8174-7430-X
7174301

Besuchen Sie uns im Internet: www.compactverlag.de

Vorwort

Das „Große Wörterbuch Psychologie“ ist eine umfassende, schnelle und zuverlässige Informationsquelle rund um das Thema Psychologie. Mit über 2.000 Stichwörtern stellt dieses übersichtliche Nachschlagewerk die wichtigsten Begriffe aus allen wichtigen Teilgebieten und grundlegenden Bereichen der Psychologie vor, wie beispielsweise Allgemeine Psychologie, Entwicklungspsychologie, Sozialpsychologie, Persönlichkeitspsychologie, Lernpsychologie, Wirtschaftspsychologie und Tiefenpsychologie. Die Begriffe wurden von Fachleuten ausgewählt und leicht verständlich erklärt. Bei der Auswahl der Stichwörter wurden zudem aktuelle Fachbegriffe und ihre Zusammenhänge berücksichtigt.

Durch die allgemein verständliche Sprache eignet sich das Wörterbuch Psychologie als Nachschlagewerk sowohl für den psychologisch interessierten Laien ohne Vorkenntnisse als auch für Schüler oder Studierende des Faches Psychologie.

Ein anwenderfreundliches Verweissystem zeigt an, welche Begriffe in Form von eigenen Einträgen dargestellt sind, und macht auf verwandte Themen und weiterführende Erklärungen aufmerksam.

A

AA. Abkürzung für →Anonyme Alkoholiker.

AAM. Abkürzung für angeborener Auslösemechanismus, ein Nervenapparat, der typische Reize in typische Reaktionen umwandelt. Siehe →Auslösemechanismus.

Abhängigkeit. Teilweises (partielles) oder vollständiges Angewiesensein auf etwas. Abhängigkeit kann sich auf verschiedene Weise manifestieren: auf eine Beziehung zu einem oder mehreren Menschen, auf die Einnahme von Drogen oder Medikamenten oder auf bestimmte Verhaltensweisen (z. B. Essen), und sie kann verschiedene Intensität haben (siehe auch →Sucht).

Bei Abhängigkeit kann es sich um eine durchaus „gesunde" Verhaltensweise handeln, beispielsweise bei einem Säugling, der auf die Fürsorge seiner Umgebung angewiesen ist. Eine schädliche Form von Abhängigkeit liegt hingegen beispielsweise vor, wenn eine Person in einer Beziehung lebt, in der sie Gewalt und Missachtung erfährt und diese Beziehung dennoch aufrecht erhält, weil sie das Gefühl hat, ohne den Partner nicht leben zu können (Hörigkeit). In der Psychologie spricht man auch von einer Abhängigkeit im statistischen Sinne. Damit wird der Zusammenhang zwischen zwei oder mehreren Ereignissen bzw. Merkmalen bezeichnet.

Ablehnung. Soziale Zurückweisung. Ablehnung zeigt sich in feindseligem Verhalten, häufiger Kritik oder Ignoranz. Besonders fatal wirkt sich die Ablehnung eines Kindes durch seine Eltern oder andere frühe Bezugspersonen aus. Eine solche Zurückweisung kann massive seelische Störungen nach sich ziehen.

Ablösung. Die Umwandlung bzw. Lockerung der →Abhängigkeit zwischen Menschen. Der Begriff wird häufig im Zusammenhang mit der Ablösung des Kindes bzw. Jugendlichen von den Eltern gebraucht. Die enge →Bindung an die Eltern wird im Laufe der Entwicklung schrittweise gelockert. Wichtige Etappen dieser Entwicklung sind der Schuleintritt und die →Pubertät.

Ablösungskonflikt. Konflikte, die zwischen Eltern und Kindern im Zusammenhang mit der →Ablösung vom Elternhaus entstehen. Setzen Eltern in dieser Zeit dem Heranwachsenden zu enge Grenzen, was etwa den Umgang mit Freunden, Kleidung oder die Freiheit, sich ohne elterliche Aufsicht zu bewegen betrifft, können Aggressivität und Trotzhaltungen beim Jugendlichen die Folge sein. Konflikte können auch dann entstehen, wenn ein Jugendlicher zu wenig Initiative zur Selbstständigkeit zeigt und sich gern weiter versorgen lassen möchte („Hotel Mama").

ABO-Psychologie. Siehe →Arbeits-, Betriebs- und Organisationspsychologie.

Abreagieren. Begriff aus der Psychoanalyse. Vorgang der Entladung starker, aufgestauter, auch unbewusster Gefühle.

Absence. Abwesenheit. Vorübergehender →Bewusstseinsausfall.

Abstinenz. Enthaltsamkeit. Gemeint ist vor allem der Verzicht auf Genussmittel wie Alkohol oder Tabak, bestimmte Nahrungsmittel oder auf Geschlechtsverkehr.

Abstinenzerscheinungen. →Entzugserscheinungen.

Abstinenzregel. Wichtiger Grundsatz von Therapeuten und Psychoanalytikern für ihre Arbeit mit Menschen: Der Patient oder Klient darf weder für die Befriedigung eigener Bedürfnisse missbraucht werden, noch soll auf die Bedürfnisse des Patienten mit direkter Befriedigung reagiert werden. Es erschwert die Konfliktbearbeitung, wenn geschäftlicher, familiärer oder persönlicher Nutzen aus der Beziehung gezogen wird.

Abstraktes Denken. Von einer konkreten Vorstellung bzw. Situation gelöstes Denken in Symbolen, Zahlen und theoretischen Begriffen. Siehe auch →kognitive Entwicklung.

Abstumpfung. Abnahme gefühlsmäßiger Reaktionen etwa aufgrund von Übermüdung, Erschöpfung, Übersättigung oder Gewöhnung.

Abulie. Willenlosigkeit, →Antriebsstörung.

Abusus. Drogen- oder Medikamentenmissbrauch.

Abwehrmechanismus. Begriff aus der Psychoanalyse. Bei diesem Vorgang wehrt das Ich teilweise unbewusste Gefühle ab, die zumeist aus den Triebwünschen des →Es oder den Ansprüchen des →Über-Ich, der Gewissensinstanz, resultieren. Um sich vor dem Erleben von Angst oder inneren Konflikten zu schützen, werden Wünsche und Wahrnehmungen unbewusst unterdrückt. Stünden Abwehrmechanismen nicht zur Verfügung, könnte ein seelischer Zusammenbruch die Folge sein. Ausführlich untersucht hat Anna →Freud die Vielzahl der Abwehrmechanismen, die beim Menschen vorkommen, und sie in ihrem Werk „Das Ich und die Abwehrmechanismen" (1936) darge-

stellt. Der wichtigste Abwehrmechanismus ist die →Verdrängung: Ein bestimmter Inhalt wird dabei vollständig vom →Bewusstsein fern gehalten. Beispiele für Abwehrmechanismen:
Identifikation mit dem Angreifer (Aggressor): Die Angst vor einer gefürchteten Person wird vermindert, indem man sich mit dem Angreifer identifiziert. Dabei können gefürchtete Züge des anderen auch übernommen werden.
Intellektualisierung: Die Wahrnehmung eines Gefühls wird vermieden, indem sich eine Person auf eine rationale Erklärung konzentriert.
Projektion: Unbewusste Gefühle und Wünsche werden auf andere Menschen verlagert.
Reaktionsbildung: Sanktionierte Gefühle und Triebwünsche werden in sozial akzeptierte Verhaltensweisen verkehrt.
Substitution: Sollen oder können bestimmte Triebe nicht direkt erfüllt werden, erfolgt eine Ersatzbefriedigung. Beispiel: Der Ärger über den Vorgesetzten wird an Untergebenen ausgelassen.
Verleugnung: Bedrohliche und unangenehme Tatsachen werden ausgeblendet.
Verschiebung: Ein Wunsch oder Konflikt, der mit starker Angst besetzt ist, wird auf einen weniger mit Angst besetzten Wunsch bzw. Konflikt umgeleitet. Beispiel: Eine Person befürchtet, nicht mehr bedeutsam für einen anderen Menschen zu sein. Statt die nachlassende Aufmerksamkeit anzusprechen, wird sein häufiges Zu-spät-Kommen kritisiert.
Wendung gegen die eigene Person: Gefühle, die einer anderen Person gelten, werden gegen die eigene Person gerichtet. Beispiel: Ein Schüler fühlt sich von seinem Lehrer ungerecht behandelt. Weil er sich nicht traut, mit dem Lehrer offen darüber zu sprechen, wendet er den Ärger gegen sich selbst und nimmt sich schließlich selbst als schlechten Schüler wahr.

Abweichendes Verhalten. →Devianz. Verhalten, das nicht der gesellschaftlichen Norm entspricht. Siehe auch →Verhaltensauffälligkeit.

Achromatopsie. →Farbenfehlsichtigkeit.

Achtmonatsangst. →Fremdeln.

Adaption. →Anpassung.

Adäquater Reiz. Ein spezifischer Reiz, den aufzunehmen die Sinnesorgane jeweils angelegt sind; so etwa sind Geräusche ein adäquater Reiz für den Hörnerv.

ADHS. Abkürzung für Aufmerksamkeits-Defizit- und Hyperaktivitäts-Syndrom. Ist die Hyperaktivität kein Problem, spricht man von ADS. Bei dieser Diagnose liegen erhebliche

Störungen der Konzentration und Aufmerksamkeit sowie der Impulskontrolle vor, außerdem spielen Erregbarkeit und Unruhe eine große Rolle.

ADS und ADHS stellen oftmals ein lebenslanges Handicap dar, der Beginn der Symptome liegt im Kindesalter. Die Hyperaktivität nimmt im Jugendalter zwar ab, bestehen bleiben aber die Konzentrationsschwierigkeiten, sodass auch im Erwachsenenalter noch erhebliche Probleme in der Strukturierung des Alltags auftreten können. Bei der Entwicklung der sozialen, schulischen und beruflichen Anpassung kommt es zu massiven Störungen, was häufig mit großem persönlichen Leidensdruck verbunden ist.

Nach dem derzeitigen Stand der Wissenschaft geht man hinsichtlich der Ursachen von ADHS von einer Funktionsstörung bei denjenigen Hirnabschnitten aus, die für Steuerung, Koordination und Handlungskontrolle verantwortlich sind. Unwichtige Reize werden kaum gehemmt und ausgefiltert, sondern alle möglichen Reize erscheinen als völlig gleichwertig nebeneinander, was die impulsiven Reaktionen auf Anforderungen und die hohe „Zappeligkeit“ bewirkt.

Das Medikament →Ritalin beeinflusst bei ADS- und ADHS-Betroffenen die neuro-chemischen Ursachen der Störungen positiv. Jedoch werden die körperlichen Ursachen der Störung von einigen Psychologen angezweifelt. Sie gehen davon aus, dass allein Erziehungseinflüsse verantwortlich gemacht werden müssen.

Adler, Alfred. Österreichischer Psychiater und Psychologe (1870–1937), Begründer der tiefenpsychologischen Richtung der →Individualpsychologie. Adler gehörte zunächst zum engen Mitarbeiterkreis um Sigmund Freud, berücksichtigte jedoch später nicht allein intrapsychische Konflikte, sondern sah im Streben nach Macht, also im Zusammenhang mit der sozialen Gemeinschaft, das zentrale →Motiv menschlichen Handelns. Als Hauptwerk von Alfred Adler gilt die „Praxis und Theorie der Individualpsychologie“ (1912).

Adoleszenz. Bezeichnung der Entwicklungsphase, die sich an die →Geschlechtsreife anschließt. Nachdem die körperlichen Veränderungen erfolgt sind, steht der Heranwachsende vor der Aufgabe, seine eigene Persönlichkeit zu finden und zu festigen. Siehe auch →Jugendphase. Die Adoleszenz ist mit einer krisenhaft erlebten Infragestellung gesellschaftlicher Werte verbunden (Adoleszenzkrise). Diese Krise kann unauffällig verlaufen oder in starker Weise ausagiert

(→Ausagieren) werden (z. B. durch rebellisches Verhalten). Sie beginnt in der Frühadoleszenz mit der Infragestellung von Autoritäten (Eltern, Lehrer etc.), dann folgt die Suche nach der eigenen →Identität. Je heftiger die Adoleszenzkrise ausfällt, desto größer ist die Wahrscheinlichkeit, dass eine Person eigene Wertvorstellungen ausbildet, sich nicht ausschließlich gesellschaftlichen Konventionen anpasst und ein postkonventionelles moralisches Niveau erreicht. Siehe auch →Moralentwicklung.

Adorno, Theodor W. Deutscher Sozialphilosoph (1903–1969), Mitbegründer der →Frankfurter Schule. Auf die Psychologie nahm Adorno insbesondere Einfluss, indem er aus sozialpsychologischer Sicht eine Erklärung für das Auftreten von →Vorurteilen bei bestimmten Persönlichkeiten suchte und sich der Untersuchung der autoritären Persönlichkeit widmete. Veröffentlichungen u. a.: Studien zum autoritären Charakter, Erziehung zur Mündigkeit.

Adrenalin. In Stress- und Gefahrensituationen wird im Nebennierenmark das Hormon Adrenalin gebildet. Es versetzt den Körper in einen Alarmzustand und bereitet ihn darauf vor, Gefahrensituationen bestehen zu können: Die Bewegungsmuskulatur wird stärker durchblutet und der Herzschlag beschleunigt. Der Ausstoß von Adrenalin ist die körperliche Reaktion auf erhöhte Leistungsanforderungen.

ADS. →ADHS.

Affekt. Mit starker Erregung und häufig auch körperlichen Begleiterscheinungen wie z. B. Schweißausbruch, Weinen oder Freude verbundene kurzzeitige emotionale Reaktion. Im Affekt tritt das Urteilsvermögen zurück, sodass die Gefühlserlebnisse das Handeln bestimmen. Affekthandlungen werden im Strafrecht häufig strafmildernd berücksichtigt.

Affektivität. Bezeichnung für die Gesamtheit des menschlichen Gefühlslebens bzw. der Neigung einer Person, auf Reize aus der Umwelt emotional zu reagieren.

Affektstörung. Oberbegriff für verschiedene Störungen im Erleben und Ausdruck von Affekten. Dazu zählen starke Gefühlsschwankungen, Affekthemmungen oder übertriebene Affektäußerungen. Umgangssprachlich spricht man von Gemütskrankheiten.

Aggression. Verhaltensweisen, die darauf ausgerichtet sind, andere Lebewesen oder Sachgegenstände zu schädigen, etwa durch körperliche Gewalt oder verbale Verletzungen. Als →Autoaggression richtet sich Aggression gegen die eigene Person und kommt beispielsweise in Form von Selbsthass zum Ausdruck. Ist die Tendenz zu aggressiven Verhaltensweisen überdauernd, spricht man von Aggressivität.

Aggressionstheorien. In der Psychologie gibt es verschiedene Theorien, die als Erklärung für das Entstehung von Aggressionen herangezogen werden. Sie sollen eine Antwort auf die Frage ermöglichen, ob Aggressionen erlernt werden oder angeboren sind.

1. Die Psychoanalyse geht von einem angeborenen →Aggressionstrieb aus. Nach Auffassung von Sigmund →Freud wirkt neben der lebenserhaltenden →Libido im Menschen auch ein →Todestrieb, der ihn zu destruktiven Handlungen treibt. Eine ähnliche Auffassung wird von Verhaltensforschern wie Konrad →Lorenz vertreten: Aggressive Impulse werden durch innere Reize erzeugt und drängen auf Entladung.

2. Die Frustrations-Aggressions-Hypothese wurde erstmals von John Dollard und Neal E. Miller 1939 postuliert. Sie besagt, dass Aggressionen eine Reaktion auf erlittene →Frustrationen, also in der Folge von Versagungen zu begreifen sind.

3. Aggression als erlernte Verhaltensweise: Dieser von Albert →Bandura vertretene Erklärungsansatz stellt das Nachahmungslernen in den Vordergrund. Danach entwickeln sich aggressive Verhaltensweisen durch →Beobachtung und →Imitation. So können Aggressionen möglicherweise durch Nachahmung erlernt werden, etwa wenn ein Kind in der Familie oder durch Medien aggressives Verhalten vorgelebt bekommt. Dabei ist zu berücksichtigen, wie weit das aggressive Verhalten dazu beiträgt, um eigene Ziele und Wünsche tatsächlich umsetzen zu können.

Da das Aggressionspotenzial, die Aggressionsneigung und die Fähigkeit, Aggressionen zu kontrollieren, individuell sehr unterschiedlich ausgeprägt sind, ist keiner der Erklärungsansätze allein geeignet, aggressives Verhalten zu erklären. Die gegenwärtige Aggressionsforschung rückt von der Annahme eines angeborenen Aggressionstriebes immer mehr ab. Man geht davon aus, dass eine Kombination von vielen Faktoren von Bedeutung ist. Dazu zählen frühkindliche Erfahrungen, soziale und kulturelle Einflüsse, aber auch in der Gegenwart erfahrene Kränkungen.

Aggressionstrieb. Die innere Bereitschaft zum Angriff. →Aggressionstheorien, siehe auch →Triebmodell.

Agoraphobie. →Platzangst.

Aha-Erlebnis. Plötzlich eintretende Einsicht in Zusammenhänge oder die Lösung eines Problems.

Ahnung. Unbestimmtes Erkennen von künftigen Ereignissen, ohne dass solche Voraussagen rational begründbar sind.

Akkommodation. Veränderung von Denkstrukturen, um sie neuen Informationen aus der Umgebung anzupassen oder widersprüchliche Gegebenheiten kognitiv zu lösen. Siehe auch →Denkentwicklung.

Akkulturation. Aneignung von Kultur durch 1. Immigration in ein Land mit einem anderen kulturellen Hintergrund oder durch 2. die Übernahme kultureller Werte der Elterngeneration durch die nachwachsende Generation.

Akquieszens. →Ja-Sage-Tendenz.

Akrophobie. →Höhenangst.

Aktionsforschung. →Handlungsforschung.

Aktionsspezifische Energie. Begriff aus der Verhaltensforschung. Bezeichnung für den Ausprägungsgrad der erzeugten und notwendigen Energie, um eine bestimmte Instinkthandlung ausführen zu können.

Aktives Zuhören. Form des Zuhörens, bei der dem Erzähler durch entsprechende Gesten oder verbale Entgegnungen der zuhörenden Person wiederspiegelt wird, dass er verstanden wurde. Insbesondere innerhalb der →Gesprächspsychotherapie dient aktives Zuhören dazu, dem Klienten die →Einfühlung des Therapeuten zu zeigen, die häufig dazu führt, dass der Prozess der →Exploration aufrecht erhalten bleiben kann. Die Fähigkeit zum aktiven Zuhören signalisiert allgemein Interesse und Verständnis und ist ein wichtiger Faktor in Interaktionsprozessen z. B. im Berufsleben. Siehe auch →soziale Kompetenz.

Aktivität. Bezeichnung für alle äußeren und inneren Vorgänge eines Organismus. Aktivität kann durch äußere Reize („Ich sehe am Gemüsestand frisches Obst und möchte es kaufen."), durch Zustandveränderungen des Organismus („Ich habe Hunger und gehe in die Küche, um etwas zu kochen.") oder durch kognitive Prozesse („Ich erinnere mich an einen Film, den ich vor kurzem im Kino sah und stelle mir vor, wie schön es wäre, heute Abend ins Kino zu gehen.") ausgelöst werden.

Aktualisierungstendenz. Zentraler Bestandteil der Persönlichkeitstheorie von Carl C. →Rogers. Seiner Auffassung nach verfügt jeder →Organismus über eine angeborene Aktualisierungstendenz. Darunter versteht er eine primäre, zielgerichtete Kraft im menschlichen Organismus, die ihn in Richtung Wachstum, →Selbstverwirklichung, →Anpassung und →Autonomie, also in Richtung Vervollkommnung streben lässt. Wenn die Aktualisierungstendenz ohne Einschränkung wirken kann, ist es auch dem →Selbst möglich, sich selbst zu verwirklichen. Im Laufe der →Sozialisation wird diese Tendenz häufig eingeschränkt, weil nicht alle Impulse mit den Ansprüchen der Eltern oder der Gesellschaft konform gehen. Wenn ein Kind beispielweise ein Bedürfnis nicht realisieren kann, ohne zu riskieren, dadurch die Liebe seiner Eltern zu verlieren, gerät das Bedürfnis nach Anerkennung und Wertschätzung in Konflikt mit seiner Aktualisierungstendenz. Weil der Erhalt der elterlichen Liebe für das Kind wichtiger ist, muss es die Erfahrung seines Organismus leugnen. In diesem Fall entsteht psychische Fehlanpassung, weil Körper- und Sinneserfahrungen nicht in das Selbst integriert werden können.

Aktualneurose. →Neurose als Folge von Organismusstörungen oder Angstreaktionen, die durch ein aktuelles, durchaus bewusstes Ereignis hervorgerufen wurde. Siehe auch →Neurasthenien.

Akzeleration. Bezeichnung für das Phänomen, dass Jugendliche immer schneller körperlich reifen und ihr Längenwachstum zunimmt. Dies führt dazu, dass die seelischen Entwicklungsprozesse in kürzerer Zeit als noch vor wenigen Jahrzehnten bewältigt werden müssen. Als Ursache für die Akzeleration werden Umwelteinflüsse in Betracht gezogen, die die Hirnanhangdrüse anregen, früher und quantitativ mehr Hormone zu produzieren. Beispiele für mögliche Ursachen sind auch eine eiweißhaltigere Ernährung oder der durch das Stadtleben verursachte Stress, da das Phänomen in ländlichen Gegenden weniger ausgeprägt ist.

Akzeptanz. 1. Von der →Sozialpsychologie bezeichneter Umstand, dass neue Produkte oder Gesetze von der Bevölkerung angenommen werden.
2. In der Psychotherapie bedeutet Akzeptanz die bedingungslose Annahme des Klienten durch den Therapeuten, wie sie vor allem für die →Gesprächspsychotherapie ein wichtiger Grundsatz ist.

Alalie. Störungen in der Lautartikulation. →Sprach- und Sprechstörungen.

Al-Anon. Selbsthilfegruppe für die Angehörigen von Alkoholikern nach dem Modell der →Anonymen Alkoholiker. Siehe auch →Co-Abhängigkeit.

Albtraum. Traum, der mit Angsterlebnissen verbunden ist. Oft führen Albträume dazu, dass der Träumende erwacht und der Schlaf unterbrochen wird. Häufige Angstträume können ein Indiz dafür sein, dass eine Erfahrung seelisch noch nicht verarbeitet wurde.

Alexithymie. Begriff aus der →Psychosomatik. Alexithymie ist die Unfähigkeit, bei sich oder anderen Menschen Gefühle angemessen benennen zu können. Wenn emotionale Nöte nicht oder nur schwer ausgesprochen werden können, gerät der →Organismus unter Druck, was zu →psychosomatischen Erkrankungen führen kann.

Alkohol. Genuss- und Suchtmittel. Der Konsum von geringen Mengen Alkohol führt zur Antriebssteigerung bis hin zur →Euphorie, starker Alkoholkonsum kann Verhaltensänderungen wie beispielsweise →Aggressivität auslösen.

Alkoholabhängigkeit. Aufnahme übermäßiger Mengen von →Alkohol mit körperlichen, psychischen und sozialen Folgen. Kennzeichnend für eine Alkoholabhängigkeit ist der Verlust von Trinkkontrolle. Wird dem Körper kein Alkohol zugeführt, treten →Entzugserscheinungen auf. Akute Symptome von Trunkenheit sind z. B. Gleichgewichtsstörungen, Rauschzustand, Sprachschwierigkeiten, motorische Probleme. Nach jahrelangem Alkoholmissbrauch sind körperliche Erkrankungen wie Bluthochdruck, Fettleber, chronische Magen-, Darm- und Bauchspeicheldrüsenentzündungen sowie hirnorganische und psychische Veränderungen die Folge. In der Regel versuchen die Betroffenen über einen langen Zeitraum hinweg, ihre Abhängigkeit zu verleugnen. Es gibt verschiedene Zwischenstufen der Alkoholkrankheit:

Alpha-Typ:
„Problemtrinker". Der Betroffene trinkt zur psychischen Erleichterung und kann problemlos damit aufhören.

Beta-Typ:
„Gelegenheitstrinker". Der Beta-Typ trinkt unregelmäßig und stark, gern in Gesellschaft, verliert aber nicht die Kontrolle über sein Trinkverhalten.

Gamma-Trinker:
„Gewohnheitstrinker". Ein abhängiger Trinker, der nur noch phasenweise aufhören kann, weil er zunächst seelisch, dann auch körperlich abhängig geworden ist. Bei Gamma-Alkoholikern haben sich Stoffwechselvorgänge bereits an die Alkoholzufuhr angepasst, sodass sie an Entzugserscheinungen leiden.

Delta-Typ:
„Spiegel-Trinker". Ein „Alkoholpegel" wird ständig aufrecht erhalten. Die Betroffenen sind zwar körperlich abhängig, doch sie „funktionieren" unauffällig weiter. Ihre Abhängigkeit wird in vielen Fällen von der Umgebung gar nicht wahrgenommen.

Epsilon-Typ:
„Quartalssäufer". Nach längeren Phasen der Abstinenz kommt es zu anfallartigem exzessiven Trinken mit Kontrollverlust.

Alkoholembryopathie. Vorgeburtliche Schädigung des Kindes durch Alkoholkonsum der Mutter, die als häufigste Ursache für eine verzögerte geistige Entwicklung des Kindes gilt. Betroffene Säuglinge weisen bei der Geburt charakteristische körperliche Veränderungen wie Untergewicht, geringen Kopfumfang, Herzfehler und Nierenfehlbildungen auf.

Alkoholpsychose. Spätschäden infolge einer jahrelangen →Alkoholabhängigkeit, die in verschiedenen Formen auftreten kann: als →Delirium Tremens („Säuferwahnsinn") mit den Symptomen Wahnvorstellungen, Angst, Desorientierung und Schlaflosigkeit, als →Korsakow-Syndrom verbunden mit psychotischen Veränderungen wie Gedächtnisversagen, als Alkoholwahn, Alkoholhalluzinose (Wahnvorstellungen) oder →Demenz.

Alkoholtherapie. Am Beginn der Behandlung der Alkoholabhängigkeit steht die →Entgiftung. In der eigentlichen Behandlung werden mithilfe verschiedener therapeutischer Verfahren die →Persönlichkeit und die Fähigkeit zur Selbstkontrolle gestärkt. Später kann die Teilnahme an einer Selbsthilfegruppe eine wichtige Unterstützung sein, um langfristig „trocken" zu bleiben. Siehe auch →Anonyme Alkoholiker.

Allergie. Überempfindlichkeit gegenüber körperfremden Stoffen, die für den Organismus eigentlich unschädlich sind. Neben Veranlagung, Umwelteinflüssen und veränderten Ernährungs- und Lebensgewohnheiten (z. B. häufiger Kontakt des Organismus mit chemischen Substanzen) wird auch psychischer Stress als eine mögliche Ursache angesehen.

Alles-oder-Nichts-Gesetz. In der Neurophysiologie Bezeichnung für die beobachtete Reaktion von Neuronen, auf einen Reiz entweder gar nicht oder mit der größtmöglichen Intensität zu reagieren.

Allgemeinbildung. Außerfachliches allseitiges Wissen; das Maß an Bildung, das notwendig ist, um sich in der bestehenden Gesellschaft zurechtzufinden. Diese kann nicht nur durch die Schule vermittelt werden. Aufgrund des rapiden technologischen Fortschritts wird gegenwärtig von der Notwendigkeit zum →lebenslangen Lernen gesprochen.

Allgemeine Psychologie. Im Gegensatz zur →Differenziellen Psychologie werden allgemeine Gesetzmäßigkeiten des Erlebens und Verhaltens von Menschen erforscht, individuelle Merkmale jedoch nicht berücksichtigt. Dazu gehören Themenbereiche wie Denken, Wahrnehmung, Motivation, Lernen sowie Sprache, Emotionen, Gedächtnis und Wissen. Die Erkenntnisse werden durch die Anwendung verschiedener →Tests und →Beobachtungen gewonnen.

Allgemeiner Intelligenzfaktor. →g-Faktor.

Allmachtsgefühle. Größenfantasien, wie sie etwa im Spiel von Kindern vorkommen, z. B. die Imitation von Heldenfiguren aus Büchern und Filmen. Das Kind wandelt die reale →Abhängigkeit der Existenz dabei in der Fantasie in Allmachtsgefühle um, wohl um Schwäche und Ohnmacht zu kompensieren. Sie können jedoch auch im Zusammenhang mit seelischen Störungen vorkommen. Siehe auch →Narzissmus.

Allophasie. →Sprach- und Sprechstörungen.

Allport, Gordon Williard. Amerikanischer Psychologe (1897–1967). Von Allport stammen wichtige Beiträge zur Persönlichkeitstheorie. In seinem Hauptwerk (1937) veröffentlichte er fünfzig Definitionen zum Begriff „Persönlichkeit", die er nicht als statisch, sondern als einem ständigen Prozess der Entwicklung unterworfen betrachtete.

Alltagspsychologie. Die Alltagspsychologie widmet sich der Erforschung von Alltagssituationen und den „Alltagstheorien" von Menschen.

Alter. Spätere Lebensphase des Menschen, die mit körperlichen Rückbildungsprozessen verbunden ist. Es gibt verschiedene Verlaufsformen des Alterns, wobei die Perioden Jugend und Alter als Gegensatz gebraucht werden. Die Übergänge zwischen den Altersklassen sind fließend. Im Alter steigt das Krankheitsrisiko. Zu den Erkrankungen, von denen insbesondere alte Menschen betroffen sind, zählen die →Demenz oder Altersdiabetes. Auch Heilungsprozesse, z. B. nach Knochenbrüchen, verlaufen im Alter langsamer. Umstritten ist inzwischen die Auffassung, dass die Intelligenz im Alter abnimmt. Aufgrund der sinkenden Geburtenrate in den Industrieländern und steigender Lebenserwartungen (Männer: 75 Jahre, Frauen: 81 Jahre) werden alte Menschen in Zukunft eine immer größere Gruppe in der Gesamtbevölkerung ausmachen. Generell ist die Lebenserwartung von Frauen höher als die von Männern. Eine Ursache dafür wird u. a. im stärkeren Gesundheitsbewusstsein der Frau gesehen.

Alterspsychologie. Gerontopsychologie. Die Alterspsychologie beschäftigt sich mit der Erforschung der Psyche alter Menschen. Dazu zählt beispielsweise die Untersuchung der Frage, wie der Verlust von körperlicher Leistungsfähigkeit oder der Tod nahe stehender Menschen verarbeitet werden können. So belegen →Längsschnittuntersuchungen, dass sowohl die körperlichen Auswirkungen des Älterwerdens als auch die Auswirkungen von Alterskrankheiten durch entsprechende geistig-seelische Leistungen ausgeglichen werden können. Wie weit diese grundsätzlich vorhandenen Fähigkeiten genutzt werden können, hängt vom Bildungsstand, dem Lebensstil und dem Anregungsniveau der Umwelt ab.

Altruismus. Haltung, die im Gegensatz zum →Egoismus auf das Wohl der Anderen ausgerichtet und von Selbstlosigkeit und Nächstenliebe geprägt ist.

Alzheimer Krankheit. Eine nach dem Neuropathologen Alois Alzheimer (1864–1915) benannte Gehirnerkrankung mit unaufhaltsamem Schwund der Großhirnrinde. Die Alzheimer Krankheit beginnt mit Gedächtnis- und Wortfindungsstörungen, bis der Verfall des Erinnerungsvermögens so weit fortgeschritten ist, dass die Betroffenen nicht mehr in der Lage sind, ihnen nahe stehende Menschen zu erkennen. Alzheimer-Patienten im fortgeschrittenen Stadium bedürfen der ständigen Betreuung. Bislang sind die Ursachen noch nicht geklärt und der Gedächtnisverfall kann, sofern er frühzeitig erkannt wird, medikamentös nur verzögert, nicht aber verhindert werden.

Ambiguitätstoleranz. Der Begriff beschreibt die Fähigkeit von Menschen, widerstreitende Bedürfnisse und Ansichten nebeneinander bestehen zu lassen. Das Bewusstsein, dass es für viele Probleme im Leben keine eindeutige Lösung gibt, verleiht Gelassenheit.

Ambivalenz. Vorhandensein gegensätzlicher Gefühle hinsichtlich desselben Gegenstands, beispielsweise gleichzeitige Empfindungen von Liebe und Hass zwischen Partnern oder im Verhältnis von Kindern zu Eltern.

Amnesie. Vorübergehender oder dauerhafter Gedächtnisverlust, etwa nach Unfall, Schock oder →Trauma.

Amphetamin. Aufputschmittel, siehe auch →Psychopharmaka.

Amplifikation. Ausweitung, Vermehrung. Die von C. G. →Jung praktizierte Methode, die sich generell durch Erweiterung auszeichnet, etwa durch freie →Assoziation bei der →Traumdeutung. Oftmals werden dabei zusätzlich religiöse oder mythologische Bilder zur Deutung des Trauminhalts herangezogen.

Anale Phase. In der Theorie der →Psychoanalyse eine Phase der psychosexuellen Entwicklung, etwa vom 2. bis 4. Lebensjahr, die zwischen der →oralen und der →phallischen Phase liegt. Sie ist gekennzeichnet von Lustgewinn beim Ausscheiden und Zurückhalten der Exkremente (→Reinlichkeitsentwicklung). Auf psychischer Ebene beginnt das Kind, eigene Willensäußerungen zu artikulieren, was zwischen Eltern und Kindern zu ersten Machtkämpfen und Empfindungen von →Ambivalenz führen kann („Trotzphase", →Trotz).

Analgetikum. Schmerzmittel ohne bewusstseinsstörende Wirkung. Siehe auch →Psychopharmaka.

Analphabetismus. Mangelhafte oder völlig fehlende Fähigkeit zum Lesen und Schreiben. Als funktionale Analphabeten bezeichnet man Menschen, die aufgrund ihrer Lernbiografie, etwa einer nicht abgeschlossenen Schulbildung, und nur rudimentär vorhandener Lese- und Schreibfähigkeiten nicht angemessen am gesellschaftlichen Leben teilnehmen können. Vorausgegangene Misserfolgserlebnisse erschweren es den Betroffenen oftmals, im Erwachsenenalter entsprechende Fördermaßnahmen anzunehmen.

Analytische Psychologie. Eine auf die Theorien des Freud-Schülers C. G. →Jung zurückgehende Richtung der →Tiefenpsychologie. Jungs ganzheitlicher Ansatz geht von der Annahme aus, dass der Mensch im Laufe seiner Entwicklung bestrebt ist, ungelebte und unbewusste Anteile in seine →Persönlichkeit zu integrieren. Anders als Freud sah er im →Unbewussten nicht nur den Ort für die im Laufe der persönlichen Lebensgeschichte verdrängten Erfahrungen. Daneben sprach er auch von einem →kollektiven Unbewussten, das einen reichhaltigen Fundus von Bildern und Motiven enthält, die den Menschen im Verlauf der Evolution seit jeher begleiten. Solche „Urbilder" nannte Jung →Archetypen. Er widersprach zudem der Freud'schen Auffassung, wonach die Persönlichkeitsentwicklung weitgehend von sexuellen Triebregungen bestimmt wird und Neurosen ihren Ursprung ausschließlich in verdrängten Kindheitserlebnissen haben. Als weitere Ursache bezog er hingegen das Nichtbewältigen wichtiger Entwicklungsaufgaben im späteren Leben mit ein. Ein Psychotherapeut, der nach diesem Ansatz ausgebildet wurde, arbeitet u. a. intensiv mit den Träumen des Patienten. →Amplifikation.

Anamnese. Die Erfragung der Vorgeschichte einer seelischen oder körperlichen Erkrankung eines Patienten durch Ärzte und Psychotherapeuten soll genauere Hinweise auf die möglichen Ursachen von körperlichen oder psychischen Störungen geben. Die Anamnese erlaubt Rückschlüsse auf den bisherigen Verlauf von Erkrankungen und ist eine wichtige Grundlage für die →Diagnose.

Anankasmus. →Zwangsneurose.

Androgynie. Zweigeschlechtlichkeit, männliche und weibliche Eigenschaften in einer Person. Siehe auch →Geschlechtsidentität, →Gender.

Anfall. Plötzlicher Verlust der Steuerungsfähigkeit für eine kurze Zeitspanne, beispielsweise bei →Epilepsie oder →Hysterie.

Angeboren. Von Geburt an bestehend; darunter fallen auch Einwirkungen aus der Embryonalzeit.

Angeborener Auslösemechanismus. →Auslösemechanismus.

Angewandte Psychologie. Bestimmte Teilbereiche der Psychologie, die Fragen aus der Praxis mit wissenschaftlichen Methoden begründen, auch Praktische Psychologie genannt. Die Erkenntnisse kommen in verschiedenen Praxisbereichen zur Anwendung, etwa in der →Arbeits-, Betriebs- und Organisationspsychologie, der →Klinischen, →Forensischen und →Pädagogischen Psychologie.

Angst. Gefühlszustand, der mit Spannung, Erregung, Bedrückung verbunden ist und der oftmals mit der Vorstellung von bedrohlichen Situationen einhergeht. Angst ist von körperlichen Alarmreaktionen begleitet und kann Schweißausbrüche, Herzklopfen, feuchte Hände oder Zittern auslösen. Die daraus resultierenden Spannungen können sich leistungssteigernd auswirken, bei übermäßiger Intensität jedoch zu einer inneren Blockade führen. Unterschieden werden muss zwischen neurotischer, irrationaler Angst, die einen Menschen ohne erkennbaren Anlass überfällt und vermutlich dazu genutzt wird, unbewusst innere Gefahren zu vermeiden, und der Realangst, die sich auf tatsächlich begründbare gefährliche Situationen bezieht.

Für die Entstehung von Angst gibt es verschiedene Gründe und Erklärungen. Angst kann eine psychische Begleiterscheinung körperlicher Erkrankungen sein, etwa Folge einer Schilddrüsenüberfunktion. Die Ursache neurotischer Angst wird aus psychoanalytischer Sicht als Folge einer frühkindlichen Angst vor dem Verlust der Bezugsperson aufgefasst, wenn es nicht gelang, sie durch spätere Erfahrungen wieder aufzulösen. Auch gesellschaftliche Gründe wie die Sorge um den Verlust des Arbeitsplatzes können für die Entstehung von Angst ausschlaggebend sein.

Angstneurosen. →Neurosen, die mit dem Erleben von Panikattacken verbunden sind.

Anima/Animus. Begriff aus der →Analytischen Psychologie, die von der Annahme ausgeht, dass jeder Mensch unbewusst das Seelenbild des jeweils anderen Geschlechts in sich trägt. „Animus“ ist das Seelenbild von einem Mann in der Psyche einer Frau, die „Anima“ das einer Frau in der Psyche des Mannes.

Anlage. Bauplan des Menschen, der sich aus dem Erbgut ergibt und das Vermögen beinhaltet, bestimmte Verhaltensweisen bei entsprechenden Umweltbedingungen zu entwickeln.

Anlage-Umwelt-Problematik. Im Mittelpunkt der Anlage-Umwelt-Problematik steht die Frage, ob das Verhalten und die Fähigkeiten eines Menschen stärker auf angeborene Anlagen zurückzuführen sind oder ob Umwelteinflüsse wie Erziehung, sozialer Hintergrund und Bildung einen größeren Anteil daran haben. Erforscht wird die Thematik vor allem mithilfe der Zwillingsforschung und mit Adoptionsstudien, bei denen man sich hauptsächlich auf die Ermittlung der Intelligenz bezog. Da Anlagen bestimmte Fähigkeiten nur hervorbringen können, wenn diese entwickelt und gefördert werden, rückt man in jüngerer Zeit von der polarisierenden Fragestellung Anlage oder Umwelt immer mehr ab. Da ungünstige Umwelteinflüsse verhindern können, dass sich bestimmte Anlagen entfalten, werden heute vor allem die Wechselwirkungen zwischen Anlage und Umwelt untersucht.

Annäherungs-Vermeidungs-Konflikt. Das Hin- und Hergerissen-Sein zwischen den Impulsen, eine Handlung zu vollziehen oder sie zu vermeiden.

Anomalie. Körperliche oder seelische Abweichung von der →Norm.

Anonyme Alkoholiker. Selbsthilfebewegung alkoholkranker Menschen. Ursprünglich 1935 in den USA entstanden, wurde 1953 die erste →Selbsthilfegruppe in Deutschland gegründet. Heute gibt es solche Gruppen in fast allen Städten. Das Motto der Anonymen Alkoholiker lautet: „Nur du allein schaffst es (abstinent zu bleiben), aber alleine schaffst du es nicht.“ Gemeinsames Ziel aller Gruppenmitglieder ist es, die Verleugnung der →Alkoholabhängigkeit aufzugeben, abstinent zu werden und anderen dabei zu helfen.

Anorexia nervosa, Anorexie. →Magersucht.

Anorgasmie. Fehlen des Orgasmus beim Geschlechtsverkehr, was sowohl bei Frauen als auch bei Männern vorkommt. Siehe auch →Frigidität

Anpassung. Soziale Einordnung eines Individuums oder einer Gruppe in die Umwelt. Um Konflikte mit der Umwelt zu vermeiden, streben Menschen in körperlicher oder seelischer Hinsicht einen Grad der Anpassung an ihre Umwelt an, der es ihnen dennoch erlaubt, eigene Wünsche und Bedürfnisse innerhalb der Normen der Gesellschaft zu befriedigen.

Anthroposophie. Eine von Rudolf →Steiner begründete Weltanschauungslehre. Sie beinhaltet eine eigene →Entwicklungspsychologie, die davon ausgeht, dass jeweils in einem siebenjährigen Rhythmus der so genannte Physische Leib, der Bild-, Kräfte- und Ätherleib, der Empfindungs- und Astralleib sowie der Ich-Leib gebildet werden. Auf Steiners Weltanschauung begründen sich die Waldorfschulen (→Waldorfpädagogik) sowie die von ihm entwickelte und als →Eurythmie bezeichnete Bewegungskunst.

Antiautoritäre Erziehung. Ein im Zusammenhang mit der Studentenbewegung Ende der 1960er-Jahre entstandener Erziehungsansatz, der Kinder dazu ermutigen will, frühzeitig selbstbestimmt und unabhängig von elterlicher Autorität zu handeln. In Deutschland wurden die Erziehungsvorstellungen vor allem in der so genannten „Kinderladenbewegung" praktiziert. Einige Impulse wie z. B. die teilweise Selbstregulierung der Kinder sind in die heutige pädagogische Praxis übergegangen. Siehe auch →autoritäre Erziehung.

Antidepressiva. →Psychopharmaka, die zur Behandlung von Depressionen eingesetzt werden.

Antipädagogik. Radikale Erziehungskritik durch eine Bewegung in den 1970er-Jahren, die die Erziehungsbedürftigkeit des Kindes generell in Frage stellt. Erziehung wird als ein Bedürfnis der Erwachsenen nach Kontrolle und Abfuhr von →Affekten aufgefasst, die beispielsweise dazu dienen, eigene in der Kindheit erfahrene Versagungen weiterzugeben.

Antipathie. Bewusste oder unbewusste Abneigung, die auch instinktiv erfolgen kann.

Antipsychiatrie. In den 1960er-Jahren entstandene Bewegung innerhalb der Psychiatrie, die die strikte Trennung zwischen „normal" (der Psychiater) und „anormal" (der Patient) kritisierte. Sie strebt eine Öffnung psychiatrischer Anstalten nach außen an und verweist bei der Entstehung individueller Krankheitsgeschichten auf gesellschaftliche Zuschreibungen („Jemand ist anders, also ist er psychisch krank."). Ein Vertreter dieser Richtung ist Ronald D. →Laing. Siehe auch →labeling approach

Antizipation. Gedankliche Vorwegnahme eines kommenden Ereignisses oder eines bestimmten Ziels. Dieses allgemeine Prinzip des Antriebgeschehens ist auch bei Lern- oder Denkabläufen bestimmend.

Antrieb. Die Gesamtheit der Impulse bzw. Kräfte, die Aktivität und Handeln auslösen können wie etwa Instinkte, Triebe, Motive oder Strebungen.

Antriebsstörung. Zusammenfassender Begriff für Abweichungen vom normalen Antriebsniveau, etwa den vor allem mit →Depressionen verbundenen Antriebsmangel.

Apallisches Syndrom. Siehe →Wachkoma.

Apathie. Teilnahmslosigkeit, völlige Indifferenz und Reaktionslosigkeit gegenüber eigenen Bedürfnissen und äußeren Ereignissen. Tritt z. B. in Folge eines Schocks ein.

Aphasie. Völliger Sprachverlust z. B. in Folge eines Schlaganfalls. Siehe auch →Sprach- und Sprechstörungen.

Aphonie. Sprechstörung, die durch Stimmlosigkeit oder Flüstern gekennzeichnet ist (→Sprach- und Sprechstörungen).

Apperzeption. Bewusstes und klares Erfassen von Erlebnis-, Wahrnehmungs- und Denkinhalten. Siehe auch →Wahrnehmung.

Appetenz. Allgemeine Bezeichnung für das innere Bestreben nach Erreichen eines Zieles oder einer Bedürfnisbefriedigung. In der Verhaltensforschung: Suchverhalten.

Approbation. Staatliche Anerkennung, die z. B. Kinder- und Jugendtherapeuten, Psychologischen Psychotherapeuten und Ärzten erteilt wird und sie zur eigenverantwortlichen Ausübung eines Heilberufs berechtigt.

Äquilibration. In der Entwicklung des Denkens, wie sie von →Piaget beschrieben wurde, bezeichnet der Begriff die Entwicklung neuer Schemata der Informationsaufnahme, was durch das Zusammenwirken von →Akkomodation und →Assimilation entsteht.

Arbeits-, Betriebs- und Organisationspsychologie. Gegenstand der Arbeits-, Betriebs- und Organisationspsychologie (ABO) ist das Verhalten von Menschen in Arbeitssituationen. Sie schließt alle Aspekte der Organisation von Arbeit ein. Die ABO gilt als eine der wichtigsten Teilbereiche der →Angewandten Psychologie. Ihre Aufgabe ist es, mit ihren Ergebnissen dazu beizutragen, dass Arbeit menschengerecht und effizient gestaltet werden kann. Die einzelnen Gebiete der ABO sind eng miteinander verflochten, dennoch lassen sich die Auf-

gaben und Fragestellungen der einzelnen Bereiche wie folgt einordnen:
Teilbereiche:
Arbeitspsychologie:
Optimale Gestaltung von Arbeitsbedingungen unter psychologischen Aspekten.
Aufgaben und Fragestellungen:
- Entwicklung zweckmäßiger Arbeitsplätze, Maschinen und optimaler Bewegungsabläufe
- Untersuchung der Auswirkung von Umwelteinflüssen wie Lärm, Temperatur, Arbeitszeiten, Grad der Mechanisierung auf die Arbeitsleistung
- Folgen von Arbeitsbelastung, Gesundheitsschutz, Arbeitsmotivation und -zufriedenheit usw.
Betriebspsychologie:
Untersuchung der Verhältnisse von arbeitenden Menschen untereinander
Aufgaben und Fragestellungen:
- Untersuchung von Methoden der Personalauswahl, der Mitarbeiterbeurteilung sowie des Führungsstils
- Analyse und Steuerung von Gruppenprozessen und Konfliktmanagement
- Entwicklung von Leistungsanreizen
Organisationspsychologie:
Untersuchung des Verhaltens von Menschen in Organisationen (Vereine, Behörden, Schulen, Parteien etc.)
Aufgaben und Fragestellungen:
- Wie weit stimmen Mitarbeiter mit den Zielen einer Organisation überein?
- Wie können brach liegende Potenziale genutzt werden?
- Wie sollte die Organisationsentwicklung erfolgen, um die Leistungsfähigkeit einer Organisationen zu erhöhen?

Arbeitsgedächtnis. →Gedächtnis.

Arbeitssucht. „Workaholics“. Betroffene können zwischen Arbeit und Freizeit nicht trennen und beurteilen sich nach der von ihnen erbrachten Leistung.

Arbeitstherapie. →Beschäftigungstherapie.

Archetyp. Von C. G. →Jung geprägter Begriff für die im kollektiven →Unbewussten enthaltenen Bilder von kulturellen Mythen oder einzelnen Individuen. Solche vererbten Urbilder sind z. B. der „Magier“ oder der „Teufel“. Siehe auch →Analytische Psychologie.

Arithmomanie. →Zählzwang.

Arroganz. Überheblichkeit, oft ein Zeichen für Unsicherheit.

Askese. Unterdrückung sinnlicher Bedürfnisse (Fasten, sexuelle Enthaltsamkeit, Armut) beim Streben nach geistiger oder religiöser Vervollkommnung.

Asozial. Abwertende Bezeichnung für Menschen, die gesellschaftlichen oder sozialen Verhaltensnormen absichtlich oder unabsichtlich nicht nachkommen.

Assessment-Center. Vorgang der Personalauswahl, bei der in unterschiedlichen Verfahren die Eignung von Bewerbern mittels möglichst praxisnaher Übungen getestet wird und ihre Verhaltensweisen und Leistungen von erfahrenen Beobachtern ausgewertet werden.

Assimilation. 1. In der Sozialpsychologie beschreibt der Begriff die Angleichung von Gruppen oder Individuen an eine andere kulturelle Umwelt. Im Unterschied zur →Akkulturation geben Menschen dabei ihre ursprüngliche Identität auf. Die Angleichung geschieht nicht plötzlich, sondern ist ein über mehrere Generationen hinweg erfolgender Prozess.
2. In der Theorie →Piagets zur →kognitiven Entwicklung beschreibt der Begriff einen Prozess, mit dessen Hilfe neue Umwelterfahrungen in schon bestehende kognitive Strukturen eingeordnet werden. Reichen die vorhandenen Schemata nicht mehr aus, um eine Erfahrung zu erfassen, setzt →Akkomodation ein.

Assoziation. Freie Verknüpfung von Gefühlen, Gedanken, Bildern und Begriffen, die nicht notwendigerweise einen inneren Bedeutungszusammenhang haben. Verknüpft wird Ähnliches, Entgegengesetztes und raumzeitlich gemeinsam Auftretendes. In der Psychoanalyse soll Assoziation dazu beitragen, verdrängte Gefühle und Konflikte aufzudecken.

Atemtherapie. Spezielle Form der Körpertherapie, mit der durch Schulung der Atmung das Gesamtbefinden verbessert werden soll. Atmung und der Ausdruck von Gefühlen stehen in einem engen Kontext: Beim Angsterleben wird unwillkürlich der Atem angehalten, bei innerer Anspannung fällt das Ausatmen schwer und schon Kinder beginnen, starke Gefühle von Wut oder Trauer zu kontrollieren, indem sie den Bauch einziehen. Bei vielen Erwachsenen ist das Zwerchfell kontrahiert und in seiner Fähigkeit zur Ausdehnung eingeschränkt.

Ätiologie. Lehre von der Erforschung der Ursachen einer Krankheit oder psychischen Störung.

Attribution. Ursachenzuschreibung. Mittels Attribution versuchen Menschen, Erlebnissen und Erfahrungen jeweils Ursachen und Gründe zuzuordnen. Solche Zuschreibungen dienen sowohl der emotionalen Entlastung als auch der Orientierung im Alltag. Für Ursachenzuschreibungen werden folgende Faktoren herangezogen: eigene Fähigkeiten, die aufgebrachte Anstrengung, der Schwierigkeitsgrad einer Aufgabe oder Einflüsse wie „Glück/Unglück". So schreiben sich erfolgsorientierte Personen ihre Erfolge selbst zu und erklären Misserfolge durch äußere Bedingungen (z. B. Pech). Misserfolgsorientierte Personen hingegen nehmen ein entgegengesetztes Verhaltensmuster an: Erfolge kommen durch Glück, Misserfolge durch die eigene Unfähigkeit zustande. Wie Attributionen im Alltag eingesetzt werden, untersucht die →Alltagspsychologie.

Auditiv. Das Gehör betreffend, zum Ohr gehörend.

Aufmerksamkeit. Zustand gesteigerter Bewusstheit und Konzentration. →Wahrnehmung.

Aufmerksamkeitsstörung. →ADHS.

Aufputschmittel. →Psychopharmaka.

Ausdruck. Sichtbarwerden innerer Zustände oder Prozesse in körperlichen Erscheinungen oder Verhaltensweisen. Fünf Ausdrucksformen, die wichtige Hinweise auf den emotionalen Zustand einer Person geben, lassen sich unterscheiden: 1. die Physiognomie des Gesichtes und der Körpergestalt, 2. die Mimik, 3. die Gestik und Motorik, 4. die Stimme und Sprechweise und 5. die Handschrift.

Ausdruckspsychologie. Die Ausdruckspsychologie versucht Rückschlüsse von den Ausdruckserscheinungen einer Person auf deren →Persönlichkeitseigenschaften zu ziehen.

Ausfallerscheinungen. Vollständiger oder teilweiser Ausfall von physiologischen oder psychischen Leistungen, meist infolge von Schädigungen am →Gehirn oder →Nervensystem.

Auslösemechanismus. Begriff aus der Verhaltensforschung. Um bei Tieren bestimmte Instinkthandlungen in Gang zu setzten, fungiert deren angeborener Auslösemechanismus als eine Art Filtersystem, mit dessen Hilfe bestimmte Reize aus der Umwelt herausgetrichtert werden. Die Tiere reagieren auf bestimmte Schlüsselreize auch ohne vorherige Erfahrung jeweils zweckmäßig. Während der angeborene Auslösemechanismus mit dem Erbgut weitergegeben wird, muss der erworbene Auslösemechanismus erst erlernt werden.

Aussagepsychologie. Als Teilgebiet der →Forensischen Psychologie beschäftigt sich die Aussagepsychologie mit der Entwicklung von Kriterien, die dabei helfen können, den Wahrheitsgehalt von Aussagen wie beispielsweise von Zeugen vor Gericht zu überprüfen.

Außenseiter. Menschen, die nicht „dazugehören". Einige Außenseiter haben ihre Rolle selbst gewählt und sich selbst ausgeschlossen. Meist erfolgt der Ausschluss jedoch durch eine bestehende Gruppe, wobei der Außenseiter eine „Sündenbockfunktion“ übernimmt. Die negativen Merkmale und Eigenschaften der Gruppenmitglieder werden auf diese Person projiziert.

Außersinnliche Wahrnehmung. Bezeichnung für Wahrnehmungen, die nicht mit den üblicherweise genutzten Sinnen erklärt werden können. Dazu zählen Gedankenübertragung, die Voraussage der Zukunft und auch →Hellsehen.

Authentizität. →Echtheit.

Autismus. Frühkindliche Verhaltens- und Entwicklungsstörung. Autisten fehlt das Bedürfnis, emotionalen und sozialen Kontakt mit anderen Menschen aufzunehmen. Sie kapseln sich vollständig in ihre eigene Welt ein und beschäftigen sich mit unbelebten Gegenständen. Bei autistischen Kindern ist neben der Sprechverweigerung auch das zwanghafte Wiederholen von Handlungen oder Bewegungen zu beobachten. Die Ursachen des Autismus sind noch immer unbekannt. Diskutiert werden frühkindliche Hirnschädigungen, traumatische Erlebnisse oder eine zuwendungsarme Umgebung. Siehe auch Bruno →Bettelheim.

Autoaggression. →Aggression.

Autoerotik. Auf die eigene Person bezogene Sexualität, etwa in Form von →Selbstbefriedigung.

Autogenes Training. Entspannungsverfahren auf der Grundlage von →Autosuggestion. Dabei werden schrittweise Konzentrationsübungen erlernt, die dabei helfen, innere Spannungen auszugleichen, Schmerzen und Schlafstörungen zu lindern oder ganz aufzuheben. Die Technik wurde um 1930 von dem Berliner Arzt J. H. Schultz (1884–1970) entwickelt.

Autoimmunkrankheit. Bezeichnung für Krankheiten, bei denen Antikörper gegen das eigene Körpergewebe gebildet werden. Obwohl die Ursachen noch nicht vollständig erforscht sind, geht man davon aus, dass psychische Faktoren wie Stress eine Rolle spielen.

Automatismus. Reaktionen, die ohne Beteiligung des Bewusstseins erfolgen.

Autonomes Nervensystem. →Vegetatives Nervensystem.

Autonomie. Die Möglichkeit von Gruppen oder Individuen, das eigene Handeln selbst bestimmen zu können und weitgehende Unabhängigkeit zu entwickeln.

Autoritäre Erziehung. Stark lenkender, kontrollierender Erziehungsstil, der durch Gehorsamszwang und Unterordnung des Kindes gekennzeichnet ist. Häufig eingesetzte →Erziehungsmittel sind beispielsweise Befehle, Zurechtweisungen und geringe Entscheidungsmöglichkeiten. Dieser Erziehungsstil kann eine →autoritäre Persönlichkeit hervorbringen.

Autoritäre Persönlichkeit. Ein Persönlichkeitstypus, der sich in der Charakterstruktur durch Obrigkeitshörigkeit, Unterwürfigkeit, Unselbstständigkeit und rigide Moralvorstellungen auszeichnet. Typische Einstellungen sind Vorurteile gegenüber Minderheiten, Intoleranz, unkritisches Verhalten gegenüber Autoritäten. Aggressionen werden nur gegenüber Schwächeren, nicht gegenüber Mächtigen geäußert.

Autorität. Eine aufgrund vom Kompetenz erworbene Position, aus der ein Führungsanspruch gegenüber anderen Personen entsteht oder die dazu führt, dass die mit der Autorität verknüpften Fähigkeiten und das Wissen der Person von anderen abgefragt und in Anspruch genommen werden. Autorität muss von „autoritär“ (→autoritäre Persönlichkeit) unterschieden werden.

Autostereotyp. Relativ festgefügtes Bild, das sich jemand von der eigenen Person oder Personengruppe macht und das neben stereotypen Vorstellungen auch Vorurteile beinhalten kann. →Heterostereotyp.

Autosuggestion. Sich etwas mittels der Methode der →Suggestion selbst einreden und so den eigenen Willen oder die eigene Vorstellung beeinflussen.

Aversion. Angeborener oder erlernter gefühlsmäßiger Widerwille gegenüber Personen oder Sachen.

Aversionstherapie. Verhaltenstherapeutische Methode, ein unerwünschtes Verhalten zu unterbinden, indem es mit unangenehmen Vorstellungen bzw. Reizen verknüpft wird.

Aversiver Reiz. Als unangenehm empfundener →Reiz.

B

Babinski-Reflex. Synonym: Fußsohlenreflex, Großzehenreflex. Erkennungszeichen für eine Schädigung der Pyramidenbahn beim Erwachsenen. Nach festem Bestreichen des äußeren Fußsohlenrandes kommt es zur Beugung der Großzehe nach oben; beim gesunden Menschen biegt sich die Großzehe leicht nach unten. Beim Kleinkind bis zum 2. Lebensjahr ist der Reflex noch normal (physiologisch); er verschwindet im Laufe der kindlichen Entwicklung.

Bahnung. Neurophysiologischer Vorgang, der vor allem auf das Lernen Auswirkungen hat. Im →Zentralnervensystem erfahren Erregungsabläufe durch zusätzliche Erregung eine Förderung, sodass so zusagen ein Einschleifen von Spuren in Gehirn und Nervenbahnen erfolgt. Reize werden demnach von den Nervenbahnen umso schneller weitergeleitet, je öfter die Nervenbahnen genutzt werden. Die Informationsverarbeitung erfolgt dann schneller und effektiver.

Balance-Theorie. Begriff aus der →Gestalttheorie. Die Theorien betonen, dass Menschen ausgeglichene, konsistente Meinungen und Systeme bevorzugen.

Balint, Michael. Ungarisch-britischer Arzt und Psychoanalytiker (1896–1970), der sich intensiv mit der Arzt-Patient-Beziehung (→Balint-Gruppe) beschäftigte und außerdem eine spezielle Form der Kurzzeittherapie entwickelte, die →Fokaltherapie. Veröffentlichung u. a. „Urformen der Liebe“.

Balint-Gruppe. Form der →Supervision für Menschen in sozialen und therapeutischen Berufen. Dabei werden in einer Kleingruppe unter Anleitung eines Psychotherapeuten konkrete Fallbeispiele vorgestellt und besprochen. Ziel ist es, auf diese Weise die Beziehung zu Patienten, den Behandlungsverlauf und eventuell auftretende Schwierigkeiten im Umgang mit den Patienten zu klären.

Balken. Nervenfaserstrang, der die zwei Hemisphären des →Neocortex verbindet. Siehe auch →Gehirn.

Bandura, Albert. Amerikanischer Psychologe (*1925), Entdecker des →Modelllernens, das auch soziale Lerntheorie oder Beobachtungslernen genannt wird. Es bezeichnet einen kognitiven Lernprozess, der vorliegt, wenn ein Individuum als Folge von Beobachtung des Verhaltens anderer Individuen sowie der darauf folgenden Konsequenzen sich neue Verhaltensweisen aneignet oder schon bestehende Verhaltensmuster weitgehend verändert.

Bandwagon-Effekt. Begriff aus der →Sozialpsychologie, auch Gewinner- oder Mitläufer-Effekt genannt. Er bezeichnet das Phänomen, dass eine Person, von der angenommen wird, dass sie erfolgreich ist, Unterstützung erfährt. Der Effekt wird z. B. bei Wählern beobachtet, die nach dem Bekanntwerden von demoskopischen Umfrageergebnissen den Kandidaten der Majorität wählen.

Barbiturate. Schlaf- und Beruhigungsmittel, die mit steigender Dosierung die Funktion des →Zentralnervensystems hemmen. Chronische Anwendung führt zur Toleranz sowie physischer und psychischer →Abhängigkeit mit Entzugssymptomen bei Entwöhnung. Siehe auch →Psychopharmaka.

Basalganglien. Gruppe von End- und Zwischenhirnkernen mit wichtigen Aufgaben bei der Ausgestaltung der Bewegungsabläufe. Siehe auch →Stammhirn.

Basalhirn. Teil der Großhirnhemisphäre. Siehe auch →Gehirn.

Basedow-Psychose. Psychische Folgen der →Basedow'schen Krankheit in extremer Form, etwa verbunden mit Verwirrungszuständen.

Basedow'sche Krankheit. Folge einer Schilddrüsenüberfunktion. Sichtbares Zeichen der Erkrankung ist das Hervortreten der Augen. Zu den psychischen Folgen gehören u. a. Übererregbarkeit, Angst und motorische Unruhe.

Basophobie. Übersteigerte Furcht, nicht gehen zu können. Die Gründe dafür können Unsicherheit aufgrund organischer Einschränkungen oder eine →Phobie sein.

Bateson, Gregory. Englisch-amerikanischer Psychologe, Ethnologe und Biologe (1904–1980). Bateson arbeitete zunächst zusammen mit Margaret →Mead an kulturvergleichenden Studien. Bekannt wurde er durch eine psychologische Erklärung der →Schizophrenie aufgrund familiärer →Double-Bind-Situationen. Zu seinen Mitarbeitern, die sich mit gestörten Prozessen der Kommunikation befassten, gehörte Paul →Watzlawick. Veröffentlichungen u. a. „Schizophrenie und Familie".

Bathopobie. Übersteigerte Angst vor großen Höhen- und Tiefenunterschieden verbunden mit Schwindelgefühlen. →Höhenangst.

Battarismus. Stottern durch überstürzte, polternde Sprache. →Sprach- und Sprechstörungen.

Baumtest. Projektiver Zeichentest, bei dem der Proband aufgefordert wird, einen Baum zu zeichnen. Das Resultat soll Rückschlüsse auf die Persönlichkeit zulassen. Siehe auch →Zeichentests.

Beanspruchung. Subjektive Auswirkung einer von außen oder innen einwirkenden →Belastung. Siehe auch →Stress.

Bedeutungszuschreibung. →Attribution.

Bedingter Reflex. Unwillkürliche, durch Erfahrung erworbene feste Kopplung von Reiz und Reaktion, die im Gegensatz steht zum unbedingten, angeborenen Reflex. →Klassische Konditionierung, →Löschung.

Bedürfnis. Mangel- oder Bedarfszustand. Unterschieden werden primäre und sekundäre Bedürfnisse. Als primäre bezeichnet man angeborene Bedürfnisse, die sich auf physiologische Bedürfnisse wie etwa die Nahrungsaufnahme beziehen. Diese Bedürfnisse werden manchmal auch als objektive Bedürfnisse bezeichnet. Unter sekundären oder erworbenen Bedürfnissen versteht man solche, die erst durch →Sozialisation vermittelt werden. Dazu zählen beispielsweise intellektuelle oder soziale Bedürfnisse (Anerkennung, Erfolg etc.). Unbefriedigte Bedürfnisse rufen Spannungen hervor, die wiederum Aktivitäten auslösen. Diese Aktivitäten haben das Ziel, den Mangel der Bedürfnisse zu beseitigen. Bleibt die →Befriedigung eines bestimmten Bedürfnisses aus, versuchen Menschen zunächst, ein möglichst ähnliches Bedürfnis zu befriedigen.

Bedürfnishierarchie. Hierarchische Anordnung angeborener Bedürfnisse des Menschen nach dem amerikanischen Psychologen Abraham H. →Maslow. Nach seiner Auffassung müssen bestimmte Bedürfnisse erfüllt sein, bevor ein Mensch sein Bedürfnis nach persönlichem Wachstum und Selbstverwirklichung befriedigen kann. Die Reihenfolge verschiedener Bedürfnisgruppen stellte er in einem Modell dar. Maslow geht davon aus, dass die Bedürfnisse der jeweils unteren Stufe zumindest teilweise befriedigt sein müssen, bevor die der höheren Stufen aktiv werden.

1. Physiologische Bedürfnisse: Nahrung, Schlaf, Sexualität.

2. Sicherheit: Schutz der körperlichen Unversehrtheit, materielle Sicherheit, Arbeitsplatz etc.

3. Soziale Motive: Geborgenheit, Liebe, das Dazugehören zu einer Gemeinschaft etc.

4. Wertschätzung: Wunsch nach Erfolg und Ansehen, das Einbringen eigener Fähigkeiten etc.

5. Selbstverwirklichung: Verwirklichung der eigenen Potenziale, Entwicklung der Persönlichkeit.

6. Transzendenz: das Erleben von Sinn, Religion.

Beeinflussung. Der Vorgang, Meinungen oder Handlungen eines anderen Menschen beabsichtigt oder unwillkürlich zu verändern und in eine andere Richtung zu lenken.

Befragung. Methode der Datenerhebung innerhalb der →empirischen Sozialforschung; entweder mündliche Befragung mithilfe eines Fragebogens oder Leitfadens oder schriftliche Befragung. →Interview.

Befriedigung. Lösung eines Spannungszustandes oder Beseitigung eines Mangels, der durch ein nicht erfülltes →Bedürfnis entstanden ist.

Begabung. Potenzial eines Menschen zum Leistungsvollzug auf kultureller Ebene, z. B. auf wissenschaftlichem, künstlerischem oder handwerklichem Gebiet. Viele theoretische Ansätze gehen davon aus, dass die Begabung eine rein angeborene, ererbte Eigenschaft ist. Im Zuge der Diskussion um die →Anlage-Umwelt-Problematik wurde jedoch auch auf den förderlichen bzw. hemmenden Einfluss der Umwelt bei der Entwicklung von Begabungen hingewiesen. Somit muss die Definition von Begabung als angeborene Fähigkeit eingeschränkt und (vielmehr) als prozesshaftes Geschehen, das gefördert werden kann, betrachtet werden.

Begutachtung. Tätigkeit von Psychologen, die als Sachverständige eine fachliche Stellungnahme abgeben, beispielsweise um die Schuldfähigkeit eines Straftäters, die Glaubwürdigkeit von Zeugen oder den möglichen Einfluss eines Elternteils auf die Entwicklung des Kindes bei Sorgerechtsentscheidungen beurteilen zu können.

Behaviorismus. Einflussreiche Richtung der amerikanischen Psychologie, welche die Forderung vertritt, die psychologische Analyse solle sich allein auf das objektiv beobachtbare und messbare Verhalten konzentrieren unter vollständigem Verzicht auf die Beschreibung von Bewusstseinsinhalten. John Broadus →Watson begründete 1913 den Behaviorismus und bestimmte so den Untersuchungsgegenstand der Psychologie neu: Nicht mehr die aus der europäischen Tradition übernommenen subjektiven innerseelischen Vorgänge wie →Emotion, →Denken und →Wahrnehmung sollten im Mittelpunkt der Psychologie stehen, sondern allein das von außen beobachtbare Verhalten eines Menschen. Die Beschreibung der geistigen Vorgänge im menschlichen Innern wurden hingegen als unwissenschaftlich abgelehnt.

Für die Behavioristen ist nicht nur das Verhalten selbst, sondern auch seine

Ursachen objektiv feststellbar. Nach ihrer Auffassung läuft die Beziehung von Ursache und Verhalten bei allen Organismen nach einem reinen →Reiz-Reaktions-Schema ab. Der →Neo-Behaviorismus schließt darüber hinaus auch intervenierende Variablen mit ein, die sich auf nicht direkt beobachtbare Vorgänge im →Organismus beziehen, wie z. B. Hunger oder Durst. Der deskriptive Behaviorismus von Burrhus Frederic →Skinner beschäftigt sich in umfangreichen Tierversuchen mit dem spezifischen Lernverhalten. Der Einfluss des Behaviorismus auf die praktische Psychologie bezieht sich vor allem auf die →Verhaltenstherapie und die →Lerntheorien. Die ursprünglichen Grundannahmen des Behaviorismus sind heute kaum noch aufrecht zu erhalten. So wird z. B. in der Praxis der Verhaltenstherapie eingeräumt, dass Verhalten auch vom →Bewusstsein gesteuert wird, ohne dass der Behaviorismus eine entsprechende Erklärung liefern könnte.

Behavioristische Lerntheorien. Zu den Lerntheorien, die sich direkt aus den Studien der Behavioristen ableiten lassen, gehören das →klassische Konditionieren, das →operante Konditionieren und das →Modelllernen.

Behavior-Pattern. Siehe →Verhaltensmuster.

Behinderung. Physische, geistige oder psychische Beeinträchtigung eines Menschen mit irreversiblem oder längerfristigem Charakter.

Beiläufiges Lernen. Erfolgt beim →inzidentellen Lernen. Es werden Inhalte erfasst und behalten, die zu lernen ursprünglich nicht beabsichtigt waren. →Lernen.

Bekräftigung. →Verstärkung.

Belastung. Arbeitswissenschaftlich werden Belastungen definiert als die Gesamtheit der erfassbaren Einflüsse, die von außen auf den Menschen zukommen und psychisch auf ihn einwirken. Die Folge sind zeitlich unmittelbare →Beanspruchungen. Siehe auch →Stress.

Belohnung. Allgemeine Bezeichnung für die Wirkung von Ereignissen, die mit angenehmen Empfindungen einhergehen und auf bestimmte Reaktionen oder Handlungen folgen. Belohnung verstärkt den Effekt auf eine vorher ausgeführte Handlung oder Reaktion (siehe auch →Verstärkung). Durch eine Belohnung wird mit hoher Wahrscheinlichkeit in einer gleichen oder ähnlichen Situation dieselbe Handlung oder Reaktion ausgeführt werden. Sie hat somit eine motivierende Funktion.

Bender, Hans. Deutscher Psychologe (1907–1991), gilt als Begründer der →Parapsychologie als Wissenschaft in Deutschland und untersuchte Erscheinungen wie Telepathie und Spukphänomene.

Bender-Gestalt-Test. →Zeichentest.

Benommenheit. Ein Zustand der Bewusstseinsminderung, der aber noch keine Bewusstseinstrübung darstellt. Die Bewusstseinsinhalte sind dunkel, die Bewusstseinstätigkeit ist verlangsamt. Darüber hinaus besteht eine allgemeine →Apathie und Asponaneität.

Benton-Test. →Zeichentest.

Benzodiazepin. Beruhigungsmittel, die im Gegensatz zu →Barbituraten nicht die Funktion des gesamten →Zentralnervensystems hemmen, sondern nur die Aktivität derjenigen Nervenzellen vermindern, die für Angst und Erregung zuständig sind. Siehe auch →Psychopharmaka.

Beobachtung. Bezeichnung für die zielgerichtete und methodische Wahrnehmung von Ereignissen, Objekten und Prozessen. Die Beobachtung ist eine der grundlegenden Methoden der Datengewinnung in der Psychologie, um z. B. Informationen über das Erleben und Verhalten von Menschen systematisch zu erfassen und diesen Ursachen zuordnen zu können. Die Ausgestaltung einer Beobachtung lässt sich in vieler Hinsicht variieren. So wird zwischen der →Selbst- und →Fremdbeobachtung unterschieden, sowie zwischen der unvermittelten und der vermittelten Beobachtung, wobei die vermittelte Beobachtung den Einsatz technischer Hilfsmittel bezeichnet, wie z. B. Messgeräte oder Videokameras zur Aufzeichnung von Beobachtungen.

Beobachtungsfehler. Fehler, durch die ungenaue →Beobachtungen und Beurteilungen entstehen aufgrund von Leistungsgrenzen von Beobachtern (z. B. Aufmerksamkeitsschwankungen, Ermüdung). Wichtige Beobachtungsfehler sind: 1. Die Tendenz, aufgrund eines insgesamt positiven Gesamteindrucks einzelne Mängel als weniger stark ausgeprägt wahrzunehmen („Hof-Effekt“ oder „Halo-Effekt“), 2. eine Tendenz, extreme Skalenwerte zu vermeiden („Zentrale Tendenz“) und 3. eine Bewertung der Beobachtung, wenn diese noch gar nicht abgeschlossen ist.

Beobachtungslernen. Lernprinzip, bei dem Beobachtungen des Verhaltens anderer Personen und der Konsequenzen im Sinne des Vorbildcharakters dazu führen, eigenes Verhalten zu ändern. →Modelllernen.

Beratung. Bezeichnung für eine Vielzahl helfender Gespräche, die sich entweder an ein Individuum, eine Gruppe oder eine Organisation richten. Der Schwerpunkt einer Beratung kann auf psychologischen Hilfeleistungen (bei akuten Krisen oder Problemlagen) oder auf der Weitergabe von Informationen liegen, etwa aus dem Bereich der Sozialgesetzgebung. Beratungsangebote werden auch außerhalb des psychosozialen Bereichs z. B. als Verbraucherberatung, Bewerbungsberatung oder Wirtschaftsberatung angeboten. In diesen Fällen handelt es sich um eine Dienstleistung, bei der psychosoziale Aspekte kaum eine Rolle spielen.

Die Bedingungen und Voraussetzungen für psychologische Beratungen sind weder genau definiert noch einheitlich geregelt. Für solche Beratungsprozesse lassen sich dennoch folgende Merkmale beschreiben: Zum einen liegt eine klar strukturierte, in ihrem Ergebnis offene Gesprächsituation vor, die an ein bestimmtes →Setting gebunden ist. Zum anderen gehört es zur Aufgabe des Beraters, eine positive und tragfähige Beziehung zum Klienten aufzubauen, die den Klienten darin unterstützt, eigene Problemlösungen zu entwickeln. In der Praxis lassen sich Beratung und therapeutische →Intervention nicht immer strikt trennen.

Obwohl die Übergänge zur Psychotherapie fließend sind, lässt sich Beratung wie folgt charakterisieren: Prävention und Krisenintervention, Stärkung der Orientierung- und Selbsthilfekompetenz und praktische Hilfestellungen anstatt einer umfassenden Behandlung von Persönlichkeitsstörungen. Für den Berater kommt es darauf an, seine Kompetenzen nicht zu überschreiten. So kann es durchaus Ergebnis eines Beratungsprozesses sein, dass einem Klienten eine →Psychotherapie empfohlen werden muss.

Methodisch orientieren sich die vielfältigen Beratungsangebote im psychosozialen Bereich an den wichtigsten therapeutischen Richtungen wie →Psychoanalyse, →Gesprächspsychotherapie oder Verfahren aus der →Humanistischen Psychologie, darunter z. B. die →Gestaltberatung. Siehe auch →klientenzentrierte Beratung. Beispiele für Beratungsangebote, ihre Zielgruppen und Zielstellungen sind Erziehungsberatung (Beziehungsstörungen zwischen Eltern und Kindern, Leistungsstörungen und Verhaltensauffälligkeiten des Kindes) oder Schwangerschaftskonfliktberatung (Familienplanung, Verhütung, Informationen zu staatlichen und privaten Hilfen bei Schwangerschaftskonflikten, Informationen zum Schwangerschaftsabbruch).

Berliner Schule. Richtung der →Gestaltpsychologie, zu deren wichtigsten Vertretern u. a. Wolfgang →Köhler und Max →Wertheimer zählen.

Berne, Eric. Amerikanischer Psychiater und Psychoanalytiker (1910–1970) und Begründer der →Transaktionsanalyse.

Beruhigungsmittel. Sedative. Medikamente oder Heilmittel auf meist pflanzlicher Basis, die bei Schlafstörungen, Angst- und Spannungszuständen verabreicht werden. Die pflanzlichen Mittel enthalten in der Regel Hopfen-, Johanneskraut- oder Baldrianextrakt; als chemische Mittel kommen →Barbiturate zur Anwendung. Siehe auch →Psychopharmaka.

Beschäftigungstherapie. Methode, die eine Anleitung zu handwerklichkreativer Betätigung beinhaltet und mit der die Konzentration, Kreativität, Eigeninitiative und das Selbstbewusstsein des Patienten angeregt und erhöht werden sollen. Sie wird häufig in Rehabilitations- und Behinderteneinrichtungen angewandt. Siehe auch →Ergotherapie.

Besetzung. Synonym: Kathexis. Begriff aus der Psychoanalyse. Dabei wird eine bestimmte Menge psychischer →Energie auf eine Person, Vorstellung oder Tätigkeit konzentriert, sodass diese eine Bedeutung für das →Ich bekommt.

Bestätigungsfehler. Begriff aus der →Denkpsychologie. Er bezeichnet die Tendenz, nur solche Beobachtungen zuzulassen, die bereits vorhandene Hypothesen für die Lösung eines Problems bestätigen. Siehe auch →Problemlösen.

Bestrafung. 1. Im Rahmen des →operativen Konditionierens eingesetzte unangenehme (aversive) Reize, mit deren Hilfe die Wahrscheinlichkeit des Auftretens eines bestimmten Verhaltens herabgesetzt werden soll. 2. Erziehungsmittel, um das Verhalten eines Kindes zu beeinflussen. Es kann sich jedoch negativ auf die Beziehung zwischen Eltern und Kind auswirken und wird aus psychologischer Sicht daher abgelehnt.

Betäubungsmittel. Medikamente, die das Schmerzempfinden vermindern oder aufheben und bei häufiger Anwendung zur körperlichen →Abhängigkeit führen können. Herstellung, Besitz und Anwendung dieser Mittel werden mit dem Betäubungsmittelgesetz (BtMG) geregelt.

Betriebspsychologie. Teilgebiet der Wirtschaftspsychologie (→Arbeits-, Betriebs- und Organisationspsychologie), welches sich speziell mit dem Verhalten und Erleben von Individuen und Gruppen in Industriebetrieben beschäftigt.

Bettelheim, Bruno. Bedeutender Psychoanalytiker und Kinderpsychologe (1903–1990). Bettelheim wurde in Wien geboren und emigrierte 1939 in die USA, nachdem er ein Jahr in einem deutschen Konzentrationslager interniert gewesen war. In den USA war Bettelheim Professor für Erziehungswissenschaft, Psychologie und Psychiatrie und gründete in Chicago die Orthogenic School, wo er insbesonders schwer gestörte autistische Kinder erfolgreich behandelte. Bei Eltern und Erziehern wurde Bettelheim durch sein Buch „Kinder brauchen Märchen" bekannt. Darin schildert er aus psychoanalytischer Sicht, wie die im Märchen verwendeten Figuren und Symbole Kindern in der →frühen Kindheit dabei helfen können, ihre inneren Konflikte zu meistern. Siehe auch →Autismus.

Bettnässen. Unwillkürliches Entleeren der Blase, nachdem bei Kindern die Sauberkeitserziehung bereits abgeschlossen ist. Diese Verhaltensstörung ist in aller Regel psychisch bedingt (z. B. →Regression auf eine frühere Entwicklungsstufe oder →Aggression gegenüber Einschränkungen) und hat nur in seltenen Fällen körperliche Ursachen.

Beurteilungsfehler. Übertragung eines Urteils auf Eigenschaften oder Leistungen eines Menschen →Beobachtungsfehler.

Bewältigungsstrategien. Strategien, die Menschen anwenden, um mit belastenden Ereignissen wie z. B. Krankheit, Behinderung oder Tod nahe stehender Menschen umgehen zu können. Dazu gehören Aspekte wie das Annehmenkönnen von Unterstützung aus dem sozialen Umfeld oder die Fähigkeit, einem bestimmten Ereignis einen Sinn zuzuschreiben, beispielsweise das Auftreten einer Krankheit als Aufforderung zu interpretieren, den eigenen Lebensstil zu ändern. Ein weiterer wichtiger Aspekt dabei ist, welche Möglichkeiten die Person für sich selbst sieht, Einfluss auf die belastende Situation nehmen zu können. →Stress.

Bewegungstäuschung. Begriff aus der →Gestaltpsychologie, der verschiedene optische Täuschungen umfasst, bei denen Bewegungen visuell wahrgenommen werden, obwohl ein Gegenstand sich physikalisch im Ruhestand befindet. Ein Beispiel dafür ist die Autokinese: Beim längeren Fixieren eines fest stehenden Lichtpunktes in einem dunklen Raum wird dieser Lichtpunkt bald als umherschwirrender Lichtpunkt wahrgenommen.

Bewusstsein. Bewusste und rationale Steuerung des eigenen Verhaltens, Erleben der Innen- und Außenwelt, wie es ausschließlich dem Menschen möglich ist. Der Begriff ist nicht eindeutig definiert und wird in unterschiedlicher Weise gebraucht: zum einen als Bezeichnung für den Grad an Wachheit, zum anderen für die Intensität von →Wahrnehmungen und für das Bewusstsein über die eigene Person (→Selbstbewusstsein). In der Psychoanalyse wird das Bewusstsein den →Ich-Funktionen zugeordnet, die für die Orientierung und Anpassung an die äußere Realität verantwortlich sind.

Bewusstseinsforschung. Nachdem die Erforschung des Bewusstseins unter dem Einfluss des →Behaviorismus als unwissenschaftlich galt, ist in den 1990er-Jahren das Interesse an der wissenschaftlichen Erforschung von Bewusstseinsvorgängen neu erwacht. Für die Bewusstseinsforschung innerhalb der →Allgemeinen Psychologie sind die Begriffe →phänomenales Bewusstsein und →Zugriffsbewusstsein von zentraler Bedeutung. Siehe auch →Monitoring-Bewusstsein.

Bewusstseinsstörung. Sammelbegriff für verschiedene Einschränkungen des →Bewusstseins, der für Müdigkeitszustände ebenso gebraucht wird wie für Halluzinationen oder eine vollständige Bewusstlosigkeit. Bewusstseinsstörungen lassen sich auf Druck durch starke Affekte zurückführen oder sind Begleiterscheinungen verschiedener Erkrankungen.

Beziehungswahn. Eine zumeist im Zusammenhang mit →Psychosen auftretende →Wahnvorstellung, bei der die Betroffenen die unbegründete Vorstellung entwickeln, dass sich alltägliche Vorgänge und Ereignisse in ihrer Umwelt auf die eigene Person beziehen.

Bezugsgruppe. Soziale Gruppe von Menschen, an deren Werten und Verhaltensweisen sich eine Person orientiert, um eigene Verhaltensmaßstäbe zu entwickeln.

Bezugsperson. Person, zu der ein enger emotionaler Kontakt besteht und die für die Orientierung einer anderen Person hinsichtlich ihrer Werthaltungen und Handlungen von besonderer Bedeutung ist. Für das Kind ist die Bezugsperson notwendig, um →Urvertrauen entwickeln zu können. Diese Funktion wird in erster Linie der Mutter zugeschrieben, aus der →Pädagogischen Psychologie ist inzwischen bekannt, dass aber auch Freunde oder Lehrer für den intensiven sozialen Kontakt zuständig sein können.

BFT. Abkürzung für →Biofeedback-Training.

Bias. Begriff aus der →Diagnostik. Ein bei unzureichender Versuchsplanung möglicher systematischer Verzerrungseffekt. Dadurch können tatsächlich vorhandene Wirkungen und Ergebnisse eines Experiments verschleiert oder verzerrt werden.

Bindung. Begriff für eine lang andauernde, konstante und emotional bedeutende Beziehung zu einem anderen Menschen. Seelische Bindungsfähigkeit ist eine wichtige Voraussetzung für die Entwicklung der Persönlichkeit. Wie die Fähigkeit des Menschen, sich zu binden, in der frühen Kindheit erworben wird, haben insbesondere John →Bowlby, Magaret S. →Mahler und René A. →Spitz untersucht. So kann eine frühe Trennung nach der Geburt, etwa durch einen längeren Krankenhausaufenthalt des Kindes, die Bindung zwischen Eltern und Kind erheblich erschweren. Siehe auch →Bezugsperson, →Hospitalismus.

Binet-Simon-Test. Erster →Intelligenztest. Er wurde Anfang des 20. Jahrhunderts in Frankreich eingesetzt und diente zunächst der Selektion von Schülern, denen man einen Besuch der Regelschule nicht zutraute.

Bioenergetik. Therapieform, bei der mithilfe von Körperübungen verdrängte Erinnerungen und Gefühle reaktiviert und anschließend tiefenpsychologisch bearbeitet werden. Aktivitätsübungen sollen ermöglichen, einen besseren Kontakt zum eigenen Körper und damit zu sich selbst und seiner Umwelt herzustellen. Grundlage der Bioenergetik sind die Arbeiten des Freud-Schülers Wilhelm →Reich, der davon ausging, dass unbewältigte Konflikte sich in einem verhärteten Muskelpanzer manifestieren und die Lebensenergie im Körper nicht mehr frei fließen lassen. Je nachdem, welche Konflikte und Konfliktlösungsmuster in der Kindheit vorherrschen, bildet sich eine bestimmte Charakterstruktur heraus. Siehe auch →Atemtherapie.

Biofeedback-Training. Verfahren, bei dem bewusst kaum wahrgenommene Körperfunktionen wie Blutdruck, Herzschlag oder Gehirnaktivität optisch dargestellt und somit rückgemeldet werden, z. B. auf einem Bildschirm. Die Visualisierung von Körperfunktionen dient dazu, die Auswirkungen von Entspannungsübungen sichtbar zu machen und so eine aus medizinischer oder psychologischer Sicht wünschenswerte Verhaltensänderung des Patienten zu unterstützen.

Biorhythmus. Ungefähr 24 Stunden dauernde Form der Rhythmik eines Organismus. Wichtigste Tagesrhythmen sind der Schlaf-Wach-Rhythmus, der Nahrungsaufnahme- und Trinkrhythmus und der Körpertemperaturrhythmus. Innerhalb des Tagesablaufs weist auch die Leistungsfähigkeit des Menschen Schwankungen auf, die auf seinen Biorhythmus zurückzuführen sind. So ist die Konzentrationsfähigkeit zu bestimmten Zeiten jeweils am höchsten. Jedes Körperorgan hat einen eigenen Funktionsrhythmus, wobei die einzelnen Rhythmen miteinander verknüpft sind. Unterschieden werden je nach Wiederkehrdauer der →infradiane, der →ultradiane und der →zirkadiane Rhythmus.

Bipolare Skala. Zweipolige Antwortskala, die bei →Befragungen eine Spannbreite positiver und negativer Antworten vorgibt.

Bisexualität. Sexuelle Orientierung, die sowohl auf das eigene als auch das andere Geschlecht gerichtet ist, ohne dabei ein Geschlecht zu bevorzugen.

Blackbox. Begriff aus dem →Behaviorismus, der für die Annahme steht, dass über die Reizverarbeitung (Prozess zwischen Reiz und Reaktion) keine überprüfbaren Aussagen gemacht werden können.

Blackout. Plötzlicher und kurz anhaltender Ausfall des Erinnerungsvermögens, der z. B. als Folge von Kreislaufproblemen oder starkem Alkoholgenuss auftreten kann.

Bleuler, Eugen. Schweizer Psychiater (1857–1939), der sich vor allem der Erforschung der →Schizophrenie widmete und diese Krankheitsbezeichnung in die Psychologie einführte.

Blinder Fleck. Auch Mariotte'scher Fleck genannt; Austrittsstelle des Sehnervs aus dem Auge.

Blindversuch. Auch Probedurchlauf genannt. Begutachtungsverfahren, bei dem sich der Beurteiler lediglich auf Test- oder Protokollergebnisse stützt, ohne Kontakt zu der Untersuchungsperson zu haben. Außerdem kann es sich bei einem Blindversuch um eine Methode handeln, bei der die Versuchsperson oder der Versuchsleiter nicht über den Untersuchungsgegenstand informiert werden, um eine potenzielle Verfälschung der Ergebnisse zu vermeiden. Wenn beiden Beteiligten die entsprechenden Informationen fehlen, spricht man von einem Doppelblindversuch.

Bonding. →Bindung.

Borderline-Störung. Ein erst in jüngerer Zeit anerkanntes Krankheitsbild im Grenzbereich zwischen →Psychose und →Neurose. Nach neueren Erkenntnissen müssen für die Diagnose einer Borderline-Störung fünf der folgenden Merkmale vorliegen und für eine Person typisch sein. 1. Instabile, aber intensive zwischenmenschliche Beziehungen, wobei das Verhältnis zum anderen durch →Idealisierung und →Entwertung bestimmt wird. 2. Impulsives und selbstschädigendes Verhalten in bestimmten Lebensbereichen. 3. Häufiges Gereiztsein, Wutausbrüche und die Schwierigkeit, Ärger kontrollieren zu können. 4. Unsicherheit in grundlegenden Lebensorientierungen, z. B. der Berufswahl, was zu häufigen Brüchen in der Biografie führt. 5. Auffällige Stimmungsschwankungen, die von einigen Stunden bis zu wenigen Tagen andauern und in denen die Stimmungslage zwischen Gereiztheit, Niedergeschlagenheit, Angst und Ausgeglichenheit schwankt. 6. Schwierigkeiten mit dem Alleinsein. 7. Direktes selbstschädigendes Verhalten, z. B. Selbstverletzung oder Suizidversuche. 8. Gefühle der Leere und Langeweile.

Als Ursache der Erkrankung kommen traumatische Kindheitserfahrungen, etwa →sexueller Missbrauch, Gewalterfahrungen und/oder schwere Vernachlässigung sowie eine insgesamt instabile Familiensituation in Betracht.

Botenstoffe. Chemische Substanzen, die Nervenimpulse weiterleiten und auch als →Transmitter oder →Neurotransmitter bezeichnet werden. Siehe auch →Adrenalin, →ADHS, →Gehirn, →Nervensystem, →Psychopharmaka.

Bowlby, John. Englischer Psychiater und Psychoanalytiker (1907–1990), der wichtige Beiträge zur Bedeutung der Mutter-Kind-Beziehung in der frühen Kindheit lieferte. Bowlby beobachtete bei Kindern unterschiedliches Bindungsverhalten, das sich bis ins Erwachsenenalter fortsetzt: Ist die →Bindung sicher, kann das Kind ohne Schwierigkeiten zwischen Alleinsein und Kontakt mit einem Erwachsenen wechseln, bei einer unsicher-vermeidenden Bindung entfernt sich ein Kind nur für einen kurzen Zeitraum von der →Bezugsperson, bei einer unsicher-ambivalenten Bindung ist das Kind kaum in der Lage, eine Trennung von der Bezugsperson auszuhalten und bei einer desorientierten Bindung wird die Bezugsperson gleichzeitig als Angst auslösend und Sicherheit gebend erlebt.

Bradyphrenie. Meist durch hirnorganische Störungen bei Parkinson'scher Krankheit hervorgerufene ausgeprägte Verlangsamung psychischer Abläufe.

Brainstorming. Technik der Ideensammlung, bei der ohne Beurteilung und Kritik frei geäußerte spontane Einfälle gesammelt werden. Ziel ist das effektive und kreative Lösen eines Problems oder einer Aufgabe, z. B. in einer Arbeitsgruppe.

Brainwashing. →Gehirnwäsche.

Breuer, Josef. Österreichischer Internist (1842–1925), der gemeinsam mit →Freud die Ursache von →Neurosen untersuchte. Die Ergebnisse dieser Zusammenarbeit sind in den für die Neuroseforschung wegweisenden „Studien über Hysterie" (1895) festgehalten.

Broca-Zentrum. Gehirnbereich, der für die Steuerung und Kontrolle der Sprachmotorik zuständig ist, benannt nach dem französischen Arzt und Anthropologen Paul Broca (1824–1880). Siehe auch →Sprachzentrum.

Broken home. Bezeichnung aus der →Sozialpsychologie für instabile Familienverhältnisse, die Auswirkung auf die Kinder haben können. Z. B. neigen Kinder von allein erziehenden Eltern häufiger zu Kriminalität und Drogenmissbrauch als Kinder aus intakten Familien. Aber auch gestörte Verhältnisse bei noch zusammenlebenden Elternpaaren können eine Broken-home-Situation bewirken.

Bruxismus. Oberbegriff für verschiedene Formen des Zähneknirschens vor allem während des Schlafs, die als Symptome für Anspannung zu bewerten sind. Zahnerkrankungen sowie Schmerzen im Kiefer und der Kaumuskulatur können die Folge sein.

Bühler, Charlotte. Deutsche Kinder- und Jugendpsychologin (1893–1974), gründete Anfang der 1960er-Jahre zusammen mit Carl C. →Rogers u. a. die „American Association for Humanistic Psychology" und führte die →Humanistische Psychologie in Deutschland ein.

Bulimia nervosa. →Ess-Brech-Sucht

Bulimie. →Ess-Brech-Sucht

Bumerangeffekt. Phänomen, dass Menschen, die starken Beeinflussungsversuchen ausgesetzt sind, umso stärker an ihren ursprünglichen Auffassungen festhalten.

Burn-out. Erschöpfungszustand nach einem vorausgegangenen Prozess hoher Arbeitsbelastung, Stress und/oder Selbstüberforderung. Charakteristisch sind Gefühle der inneren Leere, Resignation und Niedergeschlagenheit. Das Burn-out-Syndrom wurde erstmals bei Menschen in helfenden Berufen beobachtet (Helfersyndrom), die in ihrer täglichen Arbeit mit belastenden Problemlagen konfrontiert waren. Es wird angenommen, dass für die Entwicklung eines Burn-outs aber auch bestimmte Persönlichkeitsmerkmale wie überzogene →Erwartungen hinsichtlich dessen, was mit der eigenen Arbeit erreicht werden kann, verantwortlich sind.

Bystander-Phänomen. Bezeichnung für die Beobachtung, dass Menschen seltener zu Hilfeleistungen gegenüber in Not befindlichen Menschen bereit sind, wenn sie sich in einer Gruppe befinden.

C

Cannabis. Hanfgewächs, Maulbeergewächs, aus dem die Rauschmittel Marihuana und Haschisch gewonnen werden. Beide Produkte werden vom Konsumenten vorwiegend geraucht. Folge des Konsums sind eine euphorische Grundstimmung, Veränderungen in der optischen und akustischen →Wahrnehmung sowie ein verändertes Zeitempfinden. Zusätzlich kann es zu Störungen des →Kurzzeitgedächtnisses und der Konzentrationsfähigkeit kommen. Der Besitz geringer Mengen Haschisch oder Marihuana ist legal. Eine körperliche →Abhängigkeit durch den Konsum von Cannabis ist nicht bekannt.

Carpenter-Effekt. Beschreibung für das Phänomen, wahrgenommene oder vorgestellte Bewegungen ungewollt und unbewusst ansatzweise selbst auszuführen.

Carzinophobie. Übersteigerte Angst, an Krebs zu erkranken oder bereits darunter zu leiden, ohne dass dies durch eine klinische Diagnose bestätigt werden kann.

Casestudy. →Fallstudie.

Ceiling-effect. Fehler bei der Durchführung von Tests, hervorgerufen durch einen zu geringen Schwierigkeitsgrad. Bei einer Merkmalsmessung erreichen die Testpersonen in diesem Fall den Maximalwert, obwohl sie über das getestete Merkmal nicht in dieser Ausprägung verfügen.

Cerebellum. Das Hinter- oder Kleinhirn. Siehe auch →Gehirn.

Cerebral. Das →Gehirn betreffend.

Cerebrum. In zwei Hemisphären angeordnetes Großhirn. →Gehirn.

Chakra. Begriff aus der fernöstlichen Medizin und Heilslehre für insgesamt sieben Energiezentren, die entlang der Wirbelsäule angeordnet sind.

Chancengleichheit. Politischer Anspruch, allen Bürgern unabhängig von Herkunft oder Geschlecht die gleichen Bildungs-, Lebens- und Sozialchancen zu ermöglichen.

Charakter. Kombination relativ stabiler ererbter Anlagen und erworbener Einstellungen eines Menschen, die ihn als Individuum ausmachen. Umgangssprachlich wird der Begriff oft im Zusammenhang mit der moralischen Bewertung eines anderen Menschen benutzt („ein starker Charakter“, „ein schwacher Charakter“). Der Begriff suggeriert zudem eine gewisse →Determination des Menschen, während der Begriff →Persönlichkeit die lebensgeschichtlichen Veränderungen eines Menschen mit einbezieht.

Charaktererziehung. Charakterbildung. Eine Art Persönlichkeitserziehung, die sich auf die Bildung von Werten und Tugenden bezieht, im Gegensatz zu intellektuellen oder professionellen Fähigkeiten.

Charakterkunde. Beschreibung von Charaktertypen, die bereits im Altertum ihren Anfang nahm. Ein bekanntes Beispiel ist z. B. die Lehre von den Körpersäften als Grundlage für das Temperament eines Menschen, wie sie Hippokrates vertreten hat. Diese Vorstellungen spielen in der heutigen Psychologie keine Rolle mehr. Siehe auch →Charakter.

Charakterneurose. Form einer →Neurose, die sich auf die gesamte Persönlichkeitsstruktur eines Menschen niederschlägt.

Charakterologie. Siehe →Charakterkunde.

Charisma. Besondere Ausstrahlung eines Menschen, durch die andere Personen den Eindruck gewinnen, die betroffene Person sei für herausragende Aufgaben oder eine Führungsposition besonders geeignet.

Cheirologie. →Chirologie.

Chemorezeptoren. Für die Aufnahme chemischer Reize (z. B. Geschmacks- und Geruchsreize) verantwortliche Sinneszellen. Siehe auch →Sinne.

Chirologie. Umstrittene Lehre von der Deutung der Handlinien, die auf die inneren Eigenschaften eines Menschen hinweisen sollen.

Chlordiazepoxyd. Eine zu der Gruppe der →Beruhigungsmittel (Tranquillanzien) zählende psychotrope Substanz.

Chlorpromazin. Klinisch bekanntes Neuroleptikum aus der Gruppe der →Psychopharmaka.

Choleriker. Auf Hippokrates' Temperamentslehre zurückgehender jähzorniger Menschentyp, der sehr reizbar und emotional schnell aufbrausend ist. Siehe auch →Typologie.

Chromatodysopsie. Farbenfehlsichtigkeit. Abweichung von der normalen Farbensichtigkeit, entweder in Form von Farbenblindheit oder abnormaler Farbwahrnehmung.

Chronifizierung. Verfestigung eines Krankheitszustands, der die Behandlung in der Regel erschwert.

Circadian. Die Periodik eines Tages betreffend. →Biorhythmus.

Clean. Begriff für die anhaltende Drogenabstinenz nach erfolgreichem Entzug.

Client-centered-therapy. Siehe →Gesprächspsychotherapie.

Clusteranalyse. Verfahren innerhalb der →Statistik, bei der einzelne Ergebniswerte isoliert und zu einer Gruppe zusammengefasst werden. Die Bearbeitung von umfangreichem Ausgangsmaterial wird durch voneinander unterscheidbare Gruppen wesentlich erleichtert. Die Methode wird häufig alternativ zur →Faktorenanlyse eingesetzt.

Co-Abhängigkeit. Nahe stehende Personen oder Angehörige von Abhängigen entwickeln eine Verhaltensänderung (die Co- (Mit-) Betroffenheit), die es dem Suchtkranken ermöglicht, mit seiner Sucht weiterzuleben. Zunächst zeigt sie sich in Problemverdrängung, später in Kontrollversuchen. Betroffene leiden häufig unter Schuld- und Minderwertigkeitsgefühlen, die die Übernahme gesunder Selbstverantwortung verhindern.

Coaching. Fachkundige Beratung und Begleitung bei der beruflichen Entwicklung, die das Verhalten und die Einstellung einzelner Personen (Einzel-Coaching) oder von Gruppen untereinander (Gruppen-Coaching) beeinflusst.

Codierung. Umwandlung einer Information in eine chiffrierte Form. So können z. B. die Namen von Versuchspersonen eines Experiments aus Gründen des Datenschutzes durch Zahlen ersetzt werden. Der umgekehrte Vorgang wird als Decodierung bezeichnet.

Cohn, Ruth. Deutsche Psychoanalytikerin (*1912), Begründerin der Methode der →Themenzentrierten Interaktion.

Coming-out. Von einem Coming-out spricht man, wenn sich eine Person erstmals öffentlich zu ihrer homosexuellen Orientierung bekennt.

Common-Sense-Psychologie. →Alltagspsychologie.

Compliance. Bereitschaft eines Patienten, zur erfolgreichen Behandlung durch einen Arzt mit beizutragen, z. B. durch die Befolgung ärztlicher Verordnungen und Ratschläge.

Computersucht. →Internetsucht.

Coping. Bezeichnung für eine Vielzahl von Strategien und Verhaltensweisen der Auseinandersetzung mit Stressoren und belastenden Situationen. Siehe auch →Bewältigungsstrategien.

Coping-Modell. Methode, bei der modellhaft diejenigen Faktoren demonstriert werden, die einer erfolgreichen Bewältigung einer Anforderung entgegenstehen.

Cornell-Methode. Methode zur →Einstellungsmessung.

Cortex. Kurzbezeichnung für den Neocortex. Siehe auch →Gehirn.

Covert-behavior / covert-response. Begriff aus dem →Behaviorismus, der soviel bedeutet wie verdecktes Verhalten / verborgene Reaktion und der alle Reizreaktionen umfasst, die nicht direkt beobachtbar, doch indirekt (z. B. über Blutdruck, Drüsensekretion u. a.) erschließbar sind. Siehe auch →Overt-behavior.

CR. Abkürzung für conditional response. Siehe auch →klassische Konditionierung.

Crack. Synthetisches Rauschgift, das aus einer Mischung von Kokain und Natriumkarbonat hergestellt wird und zu starker Abhängigkeit führt. Neben möglichen Störungen in der körpereigenen Dopaminproduktion (→Dopamin) führt der Konsum von Crack zudem zu einem Anstieg des Blutdrucks und einer Verengung der Blutgefäße, was einen Herzinfarkt oder Hirnschlag nach sich ziehen kann. Beim Entzug von Crack werden alle bekannten →Entzugserscheinungen beobachtet.

Crashkurs. Vermittlung großer komprimierter Lernstoffmengen in kurzer Zeit. Im Vordergrund steht die praktische Anwendung des Gelernten, wobei theoretisches Hintergrundwissen zurücktritt.

Creutzfeld-Jakob-Krankheit. Neurologische Erkrankung, die von einem rapiden Verfall geistiger Fähigkeiten geprägt ist und deren Ursachen bisher weitgehend unbekannt sind. Benannt wurde die Krankheit nach den Neurologen Hans G. Creutzfeld (1885–1964) und Alfons Jakob (1884–1931). Nach anfänglichen Auffälligkeiten wie Gedächtnis- oder Konzentrationsstörungen kann es im weiteren Verlauf der Krankheit u. a. zu epileptischen Krampfanfällen und anderen Störungen kommen. Im Endstadium der Krankheit fallen die Patienten in ein →Koma.

Cultural lag. Begriff aus der →Sozialpsychologie für das Zurückbleiben bestimmter Kulturleistungen hinter anderen kulturellen Errungenschaften (Diskrepanz zwischen der immateriellen Kultur, den sozialen Institutionen und dem Fortschritt der materiellen Kultur und der Technik bzw. der modernen Naturwissenschaft), z. B. das Missverhältnis zwischen technologischem Fortschritt und der Unfähigkeit, Konflikte gewaltfrei lösen zu können.

Culture-fair-Intelligenztests. Gruppe von →Intelligenztests, die den Anspruch erheben, Merkmale unabhängig von kulturellen und sozialen Rahmenbedingungen (z. B. Sprache, Testmotivation, Reaktion auf Testinhalte) zu testen und somit Benachteiligten gegenüber „fair“ sind.

Cut-off point / cutting score. Wert im Rahmen eines diagnostischen Tests, der für die Zuweisung zu einer bestimmten Gruppe ausschlaggebend ist.

D

Daktylologie. Begriff für die →Kommunikation taubstummer und gehörloser Menschen, die einzelne Wörter mithilfe verschiedenster Fingerzeichen und Gebärden ausdrücken. Die so gebildeten Wörter ergeben schließlich Sätze im Telegrammstil.

Dämmerungssehen. Begriff für das ausschließliche Wahrnehmen von Helligkeitsunterschieden ohne Farben, nachdem sich das Auge an Dunkelheit angepasst hat. Siehe auch →Dunkeladaption.

Dämmerzustand. Zeitweilig eingeschränkter Bewusstseinszustand, der die Fähigkeit zur Wahrnehmung der Außenwelt sowie zur Einschätzung von Verhaltensfolgen begrenzt. Meist zeigt sich der Zustand in einer ängstlichen Grundstimmung, emotionaler Erregtheit und in aggressivem Verhalten; er kann nach außen hin aber auch unerkennbar sein. Gründe für einen Dämmerzustand können Nervenkrankheiten wie z. B. →Epilepsie oder Vergiftungen durch Alkohol- oder Drogenmissbrauch sein. Nach Aufhören des Dämmerzustands besteht oft keine Erinnerung mehr daran (→Amnesie).

Dämpfung. Erregungsminderung. In der Psychologie Begriff für therapeutische Maßnahmen, mit deren Hilfe Erregungszustände abgeschwächt werden sollen, z. B. durch →Entspannungstechniken.

Darwin, Charles Robert. Englischer Naturforscher (1809–1882). Darwin hat wissenschaftlich nachgewiesen, wie sich die Lebewesen auf der Erde im Verlauf der Geschichte entwickelt haben. Die umstrittene Evolutionstheorie, die auch als →Darwinismus bezeichnet wird, wurde 1859 veröffentlicht („On the origin of species by means of natural selection“, deutsch: „Über den Ursprung der Arten durch natürliche Selektion“). Darunter wird verstanden, dass im „Kampf ums Dasein“ sich nur diejenigen Arten und Individuen durchsetzen, deren Organismus in der Lage ist, sich den Umweltbedingungen anzupassen.

Darwinismus. Von Charles →Darwin begründete Selektions-Theorie, nach der das grundlegende Entwicklungsprinzip aller Lebewesen darin zu sehen ist, dass diejenigen Vertreter einer Art überleben, die sich am besten ihrer Umwelt anpassen. Darwin hat erstmals die mögliche Abstammung des Menschen vom Tier dargestellt. Siehe auch →Sozialdarwinismus.

Daseinsanalyse. Tiefenpsychologisches Konzept, das von der →Psychoanalyse beeinflusst wurde und in den 1920er-Jahren die naturwissenschaftliche Ausrichtung der Psychiatrie in Frage stellte. In Anlehnung an die Philosophie Heideggers stellt diese Theorie Neurosen als eine nicht gelungene Form des Daseins eines Menschen dar. Demnach greift naturwissenschaftliches Denken zu kurz, wenn man es auf menschliche Daseinsformen anwendet. Siehe auch →Logotherapie.

Datenerhebung. Für die psychologische Forschung ist es notwendig, Daten über menschliches →Verhalten zu erheben, um erfahrungswissenschaftliche Aussagen zu einem Sachverhalt machen zu können. Dabei kommen verschiedene Verfahren wie etwa die →Beobachtung, die →Befragung und verschiedene psychologische →Tests zur Anwendung.

Debilität. Der Begriff bezeichnet eine niedrige Ausprägung der →Intelligenz beim Menschen, die als geistige Behinderung gilt. Der Wert des →Intelligenzquotienten liegt in einem solchen Fall zwischen 50 und 70 Punkten. Diese Minderbegabung kann entweder ererbt oder durch Krankheiten oder Verletzungen des →Gehirns erworben sein.

Deckeneffekt. Begriff aus der →Testpsychologie. Man spricht von Deckeneffekt, wenn im Rahmen eines Tests die Ausprägung eines Persönlichkeitsmerkmals getestet wird und von allen Versuchsteilnehmern die Maximalwerte erreicht werden, weil die Testfragen zu anspruchslos sind. In einem solchen Fall können keine Unterschiede zwischen den →Probanden festgestellt werden. Siehe auch →Ceiling-Effekt.

Deckerinnerung. Begriff aus der →Psychoanalyse, der das Auftreten einer infantilen Erinnerung bezeichnet, die bedeutungslos erscheint, jedoch die Erinnerung an ein bedeutsames Ereignis oder Trauma verdeckt.

Deckungsmethode. Test, um die Aufmerksamkeit und kognitiven Fähigkeiten einer Person zu prüfen. Dabei werden den →Probanden verschiedene gleiche, ähnliche und ungleiche Objekte angeboten, die diese jeweils nach Zugehörigkeitsgruppen ordnen sollen.

Deduktion. Analytischer Übergang von einer oder mehreren Aussagen (den Prämissen) zu einer Aussage (dem Schluss). Dabei wird jeweils vom Allgemeinen auf das Besondere geschlossen. Als Gegensatz gilt die →Induktion.

Defekt. Ein körperlicher oder seelischer Funktionsausfall, der zu Störungen von Denk- und Handlungsvorgängen führen kann.

Defensives Verhalten. →Vermeidungsverhalten.

Defizithypothese. Annahme, dass Einschränkungen und Verzögerungen in der Entwicklung, insbesondere, was Sprache, Intelligenz und die emotionale Entwicklung betrifft, auf mangelnde Anregungen aus der Umwelt zurückzuführen sind, z. B. weil jemand unter Armutsbedingungen oder in einem schwierigen sozialen Umfeld aufwächst.

Deflektion. Schwere Form der Kontaktstörung, wobei die Betroffenen z. B. durch einen entsprechenden Gesichtsausdruck zu verhindern suchen, dass eine andere Person mit ihnen in einen näheren Kontakt tritt. Siehe auch →Desensitivierung, →Kontakt.

Degeneration. Entartung, Ausartung. Krankhafte Abweichung von der Norm, bedingt durch Vererbung oder Umwelteinflüsse im Sinne einer Verfallserscheinung. Begriffsbezeichnung für den allmählichen Abbau von Organfunktionen oder die Rückentwicklung in einen ursprünglichen Zustand.

Deindividuation. Zustand der Entpersönlichung, der eine verminderte persönliche Verantwortung beinhaltet. Er entsteht z. B. in einer anonymen Gruppe, in der es für den Einzelnen keine →Bezugspersonen und kein →Feedback mehr gibt. Eine mögliche Folge kann sein, dass die Hemmschwelle für das Ausüben von Gewalt herabgesetzt wird, weil keine →soziale Kontrolle vorhanden ist. Siehe auch →Depersonalisation.

Déjà-vu-Erlebnis. Erinnerungstäuschung. Betroffene sind der Ansicht, eine aktuelle Wahrnehmung schon einmal zu einem früheren Zeitpunkt gemacht oder eine Situation bereits durchlebt zu haben. Als Erklärung für dieses Phänomen werden →Fantasien oder ähnliche reale Erlebnisse herangezogen.

Deklaratives Gedächtnis. Die Speicherung desjenigen Wissens und derjenigen Erfahrungen, an die sich eine Person bewusst erinnern kann. Als Gegensatz gilt das →nondeklarative Gedächtnis.

Dekompensation. Seelischer Zusammenbruch.

Delegation. 1. Überweisung des Patienten durch einen Arzt an einen Psychotherapeuten 2. Bezeichnung aus der Familientherapie: Ein schwächeres Familienmitglied, der Delegierte, wird von einem stärkeren, dem Delegierenden, durch eine unbewusste →Interaktion beauftragt, Aspekte von dessen Persönlichkeit auszuleben, die dieser selbst unterdrückt. Beispiel: Ein Vater ist ein angepasster, biederer Mensch, der unauffällig seiner Arbeit nachgeht. Seinen Wunsch, mit bestimmten gesellschaftlichen Konventionen zu brechen und Teile seiner Persönlichkeit auszuleben, die weniger angepasst sind, unterdrückt er ständig. Plötzlich fällt sein Sohn durch permanente Regelverstöße im schulischen Umfeld auf. Der Sohn beginnt als Delegierter des Vaters dessen „rebellische" Anteile stellvertretend auszuleben.

Delinquenz. →Kriminalität.

Delirium, Delirium tremens. →Alkoholpsychose.

Dementia praecox. Veraltete Bezeichnung für →Schizophrenie.

Demenz. Häufigste organisch bedingte →psychische Störung. Charakteristisch für die Demenz ist der Verfall früher vorhandener geistiger Fähigkeiten. Eingeschränkt sind insbesondere das →Denken und die Leistungsfähigkeit des →Gedächtnisses. Die Erkrankung beginnt mit einem schleichenden Prozess, an dessen Beginn häufig Symptome wie Antriebslosigkeit, Stimmungslabilität und Rückzugstendenzen zu beobachten sind. Schließlich fällt es den Betroffenen schwer, aktuelle Wahrnehmungen und Gedanken wiederzugeben, was die Orientierungsfähigkeit erheblich erschweren kann. Hinzu kommen Einschränkungen der Urteils- und Sprachfähigkeit. Aufgrund der Unterschiede der Symptome im Einzelfall spricht man auch von Demenzsyndrom. Demenz tritt häufig als eine Folge der →Alzheimer Krankheit auf oder ist beispielsweise Folge von Vergiftungen oder Stoffwechselstörungen. Ein Fortschreiten der Demenz kann medikamentös und mithilfe von Hirnleistungstrainings aufgehalten werden.

Demografie. Wissenschaft, die sich insbesondere mit der wirtschafts- und sozialpolitischen Datenerhebung (Wahlverhalten, Einkommen, Bildungsstand etc.) der Bevölkerung befasst.

Demoskopie. →Meinungsforschung.

Denkblockade. Denkblockaden können entstehen, wenn Lernvorgänge mit Stress, Angst oder anderen unangenehmen Gefühlen verbunden sind. Sie können in Situationen eintreten, in denen ein Thema berührt wird, das ursprünglich schon einmal in einer stressbeladenen Situation behandelt wurde. Das Denken kann sogar völlig blockiert werden, sobald ein von außen erzwungener Lernprozess vollzogen werden soll. Denkblockaden sind mit spezifischen neurochemischen Reaktionen im →Gehirn verbunden: Durch die Ausschüttung von →Adrenalin und →Noradrenalin können bestimmte Schaltstellen nicht mehr ungestört arbeiten, Impulse werden nicht weitergeleitet.

Denken. Denken ist ein zielgerichteter innerer Prozess, der von außen nicht wahrnehmbar ist. Er dient dem →Problemlösen, der →Informationsverarbeitung und dem Anpassen an reale Sachverhalte. Durch inneres „Probehandeln" werden die Folgen einer Aktivität im Vorhinein abgeschätzt. Während des Denkens werden Reize, Ereignisse und Erfahrungen in Begriffe eingeordnet. Begriffe sind die Voraussetzung für Denkprozesse. Sie werden auch Konzept oder Schema genannt. Da bereits Kleinkinder über die Fähigkeit zur Schemabildung verfügen, ist davon auszugehen, dass es sich um eine angeborene Fähigkeit handelt (siehe auch →Denkentwicklung).

Denken und Gefühle: Denken findet nicht völlig losgelöst von anderen seelischen Prozessen statt. Ein enger Zusammenhang besteht insbesondere zwischen Denken und Gefühlen. So können beispielsweise Denkvorgänge, die zu keiner erfolgreichen Lösung eines Problems führen, emotionale Verunsicherung auslösen und ein →Vermeidungsverhalten nach sich ziehen.

Denken und Sprache: Widersprüchliche Auffassungen bestehen hinsichtlich des Zusammenhangs zwischen Denken und Sprache. Einige Theorien gehen davon aus, dass Denken und Sprechen eine Einheit bilden. Im →Behaviorismus wird Denken als „inneres Sprechen" aufgefasst; Denken stellt demnach nichts anderes dar als Sprechen, allerdings mit dem Unterschied, dass es anderen Personen nicht mitgeteilt wird. Andere Auffassungen sehen das →Erkennen als einen intuitiven Prozess an, bei dem Sprache erst im Nachhinein eine Funktion bekommt, weil sie notwendig ist, um die gewonnenen Erkenntnisse anderen mitzuteilen. Eine dritte These besagt, dass Denken und Sprache zwei völlig getrennte Bereiche darstellen, die sich aber gegenseitig dazu verhelfen, sich weiterentwickeln zu können. Nicht mehr aufrechterhalten werden kann inzwischen die These vom →linguistischen Determinismus, nach der Sprache letztendlich das Denken bestimmt, da der Mensch schließlich in der Lage ist, über sein Denken nachzudenken. Solche Denkprozesse nennt man →Metakognition.

Bezeichnungen für verschiedene Formen des Denkens:

Primärprozesshaftes Denken: Von Freud geprägter Begriff. Die Welt wird entsprechend der eigenen Wünsche und Vorstellungen geordnet. Erst in einem zweiten Schritt wird das eigene Denken mit der äußeren Realität in Übereinstimmung gebracht.

Archaisches Denken / Magisches

Denken: Denkform, die bei Naturvölkern, bei Psychosen oder in der frühen Denkentwicklung beim Kind zu beobachten ist. Geschehnisse werden auf die Einflüsse übernatürlicher Kräfte, etwa Geister, Zauberei etc. zurückgeführt.

Kausal-lineares Denken / Ursache-Wirkungs-Denken: Rein rationales Denken, dass nicht versucht, Zusammenhänge einzubeziehen und sich ausschließlich an Fakten orientiert.

Evaluierendes Denken / Bewertendes Denken: Informationen werden auf ihre Richtigkeit hin überprüft.

Deduktives Denken: Denkform, bei der verallgemeinernde Aussagen und Annahmen am konkreten Einzelfall überprüft werden.

Induktives Denken: Denkform, mit der eine einzelne Beobachtung zu einer verallgemeinernden Schlussfolgerung weiterentwickelt wird.

Divergierendes Denken / Produktives Denken / Schöpferisches Denken: Beim Problemlösen werden neue Wege ausprobiert. Dafür muss von herkömmlichen Sichtweisen abgewichen werden, sodass der Gegenstand des Nachdenkens in einen neuen Zusammenhang gestellt werden kann, der eine unerwartete und originelle Problemlösung hervorbringen kann. Diese Form des Denkens ist für kreative Leistungen erforderlich.

Abstraktes Denken: Denken in Formeln oder Theoriebegriffen.

Anschauliches Denken: Bildhaftes, an Vorstellungen geknüpftes Denken.

Diskursives Denken: Zergliedernde Denkform, bei der für die Lösung eines Problems die einzelnen Denkschritte logisch geplant und nacheinander vollzogen werden.

Denkentwicklung. Durch die Wechselbeziehung jedes einzelnen Menschen mit der Umwelt bilden sich, aufbauend auf den jeweils individuellen Anlagen, kognitive Fähigkeiten heraus. Die Erkenntnisse über die Entwicklung des Denkens sind eng mit dem Namen Jean →Piaget verbunden, der eine einflussreiche Theorie dazu entwickelt hat, wie sich das kindliche Denken im Verlauf der Entwicklung verändert. Zentral für die Denkentwicklung sind die Prozesse der →Assimilation und →Akkomodation, die beide Anpassungsmechanismen an die Umwelt darstellen. Sie finden im ständigen Wechsel statt und unterliegen dem →Äquilibrationsprinzip. Danach werden Ungleichgewichte ausgeglichen, indem wieder ein neues Gleichgewicht auf einem höheren Niveau hergestellt wird. So wird die fortschreitende Entwicklung aufrechterhalten.

Piaget hat vier Stufen beschrieben, in denen die Denkentwicklung vollzogen wird. Sie gelten als für alle Menschen gültig. Die Geschwindigkeit, in der diese Entwicklungen vollzogen werden, können jedoch individuell unterschiedlich sein. Neuere Untersuchungen belegen, dass die verschiedenen Denkstufen oft bereits früher als von Piaget angenommen erreicht werden.

Stufen der kognitiven Entwicklung nach Piaget:

Sensomotorische Stufe (0–2 Jahre): Das Kind differenziert seine Handlungen und erkennt, dass es mit seinem Verhalten die Umwelt beeinflussen kann. Gleichzeitig realisiert es, dass Dinge außerhalb von ihm selbst vorhanden sind, auch wenn es diese Dinge gerade nicht wahrnimmt („Objektpermanenz“). Am Ende dieser Stufe haben Kinder ein inneres Abbild von Gegenständen gebildet. Dies wird als „symbolische Repräsentation“ bezeichnet.

Stufe des präoperationalen Denkens (3–5 Jahre): Auch Stufe des anschaulichen Denkens. Die Aufmerksamkeit beschränkt sich auf einen oder wenige Aspekte eines Gegenstands oder einer Sache. Das Denken ist von Zentrierung geprägt. Kinder in diesem Alter haben große Schwierigkeiten, sich eine Szene aus Sicht einer anderen Person vorzustellen. Aufbauend auf den Erwerb der Objektpermanenz folgt die Entdeckung, dass Gegenstände nicht nur eine fortdauernde Identität besitzen, sondern dass diese auch erhalten bleibt, wenn die Dinge ihr Aussehen verändern.

Stufe der konkreten Operationen (6–11 Jahre): Die Aufmerksamkeit kann auf verschiedene Dinge gelenkt werden (Dezentrierung). Kinder können erste Schlussfolgerungen ziehen und ihr Denken wird flexibler. Sie verlassen sich auf Begriffe und nicht nur auf ihre Wahrnehmung oder Gefühle.

Stufe der formalen Operationen (ab dem 11./12. Lebensjahr): Es finden Denkoperationen statt, ohne dass eine konkrete Erfahrung vorhanden sein muss. Logische Operationen sind nicht mehr an konkrete Probleme gebunden. Kinder sind nun von ihrer kognitiven Struktur her fähig, abstrakt zu denken.

Denkerziehung. Optimierung der Fähigkeit, Probleme zu lösen. Sie besteht entweder darin, sich standardisierte Verfahren zur Lösung von Problemen anzueignen oder Vorgehensweisen, mit denen man in Problemsituationen geeigenete Lösungen suchen und finden kann.

Denkpsychologie. Teilgebiet der Psychologie, das sich mit der Erforschung von Denkprozessen befasst. Die wichtigsten Aspekte der Denkpsychologie sind zum einen die →Denkentwicklung und das →Problemlösen. Um die nicht beobachtbaren Denkprozesse überhaupt untersuchen zu können, werden verschiedene Methoden angewandt. Zum einen bedient man sich der →Introspektion und ihrer weiterentwickelten Form, dem „lauten Denken". Dieses funktioniert, indem eine Versuchsperson, während sie eine Aufgabe löst, mitteilt, was sie gerade tut und warum. Diese Mitteilungen werden protokolliert. Weitere Untersuchungsmethoden sind die Analyse von Fehlern, wobei davon ausgegangen wird, dass Fehler nicht zufällig entstehen, sondern bestimmte Eigenschaften von Denkprozessen wiederspiegeln: Die Beobachtung der Augenbewegungen eines Menschen erlauben Rückschlüsse darüber, welche Informationen von ihm gerade aufgenommen werden und lassen also auch auf seine Denkvorgänge schließen; ebenso die Messung von Muskelanspannungen, da Denken häufig mit unbewussten motorischen Bewegungen verbunden ist und schließlich die Entschlüsselung von →Gehirnwellen. Alle diese Formen der Entschlüsselung menschlicher Denkvorgänge eignen sich jedoch meistens nur zur näheren Beschreibung von Teilvorgängen, ohne die Denkprozesse insgesamt und vollständig erklären zu können. In jüngster Zeit wird deshalb auch versucht, Denkprozesse mithilfe von Computern nachvollziehbar und transparent zu machen.

Denkstil. Es wird davon ausgegangen, dass jeder Mensch eine für ihn typische Form des Denkens bevorzugt und dies ein Merkmal seiner Persönlichkeit darstellt. Erforscht wird in diesem Zusammenhang beispielsweise, ob Personen mehr zum Reflektieren oder mehr zum impulsiven Handeln neigen.

Denkstörungen. Störungen des Denkens, die durch verschiedene psychische Krankheiten ausgelöst werden, ohne dass organische Schäden am Gehirn nachweisbar sind. Bei Depressiven ist das Denken z. B. verlangsamt und Menschen, die an →Schizophrenie erkrankt sind, können gedankliche Verknüpfungen nur sehr eingeschränkt herstellen. Es kommt beispielsweise zur sinnlosen Aneinanderreihung von Wörtern aufgrund ihres Klangs oder zu unsinnigen Wortschöpfungen. Bei leichten Formen der →Demenz ist etwa eine Starrheit im Denken zu beobachten. Auch die verschiedenen →Wahnvorstellungen wie →Beziehungswahn oder →Größenwahn lassen sich als eine inhaltliche Denkstörung beschreiben.

Denver Development Screening Test. →Denver Entwicklungsskalen.

Denver Entwicklungsskalen. Test zur Früherkennung von Entwicklungsverzögerungen. Ausgewertet werden die aus der unmittelbar in der Testsituation gewonnenen Beobachtungen sowie Beobachtungen, die die Eltern außerhalb der Testsituation gemacht haben. Berücksicht werden vier Entwicklungsbereiche: Grobmotorik, Feinmotorik, Sprache und die Fähigkeit zum sozialen Kontakt.

Depersonalisation. Zustand der Selbstentfremdung; Verlust oder Beeinträchtigung des Persönlichkeitsbewusstseins. Auch der eigene Körper oder einzelne Körperteile können fremd wirken. Depersonalisation kommt vor als Begleiterscheinung der Reifung (Pubertätsneurose), als neurotisches Symptom und als akute Erlebnisreaktion. →Deindividuation.

Depression. Zustand, der sich in Hoffnungslosigkeit und Traurigkeit ausdrückt. Depressionen gehören zu den am weitest verbreiteten seelischen Erkrankungen, deren Symptome auf verschiedenen Ebenen erlebt werden können:

1. Gefühlsebene: Mutlosigkeit, Traurigkeit, Niedergeschlagenheit, Reizbarkeit.
2. Körperliche Ebene: Appetitlosigkeit, Energielosigkeit, Schlafstörungen.
3. Verhaltensebene: Apathie, herabgesetzte Motorik, langsameres Handeln.
4. Ebene des Denkens: verlangsamte Denkprozesse, Kritik an der eigenen Person, Neigung zum Grübeln, Selbstvorwürfe, Schuldgedanken, Versagensängste, Pessimismus, evtl. Suizidgedanken.

Unterschieden werden somatogene, exogene, endogene, psychogene und lavrierte Depressionen. Somatogene Depressionen sind solche, die ihre Ursachen in körperlichen Krankheiten haben. Exogene Depressionen sind hirnorganisch begründet. Als endogen werden Depressionen bezeichnet, die körperlich nicht begründbar sind, bei denen aber genetische oder hormonelle Ursachen eine Rolle spielen können. Psychogene oder reaktive Depressionen werden durch schwer belastende Lebensereignisse ausgelöst. Sie können auch im Zusammenhang mit →Burn-out oder anderen Erschöpfungszustände auftreten. Von einer lavrierten Depression spricht man schließlich, wenn ein Patient die Depression psychisch nicht als solche erlebt, sondern nur die damit verbundenen körperlichen Symptome wahrnimmt.

Die Ausprägung einer Depression kann ganz unterschiedliche Formen annehmen: Von einer leichteren Depression nach schwierigen Lebens-

situationen (z. B. Verlust einer nahestehenden Person), die meist allein oder mithilfe der sozialen Umwelt oder einer Psychotherapie aufgelöst werden kann, bis zu einer Depression im klinisch-psychologischen Sinne, die durch ganz unterschiedliche Faktoren verursacht werden kann (s. o.) und medikamentös im Rahmen einer Psychotherapie behandelt werden muss. Bei Suizidgefahr sollte ein Krankenhausaufenthalt erwogen werden.
Biochemische Ansätze zur Entstehung von Depressionen besagen, dass ein Mangel an den Neurotransmittern →Noradrenalin und Serotonin besteht und somit die Nervenübertragung zwischen Zentren beeinträchtigt wird, die mit emotionalen und motivationalen Prozessen in Verbindung gebracht werden. In der Psychoanalyse gilt Depression als eine gegen sich selbst gerichtete Wut. Der Verlust eines Liebesobjekts wird ausgeglichen, indem das Verlorene dem eigenen Ich einverleibt wird, auch die dem Liebesobjekt gegenüber empfundenen negativen Gefühle werden gegen einen Teil des Ich gerichtet. Auf soziokultureller Ebene werden Depressionen mit dem allgemeinen Verlust an traditionellen Werten sowie Gefühlen von Sinnlosigkeit erklärt, die angeblich in der gesamten westlichen Kultur zunehmen.

Deprivation. Entzug oder Vorenthalten von bedürfnisbefriedigenden Objekten oder Reizen. Die Folgen von Deprivation sind anhand von Säuglingen dokumentiert, die in Kinderheimen aufwuchsen und dort keine emotionale Zuwendung erfahren haben. Die seelischen und körperlichen Folgeschäden dieser Kinder wie z. B. →Apathie oder →Störung der Sprachentwicklung hat man als →Hospitalismus ausführlich beschrieben. Deprivation um-fasst auch den Entzug körperlicher Bedürfnisse wie Nahrung und Schlaf. Sensorische Deprivation besteht bei einem Mangel an anregenden Reizen, der bei Kindern zu →Entwicklungsverzögerungen führen kann.

Derealisation. Wahrnehmungsstörung, die im Zusammenhang mit einer Psychose auftreten kann. Die Betroffenen erleben ihre Umwelt als fremd, bizarr und unwirklich.

Dereflexion. Therapeutische Technik innerhalb der →Logotherapie. Statt übermäßig viel Aufmerksamkeit auf bestimmte Probleme oder Symptome zu lenken und diese dadurch zu verstärken, soll der Patient stattdessen versuchen, sie möglichst zu ignorieren.

Desensibilisierung. Technik, die im Rahmen der Verhaltenstherapie im Wechsel mit Entspannungsübungen eingesetzt wird, um Ängste, →Hemmungen und →Vermeidungsverhalten abzubauen. Mithilfe des Therapeuten sind die Klienten dabei aufgefordert, sich den Angst auslösenden Reizen zu stellen, um schließlich ihre Ängste und Hemmungen aufzulösen. Wichtig dabei ist, dass die Person nicht sofort im vollen Ausmaß mit der Angst auslösenden Situation konfrontiert wird, sondern dass eine allmähliche Annäherung stattfindet. Die dabei auftretenden Ängste werden schrittweise abgebaut. Siehe auch →Reizüberflutungstherapie.

Desensitivierung. In der Psychologie Begriff für eine schwere Kontaktstörung, wobei die Abschottung des Organismus so weit geht, dass eine Reduzierung körperlicher Empfindungen feststellbar ist. Siehe auch →Deflektion.

Designer-Drogen. Rauschmittel aus chemischen Substanzen, die künstlich in Chemielaboren hergestellt werden. Dabei wird entweder die chemische Struktur bereits vorhandener Stoffe verändert oder Stoffe aus chemischen Verbindungen neu geschaffen. Siehe auch →Crack und →Ecstacy.

Desintegration. Auflösung, Spaltung oder Zerfall eines zusammengehörigen Ganzen. In der Psychologie Bezeichnung für einen Menschentyp, bei dem die psychischen Funktionen wenig aufeinander abgestimmt sind, was zu einer möglichen Auflösung von Ganzheitserfahrungen führen kann.

Deskriptive Statistik. Beschreibende Statistik. Methode zur Auswertung von psychologischen Erhebungen, die den Vorteil bietet, die gewonnenen Daten und Ergebnisse prägnant zusammenzufassen und darzustellen.

Desorientierung. Begleiterscheinung von →Demenz, →Psychosen und →Bewusstseinsstörungen. Dabei ist ein Mensch vorübergehend oder dauerhaft nicht mehr in der Lage, sich hinsichtlich räumlich-zeitlicher Gegebenheiten oder in Bezug auf die eigene Person zurechtzufinden.

Destruktionstrieb. „Zerstörungstrieb“. Nach Sigmund →Freud ein angeborener lebensfeindlicher Trieb des Menschen (Synonym: Thanatos), der z. B. in Form von Zerstörungslust gegen die Außenwelt, aber auch gegen die eigene Person zum Ausdruck kommen kann. Gemeinsam mit dem so genannten →Todestrieb bildet er die Gegenkraft zur lebenserhaltenden →Libido.

Deszendenztheorie. Abstammungslehre. Nach dieser Theorie haben sich die gegenwärtig existierenden Arten bei Pflanzen und Tieren sowie der Mensch aus früher einfacher organisierten Vorfahren entwickelt. Siehe auch →Darwinismus

Determination. Bedingtsein der geistigen und körperlichen Phänomene durch innere oder äußere Einflüsse wie etwa innerpsychische, genetische, physiologische oder soziale Faktoren.

Deutsch, Helene. Österreichisch-amerikanische Ärztin und Psychoanalytikerin (1884–1982), Schülerin und enge Mitarbeiterin von Sigmund →Freud. Von ihr stammt der Begriff der „als ob"-Persönlichkeit. Damit bezeichnete sie Patienten, die sich selbst, ihrer Umwelt und dem Therapeuten „Rollen vorspielen". Deutsch hat sich zudem als erste Frau mit der weiblichen Psyche beschäftigt. Veröffentlichungen u. a.: „Zur Psychologie der weiblichen Sexualitätsfunktionen", „Psychologie der Frau".

Deutung. Geistige Aktivität, durch die physische oder psychische Erscheinungen und begriffliche Modelle in Beziehung gesetzt werden. Die Deutung bildet ein zentrales Verfahren in der →Psychoanalyse. Der Psychoanalytiker bietet dem Patienten Erklärungen für sein Verhalten, seine Symptome oder den Inhalt seiner Träume an. Auf diese Weise sollen dem Patienten unbewusste Zusammenhänge oder Konflikte einsichtig bzw. bewusst gemacht werden. Da nach →Freud unbewusste Vorgänge durch mehrere verschiedene seelische Prozesse bestimmt werden, sind immer mehrere Deutungen möglich. Deutungen dürfen nicht von außen aufgesetzt, sondern müssen vom Patienten entsprechend mit vorbereitet werden, da sonst eine nachteilige Unterwerfung stattfindet. Siehe auch →Durcharbeiten.

Deutungstest. Testverfahren, bei dem eine Versuchsperson aufgefordert wird, mehrdeutiges Reizmaterial zu interpretieren, d. h. innere Vorstellungen und Fantasien über einen Gegenstand nach außen zu projizieren. Dies soll Rückschlüsse auf die Persönlichkeit ermöglichen. Ein bekannter Deutungstest ist der →Rohrschachtest, der z. B. im Rahmen der →Diagnostik eingesetzt wird. Siehe auch →Projektive Verfahren.

Devianz. Überbegriff für sämtliche Formen der Abweichung von der Norm sozialen Verhaltens. Siehe auch →Abweichendes Verhalten.

Dezeleration. Im Vergleich zur Altersnorm verzögerte seelische oder körperliche Entwicklung eines Individuums. Siehe auch →Akzeleration.

Dezentrierung. Fähigkeit, die für die →Denkentwicklung von Bedeutung ist: Nach →Piaget ermöglicht das dezentrierte →Denken im Gegensatz zum zentrierten Denken die Einbeziehung mehrerer Merkmale. Beispiel: „Piagets Umschüttaufgabe“. Fünf- und sechsjährige Kinder denken, dass die gleiche Menge Flüssigkeit, umgeschüttet in ein höheres aber schmaleres Glas, mehr geworden ist (zentriertes Denken). Siebenjährige Kinder dagegen wissen, dass die Menge gleich geblieben ist, da sie mehrere Dimensionen – Höhe und Breite – berücksichtigen können (dezentriertes Denken).

Diagnose. In der Psychologie die Feststellung von psychischen Zuständen, Fähigkeiten, Verhaltensmerkmalen und Symptomen. Eine Diagnose lässt in der Regel Schlussfolgerungen für die →Prognose eines Patienten zu, d. h. welche Therapiemaßnahmen als geeignet ausgewählt werden sollten. Siehe auch →Diagnostik.

Diagnostik. Allgemeine Bezeichnung für Verfahren, mit deren Hilfe medizinische, psychologische oder entwicklungsbezogene Eigenschaften eines Menschen festgestellt werden können. In der Psychologie kommt die Diagnostik vor allem in folgenden Einsatzbereichen zur Anwendung: Psychologische Beratung (Was ist die Ursache für Probleme und Verhaltensmuster? Welche therapeutischen Maßnahmen können eine Veränderung bewirken?), Eignungsuntersuchungen (Besitzt jemand die Kenntnisse und Fähigkeiten, die für einen bestimmten Beruf oder eine bestimmte Schulform notwendig sind?), Klinische Psychologie (Welche psychischen Störungen weist eine Person auf und wie sind sie entstanden?), Forschung / Evaluation (Welchen Effekt haben psychologische und pädagogische Interventionen? Wie weit konnten sie das Verhalten einer Person beeinflussen?).

Zielstellungen von Diagnostik: Eigenschaftsdiagnostik: Erfassung von Persönlichkeitsmerkmalen wie Intelligenz, Aggressivität, Kontaktfähigkeit usw. Verhaltensdiagnostik: Erfassung des wahrnehmbaren Verhaltens. Statusdiagnostik: Für eine Prognose werden die zu einem bestimmten Zeitpunkt feststellbaren Merkmale erhoben. Prozessdiagnostik: Die Merkmale einer Person werden zu verschiedenen Zeitpunkten untersucht, z. B. im Laufe einer therapeutischen Behandlung. Die psychologische Diagnostik befindet sich in einem Zustand der ständigen Entwicklung, da viele Tests noch immer als unzureichend angesehen werden.

Diagnostische Psychologie. 1. Teilgebiet der Psychologie, das sich mit der Entwicklung und Anwendung diagnostischer Verfahren und Methoden beschäftigt. 2. Gesamtheit der Durchführung von Diagnosen.

Dialog. Gespräch zwischen zwei Menschen oder Gruppen, das geführte Rede und Gegenrede beinhaltet. Siehe auch →kommunikative Kompetenz.

Dichotisches Hören. Versuchsanordnung, bei der ein →Proband jeweils auf dem rechten und dem linken Ohr unterschiedliche akustische Reize geboten bekommt. So wird untersucht, auf welchen Kommunikationskanal die Aufmerksamkeit gerichtet wird. Das Resultat lässt z. B. darauf schließen, welche Hirnhemisphäre das gebotene Material verarbeitet hat. Ein interessantes Ergebnis dieser Methode ist, dass die Informationen, die an das jeweils andere „unaufmerksame" Ohr gelangt sind, nicht erinnert bzw. grobe Veränderungen nicht bemerkt werden. Analoge Test werden auch mit anderen Sinnesorganen durchgeführt.

Differenzialdiagnose. Methode, eine →Diagnose zu stellen, indem man zunächst verschiedene mögliche Diagnosen stellt und diese anschließend gegeneinander abgrenzt.

Differenzielle Psychologie. Teilgebiet der Psychologie, das die Unterschiede zwischen Individuen, Gruppen oder Populationen mithilfe statistischer Methoden und standardisierten Tests untersucht. Eine zentraler Untersuchungsgegenstand ist z. B. die Intelligenz, aber auch die Wechselwirkung zwischen Anlage und Umwelt (siehe →Anlage-Umwelt-Problematik) als diejenigen Faktoren, die die Unterschiede determinieren.

Differenzieller Eignungstest. Methode der Bewerberauswahl. Dazu werden zunächst Profile von erfolgreichen Berufsinhabern erstellt. In einem zweiten Schritt werden die Profile dann mit den Merkmalen von Bewerbern verglichen.

Differenzieller Leistungstest. Testverfahren, mit dem das Leistungsverhalten von Grundschülern getestet wird. Ermittelt werden dabei insgesamt drei Messwerte für verschiedene Leistungsvariablen.

Differenzierung. In der →Entwicklungspsychologie bezeichnet der Begriff die grundlegende Annahme, dass Entwicklungsvorgänge in einer Weise verlaufen, bei der bereits vorhandene Fähigkeiten immer facettenreicher ausgestaltet, dabei aber immer wieder auch integrierend zusammengefasst werden.

Differenzierungshypothese. These, die besagt, dass die Zahl der unabhängigen Intelligenzfaktoren mit zunehmenden Alter wächst, d. h. dass die Fähigkeit, in einem vorgegebenen Feld zu differenzieren, zunimmt.

Dilthey, Wilhelm. Deutscher Philosoph (1833–1911), Begründer der

→Verstehenden Psychologie. Dilthey betonte die Selbstständigkeit der Geisteswissenschaften in Gegenstand und Methode gegenüber den Naturwissenschaften. Er forderte erstmals ein auf geisteswissenschaftlicher Grundlage beruhendes „Verstehen" von Zusammenhängen, das insbesondere auch auf die Erforschung menschlicher Verhaltensweisen Anwendung finden sollte.

Dinophobie. Krankhafte Angst vor Schwindelerscheinungen. Siehe auch →Höhenangst.

Dipsomanie. Periodische Trunksucht von „Quartalsäufern". Siehe auch →Alkoholismus

Direkte Wahrnehmung. Eine der wichtigsten Annahmen innerhalb der →ökologischen Wahrnehmungspsychologie, nach der Anforderungen der Umwelt von einer Person ohne kognitive Verarbeitung begriffen werden. Es ist nicht nötig, die wahrgenommene Information zusätzlich mit anderen Daten oder Wissen anzureichern. Die benötigten Informationen über das Objekt sind vollständig in der Umwelt enthalten und müssen nur aufgenommen werden.

Disengagement. Begriff aus der Entwicklungspsychologie, der das Rückzugsverhalten vieler älterer Menschen aus ihren Lebensbezügen bezeichnet. Siehe auch →Alter.

Disjektion. Spaltung der Persönlichkeit im Traumerleben. Disjektion bezeichnet z. B. einen Trauminhalt, in dem der Träumer gleichzeitig als Zuschauer und Beteiliger auftritt.

Diskriminationslernen. Prozess, bei dem sich das Individuum unterschiedliche Reaktionen auf unterschiedliche Reize aneignet und lernt, wann welche Verhaltensweise angebracht ist.

Diskriminierung. In der Soziologie die Ungleichbehandlung und Benachteiligung von einzelnen Personen oder Gruppen, meist Minderheiten, aufgrund der Rasse, Religion, Überzeugung, Herkunft oder des Geschlechts. Die Diskriminierung basiert meist auf Vorurteilen und soll die eigene Vorrangstellung schützen.

Disposition. In der Psychologie die angeborene oder erworbene, relativ konstante Bereitschaft, in bestimmten Situationen auf eine spezifische Weise zu reagieren.

Dissonanztheorie. Spannungszustand, bei dem sich zwei widersprüchliche Meinungen oder Erfahrungen gegenüber stehen, die akzeptiert werden sollen und den Druck entstehen lassen, die Dissonanz zu mindern oder zu beseitigen. →Kognitive Dissonanz, →Festinger.

Dissoziation. Prozess, in dessen Verlauf miteinander verbundene Verhaltens-, Denk- und Handlungsabläufe in Einzelteile zerfallen bzw. abgespalten werden, ohne dass dies von der betroffenen Person beeinflusst werden kann (z. B. bei Halluzinationen).

Disstress. Das Ausmaß von →Stress, das von einer Person nicht mehr geduldet werden kann. Meist durch zu große, aber auch durch zu geringe Belastung ausgelöst. →Eustress.

Distanz. Allgemein: Entfernung, Abstand. Menschen nehmen körperlichen Abstand zueinander ein, der nur von bestimmten Personen unterschritten werden darf, wie z. B. dem Partner, Familienmitgliedern oder dem Arzt. In der Psychologie bezeichnet die übertragene Bedeutung von Distanz die Unnahbarkeit und Kontaktarmut einer Person, die ein Hinweis auf neurotische Störungen sein kann.

Distanzskalen. →Einstellungsskalen.

Divergentes Denken. →Denken.

Dogmatismus. Verhärtetes, geschlossenes Weltbild, durch das andere Weltanschauungen abgelehnt werden. Dogmatiker sind nicht bereit, neue Informationen aufzunehmen oder Meinungen zu revidieren, sondern beharren starr auf ihren Ansichten. Siehe auch →Autoritäre Persönlichkeitsstruktur, →Vorurteil.

Dominanz. Tatsächliche, empfundene oder von anderen als solche wahrgenommene Überlegenheit von einzelnen Menschen oder Gruppen über andere.

Dopamin. →Neurotransmitter des →Zentralnervensystems, ein Zwischenprodukt von →Adrenalin.

Doppelblindversuch. Versuchsanordnung z. B. zur Feststellung der Wirkung von Medikamenten, bei der weder der Versuchsleiter noch die Teilnehmer wissen, ob sie zur Kontrollgruppe (die statt Medikamenten Placebos erhält) oder zur Testgruppe gehören. Siehe auch →Blindversuch.

Doppeltätigkeitsaufgaben. →Experimente, bei denen ein →Proband zwei Aufgaben gleichzeitig erfüllen soll, um feststellen zu können, in welchem Bereich mehr Leistungseinbußen erfolgen. Auf diese Weise kann erforscht werden, wie einzelne kognitive oder psychische Leistungsbereiche zusammenhängen und sich gegenseitig beeinflussen.

Dosierte Diskrepanzen. Begriffsbezeichnung für eine Methode zur Steigerung der Leistungsmotivation. Dabei wird versucht, einer Person Aufgaben zu stellen, die schwieriger zu lösen sind als diejenigen, die sie bereits erfolgreich gelöst hat. Gleichzeitig sollen sie jedoch nicht so anspruchsvoll sein, dass die Aufgabe trotz einem mehr an Anstrengung nicht bewältigt werden kann.

Double-Bind-Situation. Begriff aus der Kommunikationstheorie. Er wurde u. a. herangezogen, um gestörte innerfamiliäre Kommunikationsprozesse zu beschreiben, die für das Zustandekommen von schizophrenen Störungen verantwortlich gemacht werden. Dabei erhält eine Person immer wieder doppeldeutige Botschaften, wobei das gesprochene Wort z. B. im direkten Widerspruch zur Beziehungsebene steht, ohne dass für den Empfänger dieser Botschaften die Möglichkeit besteht, diese Widersprüchlichkeit aufzulösen. Doppelbotschaften führen letztlich zu Irritation und verhindern, dass ein sicheres Gefühl für →Realität entwickelt werden kann.

Down-Syndrom. Angeborene →geistige Behinderung aufgrund einer Chromosomenanomalie. Bei Menschen mit Down-Syndrom ist das Chromosom 21 in dreifacher statt zweifacher Form vorhanden (Trisomie 21). Die Störung ist mit einer verminderten →Intelligenz in unterschiedlichem Grad sowie Entwicklungsverzögerungen in →Sprache und →Motorik verbunden. Aufgrund der äußeren Erscheinung (Augenstellung, tieferliegende Oberlidfalte, geringere Körpergröße) wurden Menschen mit Down-Syndrom früher auch in diskriminierender Weise als Mongoloide bezeichnet.
Häufig geht die Chromosomenstörung mit angeborenen Fehlbildungen von Körperorganen wie Herzfehlern oder Fehlbildungen im Magen-Darm-Trakt einher. Aufgrund dieser Fehlbildungen erreichte die Mehrzahl der Betroffenen früher das Erwachsenenalter nicht. Durch verbesserte medizinische Behandlungsmöglichkeiten konnte ihre Lebenserwartung inzwischen jedoch wesentlich erhöht werden. Ein Down-Syndrom ist irreparabel. Durch entsprechende Frühförderung und heilpädagogische Maßnahmen kann jedoch ein optimaler Entwicklungszustand gefördert werden. Aufgrund des liebenswerten Wesens der meisten Betroffenen besteht eine ausgesprochene Kontakt- sowie soziale Integrationsfähigkeit.
Mit einem Auftreten von 1:650 Geburten stellt das Down-Syndrom die häufigste Chromosomenstörung dar. Die Häufigkeit steigt mit zunehmendem Alter der Mutter an. Schwangere, die älter als 35 Jahre sind, haben die Möglichkeit, durch eine Fruchtwasseruntersuchung (Amniozentese) eine mögliche Behinderung des Ungeborenen feststellen zu lassen. Da eine sichere Diagnose jedoch erst im fortgeschrittenen Schwangerschaftsstadium erfolgen kann, in dem eine eventuelle Schwangerschaftsunterbrechung nur noch durch die Einlei-

tung einer Fehlgeburt möglich wird, ist dies mit erheblichen psychischen Belastungen verbunden.

Drive. Synonym aus dem Englischen für →Antrieb.

Drogen. Bezeichnung für verschiedene synthetische und pflanzliche Stoffe, die aufgrund ihrer Wirkung auf das →Zentralnervensystem →Abhängigkeit erzeugen können. Nach einer Unterteilung der verschiedenen Substanzen durch die Weltgesundheitsorganisation können folgende Gruppen unterschieden werden: Alkohol und Schlafmittel / Barbiturate (betäubend, beruhigend); Opiate wie Morphium, Heroin etc. (lösen starke Hoch- und Glücksgefühle aus, machen schnell und stark abhängig, es kommt zu heftigen Entzugserscheinungen); Cannabis, Haschisch, Marihuana und Halluzinogene wie LSD, Meskalin etc. (Steigerung der Wahrnehmungsfähigkeit bis hin zu Halluzinationen; psychische Abhängigkeit ist möglich, körperliche sehr selten); Aufputschmittel / Amphetamine (Steigerung der Leistungsfähigkeit, Gefahr der seelischen Störungen); Kokain, Crack (Steigerung der Leistungsfähigkeit, schnelle Abhängigkeit, Schädigung des →Nervensystems möglich).

Drogenabhängigkeit. Seelisches und/oder körperliches Angewiesensein auf Stoffe mit Wirkung auf das Nervensystem. Die psychische Drogenabhängigkeit führt dazu, dass eine Droge fortlaufend konsumiert werden muss, um im Organismus zu bleiben und einen angenehmen Zustand zu erzielen bzw. einen unangenehmen Zustand zu vermeiden. Bei der physiologischen Abhängigkeit hat sich der Körper schon so an die Drogenzufuhr gewöhnt, dass die Dosis immer weiter gesteigert wird und beim Absetzen der Droge Entzugserscheinungen auftreten. Auch vermeintlich „weiche" Drogen wie Haschisch können in die Drogenabhängigkeit führen.

Drogentherapie. Eine Drogentherapie besteht aus einzelnen Stufen. Insbesondere beim Entzug so genannter harter Drogen wie Heroin und Kokain kommt es in den ersten Tagen zu körperlichen Reaktionen wie Muskelschmerzen und Krämpfen, Schlaflosigkeit, Erbrechen und/oder Durchfall, die allmählich abklingen und nach circa drei Wochen vollständig verschwinden. Nach dem körperlichen Entzug folgt einer psychotherapeutischen Behandlung, der wiederum eine Nachsorge folgt, die einen Zeitraum von mehreren Monaten und länger umfassen kann. Der Aufenthalt in einer therapeutischen Wohngemeinschaft oder die Unterstützung einer →Selbsthilfegruppe kann für einen ehemaligen Abhängigen eine große Unterstützung sein, um →clean zu bleiben.

DSM. Abkürzung für „Diagnostic and Statistical Manual of Mental Disorders". DSM wurde von der Amerikanischen Psychiatrischen Gesellschaft entwickelt und stellt ein System zur Einordnung, Definition und Beschreibung psychologischer Störungen dar. Es wurde bereits mehrmals überarbeitet und aktualisiert. Die derzeit gültige Fassung ist „DMS IV". Unterteilt wird DMS in fünf diagnostische Kategorien, die als Achsen bezeichnet werden. Wird ein Patient mithilfe dieses Instruments diagnostiziert, muss er nach allen diesen fünf Kategorien beurteilt werden. Achse I: Organisch bedingte Störungen, Schizophrenie, Angstsyndrome usw. Achse II: Borderline-Störungen, Narzisstische Störungen, Zwänge, Lese-, Rechen- und Sprachstörungen. Achse III: Körperliche Störungen. Achse IV: Beurteilung der psychosozialen Belastung insgesamt. Achse V: Beurteilung der beruflichen und sozialen Situation.

Dual-coding-Ansatz. Annahme, dass das →Gedächtnis Wörter in zweifacher Weise speichert. Neben dem Begriff wird auch ein Bild für das entsprechende Wort hinterlegt.

Dunkeladaptation. Gewöhnung des Auges an geringe Helligkeitswerte. Siehe auch →Helladaption.

Duplikationstheorem. Bezeichnung für den allgemeinen Umstand, dass bei menschlichen Beziehungen, insbesondere intrafamiliären, jeweils solche Neubeziehungen bevorzugt werden, die früheren (gewohnten) Beziehungen ähneln.

Durcharbeiten. Prozess, der neurotische Verhaltensweisen auf Erlebnisse in der frühen Entwicklung des Patienten zurückführt und diese z. B. durch Bewusstwerdung beseitigen soll.

Dyade. Enges, von zwei Menschen gebildetes Bezugssystem, etwa eine Mutter-Kind- oder Paarbeziehung.

Dynamik. In der Psychologie wird unter dem Begriff i. d. R. das Wirken von Kräften bezeichnet, die sich gegenseitig beeinflussen und somit in Beziehungen oder Gruppenprozessen eine bestimmte Entwicklung in Gang setzen. Beispiel: Das Verhalten des einen Partners löst beim anderen eine Kränkung aus. Dies führt bei diesem wiederum zu Rachegefühlen gegenüber dem Partner. Aufgrund der daraus entstehenden gegenseitigen subtilen Angriffe gerät das Paar schließlich in eine Krise.

Dynamische Psychologie. Psychologischer Ansatz, der besonders den Prozesscharakter des Seelischen heraushebt und sich mit dessen Verlauf in Bezug auf Entwicklungsaspekte und Motivation befasst.

Dynamische Psychotherapie. Therapeutisches Verfahren, das seine Grundlagen in der →Psychoanalyse hat und in den 1950er-Jahren entwickelt wurde. Der Ansatz orientiert sich an der alltäglichen Lebensgestaltung des Patienten, er soll gestützt und sein →Selbstwertgefühl erhöht werden. In der Kindheit verankerte Botschaften, die sich zu Grundhaltungen entwickelt haben und dazu führen, das Ereignisse dieser Art immer wieder entstehen, sollen aufgedeckt und durchgearbeitet werden.

Dysarthrie. Organisch bedingte →Sprachstörung (Störung der Aussprache) durch Gehirnverletzung oder -erkrankung.

Dysästhesie. Empfindungsstörung. 1. Überempfindlichkeit gegenüber äußeren Reizen. 2. Der Realität nicht entsprechende Sinnesempfindungen.

Dysergie. Verminderte körperliche und geistige Widerstandskraft.

Dysfunktion. Allgemeine Bezeichnung für die Störung von Organfunktionen.

Dysglossie. Oberbegriff für Aussprachestörungen durch Missbildungen, Veränderungen und Verletzungen der Sprechwerkzeuge (Lippen, Zähne, Zunge, Gaumen, Nase).

Dysgrammatismus. Unfähigkeit, grammatikalisch richtige Sätze zu bilden. →Sprach- und Sprechstörungen.

Dyskalkulie. →Rechenschwäche.

Dyskinesie. Störungen im Bewegungsablauf.

Dyslalie. Stammeln. Siehe auch →Sprach- und Sprechstörungen.

Dyslexie. Lesestörung. Verlust von Teilfunktionen der Lesefähigkeit durch Hirnverletzung oder -erkrankung. Der gänzliche Verlust wird als Alexie bezeichnet.

Dysmenorrhoe. Gestörte, schmerzhafte Menstruation.

Dysphasie. Störung des Sprechens. Siehe auch →Sprach- und Sprechstörungen, →Aphasie.

Dysphonie. Störungen der Stimme. →Sprach- und Sprechstörungen.

Dysphorie. Krankhafte Verstimmung, die sich durch Übellaunigkeit und Gereiztheit auszeichnet. Als Gegenteil gilt die →Euphorie.

Dysphrasie. Sprachhemmung durch Störung der Intelligenzfunktionen. →Sprach- und Sprechstörungen.

Dysthymie. Krankhafte Verstimmung, die sich durch Melancholie und Schwermut auszeichnet. Siehe auch →Depression.

Dystonie. Störung des normalen Spannungszustandes von Muskeln, Gefäßen und Nerven. Siehe auch →vegetative Störung.

E

EA. Abkürzung für →Entwicklungsalter.

EAAM. Abkürzung für ergänzter angeborener →Auslösemechanismus.

EAM. Abkürzung für erworbener →Auslösemechanismus.

Ebbinghaus, Hermann. Deutscher Psychologe (1850–1909), der die experimentelle Psychologie mitbegründete und erstmals die Lern- und Gedächtnisvorgänge beim Menschen erforschte.

Ebbinghaus-Gesetz. Beschreibung einer Gesetzmäßigkeit des Lernens und Behaltens: Bei geringem Anwachsen des Lernstoffs nimmt die aufzuwendende Lernzeit (Wiederholungen) stark zu.

Ebbinghaus-Kurve. →Ersparnismethode.

Echokinese. Sinnloses Nachahmen von Bewegungen und Handlungen anderer Menschen, die im Zusammenhang mit psychotischen Erkrankungen wie z. B. Schizophrenie auftreten können.

Echolalie. Das sinnlose Nachsprechen von gehörten Wörtern oder Sätzen. Echolalie ist während des Spracherwerbs bei Kindern zu beobachten, sie kann aber auch im Zusammenhang mit psychischen Störungen auftreten.

Echopraxie. →Echokinese.

Echtheit. Übereinstimmung von Denken, Handeln und Gefühl. Ist diese bei einer Person nicht gegeben, wird das vom Gegenüber oft unbewusst wahrgenommen, da die Person meist nicht überzeugend wirkt. In der →klientenorientierten Gesprächstherapie von Carl C. →Rogers ist Echtheit eine von drei Variablen in der Haltung eines Psychotherapeuten, die eine positive Persönlichkeitsveränderung des Klienten bewirken kann, wobei der Echtheit eine noch stärkere Bedeutung als den beiden anderen notwendigen Haltungen (→Einfühlung und Wertschätzung) zukommt. Innerhalb therapeutischer oder pädagogischer →Interaktionen darf dies aber nicht dazu verleiten, in jeder Situation alle Gedanken und Gefühle frei auszusprechen. Von Ruth →Cohn wurde in diesem Zusammenhang der Begriff „selektive Authentizität“ geprägt, der meint, dass der Zustand des Gegenübers zu berücksichtigen ist: Soll Echtheit konstruktiv wirken, muss eine Einschätzung erfolgen, was ein Patient oder Schüler an echten Äußerungen oder →Feedback verkraften kann, Wertschätzung und Einfühlung müssen gleichsam gegeben sein.

Ecstasy. Synthetisch hergestellte Droge, die bereits Mitte der 1960er-Jahre in den USA im Rahmen psychotherapeutischer Behandlungen eingesetzt wurde. Die Wirkung von Ecstasy beruht darauf, dass das Neurohormon Serotonin freigesetzt wird. Dies führt zu einer Erhöhung der Selbstakzeptanz und zum Erleben von Geborgenheitsgefühlen in der Gemeinschaft. Wenn Ecstasy-Pillen auf Techno-Partys eingenommen werden und die Konsumenten nach stundenlangem Tanzen in einen tranceähnlichen Zustand geraten, besteht die Gefahr, dass Körpersignale wie Durst oder Erschöpfung nicht mehr wahrgenommen werden. Kreislaufzusammenbrüche können die Folge sein. Generell kann bei einer zu hohen Dosierung eine akute Gesundheitsgefährdung nicht ausgeschlossen werden. Der Konsum von Ecstacy führt nicht zu körperlicher →Abhängigkeit. Ob der Serotonin-Haushalt des Gehirns möglicherweise langfristig geschädigt wird, ist wahrscheinlich, aber bisher noch unklar.

EDR. Electric dermatic reaction. →Psychogalvanische Reaktion.

Edutainment. Kunstwort, zusammengesetzt aus education (engl. = Erziehung) und entertainment (engl. = Unterhaltung), das Lernangebote beinhaltet, die mit Unterhaltungselementen verknüpft sind. Häufige Formen sind Computer-Softwareprogramme oder Filme.

EEG. Abkürzung für →Elektroenzephalogramm.

Effektgesetz. →Gesetz des Erfolges.

Ego. Synonym für →Ich.

Egogramm. Eine durch Fragebögen gewonnene Analyse der funktionellen Anteile der →Ich-Zustände einer Persönlichkeit.

Egoismus. Einstellungen und Verhaltensweisen, die in der Wahrung und Durchsetzung eigener Interessen bestehen (vor den Interessen anderer oder gemeinsamen Interessen) und das Gegenteil von →Altruismus darstellen. In natürlichem Maße dient der Egoismus der Selbsterhaltung, in übertriebenem Maße gilt er als Selbstsucht.

Ego-Kathexis. →Besetzung.

Egozentrismus. Nach →Piaget eine natürliche Phase in der kindlichen →Denkentwicklung, die wieder überwunden wird. Als ihr typisches Merkmal gilt die Unzulänglichkeit, sich in die Perspektive anderer Menschen zu versetzen. Im Unterschied zu →Egoismus bezieht sich der Begriff nicht auf das Handeln, sondern auf die Bedeutung für das Selbst.

Ehrgeiz. Die Motivation, durch eigene Leistungen und Erfolge andere zu überbieten. Extrem ausgeprägter Ehrgeiz hat häufig die Funktion, tatsächlich vorhandene oder empfundene Mängel der eigenen →Persönlichkeit zu kompensieren.

EI. Abkürzung für →Emotionale Intelligenz.

Eidetik. Bildhafte Vorstellung, die bei Kindern, Jugendlichen und Künstlern vorkommen soll. Die Fähigkeit, sich an visuelle Reize so anschaulich zu erinnern, als ob sie in diesem Moment auch tatsächlich wahrgenommen werden würden.

Eifersucht. Schmerzhaftes Gefühl der Verlustangst, das die berechtigte oder unberechtigte Befürchtung beinhaltet, ein wichtiger Mensch könne sich von der eigenen Person ab- und sich einer anderen zuwenden.

Eifersuchtswahn. Eingebildeter und wahnhafter Glauben, vom Partner betrogen zu werden, der sich in ständigem Misstrauen und Kontrollversuchen ausdrückt.

Eigenschaften. Allgemeine Merkmale einer Person, die dauerhaft zu beobachten sind und in verschiedenen Situationen vorkommen. Geistige Eigenschaften können nicht direkt beobachtet, sondern nur aus dem Verhalten geschlossen werden. Siehe auch →Disposition.

Eigenschaftsdiagnostik. Klassische psychologische →Diagnostik.

Eignung. Bezeichnung für sämtliche im Individuum liegende Bedingungen, die für das Eintreten positiv bewerteter Ereignisse im Berufsleben oder in der Schullaufbahn verantwortlich sind. Derartige Ereignisse sind beispielsweise der gelungene Abschluss einer Ausbildung oder das erfolgreiche Ausüben eines Berufs.

Einbildung. Wahrnehmungen, die für reale Gegebenheiten gehalten werden, obwohl diese tatsächlich nicht vorhanden sind.

Einbildungskraft. →Fantasie.

Eindruck. Das Gesamtbild von einer Person oder eines Gegenstandes, bei dem sich emotionale und kognitive Kräfte zur Beurteilung verbinden. Anders als weithin geglaubt, ist der erste Eindruck ein unzulängliches Mittel der Bewertung.

Einfühlung. Fähigkeit, sich in einen anderen Menschen hineinzuversetzen und die Welt mit seinen Augen zu sehen, auch als Empathie bezeichnet. Nach Carl C. →Rogers eine von drei wichtigen Variablen in der klientenzentrierten →Gesprächspsychotherapie, die für eine erfolgreiche Therapie sowie allgemein für die Förderung zwischenmenschlicher Beziehungen von Bedeutung ist.

Einnässen. →Bettnässen.

Einsicht. Das unmittelbare Verstehen eines Sachverhalts; das Erkennen der Zusammenhänge, der Ursache und der Wirkung eines Geschehens oder einer Handlung. Das Erkennen von Zusammenhängen ist eine Voraussetzung, um das eigene Verhalten ändern zu können. In der →Psychotherapie entsteht Einsicht, wenn die →Deutungen des Therapeuten nicht nur kognitiv aufgenommen werden, sondern emotionale Schichten erreichen und zwischen Wissen und Gefühl eine Verbindung entsteht. →Durcharbeiten.

Einstellung. Art und Weise, wie ein Mensch Objekte, Personen oder Ideen wahrnimmt, beurteilt, gefühlsmäßig bewertet und mit seinem Verhalten darauf reagiert. Einstellungen werden durch Erfahrung und durch das Aufnehmen von gesellschaftlichen Wertesystemen erworben. Zu ihrer Messung wendet die →Sozialpsychologie →Einstellungsskalen an.

Einstellungsänderung. Spontane oder geplante Veränderung von →Einstellungen eines Menschen durch Selbstaufklärung, Überzeugung oder Manipulation.

Einstellungsforschung. Die Untersuchung der Entstehungsbedingungen und Auswirkungen von →Einstellungen.

Einstellungs-Skalen. Instrumente zur Messung der →Einstellung von Personen. Dazu werden →Befragungen durchgeführt, bei der die Befragten mit Aussagen konfrontiert werden, aus deren Zustimmung und Ablehnung sich jeweils positive oder negative Einstellungen ableiten lassen. Die Einstellung erscheint als Wert auf einer Skala, die als eine fortlaufende Linie zwischen Zuneigung und Ablehnung konzipiert ist.

Einzelfallstudie. Forschungsansatz innerhalb der →empirischen Sozialforschung, bei dem einzelne Individuen, Gruppen, Organisationen oder Kulturen untersucht werden. Es lassen sich typische Erscheinungen herausfiltern, die einen Einblick in das Zusammenwirken verschiedener Faktoren erlauben. Einzelfallstudien erlauben nur eine Aussage über die jeweilig untersuchte Person oder Gruppe und lassen keine Verallgemeinerungen zu.

Einzelkinder. Bezeichnung für Kinder, die ohne Geschwister in einer Familie aufwachsen. Das →Vorurteil, dass Einzelkinder im Gegensatz zu Geschwisterkindern verstärkt Eigenschaften wie →Egoismus aufweisen, konnte in neueren Studien nicht bestätigt werden.

Einzelpsychotherapie. Im Gegensatz zur →Gruppenpsychotherapie die Behandlung eines einzigen Patienten im Rahmen einer Sitzung.

EKG. Abkürzung für Elektrokardiogramm.

Ekphorie. Das bewusste Erinnern eines Erinnerungsbildes.

Elektra-Komplex. Ein von C. G. →Jung geprägter Begriff für die zu starke Bindung einer Tochter an den Vater, die auch in Kombination mit Feindseligkeit gegenüber der Mutter auftreten kann. Der entsprechende Komplex beim Jungen wird als →Ödipuskomplex bezeichnet.

Elektroenzephalogramm. EEG. Methode zum Messen der Gehirnströme. Dazu werden an verschiedenen Stellen der Kopfhaut maximal 25 Oberflächenelektroden angebracht, mit deren Hilfe sich die Gehirnströme ableiten lassen. Dazu werden zwischen jeweils zwei Elektroden die Spannungsschwankungen verstärkt und von einem Mehrkanalschreiber aufgezeichnet. Das Ergebnis lässt Rückschlüsse auf eventuelle Gehirnerkrankungen zu. Die Gehirntätigkeit wird ständig von elektronischen Signalen begleitet, wobei sich die Frequenz je nach Grad des Bewusstseinszustands und durch die aktive Aufnahme von Reizen ändert. Es lassen sich vier Kurvenformen des EEG unterscheiden: Alphawellen zeigen 8–12 Schwankungen pro Sekunde und treten bei genereller, entspannter Aufmerksamkeit auf. Betawellen besitzen über 12 Schwankungen pro Sekunde und zeigen das Aufnehmen von neuen Informationen an. Thetawellen haben 4–8 Schwankungen pro Sekunde und kennzeichnen den Übergang vom Wach- in den Schlafzustand. Deltawellen zeigen unter 4 Schwankungen pro Sekunde und treten bei Tiefschlaf oder Bewusstlosigkeit auf.

Elektrokrampftherapie. Die Verursachung eines Krampfanfalls, indem einem Patienten zwei Elektroden am Kopf angebracht werden und diesen elektrischer Strom zugeführt wird. Heute wird die Elektrokrampftherapie, wenn überhaupt, nur noch unter strengen Voraussetzungen bei z. B. schweren Depressionen und bestimmten Formen der Schizophrenie unter Einsatz von Narkose durchgeführt.

Elektroschocktherapie. Veraltete Bezeichnung für →Elektrokrampftherapie.

Elementenpsychologie. Denkrichtung innerhalb der Psychologie, die stark an die Tradition der Naturwissenschaften angelehnt ist. Psychische Vorgänge werden erklärt, indem sie auf elementare Einheiten wie z. B. Empfindungen und Assoziationen zurückgeführt werden. Diese Forschungsrichtung steht im Gegensatz zur →Ganzheits- und →Gestaltpsychologie.

Eltern-Ich. →Transaktionsanalyse.

Eltern-Kind-Beziehung. Die Eltern-Kind-Beziehung wird aufgrund der Prägung des Kindes durch die Eltern gefestigt. Hierbei ist unwichtig, ob es sich um leibliche Eltern, Adoptiveltern oder feste Bezugspersonen handelt. Studien belegen, dass eine vertrauensvolle Beziehung grundlegende Bedeutung für die Entwicklung des Kindes wie z. B. sein Lernverhalten hat. Die positive Entwicklung der Beziehung ist von ihrer Qualität abhängig, d. h. inwieweit die Signale des Kindes erkannt werden sowie ihre angemessene und konstante Beantwortung. Eine frühe Trennung des Kindes von einem oder beiden Elternteilen kann dagegen schwer wiegende negative Folgen wie psychische, physische oder soziale Störungen haben (→Hospitalismus).

Emanzipation. Die (Selbst)befreiung eines Menschen aus einem Abhängigkeitsverhältnis. Insbesondere ist damit die rechtliche, politische, wirtschaftliche und soziale Gleichstellung von benachteiligten Gruppen gemeint. Häufig wird auch die Befreiung der Frau aus der →Abhängigkeit des Mannes als Emanzipation bezeichnet.

Emotion. Ein komplexes Muster aus physiologischen Erregungen, Gefühlen, kognitiven Prozessen und Verhaltensweisen, mit dem der Mensch auf eine für ihn bedeutsame Situation reagiert.

Emotionale Intelligenz. Ein von dem amerikanischen Psychologen Daniel Goleman geprägter Begriff, der sämtliche sozialen, schöpferischen, musischen und künstlerischen Fähigkeiten beinhaltet, sowie das Vermögen, mit Emotionen situationsangepasst umzugehen und sie produktiv zu nutzen und einzusetzen. Er umschließt sowohl die emotionale Selbstwahrnehmung als auch die Fähigkeit, Empathie und Beziehungsfähigkeit entwickeln zu können.

Emotional-Release-Techniken. Therapeutische Techniken, die das Ziel haben, Gefühle freizusetzen, etwa durch Arbeit an der Atmung. Dazu zählen die →Atemtherapie, die →Bioenergetik oder das →Rebirthing.

Emotions Anonymous. Selbsthilfebewegung, die sich nach einem abgewandelten Modell der →Anonymen Alkoholiker gebildet hat, um die emotionalen Probleme der Mitglieder gemeinsam in einer →Gruppe zu lösen. Typische Problemlagen in solchen Gruppen sind Ängste, Depressionen, Neurosen, Süchte oder zwanghaftes Verhalten.

Emotionspsychologie. Emotionen werden in verschiedenen Teilgebieten der Psychologie untersucht. In der →Allgemeinen Psychologie werden sie als Grundfunktion menschlichen Erlebens erforscht, die →Entwicklungspsychologie untersucht, wie sich Emotionen entwickeln und die →Differenzielle Psychologie beschäftigt sich mit den individuellen Unterschieden im Erleben von Gefühlen.

Emotionstheorien. Theorieansätze, die das Entstehen von Gefühlen erklären. Die wichtigsten Ansätze sind die →James-Lange-Theorie, die →Theorie der kognitiven Bewertung und die →Zwei-Faktoren-Theorie.

Empathie. →Einfühlung

Empfindung. Empfindungen werden durch innere oder äußere →Reize hervorgerufen. Diese erregen die Sinnesorgane, sodass entsprechende Impulse an das Gehirn weitergeleitet werden. Man unterscheidet zwischen Hör-, Geruchs-, Geschmacks-, Gleichgewichts-, Organ-, Tast-, Temperatur- und Schmerzempfindungen. Die Intensität der Empfindungen hängt unmittelbar mit der Stärke der wahrgenommenen Reize zusammen.

Empirie. 1. Die →Erfahrungen selbst. 2. Die auf Erfahrung beruhende Erkenntnis.

Empirische Sozialforschung. Ziel der empirischen Sozialforschung ist es, soziale Gegebenheiten, Zusammenhänge und Gesetzmäßigkeiten systematisch zu ergründen. Durch Befragung, Beobachtung und Experimente werden diesbezügliche Daten erhoben und interpretiert. Dadurch sollen sowohl neue →Hypothesen gewonnen als auch bereits bestehende überprüft werden. Zusätzlich werden die Ergebnisse auch zur Fundierung von Entscheidungen und zur Bewältigung von praktischen Problemen herangezogen.

Empirismus. 1. Bezeichnung für verschiedene Wissenschaftstheorien, die davon ausgehen, dass Erkenntnisse nur aus dem gewonnen werden, was sinnlich erfassbar ist. 2. Bezeichnung für verschiedene psychologische Theorien, die das Erleben und Verhalten allein auf Lernprozesse zurückführen.

Encounter-Gruppe. →Selbsterfahrungsgruppe, die mit Übungen aus der Gestalt- oder Gesprächstherapie neue Gefühlserfahrungen ermöglicht und zur Intensivierung der →Selbst- und →Fremdwahrnehmung beitragen soll.

Encouragement-Therapie. →Ermutigungstherapie.

Endogen. Anlagebedingt oder vererbt, Gegensatz zu →exogen. Man bezeichnet z. B. seelische Krankheiten dann als endogen, wenn sie auf körperliche Ursachen und nicht auf äußere Einflüsse zurückzuführen sind.

Endorphin. Morphinähnliche Substanz, die das Schmerzempfinden herabsetzt und die der Körper bei Stress oder großen Schmerzen selbst produziert, beispielsweise bei der Geburt.

Energie. 1. Der Begriff wird in der Psychologie ähnlich wie der Begriff →Antrieb gebraucht. Er ist nicht genau definiert und wird innerhalb der Psychoanalyse z. B. im Zusammenhang mit den Triebkräften gebraucht. 2. Leistungs- und Wirkfähigkeit, Arbeitsfähigkeit, -vorrat.

Engramm. Im Gehirn hinterlassene Spur eines Reiz- oder Erlebniseindrucks, die das Erinnern ermöglicht. Die Summe der Engramme bildet die biologische Grundlage des Gedächtnisses.

Enkopresis. Unwillkürliches, seelisch bedingtes Einkoten nach Abschluss der Sauberkeitserziehung, das eine Form der kindlichen →Verhaltensstörung darstellt. Siehe auch →Bettnässen.

Enkulturation. Einpassung des einzelnen Individuums in die Kultur durch Übernahme von Regeln, im Unterschied zur →Akkulturation, die sich auf Gruppen bezieht.

Entdeckendes Lernen. Eine Form des →Lernens, bei der eine Person ihr Wissen durch eigene Tatkraft erwirbt. Entdeckendes Lernen ermöglicht einem Individuum zudem bereits vorhandene Kenntnisse besonders produktiv einzusetzen, da die Lernprozesse nicht von außen gelenkt und beeinflusst werden. Solche Lernprozesse sind besonders effektiv und stärken die →Motivation zum Lernen.

Entfremdung. Zustand, bei dem der Kontakt einer Person zu den eigenen Gefühlen, Bedürfnissen, Gedanken, Fähigkeiten und Produkten gestört ist. In der Gesellschaftstheorie von Karl Marx bedeutet er die Vergegenständlichung des Menschen im Arbeitsprozess. Das kapitalistische System führt zur ökonomischen Entfremdung (aufgrund der Trennung des Arbeiters von seinem Produkt durch das Privateigentum von Produktionsmitteln), daraus folgen die politische Entfremdung (durch den Widerspruch zwischen persönlichen und gesellschaftlichen Interessen) und die ideologische Entfremdung (aufgrund der Verschleierung der gesellschaftlichen Verhältnisse durch die herrschende Klasse).

Entgiftung. Die Entziehung von Giften aus dem Körper, z. B. innerhalb der Drogentherapie (→Entziehungskur), nach einem Selbstmordversuch oder bei speziellen allergischen Reaktionen.

Enthemmung. Kontrollverlust. Das Ausfallen der bewussten Steuerung von Affekten, wie es z. B. nach dem Konsum von Drogen aber auch bei speziellen psychologischen Erkrankungen zu beobachten ist.

Entscheidung. Die bewusste Wahl einer Handlung oder Reaktion beim Vorhandensein von mindestens zwei Alternativen. Zu den Kriterien, nach denen Entscheidungen getroffen werden, gehören z. B. die Orientierung an bereits bekannten und bewährten Mustern der Entscheidungsfindung, die Überlegung, welche Entscheidung den größtmöglichen Nutzen und die wenigsten Nachteile mit sich bringt oder die Möglichkeit der schnellen Entscheidung, die wenig kognitive Anstrengung erfordert.

Entscheidungstheorie. Sammelbegriff für eine Reihe von mathematisch formulierten Theorien darüber, wie Entscheidungen gefällt werden. Man unterscheidet die normative und die deskriptive Entscheidungstheorie. Die normative Entscheidungstheorie beschäftigt sich damit, wie sich der Mensch entscheiden soll, die deskriptive untersucht, wie er in der Realität Entscheidungen trifft.

Entspannung. Physischer Gesamtzustand, bei dem die Reaktionsbereitschaft herabgesetzt ist. Die Muskelspannung lässt nach, Atmung sowie Herzschlagsfrequenz werden langsamer. Hohe geistige Konzentration kann dennoch gegeben sein. Entspannungsphasen benötigt der Organismus für seine Regeneration. Ein regelmäßig wiederkehrender Entspannungszustand ist der Schlaf.

Entspannungstherapien. Verschiedene Techniken, die eingesetzt werden, um bei psychischen, psychosomatischen oder nervösen Störungen zu einer Besserung beizutragen, da solche Störungen in der Regel mit einer starken Anspannung der Betroffenen einhergehen. Entspannungstherapien können auch dazu dienen, eine →Psychotherapie zu unterstützen. Häufig angewandte Techniken sind beispielsweise das →autogene Training, →Biofeedback-Training und →Yoga.

Enttäuschung. Gefühl der Unzufriedenheit und Frustration aufgrund einer unerfüllten oder sich nicht als erfüllbar erweisenden Erwartung. Werden Ziele und Hoffnungen von Menschen häufig enttäuscht, kann dies zur →Resignation und in extremer Ausprägung zur →Verzweiflung führen.

Entwicklung. Veränderungen im psychophysischen Bereich, die in Entwicklungsphasen aufgeteilt sind. Der jeweils folgende Abschnitt stellt einen Entwicklungsfortschritt dar, wobei auch natürliche Stillstände oder Rückschritte möglich sind. Die Entwicklung eines Menschen beruht auf Anlage- und Umweltfaktoren, Reifungs- und Lernprozessen sowie auf inneren und äußeren Bedingungen (z. B. Selbststeuerung und pädagogische Maßnahmen).

Entwicklungsalter. Entwicklungsstand einer Person im Vergleich zu dem Entwicklungsstand Gleichaltriger bezüglich eines psychologischen Merkmals wie z. B. Intelligenz.

Entwicklungsasynchronie. Auseinanderklaffen verschiedener Entwicklungsbereiche, wie etwa der motorischen Entwicklung und der Sprach- und Intelligenzentwicklung. Zwar umfassen Entwicklungen in allen Bereichen unterschiedliche Zeitspannen und erfolgen teilweise nacheinander, sie sind aber dennoch aufeinander abgestimmt.

Entwicklungsaufgaben. Unterschiedliche Aufgaben, die der Mensch in seinen verschiedenen Entwicklungsphasen zu leisten hat. Die Entwicklung kann somit niemals als abgeschlossen betrachtet werden.

Entwicklungsphasen. Stufeneinteilung der Entwicklung, gemessen am Lebensalter eines Menschen, die häufig in die Lebensphasen Kindheit, Jugend, Erwachsenenalter und Alter unterteilt wird. Verschiedene →Entwicklungstheorien unterscheiden noch sehr viel differenzierter, welche Teilphasen ein Mensch im Laufe seines Lebens durchläuft.

Entwicklungspsychologie. Teilgebiet der Psychologie, das die Entwicklung von Einzelpersonen oder Gruppen erforscht. Zum einen untersucht die Entwicklungspsychologie große Gruppen von gleichaltrigen Personen, um Durchschnittsnormen des Entwicklungszustands festzustellen (→Querschnittsuntersuchung). Zum anderen führt sie langfristige Untersuchungen an kleinen Personengruppen durch, um deren Entwicklungsverlauf zu bestimmen (→Längsschnittuntersuchungen).

Entwicklungsstörungen. Das Stagnieren oder Zurückfallen auf eine Entwicklungsstufe, das nicht den natürlichen Schwankungen entspricht. Entwicklungsstörungen treten meist in der Kindheit auf. Zu ihnen werden beispielsweise die Lese- und Rechtschreibschwäche, bestimmte →Sprach- und Sprechstörungen oder motorische Störungen gezählt.

Entwicklungstests. Verfahren, die eine Aussage über den Entwicklungsstand eines Kindes oder Jugendlichen zulassen. In der Regel werden dabei einzelne →Fähigkeiten untersucht, etwa die →Intelligenzentwicklung, die →Motorik, die →Sprachentwicklung oder das Sozialverhalten.

Entwicklungstheorien. Systematische Beschreibungen von Entwicklungsprozessen, die sich auf bestimmte Funktionen und Bereiche menschlichen Erlebens beziehen. Verschiedene Entwicklungstheorien leisten u. a. Beiträge zur →psychosexuellen Entwicklung (→Freud), zur →Denkentwicklung (→Piaget), zur →moralischen Entwicklung (→Kohlberg) sowie zur Theorie der psychosozialen Entwicklung (→Erikson).

Entwicklungsverzögerung. Retardation. Normale Schwankungen des Entwicklungstempos, die dazu führen, dass der jeweilige Entwicklungsstand nicht immer der Altersnorm entspricht. Entwicklungsstörungen werden von →Entwicklungstests erfasst.

Entziehungskur. Eine unter ärztlicher Aufsicht durchgeführte Entgiftung des Körpers bei →Drogenabhängigkeit, die mit starken →Entzugserscheinungen einher gehen kann. Die Entziehungskur ist Voraussetzung für eine anschließende psychotherapeutische Behandlung, in der die Ursachen für die →Abhängigkeit aufgearbeitet werden.

Entzugserscheinungen. Bezeichnung für eine Vielzahl körperlicher und psychischer Reaktionen auf den Entzug von →Drogen. Dazu gehören z. B. Kreislaufstörungen, Schweißausbrüche, Magenkrämpfe, Übelkeit, Ängste, Unruhe oder auch Halluzinationen.

Enuresis. →Einnässen.

Epidemiologie. Begriff für eine systematische Datenerfassung, die gesicherte Angaben über die Verbreitung von Krankheiten und psychischen Störungen in der Bevölkerung zulässt. Untersucht werden soziale Determinanten und Folgen auf Krankheitsbilder.

Epilepsie. Gehirnerkrankung, die geerbt ist (genuin) oder durch Verletzung entsteht (symptomatisch). Die typischen Anfälle gehen auf eine diffuse Ausbreitung einer Nervenerregung zurück und beinhalten etwa Bewusstlosigkeit, Krampfzustände, Zuckungen, Schaum vor dem Mund sowie mögliche Zungenbisse und Harnabgang. Es folgt ein Schlafzustand, bei dem alle Glieder entspannt werden. Die Krankheit kann nicht geheilt, die Anfälle aber bei ca. 80 % der Epileptiker durch Medikamente oder Operation verhindert werden.

Erbe-Umwelt-Problem. →Anlage-Umwelt-Problem.

Erbkoordinaten. Begriff aus der →Verhaltensforschung für Instinkthandlungen, die durch Außenreize ausgelöst werden (→Auslösemechanismus).

Erfahrung. Die im Laufe des Lebens gewonnen Kenntnisse, Einsichten und Verhaltensweisen, die durch die eigene Wahrnehmung, Empfindung und das praktische Austesten erworben wurden.

Erfahrungswissen. Das im Gedächtnis gespeicherte Wissen, das sich aus den eigenen Wahrnehmungen und Lernerfahrungen konstituiert.

Ergänzungstest. Ein von →Ebbinghaus entwickelter Intelligenztest, bei dem z. B. unvollständige Sätze oder Abbildungen ergänzt werden sollen.

Ergotherapie. Arbeitstherapie. Bezeichnung für ein Heilverfahren, das vom Arzt verordnet wird und das Ziel hat, Handlungskompetenzen von Menschen sowohl im privaten als auch im beruflichen Bereich zu entwickeln, zu erhalten oder wiederzuerlangen. Sie kommt bei Menschen mit neurophysiologischen, psychischen, motorisch-funktionellen und sensomotorischen Störungen sowie Auffälligkeiten im Sozialverhalten zum Einsatz. Die dabei eingesetzten Methoden setzen die fachkundige Analyse der spezifischen Schwierigkeiten eines Patienten durch den Ergotherapeuten voraus. Siehe auch →Beschäftigungstherapie.

Erikson, Erik Homburger. Deutsch-amerikanischer Psychoanalytiker (1902–1994). Erikson wurde durch seine Entwicklungstheorie bekannt („Kindheit und Gesellschaft“), die auf dem Freud'schen Modell zur psychosexuellen Entwicklung aufbaut. Demnach muss der Mensch einen für jede Entwicklungsstufe typischen Konflikt erfolgreich lösen, um auch die nachfolgende Entwicklung erfolgreich zu bewältigen und →Entwicklungsstörungen zu vermeiden. Entwicklung wird dabei als Prozess verstanden, der eine enge →Interaktion mit der Umwelt voraussetzt. Eine Person muss die Gelegenheit bekommen, Fertigkeiten einzuüben und dabei →Ermutigung erfahren.

Psychosoziale Entwicklungsstufen nach Erikson (jeweils unterteilt nach: Entwicklungsstufe, zu lösende Aufgabe, zu entwickelnde Kompetenz):

Reife: Ich-Integrität versus Verzweiflung; ein Gefühl der Stimmigkeit dem eigenen Leben und der eigenen Person gegenüber.

Erwachsenenalter: Zunehmende Fähigkeiten versus Stagnation; Einsatz für Ziele, die über die persönlichen hinaus gehen.

Frühes Erwachsenenalter: Intimität versus Isolierung; Bindungsfähigkeit.

Pubertät/Adoleszenz (12-20 Jahre): Identität versus diffuser Rollenübernahme; Selbstbewusstsein und Selbstvertrauen.

Latenz (6-11 Jahre): Leistung und

Kompetenz versus Minderwertigkeitsgefühle; Bewusstsein über die eigenen Fähigkeiten zum Denken und sozialen Handeln.
Logomotorisch-genitale Phase (4–5 Jahre): Integration und Initiative versus Schuldgefühle; das Bewusstsein, gestalten zu können.
Muskulär-anale Phase (2–3 Jahre): Unabhängigkeit versus Scham und Zweifel; Körperbeherrschung und das Bewusstsein, handelnd in die Umwelt eingreifen zu können.
Oral-sensorische Phase (0–2 Jahre): Urvertrauen versus Misstrauen; das Gefühl einer grundlegenden Sicherheit zum Leben, zu sich selbst und der Umwelt.

Erinnern. Das Abrufen von Informationen und Erfahrungen, die im →Gehirn gespeichert wurden. Erinnern findet statt, wenn ein neu aufgenommener Reiz einem bereits aufgenommenen ähnlich ist und eine Art Wiedererkennung stattfindet oder durch das bewusste Erinnern von etwas, das gegenwärtig in der Umwelt nicht vorhanden ist, z. B. um eine konkrete Fragestellung lösen zu können. Die Fähigkeit zum Erinnern kann geschult werden. Bekannte Techniken sind beispielsweise die →Mnemotechnik, die so genannte „Eselsbrücke", oder die →Loci-Methode. Siehe auch →Vergessen.

Erinnerung. Im →Gedächtnis gespeicherte Informationen und Erfahrungen, die gewollt abgerufen werden können oder ungewollt in das Bewusstsein treten.

Erinnerungslücke. →Amnesie.

Erkennen. Prozesse des →Wahrnehmens und →Denkens, mit denen die Umwelt erfasst wird und Informationen gewonnen werden.

Erkenntnis. Die Gewinnung von Einsichten durch die geistige Verarbeitung von →Erfahrungen und →Eindrücken.

Erklärende Psychologie. Psychologische Forschung und Lehre, die über das Beschreiben hinausgeht und Erklärungen gibt. Siehe auch →Verstehende Psychologie.

Erleben. In der Psychologie bildet das Erleben das Gegenstück zum →Verhalten. Während letzteres beobachtbar ist, handelt es sich beim Erleben um subjektive Vorgänge im Inneren einer Person, die nur von ihr selbst wahrgenommen werden können. Diese Dimension wird beispielsweise vom →Behaviorismus grundsätzlich in Frage gestellt.

Erlebnisorientierte Therapie. Therapieformen, die weniger auf der Grundlage von Gesprächen und →Deutungen, sondern durch die Möglichkeit des unmittelbaren →Erlebens eine Einsicht oder Verhaltensänderung des Patienten herbeiführen wollen. Ein Beispiel für eine Therapie für Erwachsene ist das →Psychodrama, bei dem im Rahmen einer →Gruppentherapie Konflikte in Form eines Schauspiels von den Teilnehmern nachgespielt werden. In der therapeutischen Arbeit mit Kindern stellt z. B. die Reittherapie eine Möglichkeit dar, die sinnliche Erfahrung des Getragen-Werdens zu vermitteln.

Erlernte Hilflosigkeit. Überzeugung eines Menschen, der oft in seinem Leben die Erfahrung gemacht hat, mit den ihm zur Verfügung stehenden Mitteln keine Einflussnahme auf seine Lebensumstände ausüben zu können. Die Folge können Passivität, negative Erwartungen, Stresserscheinungen und →Depressionen sein.

Ermüdung. Folgezustand geistiger oder körperlicher Beanspruchung. Leistungsabfall nach einer längeren Tätigkeit, verbunden mit einer schwächer werdenden Muskelspannung und Konzentrationsfähigkeit. Weitere Anzeichen sind Unlustgefühle und Gereiztheit. Wird dem Körper keine Gelegenheit zur →Erholung durch eine Ruhepause gegeben, kann eine Ermüdung in kurzer Zeit zur →Erschöpfung der körperlichen und geistigen Kräfte führen.

Ermutigung. Form des Zuspruchs in der →Individualpsychologie. Diese geht davon aus, dass Minderwertigkeitsgefühle bzw. die daraus folgende Entmutigung die Auslöser für psychische Störungen sind.

Ermutigungstherapie. Therapeutischer Ansatz, der gezielt versucht, die Motivation des Klienten für die eigene Veränderung zu erhöhen. Dazu wird das Vertrauen des Patienten zu sich selbst gestärkt und seine Bereitschaft angeregt, für sich selbst Verantwortung zu übernehmen. Zum Einsatz kommen Techniken aus der →Humanistischen Psychologie, die in jeder Behandlungsphase in einer bestimmten Kombination eingesetzt werden.

Ernährungspsychologie. Neue Richtung innerhalb der psychologischen Forschung, die in enger Zusammenarbeit mit der Ernährungswissenschaft untersucht, inwiefern Ernährungsgewohnheiten herausgebildet werden und welche psychischen Auswirkungen sie zeigen. Der Ernährungspsychologie kommt mit der Zunahme von ernährungsbedingten Krankheiten in den Industrieländern sowie der Zunahme von →Essstörungen eine immer größere Bedeutung zu. So ist inzwischen belegt, dass das Bereitstellen von Informationen über gesunde Ernährung allein noch nicht ausreicht, um Ernährungsgewohnheiten nachhaltig verändern zu können.

Erregbarkeit. Bereitschaft eines Menschen, mit einem für ihn spezifischen Maß an Gefühlen und Affekten auf Außenreize zu reagieren.

Erregung. Der durch einen Reiz verursachte Zustand einer Nervenzelle bei der Weiterleitung von Erregung. Die →Bahnung von Erregungen ist so wie die →Hemmung ein Grundvorgang der Reizverarbeitung.

Errötungsangst. Bei Personen, die innerlich stark verunsichert sind, kann es vorkommen, dass Signale an das →vegetative Nervensystem gesendet werden, die zu einer Erweiterung der Blutgefäße im Gesicht führen. Es kommt zum Erröten. Weil dies bei den Betroffenen starke Gefühle von Peinlichkeit auslöst, kann die Angst vor dem Erröten dazu führen, dass soziale Kontakte vermieden werden.

Ersatzbefriedigung. Begriff aus der →Psychoanalyse für die Möglichkeit, durch die Befriedigung eines ähnlichen oder anderen Bedürfnisses einen Lustgewinn zu erzielen, wenn die Befriedigung des ursprünglichen Bedürfnisses nicht möglich ist. Den Mechanismus, der zu dieser Umlenkung des ursprünglichen Bedürfnisses führt, nennt man →Sublimierung.

Ersatzhandlung. In der →Psychoanalyse als auch in der →Verhaltenstherapie spricht man von Ersatzhandlungen, wenn bestimmte Handlungsimpulse unterdrückt oder verdrängt und stattdessen andere Handlungen ersatzweise ausgeführt werden.

Ersatzobjekt. Begriff aus der →Psychoanalyse für Personen oder Gegenstände, die ersatzweise das Ziel von Affekten darstellen, die ursprünglich einem anderen galten. Zu Ersatzobjekten werden oft schwächere Menschen oder solche aus dem näheren Umfeld gemacht, wenn der eigentliche Auslöser der →Emotionen abwesend oder unangreifbar ist. Beispiel: Eine Person hat sich über eine Kollegin geärgert, lässt den Ärger aber erst nach Feierabend an der Freundin aus.

Erscheinungsbild. →Phänotyp.

Erschöpfung. Zustand nach dem Verbrauch aller verfügbaren Energien, beispielsweise hervorgerufen durch starke Arbeitsanforderungen. Charakteristisch sind Kraftlosigkeit, das Entgleisen von Denkprozessen und eine herabgesetzte Widerstandskraft. Starke Erschöpfungszustände können zu einem völligen Zusammenbruch oder psychoseähnlichen Zuständen führen. →Exhaustion.

Erschöpfungsdepression. Folge belastender Lebensumstände, die über einen langen Zeitraum bestehen bleiben und emotional nicht mehr bewältigt werden können. Erschöpfungsdepressionen sind häufig mit allgemeiner Reizbarkeit und →psychosomatischen Störungen verbunden. Ein Sonderfall ist die so genannte emotionale Erschöpfung, bei der der Betroffene aufgrund vorhergegangener Überbeanspruchung eine emotionale Anteilnahme an seiner Umwelt weitgehend verweigert.

Ersparnismethode. Eine von →Ebbinghaus zunächst im Selbstversuch entwickelte Methode, um die Leistungsfähigkeit des Gedächtnisses zu überprüfen. Dazu wird zunächst festgestellt, wie oft ein Lerninhalt wiederholt werden muss, damit eine vollständige Reproduktion erreicht werden kann. Nach einer bestimmten Zeit wird der Test mit dem selben Lerninhalt wiederholt. Ebbinghaus stellte fest, dass einmal Erlerntes mit jeder Wiederholung langsamer vergessen wird. Diese Gesetzmäßigkeit kann mit der so genannten Vergessenskurve, auch Ebbinghaus-Kurve genannt, grafisch darstellt werden.

Erster Eindruck. Bild von einem anderen Menschen, das in den ersten Sekunden des Kennenlernens entsteht, sich aber häufig als →Vorurteil erweist. Siehe auch →Eindruck.

Erstinterview. Bezeichnung für das erste Gespräch zwischen Therapeut und Klient, das dazu dient, im Rahmen der →Anamnese die wesentlichen Schwierigkeiten des Klienten herauszufinden.

Erwachsenenalter. Lebensphase, die sich an die Pubertät anschließt und mit Selbstbestimmung und der Übernahme von Verantwortung verbunden ist. Auch im Erwachsenenalter finden wichtige Entwicklungsschritte statt, z. B. der Übergang von einer Paarbeziehung zur Elternschaft oder der Übergang in den Ruhestand. Siehe auch →Alter.

Erwartung. Vorwegnahme und zugleich Vergegenwärtigung eines kommenden Ereignisses aufgrund früherer Erfahrungen. Begriff aus der →Kognitiven Psychologie, nach dem Menschen durch Denkvorgänge in der Lage sind, vergangene Erfahrungen oder Informationen bezüglich in Zukunft wahrscheinlich eintreffender Geschehnisse auszuwerten. E. C. Tolman nimmt in seiner Zeichen-Gestalt-Theorie an, dass durch häufige Wiederholungen derselben oder ähnlicher Handlungsabläufe an deren Ende ein bestimmtes Ereignis steht und eine Vorlaufbegebenheit dieses Ereignisses zum so genannten Hinweisreiz für den eigentlichen Reiz wird. Hört z. B. ein Hund das Klappern der Hundeleine, so erwartet er einen Spaziergang. Eine Erwartung muss sich jedoch nicht immer erfüllen. Vielleicht ist die Leine einfach heruntergefallen. Entscheidend für die Motivation und das Gelingen eines Vorhabens sind die in der Lerntheorie untersuchten Erfolgs- bzw. Misserfolgserwartungen.

Erwartungsangst. Angst, die durch ein bevorstehendes Ereignis ausgelöst wird. Dazu gehört die →Prüfungsangst ebenso wie das Lampenfieber vor einem öffentlichen Auftritt. Führt die Erwartungsangst zu einem leicht erhöhten Erregungszustand des Organismus, kann dies den positiven Effekt einer Leistungssteigerung nach sich ziehen. Nimmt die Erregung hingegen stärkere Ausmaße an, so führt dies bisweilen zu einer emotionalen und/oder einer →Denkblockade.

Erythrobie. 1.→Errötungsangst. 2. Angst vor der Farbe Rot.

Erziehung. Alle Einwirkungen eines Menschen auf einen anderen, die dazu dienen, die Kenntnisse, →Einstellungen, →Fähigkeiten und Fertigkeiten dieses anderen Menschen vor dem Hintergrund kultureller und persönlicher Maßstäbe dauerhaft zu verändern und zu verbessern. Im engeren Sinn bezeichnet der Ausdruck Erziehung Interaktionen zwischen Erwachsenen und Kindern bzw. Jugendlichen, mit dem Ziel, letzteren gesellschaftliche Normen sowie kulturelle und menschliche Werte zu vermitteln.

Erziehungsberatung. →Beratung.

Erziehungsmittel. Begriff für alle Maßnahmen, die von Erziehenden eingesetzt werden, um erwünschtes Verhalten oder Einstellungen gegenüber dem zu Erziehenden durchzusetzen und häufig mit Lob oder Strafe verbunden sind.

Erziehungsstile. Dieser Begriff bezeichnet die unterschiedlichen Ausrichtungen, Arten und Methoden der →Erziehung, die der bewussten oder unbewussten Einstellung des Erziehenden zum zu Erziehenden (meist einem Kind oder Jugendlichen) entsprechen. Erziehungsstile sind besonders im den 1960er- und 70er-Jahren erforscht worden. Als besonders wünschenswert gilt der demokratische oder sozial-interaktive Erziehungsstil, bei dem ein Kind wenig Lenkung, aber starken Rückhalt erfährt. Ein solcher Erziehungsstil trägt zu einer positiven →Eltern-Kind-Beziehung bei. Es konnte nachgewiesen werden, dass Kinder unter diesen Bedingungen Zufriedenheit, →Selbstständigkeit und die Fähigkeit zur →Einfühlung in andere entwickeln. Einen weniger guten Ruf genießen der autoritäre Erziehungsstil, bei dem der Erziehende das Kind im Wesentlichen mit Befehlen lenkt und ihm sehr wenig Freiraum lässt, und der Laissez-faire-Erziehungsstil, bei dem das Kind fast völlig auf sich selbst gestellt ist und kaum Hilfestellung erfährt. Der antiautoritäre Erziehungsstil entstand als Folge des autoritären Erziehungsstils. Er wird heute nicht mehr in seiner Reinform propagiert, lieferte aber wichtige Impulse für heutige erzieherische Ideale.

Erziehungswissenschaft. →Pädagogik.

Es. Begriff aus der →Psychoanalyse. Nach S. →Freud die dritte und tiefste Schicht des →psychischen Apparats, in der das Unbewusste und die nach Sofortbefriedigung strebenden Triebe angesiedelt sind. Das Es ist der bewussten Kontrolle durch das →Ich nicht zugänglich.

Ess-Brech-Sucht. Die Ess-Brech-Sucht, auch Bulimie genannt, ist eine Essstörung, die durch wiederholte „Fressattacken" gekennzeichnet ist, nach denen die Betroffenen anschließend ein Erbrechen der Nahrung herbeiführen. Aufgrund der empfundenen Schamgefühle wird die Erkrankung lange verheimlicht. Die Körperwahrnehmung der Betroffenen ist gestört, sodass Bulimiekranke sich grundsätzlich als zu „dick" wahrnehmen. Weitere diagnostische Kriterien sind die ständige Auseinandersetzung mit Nahrungsmitteln sowie der Missbrauch von Abführ- und/oder Entschlackungsmitteln, der eine Gewichtszunahme vermeiden soll. Es ist möglich, dass eine →Magersucht oder eine →Fettsucht durch Ess-Brech-Sucht abgelöst wird.

Körperliche Folgen: Infolge der Ess-Brecht-Sucht kann es zu Nierenfunktionsstörungen, Muskelschwäche und -krämpfen kommen. Da das fortgesetzte Erbrechen den Elektrolythaushalt des Körpers irritiert, können zudem Herzrhythmusstörungen auftreten. Durch das Erbrechen werden die Zähne angegriffen, zudem wird der gesamte Bereich des Hals- und Gesichtsmuskulatur stark belastet.

Psychische Folgen: Ähnlich wie bei einer →Magersucht können psychische Probleme wie Drogen- oder Alkoholmissbrauch, →Isolation und →Depressionen auftreten.

Risikofaktoren: Ausgelöst wird die Bulimie häufig durch ein →kritisches Lebensereignis, aber auch persönliche, familiäre sowie genetische Bedingungen kommen als Ursachen infrage. Betroffen sind hauptsächlich junge Frauen. Die Betroffenen haben ein geringes →Selbstwertgefühl, sind unsicher und es fällt ihnen schwer, eine →Identität als Frau zu entwickeln.

Therapiemöglichkeiten: Die Betroffenen werden psychotherapeutisch behandelt. Ziele dieser Behandlung sind die Stärkung des →Selbstwertgefühls und der →Selbstständigkeit sowie eine Sensibilisierung für Körpersignale wie Hunger- und Sättigungsgefühle. Die Heilungschancen gelten jedoch als eher schlecht. Oft bestehen die Symptome trotz langjähriger Therapie weiter fort.

Essstörungen. Störungen des Essverhaltens, die zu abnormem Körpergewicht führen können und auf psychische Gründe zurückzuführen sind. Unterschieden werden vier Störungsbilder: die →Magersucht (Anorexia Nervosa), die →Ess-Brech-Sucht (Bulimia nervosa), die →Fettsucht (Adipositas) sowie die →latente Esssucht. Da die Übergänge zwischen den einzelnen Krankheitsbildern oftmals fließend sind, ist eine genaue Abgrenzung nicht immer möglich.

Ethik. Lehre vom sittlichen Wollen und Handeln sowie den Wertvorstellungen einer Gesellschaft.

Ethnopsychologie. Völkerpsychologie. Teilgebiet der →Sozialpsychologie. Untersuchungsgegenstand der Ethnopsychologie ist das menschliche →Erleben und →Verhalten in Abhängigkeit zur Ethnie, der ein Mensch angehört und die z. B. durch spezifische kulturelle →Werte, →Traditionen und →Sprache bestimmt wird. Als Begründer der Völkerpsychologie, die zunächst ein eigenständiges Teilgebiet der →Psychologie darstellte, gilt Wilhelm →Wundt.

Ethnozentrismus. Begriff aus der →Sozialpsychologie. Er beschreibt die oft zu beobachtende Tatsache, dass Leistungen, Kultur und/oder Verhaltensweisen der eigenen Ethnie, also derjenigen Gruppe von Menschen, der eine Person selbst angehört, als Maßstab für die Bewertung anderer Ethnien herangezogen werden. Dies führt nicht selten zur Höherbewertung der eigenen Ethnie und zur Bildung von Vorurteilen gegenüber anderen Ethnien, weil deren Werte nicht vollständig verstanden werden können. Die Neigung zum Ethnozentrismus lässt sich dadurch erklären, dass Menschen generell versuchen, die soziale Umwelt nach den ihnen bekannten Werthaltungen zu beurteilen. Ein ähnlicher Mechanismus ist die Orientierung an der eigenen sozialen Schicht, Geschlechtsrolle oder an Werten, die in der eigenen Berufsgruppe zum Tragen kommen.

Ethologie. →Verhaltensforschung.

Eukolie. Heiterkeit, freudige Stimmung.

Euphorie. Zustand, in dem eine Person von übersteigertem Optimismus und Fröhlichkeit beherrscht wird, die allerdings einer realen Grundlage entbehren. Da der Konsum von →Drogen oft Euphorie auslöst, ist sie ein Grund für die Entstehung von →Abhängigkeit. Gegensatz: →Dysphonie.

Eurythmie. Bewegungskunst und -lehre auf Grundlage der von Rudolf →Steiner entwickelten →Anthroposophie. In choreografischen Bewegungen sollen dabei Klang, Sprache und Melodie körperlich umgesetzt werden.

Eustress. Erscheinungsform von →Stress, der den →Organismus anregt und im Gegensatz zum →Disstress nicht nur als angenehm erlebt wird, sondern auch notwendig ist, um die Leistungsfähigkeit und →Kreativität einer Person anzuregen.

Euthanasie. Sterbehilfe für Menschen, die an unheilbaren, mit starken Schmerzen einhergehenden Krankheiten leiden und die nach eigener Auffassung kein menschenwürdiges Leben mehr führen können. Sterbehilfe kann erfolgen, indem keine weiteren lebensverlängernden medizinischen Maßnahmen mehr eingeleitet werden oder indem die betroffenen Personen von anderen bei der Verübung von Selbstmord Hilfe erfahren, z. B. indem ihnen entsprechende Mittel beschafft werden. Als aktive Sterbehilfe bezeichnet man einen Vorgang, bei der ein Mensch das Leben eines anderen mit dessen Einverständnis beendet.

Eutonie. Methode der →Körpertherapie zur Verbesserung der eigenen →Körperwahrnehmung.

Evaluation. Forschungsmethode, mit der bestimmte Maßnahmen oder neue Projekte nach festgelegten Kriterien ausgewertet und beurteilt werden. Evaluationen werden häufig durchgeführt, um Modellprojekte wissenschaftlich zu begleiten und auszuwerten. Eine Ergebnisauswertung kann beispielsweise durch den Vorher-Nachher-Vergleich erfolgen oder durch einen Vergleich mit einer →Kontrollgruppe.

Evolution. Begriff für 1. die Entwicklung von Lebewesen in der Biologie und 2. die kontinuierliche, langsame Entwicklung der menschlichen Gesellschaft in der Geschichte im Gegensatz zur Revolution. Bei beiden handelt es sich um Prozesse, bei denen Differenzierungen stattfinden. Im Laufe der Menschheitsgeschichte haben sich verschiedene Kulturformen herausgebildet, ebenso immer mehr Arten. Es wäre allerdings falsch, grundsätzlich von einem linearen Fortschreiten auszugehen. So nimmt beispielsweise der Artenreichtum von Flora und Fauna seit einigen Jahrzehnten ab.

Evolutionstheorie. Auch als →Deszendenztheorie bezeichnet. Siehe auch →Darwinismus.

Exaltation. Überspanntheit, die mit hysterischer Aufgeregtheit, Selbstüberschätzung und hoher Erregbarkeit einhergeht. Eine exaltierte Person ist durch ein überschwängliches Wesen mit krankhafter Lebendigkeit gekennzeichnet.

Examensangst. →Prüfungsangst.

Exazerbation. Wiederauftreten oder Verschlimmerung einer Erkrankung.

Exhaustion. →Erschöpfung und die damit verbundene Reizschwellenerhöhung bzw. Reaktionsverminderung.

Exhibitionismus. Öffentliches Entblößen und Zur-Schau-Stellen der eigenen Geschlechtsteile mit dem Ziel sexuellen Lustgewinns. Psychologisch gesehen handelt es sich um das Wiederaufleben der kindlichen Zeigelust als Ersatz für den Geschlechtsverkehr oder für sadistische Taten (der Exhibitionist erfreut sich oft an der Ablehnung und dem Ekel seiner unfreiwilligen Zuschauer). Exhibitionismus ist in Deutschland strafbar. Siehe auch →Perversion.

Existenzanalyse. Eine von Viktor E. →Frankl begründete Methode der tiefenpsychologischen Behandlung, bei der Fragen nach der Sinnhaftigkeit innerhalb der Biografie eines Menschen im Mittelpunkt stehen. Die Ursache von →Neurosen sah Frankl in einer →Frustration des menschlichen →Bedürfnisses, Sinn zu erfahren. Als gesonderte Behandlungsmethode schuf er die →Logotherapie, eine Form der →Anamnese, die dem Patienten bei der Wiederentdeckung von Sinn helfen sollte. Diese Weiterentwicklung der klassischen →Psychoanalyse durch Frankl gilt als die dritte →Wiener Schule. Siehe auch →Daseinsanalyse.

Exner-Spirale. Schwarze Spirale, die auf einem weißen Grund dargestellt wird und Bewegungstäuschung hervorrufen kann, wobei abhängig von der Drehrichtung ein Auseinander- und Zusammenlaufen wahrgenommen wird. Nachdem die Rotation aufgehört hat, entsteht der Eindruck eines gegenläufigen Nachbildes. Ihr Namensgeber war der österreichische Physiologe Sigmund Ritter Exner von Ewarten (1846–1926).

Exogen. Durch äußere Umstände hervorgerufen, dem Körper aufgeprägt. Besonders in der Psychopathologie werden exogene und →endogene Krankheiten unterschieden.

Exogene Psychosen. Psychotische Erkrankungen mit einer körperlichen Ursache, etwa eine Schädigung des Gehirns.

Experiencing. Unmittelbares Gefühlserleben im Rahmen →erlebnisorientierter Therapien.

Experiment. Wissenschaftlicher Versuch. Mithilfe von Experimenten lassen sich (wie in allen empirischen Wissenschaften) auch in der Psychologie Ursachen erforschen und Zusammenhänge herstellen. Dabei muss bei jedem Experiment berücksichtigt werden, dass auch andere Ursachen als die festgestellte für ein Ergebnis infrage kommen können. Vor der Durchführung eines Experiments wird ein Versuchsplan aufgestellt. In der Psychologie stoßen Experimente an ihre Grenzen, wenn eine Gefährdung der Versuchsteilnehmer besteht oder moralische Grundprinzipien verletzt werden.

Typen von Experimenten:

Erkundungsexperiment, „Pilotstudie“: Über einen bislang wenig erforschten Bereich sollen vorläufige Erkenntnisse gewonnen werden.

Entscheidungsexperiment, „experimentum crucis“: Es liegen bereits Hypothesen zum Gegenstand vor. Die geplante Untersuchung soll eine Entscheidung über die Gültigkeit einer der Hypothesen ermöglichen.

Labor-Experiment: Der Versuchleiter stellt eine zu untersuchende Situation im Labor künstlich nach. Vorteil: Mögliche Störungen werden ausgeschaltet, eine genaue Messung ist möglich.

Feldexperiment: Das Experiment findet in der natürlichen Umgebung statt. Störungen werden so weit wie möglich unterbunden.

Experimentelle Neurose. Neurose, die zu Forschungszwecken bei Tieren hervorgerufen wird, indem man sie Situationen aussetzt, auf die sie mit Verhaltensstörungen reagieren.

Experimentelle Psychologie. Bezeichnung für psychologische Untersuchungen mithilfe experimenteller Methoden, die in den verschiedenen Teilgebieten der Psychologie zum Einsatz kommen. Seit Gründung durch →Fechner hat sie eine erhebliche Differenzierung und Ausweitung erfahren.

Experimentelle Psychose. Psychose, die zu Forschungszwecken durch eine gezielte Einnahme von Psychopharmaka ausgelöst wird und unter Beachtung bestimmter Vorsichtsmaßnahmen therapeutischen und diagnostischen Zwecken dienen kann.

Experimentier-Erwartungs-Effekte. Begriff aus der →Sozialpsychologie für die Erfahrung, dass eine bestimmte Erwartungshaltung von Versuchsleitern Einfluss auf die bei einem Versuch gewonnenen Ergebnisse haben kann. Siehe auch →Versuchsleiter-Erwartungs-Effekt.

Expertensysteme. Begriff für Computer- und Programmsysteme, die Expertenwissen zu bestimmten Fachbereichen speichern und dies selbstständig auf praktische Probleme anwenden können. Auch innerhalb der Psychologie finden Expertensysteme zunehmend Anwendung.

Exploration. 1. Untersuchung von psychischen Erscheinungen durch →Befragung von →Versuchspersonen, die oft zur Erstellung einer Anamnese genutzt wird. 2. Erfragung von psychischen Vorgängen durch einen Therapeuten innerhalb der Psychotherapie, die den Patienten anregen soll, frei über innere Erfahrungen zu berichten.

Exploratives Verhalten. →Neugierverhalten.

Expressivität. Individuelle Ausdrucksfähigkeit eines Menschen. Siehe auch →Ausdruck.

Externalisierung. →Abwehrmechanismus, bei dem ein ganzer Problemkomplex nach außen verlagert wird.

Extinktion. Das Auslöschen (Schwächen) von Gedächtnisinhalten, z. B. bei mangelnder Bekräftigung (→Verstärkung) oder das Aufhören der Abhängigkeit beim →bedingten Reflex.

Extraversion. Von Carl G. →Jung geprägter und in die Persönlichkeitspsychologie eingeführter Begriff. Unter Extraversion versteht man eine der Umwelt zugewandte Grundeinstellung: Extrovertierte Menschen sind kontaktfreudig, kommunikativ und anderen gegenüber aufgeschlossen. Siehe auch →Introversion.

Extremscheueffekt. →Beurteilungsfehler, der durch eine Tendenz, Mittelwerte zu bevorzugen und Eindeutigkeit zu vermeiden, hervorgerufen wird.

Extremtraumatisierung. Folgen eines schweren →Traumas, wie sie z. B. durch Kriegserlebnisse oder durch →Folter hervorgerufen werden können. Weil vorhandene →Bewältigungsstrategien in der Regel versagen, sind →posttraumatische Belastungsstörungen die Folge.

Extrinsisch. Von außen her, Gegenteil von →intrinsisch.

Extrinsische Motivation. Motivation, die von äußeren Umständen ausgelöst wird. Siehe auch →intrinsische Motivation.

Eysenck, Hans Jürgen. Englischer Psychologe deutscher Herkunft (1916–1997), lieferte bedeutende Beiträge auf den Gebieten der →Persönlichkeitspsychologie und der →Verhaltensforschung. Eysenck vertrat die These, dass bestimmte Persönlichkeitsmerkmale wie Extraversion, Introversion, die Neigung zu Neurose oder Psychose und insbesondere die Intelligenz genetisch determiniert seien. Kritik lösten seine Versuche aus, →Kriminalität erbbedingt zu interpretieren oder →Homosexualität mittels →Aversionstherapie „heilen“ zu wollen.

F

Fähigkeit. Angeborene und erlernte Kompetenzen, die zum Erfüllen von Aufgaben und für das Ausführen von Leistungen notwendig sind. Individuelle Fähigkeiten lassen sich mithilfe psychologischer →Tests ermitteln.

Faktorenanalyse. Statistisch-mathematische Methode zur Reduktion von →Daten. Innerhalb der →empirischen Sozialforschung werden mit dieser Methode Beziehungen zwischen Merkmalen untersucht, indem gemeinsame Faktoren ermittelt werden, auf die sie sich zurückführen lassen. Die Faktorenanalyse kam zunächst zur Anwendung, um Merkmale zu ermitteln, die für die →Intelligenz entscheidend sind. Die Methode ist umstritten, weil sie lediglich mathematische →Korrelationen erfasst, aber keine Anleitung zur Bewertung der festgestellten Beziehung enthält.

Fallsimulation. Instrument im Rahmen der klinischen Ausbildung von Psychologen. Anhand von Testergebnissen oder einer →Anamnese lernen Studierende dabei, selbstständig eine Diagnose zu erstellen und geeignete Interventionsschritte zu planen. Fallsimulationen gelten als effektive Lernmethode, da sie angehende Therapeuten auf den realen Berufsalltag und die Konfrontation mit Patienten vorbereiten können.

Fallstudie. →Einzelfallstudie. Untersuchungsmethode vornehmlich der →Persönlichkeits- und der →Klinischen Psychologie mit dem Ziel, die individuelle Eigenart eines Menschen oder spezielle Fragestellungen zu erfassen.

Fallsucht. Synonym für →Epilepsie.

Falsifikation. Begriff aus der Wissenschaftstheorie für die Widerlegung von Hypothesen oder Theorien durch empirische Beobachtungen und Gegenbeispiele. Gegenteil von →Verifikation.

Familie. Lebensgemeinschaft miteinander verwandter Personen, die die primäre Instanz für die →Sozialisation der Kinder darstellt. Lebten früher häufig drei Generationen (Großeltern, Eltern, Kind) in einer Großfamilie zusammen, besteht die Familie heute in der Regel aus einer Kleinfamilie, die sich aus Eltern und den minderjährigen Kindern zusammensetzt. Familienstrukturen haben in den letzten Jahrzehnten eine rapide Veränderung durchlaufen. Aus der patriarchal geprägten Familie mit einer klassischen Rollenaufteilung (Vater = Familienernährer und derjenige, der Werte und Normen vermittelt, Mutter = diejenige, die für Haushalt und die Fürsorge der Kinder zuständig ist) ist eine Vielzahl von Lebensformen entstanden, die ebenfalls oftmals als Familie angesehen werden wie unverheiratete Eltern mit Kindern oder →Patchwork-Familien. Die bestimmenden Einflüsse auf die →Sozialisation des Kindes sind der →Erziehungsstil der Eltern, die →Familienkonstellationen sowie die Familienatmosphäre, die aus den bewussten und unbewussten Erwartungen der Partner untereinander und Erwartungen gegenüber den Kindern geprägt wird. Gegenwärtige Diskussionen beschäftigen sich mit der Frage, inwieweit Familien noch in der Lage sind, ihre Aufgabe als Sozialisationsinstanz zu erfüllen. Angesichts der häufigen Berufstätigkeit beider Elternteile, sozialer Probleme oder mangelnder Integration von Migrantenfamilien wird vielfach die Forderung laut, dass die Schule neben ihrer Funktion als Wissensvermittler stärker als bisher das →soziale Lernen von Schülern und Schülerinnen berücksichtigen sollte. Familien werden weltweit als gesellschaftliche Institution anerkannt.

Familienberatung. →Beratung.

Familienkonstellation. Zusammensetzung einer Familie, aus der sich die wichtigsten Beziehungen und →Abhängigkeiten ableiten lassen. Häufig untersuchte Fragestellungen in diesem Zusammenhang sind die →Geschwisterposition und das Fehlen eines Elternteils. Siehe auch →Duplikationshypothese.

Familientherapie. Bezeichnung für die therapeutische Behandlung einer ganzen Familie (bzw. der Mitglieder, die zur Kooperation bereit sind) statt einer ausschließlichen Behandlung desjenigen, der Auffälligkeiten oder Symptome zeigt. Familientherapie beruht auf der Prämisse, dass die emotionalen Schwierigkeiten eines Mitgliedes auf Störungen oder unbewusste Konflikte im Gesamtsystem Familie zurückzuführen sind. Eine Einzeltherapie, bei der das Erleben und Handeln nur einer Person verändert wird, kann das System Familie zudem weiter stören. Der Begriff beschreibt zunächst nur den äußeren Rahmen, in dem diese Therapie durchgeführt wird. Zur Anwendung kommen dabei alle gängigen Verfahren der wichtigen Therapieschulen (tiefenpsychologisch oder verhaltenstherapeutisch orientierte Verfahren sowie solche aus der →Humanistischen Psychologie). Siehe auch →Delegation.

Fanatismus. Verhaltensform, für die das offensive Eintreten für bestimmte Ansichten oder Ideen, verbunden mit →Intoleranz und der Unfähigkeit zur Selbstkritik, charakteristisch ist. Fanatismus geht oftmals mit →Hass und →Aggressivität einher und kann sich auf ganze Menschenmassen ausdehnen. Häufig sind religiöse oder politische Ziele Gegenstand fanatischen Handelns oder Denkens.

Fantasie. Vorstellungsvermögen, bildhaftes →Denken, das aus Erinnerungen oder ihrer Umgestaltung gewonnen wird oder Wunschvorstellungen repräsentiert, z. B. wenn die Realität unerfreulich ist. Fantasie ist für das Erbringen kreativer Leistungen (→Kreativität) unabdingbar. Über eine besonders ausgeprägte Fantasie verfügen Kinder zwischen dem 2. und 3. Lebensjahr. Typisch ist es z. B. in diesem Alter, sich einen imaginären Freund vorzustellen oder einer Spielzeugfigur diese Funktion zuzuweisen. S. →Freud betrachtete Fantasie als einen Ausdruck verdrängter Wünsche, die versuchen, aus der →Verdrängung wieder in das Bewusstsein zu gelangen.

Farbenblindheit. Veralteter Begriff für →Farbenfehlsichtigkeit.

Farbenfehlsichtigkeit. Unvermögen, Farben zu erkennen und zu unterscheiden. Farben können von betroffenen Menschen nur schwach oder ausschließlich in einer veränderten Ausprägung wahrgenommen werden. Farbenfehlsichtigkeit ist in den meisten Fällen eine angeborene Störung, die häufiger bei Männern als bei Frauen vorkommt.

Farbenhören. Bezeichnung für das bei einigen Menschen auftretende Phänomen, parallel zur Aufnahme akustischer Reize, etwa Musik, Farbempfindungen zu verspüren. Die Ausprägung des Farbenhörens ist individuell unterschiedlich.

Farbensehen. →Farbwahrnehmung.

Farbklima. Einfluss von Farben auf das Befinden von Menschen. So werden etwa anregende, so genannte warme Farben (Orange, Gelb, Rot) von beruhigenden, so genannten kühlen Farben wie z. B. Blau unterschieden.

Farbsymbolik. Zuordnung von Farben zu bestimmten Gefühlszuständen oder Persönlichkeitseigenschaften, wie sie im Alltagsleben verschiedenster Kulturen zu beobachten ist.

Farbwahrnehmung. Fähigkeit, Farben wahrzunehmen und zu unterscheiden. Dabei reagieren die Rezeptoren auf der Netzhaut des Auges auf die verschiedenen, von den Farben ausgehenden Wellenlängen des Lichts. Wie die physiologischen Prozesse genau ablaufen, ist noch nicht restlos erforscht. Eine der Theorien hierfür ist die →Young-Helmholtz-Dreifarbentheorie.

Faschismusskala. Bezeichnung für einen von Theodor W. →Adorno entwickelten Fragebogen, mit dessen Hilfe autoritäre und faschistische →Einstellungen einer Person gemessen werden können. Dabei werden Fragen gestellt, die einen Hinweis auf den bei einer Person vorhandenen →Ethnozentrismus, die unkritische Akzeptanz von →Autoritäten und die Kontrolle der eigenen Gefühle geben. Die Aussagekraft des Fragebogens ist umstritten.

Fatalismus. Schicksalsergebenheit; Einstellung, die davon ausgeht, dass Geschehnisse unabwendbar sind und daher eigene Initiative oder Anstrengungen, handelnd einzugreifen, keinen Sinn ergeben.

FBL. Abkürzung für →Freiburger Beschwerdenliste.

Fechner, Gustav Theodor. Deutscher Physiker, Arzt und Schriftsteller (1801–1887), unternahm die ersten Versuche, psychische Vorgänge zu messen und gilt daher als einer der Mitbegründer der →experimentellen Psychologie.

Fechner-Benham-Phänomen. →Flimmerfarben.

Fechner'sches Gesetz. →Weber-Fechner'sches-Gesetz.

Feedback. In der →Sozialpsychologie gilt Feedback als jede Art von Rückmeldung im Bereich der zwischenmenschlichen →Kommunikation, die angibt, dass ein Signal oder eine verbale Äußerung das Gegenüber erreicht hat, und deutlich macht, wie dieses Zeichen oder die Botschaft von ihm aufgenommen wurde. Das Feedback beeinflusst somit die nachfolgenden →Interaktionen.

Fehlanpassung. Unvermögen, sich auf die Umstände der Umwelt einzustellen, verbunden mit unangemessenen Verhaltensweisen.

Fehlleistung. Begriff aus der →Psychoanalyse für fehlerhaft ausgeführte Handlungen wie z. B. Sichversprechen, Sichverlesen etc. Sie werden dadurch erklärt, dass in ihnen verdrängte oder unterdrückte Impulse, Gefühle und Motive zum Ausdruck kommen.

Feindseligkeit. Einstellung einer Person zu seiner sozialen Umwelt, die beinhaltet, überwiegend mit →Aggressivität oder →Hass zu reagieren.

Feldenkrais-Methode. Eine von dem Physiologen Moshe Feldenkrais (1904–1984) entwickelte Form der →Körpertherapie. Ziel ist es, einem Patienten seine Bewegungsmuster bewusster zu machen und ihm zu helfen, diese ökonomischer zu gestalten. Dazu werden Bewegungsabläufe beispielsweise so trainiert, dass sie sich schonend auf Muskulatur und Knochenbau auswirken. Eingesetzt wird die Methode sowohl bei Gesunden als auch zur Unterstützung einer →Psychotherapie. Letztlich soll durch die Harmonisierung der Bewegungsabläufe und die dabei entstehende Entspannung seelische Ausgeglichenheit bewirkt werden.

Feldexperiment. →Experiment in natürlicher Umgebung.

Feldforschung. Forschungen, die im Gegensatz zur Laborforschung unmittelbar in der sozialen Umwelt der zu untersuchenden Gruppe durchgeführt werden. Will ein Forscher z. B. das Verhalten von Hooligans mithilfe dieser Methode untersuchen, würde er sie direkt im Fußballstadium aufsuchen, um dort eine teilnehmende →Beobachtung oder eine →informelle Befragung durchzuführen. Die Schwierigkeit der Methode ergibt sich aus den mangelnden Möglichkeiten, die Bedingungen kontrollieren zu können.

Feldhandlung. →Feldtheorie.

Feldtheorie. Annahme aus der →Sozialpsychologie. Menschliches Verhalten wird demnach durch seine Umgebung bestimmt, wobei Elemente der Abstoßung und Anziehung, ähnlich einer physikalischen Einwirkung, dynamisch auf das Verhalten einwirken. Wird das Handeln eines Menschen vollständig von den Kräften des Feldes bestimmt, spricht man von Feldhandlung. Wie diese Krafteinwirkung im Detail vonstatten geht, hat Kurt →Lewin mithilfe der →Vektorpsychologie beschrieben.

Feminismus. Eine aus der Frauenbewegung hervorgegangene Denkrichtung, die der dominierenden männlichen Sichtweise in allen gesellschaftlichen Bereichen, etwa in Wirtschaft, Wissenschaft und Politik, eine weibliche Sichtweise entgegenstellen will und sich dabei konsequent an den →Bedürfnissen und Anliegen von Frauen orientiert.

Feministische Psychotherapie. Grundlegende Prämisse der feministischen Therapie ist, dass Frauen und Männer durch gesellschaftlich vorgegebene Geschlechterrollen in ihrer Gesamtentwicklung und in ihrem Verhalten behindert werden. Sie gibt zunächst einen weltanschaulichen Rahmen vor, der mit bewährten therapeutischen Ansätzen, mit Ausnahme der Orthodoxen Psychoanalyse, gefüllt werden kann. Entstanden ist die Feministische Psychotherapie durch die Erkenntnis, dass viele psychologische Theorien Ansichten über Frauen beinhalten, die als sexistisch zu betrachten sind und dass sich Therapien für Frauen dann als schädlich erweisen können, wenn ein Therapeut oder eine Therapeutin kein Bewusstsein über die geschlechtsspezifische Rollenzuweisungen hat. Ziel der Therapie ist es, Veränderungen auf den Gebieten herbeizuführen, in denen Frauen aufgrund der geschlechtsspezifischen →Sozialisation am nachhaltigsten beschnitten werden. Dazu gehören das Wahrnehmen und das Ausdrücken von eigenem Ärger, die Übernahme gesunder Selbstverantwortung und ein Mehr an →Selbstständigkeit.

Ferenczi, Sándor. Ungarischer Arzt und Psychoanalytiker (1873–1933). Der bekannte Freud-Schüler schrieb Beiträge zur psychoanalytischen Theorie und wich im Rahmen der Behandlung teilweise von der herkömmlichen Art ab, um gezielt die →Regression seiner Patienten zu fördern.

Fernraum. Bezeichnung für den Raum, den ein Kleinkind sich durch seine ersten Fortbewegungsversuche erschließt und der eine wichtige Funktion bei der Weiterentwicklung des Gehörs und der Fähigkeit zum Sehen einnimmt. Siehe auch →Nahraum, →Oralraum.

Fertigkeit. Spezielle →Fähigkeiten im sensomotorischen, kognitiven oder sprachlichen Bereich, die jeweils durch Übung bzw. Training erworben werden.

Festhaltetherapie. Therapieform, die das Ziel hat, kindliche →Verhaltensstörungen, die auf →Angst vor Nähe zurückgeführt werden, durch das Festhalten des Kindes und durch engen Körperkontakt mit einer →Bezugsperson zu überwinden. Weil dies in der Regel gegen den Willen des Kindes geschieht, ist die Methode umstritten und wird von Kritikern mit Kindesmisshandlung verglichen.

Festinger, Leon. Amerikanischer Psychologe (1919–1989), Mitarbeiter von Kurt →Lewin, formulierte die Theorie der →kognitiven Dissonanz.

Fetales Alkoholsyndrom. →Alkoholembryopathologie.

Fetischismus. Gestörtes Sexualverhalten, bei dem ein Gegenstand zum Objekt des sexuellen Interesses wird (Fetisch), der in vielen Fällen, jedoch nicht zwingend, derjenigen Person gehört, auf den sich die Begierde richtet. Die sexuelle Befriedigung erfolgt durch Selbstbefriedigung, wobei der Gegenstand i. d. R. in die Handlung miteinbezogen wird.

Fettsucht. Form der →Essstörung. Unter Fettsucht leiden Menschen, deren Körpergewicht ihr Normalgewicht um 20 bis 30 Prozent übersteigt. Nicht alle Menschen, die an Übergewicht in diesem Ausmaß leiden, weisen grundsätzlich eine Essstörung auf, da einige Fällen auf eine hormonelle Störung zurückzuführen sind. Bei den von Fettsucht Betroffenen ist die Appetit- und Sättigungsregulation gestört. Neben den psychischen Belastungen muss langfristig mit gesundheitlichen Risiken wie Diabetes, Bluthochdruck, Gelenkleiden oder Wirbelsäulenschäden gerechnet werden. Tritt die Fettsucht im Kindesalter auf, setzt sie sich in einem Drittel der Fälle bis in das Erwachsenenleben hinein fort. Beobachtet wird in den betroffenen Familien ein Erziehungsklima, in dem Kinder wenig Ermutigung erfahren und Essen ein Ersatz für Freude ist, mit dem Frustrationen und Langeweile kompensiert werden.

Figurale Nachwirkung. Phänomen, dass beim Betrachten von Figuren auftreten kann. Wird eine Figur angeschaut, beeinflusst dies die anschließende Wahrnehmung einer weiteren Figur, die umso stärker ist, je näher die zwei Figuren beieinander liegen. Für das Zustandekommen des Phänomens gibt es bisher noch keine ausreichende Erklärung. Siehe auch →Maskierung.

Figur-Grund-Verhältnis. Figur-Hintergrund-Phänomen. Begriff für die Gliederung des Sehfeldes, die grundsätzlich bei jeder optischen →Wahrnehmung erfolgt. Dabei wird zwischen Hintergrund und Figur unterschieden. Die Figur ist in diesem Zusammenhang derjenige Gegenstand oder die Abbildung, auf den die →Aufmerksamkeit gerichtet wird. Das Prinzip lässt sich wirkungsvoll anhand so genannter Kippbilder demonstrieren: Weil die Aufmerksamkeit des Betrachters zunächst ganz auf eine Figur gerichtet ist, erkennt er nicht, dass der Hintergrund ebenfalls eine Figur darstellt.

Filtertheorie. Theorie, nach der bei der →Wahrnehmung von →Reizen Filtersysteme wirken, die den Eingang von bestimmten Reizen blockieren und die Wahrscheinlichkeit für die Aufnahme anderer Reize erhöhen. Die Theorie ist eine Erklärung für das Zustandekommen von →selektiver Aufmerksamkeit.

Fingerlutschen. Verhaltensweise von Babys und Kleinkindern, die bereits im vorgeburtlichen Zustand auftritt und in einem Saugen vorrangig an den Daumen besteht. Das Fingerlutschen verschwindet bei einer normalen Entwicklung ungefähr mit dem Kindergartenalter. Bei älteren Kindern ist das Fingerlutschen häufig ein Indiz dafür, dass es den betroffenen Kindern an →Geborgenheit mangelt.

Fixierung. Gebundenheit eines Menschen an eine bestimmte Erfahrung, Erinnerung oder eine Entwicklungsstufe, die durch einen ungelösten intrapsychischen Konflikt entstanden ist, wobei ein Teil der psychischen Energie an diesen Konflikt verhaftet bleibt. In der psychoanalytischen Theorie werden Fixierungen als →Hemmungen verstanden, die eine psychische Weiterentwicklung in einem bestimmten Bereich verhindern können. Allgemein bezeichnet der Begriff in der Psychologie eine unflexible Haltung und →Einstellung.

Flagellation. Die im Mittelalter verbreitete Form der Geißelung oder Auspeitschung des menschlichen Körpers, um religiöse Buße zu leisten. Heute wird der Begriff im Kontext sadomasochistischer Sexualpraktiken gebraucht.

Flexibilität. Fähigkeit einer Person, sich auf eine veränderte Ausgangslage oder neue Situation einzustellen und ihr →Verhalten anzupassen.

Flimmerverschmelzungsfrequenz. Die Frequenz, bei der schnell aufeinander folgende Lichtreize als über die Zeit konstante Helligkeit erlebt werden. Die Leistungsfähigkeit des Sehapparates stößt an die Grenzen der zeitlichen Auflösung, Einzelreize verschmelzen. Die Verschmelzungsfrequenz gilt auch für akustische Signale.

Flooding. Siehe →Reizüberflutungstherapie.

Floor-Effekt. Begriff aus der Testpsychologie und Gegenteil des →Deckeneffekts, →Ceiling-Effekts. Er tritt auf, wenn ein Test so schwierig ist, dass auch Testpersonen, die das zu messende Merkmal in stark ausgeprägter Form aufweisen, nur niedrige Testergebnisse erzielen. Eine Auswertung des Tests liefert somit keine verwertbaren Ergebnisse.

Flow-Erlebnis. Zustand des selbstvergessenen Versunkenseins in einer Tätigkeit, bei der eine Person ganz in der Beschäftigung mit einer Sache aufgeht und dabei im Einklang mit sich selbst ist. Ein Flow-Erlebnis kann z. B. beim Spielen oder bei sportlichen Aktivitäten auftreten. Es wird auf eine Übereinstimmung von vorhandenen Fähigkeiten und vorliegenden Handlungsanforderungen zurückgeführt.

Flucht in die Krankheit. Ein von Sigmund →Freud geprägter Begriff für den unbewussten Beitrag einer Person bei der Ausbildung von Krankheitssymptomen, etwa wenn eine →Krankheit dabei hilft, eine →Verdrängung aufrechterhalten zu können oder um einen →Krankheitsgewinn zu erzielen. Beispiel: Das Kranksein verhindert, dass eine Person Handlungen ausführen kann, die sie z. B. in einen →Konflikt mit ihrem →Über-Ich bringen würde.

Fluchtverhalten. Reflexhaftes Ausweichen vor einer bedrohlichen Situation, die durch eine vorhergehende Ausschüttung von →Stresshormonen ausgelöst wird. Siehe auch →Angst.

Flussdiagramm. Grafik zur Darstellung von Denkschritten.

Fokalanalyse. →Fokaltherapie.

Fokaltherapie. Form der →Kurzzeittherapie, die sich auf die Lösung eines ganz bestimmten Konflikts des Patienten konzentriert (z. B. auf einen speziellen Komplex).

Fokussierung. Therapeutische Technik, bei der ein Klient angeregt wird, sich auf ein bestimmtes psychisches Problem zu konzentrieren und alle in diesem Zusammenhang auftretenden Gefühle genau wahrzunehmen. Siehe auch →Introspektion.

Folter. Ausübung verschiedener Formen seelischer und körperlicher Gewalt wie Einschüchterung, Erniedrigung und Misshandlung einer Person mit dem Ziel, sie einzuschüchtern, ihren Willen zu brechen und letztlich ihre →Persönlichkeit zu zerstören. Folter wird in Unrechtsstaaten ausgeübt, um Kritiker und Oppositionelle zu unterdrücken oder gegenüber Strafgefangenen, von denen Geständnisse oder Informationen erpresst werden sollen. Neben der direkten Gewaltausübung wie etwa →Vergewaltigung zählen Isolationshaft, die zu einer sensorischen →Deprivation führt, und die Verabreichung von Psychopharmaka ohne entsprechende →Indikation zu den Methoden, mit denen Menschen willfährig gemacht werden. Zur seelischen Folter gehören z. B. so genannte Scheinhinrichtungen. Folter kann mit Mord enden und stellt für die Opfer in jedem Fall eine →Extremtraumatisierung dar.

Foot-in-the-door-technique. Strategie eines Menschen, mit der versucht wird, eine relativ große und anspruchsvolle Bitte erfüllt zu bekommen, indem zunächst um einen kleineren Gefallen gebeten wird, von dem angenommen wird, dass er kaum abgeschlagen werden kann. Anschließend hofft man darauf, dass die größere Bitte bei vorausgegangener Erfüllung der kleineren eher gewährt wird.

Forced-choice. Besondere Form eines →Multiple-Choice-Fragebogens, bei der die Befragten gezwungen sind, eine der vorgegebenen Antworten anzukreuzen, auch wenn keine der Vorgaben auf sie zutrifft.

Forced-choice-Item. Testaufgabe, bei welcher dem Proband zwei Antwortmöglichkeiten vorgegeben werden. Er hat diejenige zu wählen, welche auf ihn am ehesten zutrifft.

Forensische Psychologie. Teilgebiet der →Angewandten Psychologie, bei dem insbesondere die Erkenntnisse und die diagnostischen Möglichkeiten der →Klinischen Psychologie genutzt werden, um im Rahmen der Rechtssprechung zu einer gerechten Urteilsfindung zu gelangen. Psychologen untersuchen in diesem Zusammenhang z. B. die Glaubwürdigkeit von Zeugen, die Schuldfähigkeit von Tätern, oder übernehmen Aufgaben im Rahmen der Resozialisation und Therapie von Strafgefangenen. Die Forensische Psychologie wird auch als Gerichtspsychologie bezeichnet. Siehe auch →Begutachtung.

Formale Operation. Nach →Piaget das letzte Stadium in der →Denkentwicklung.

Formatio Reticularis. →Nervensystem.

Formdeutungstest. →Deutungstests.

FPI. Abkürzung für →Freiburger Persönlichkeitsinventar.

Fragealter. Entwicklungsphase zwischen dem 2. und 4. Lebensjahr eines Kindes, in dem es von seiner Umgebung zunächst Begriffe und Namen („Was ist das?") und darauf folgend Erklärungen für Zusammenhänge von Dingen („Warum ist das so?") durch intensives Fragestellen einfordert.

Fragebogen. Häufig angewandtes Instrument der Datenerhebung im Rahmen der →empirischen Sozialforschung. Die Zusammenstellung verschiedener Fragen, die von dem Befragten zu beantworten sind, können entweder einen offenen oder geschlossenen Charakter aufweisen. Bei offenen Fragen kann der Befragte „frei", d. h. ohne eine Vorgabe antworten, was jedoch die Vergleichbarkeit und somit die Auswertung der Antworten erschwert. Bei geschlossenen →Items sind entweder Ja/Nein-Antworten vorgegeben oder Antwortmöglichkeiten mit verschiedenen Stufenabfolgen (z. B. „trifft zu", „trifft häufig zu", „trifft manchmal zu", „trifft selten zu", „trifft niemals zu" etc.).

Frankfurter Schule. Bezeichnung für die am Institut für Sozialforschung in Frankfurt/Main im 20. Jahrhundert entwickelten Theorien. Das Institut wurde 1924 gegründet. Die dort initiierten Forschungen standen unter der Prämisse, nicht nur Erkenntnis um ihrer selbst willen zu schaffen, sondern dieses Wissen für die →Emanzipation des Menschen im weitesten Sinne nutzbar zu machen. Wichtige Vertreter waren z. B. Theodor W. →Adorno und Erich →Fromm. Die „Frankfurter Schule" wird auch als „Kritische Theorie" bezeichnet.

Frankl, Viktor Emil. Österreichischer Psychologe und Neurologe (1905–1997), begründete die →Logotherapie und →Existenzanalyse. Frankl war stark von der →Psychoanalyse und der →Individualpsychologie beeinflusst und betrachtete die Suche nach Sinn als Hauptmotivation des Menschen.

Frauenforschung. Älterer, teilweise noch verwendeter Begriff für →Geschlechterforschung. Siehe auch →Gender, →Feminismus.

Freiburger Beschwerdeliste. Ergänzungstest zum →Freiburger Persönlichkeitsinventar. Er enthält 78 Fragen, die aus zehn Themenbereichen stammen, darunter Aspekte wie Allgemeinbefinden, Anspannung, →Sensorik und →Motorik.

Freiburger Persönlichkeitsinventar. Bezeichnung für einen →Fragebogen, mit dessen Hilfe Persönlichkeitsmerkmale einer Person ermittelt werden können. Insgesamt enthält er 137 Fragen, die sich auf die allgemeine Lebenszufriedenheit, soziale Orientierung, Leistungsorientierung, Sorgen hinsichtlich des Gesundheitszustands, körperliche Beschwerden, aktuelle Beanspruchung, Offenheit und Gehemmtheit, Erregbarkeit und →Aggressivität beziehen. Aus der Beantwortung der Fragen lassen sich schließlich zwei weitere Persönlichkeitsmerkmale ableiten, nämlich →Extraversion und →Emotionalität.

Freie Assoziation. →Assoziation.

Freizeit. Lebenszeit, die nicht mit Erwerbsarbeit oder der Organisation des Alltags verbunden ist. Der Freizeit werden verschiedene Funktionen zugeschrieben, so etwa die Wiederherstellung von Arbeitskraft (Regenerationsthese), die Kompensation eintöniger Tätigkeiten und einseitiger Belastungen im Beruf (Kompensationsthese) sowie die Möglichkeit, frei von Fremdbestimmung und Zeitdruck einer Tätigkeit nachgehen zu können (Suspensionsthese). Statt dieser monokausalen Erklärungsansätze steht im Blickfeld neuer Forschungen zunehmend ein Ansatz, der sich am Konzept des →Lebensstils orientiert. Mit ihm wird der Gegensatz von Freizeit und Arbeit aufgehoben und stärker untersucht, inwiefern die →sozialen Gruppen und die Werthaltungen, die in der Freizeit entstehen, auf den Lebensstil Einfluss nehmen und somit bis in die Arbeitswelt zurückwirken.

Freizeitforschung. Aufgabe der Freizeitforschung ist es, das Freizeitverhalten von Menschen zu beschreiben und zu untersuchen. Sie wird häufig in außeruniversitären Einrichtungen (Verbänden, kommerziellen Instituten etc.) durchgeführt, wo sie teilweise mit der →Marktforschung verknüpft ist.

Freizeitpsychologie. Teilgebiet der Freizeitforschung, das →Motivationen, →Einstellungen, →Verhaltensweisen und die in der Freizeit entstehenden →Lernvorgänge untersucht.

Freizeitstress. Stress, der in der →Freizeit erzeugt wird. Die Entstehung von Freizeitstress steht im Zusammenhang mit einer quantitativen Zunahme freier Zeit, die in den letzten Jahrzehnten stattgefunden hat. Parallel dazu ist eine Veränderung in der Werthaltung von Menschen festzustellen, die sich von den traditionell an der Arbeitswelt orientierten Werten (Pflicht, Leistung, Zuverlässigkeit) weg, zu solchen wie Lebensfreude, Offenheit, →Selbstverwirklichung hin bewegt hat. Im Gegensatz zu einer häufig als sinnlos erlebten Erwerbsarbeit soll in der Freizeit die Erfahrung von Sinnhaftigkeit und Glück erreicht werden. Zudem bekommt Arbeit zunehmend die Funktion zugesprochen, die finanziellen Mittel bereitzustellen, um an den vielfältigen Angeboten der Konsum- und Dienstleistungsgesellschaft teilhaben zu können.

Fremdbeobachtung. Form der →Beobachtung, bei der im Gegensatz zur →Selbstbeobachtung eine andere Person die Rolle des Beobachters einnimmt. Unterschieden wird zwischen teilnehmender und nicht teilnehmender Beobachtung. Bei einer teilnehmenden Beobachtung nimmt der Beobachter an denjenigen Tätigkeiten und Aktivitäten aktiv teil, die von der zu beobachtenden Person oder Gruppe ausgeführt werden; bei einer nicht teilnehmenden Beobachtung entfällt die aktive Teilnahme des Beobachters.

Fremdbild. →Fremdwahrnehmung.

Fremdeln. Umgangssprachlicher Ausdruck für die bei Kleinkindern zu beobachtende Angst oder Scheu vor unbekannten Personen. Da dieses Verhalten ungefähr um den 8. Lebensmonat des Kindes herum auftritt, spricht man auch von Achtmonatsangst. Sie löst sich in der Regel nach Vollendung des zweiten Lebensjahres wieder auf und wird als Schutzmechanismus des Kindes erklärt, da das Kind zwar durch Krabbeln und erste Gehversuche in der Lage ist, seine Umwelt zu erkunden, aber noch nicht über wirksame Mittel verfügt, sich vor Gefahren zu schützen.

Fremdgruppe. Begriff aus der →Sozialpsychologie für diejenige Gruppe, von der sich die eigene Gruppe bewusst abgrenzt. Häufig wird die jeweilige Fremdgruppe mit →Vorurteilen belegt.

Fremdreflex. →Reflex.

Fremdstereotyp. →Stereotyp.

Fremdwahrnehmung. Bild, das von einer Person oder Gruppe in der Wahrnehmung einer anderen Person oder Gruppe entsteht. Häufig stimmen die Fremd- und →Selbstwahrnehmung nicht überein. So kann sich eine Person beispielsweise als ruhig und ausgeglichen erleben, während sie von anderen Menschen als hektisch und ungeduldig wahrgenommen wird. Im Bereich psychologischer Tests werden z. B. mit dem →Gießen-Test Aspekte der Fremdwahrnehmung erfasst.

Freud, Anna. Österreichische Lehrerin und Psychoanalytikerin (1895–1982). Tochter von Sigmund Freud, die sich von ihm zur Analytikerin ausbilden ließ und die Anwendung der Psychoanalyse bei Kindern und Jugendlichen begründete.

Freud, Sigmund. Österreichischer Neurologe und Psychiater (1856–1939). Begründer der →Psychoanalyse. Freuds Verdienst ist es, das Unbewusste entdeckt und die Bedeutung verdrängter Wünsche und Triebe für die Entstehung körperlicher und psychischer Störungen und Krankheitsbilder erkannt zu haben. Aufgrund der für seine Zeit typischen Sexualunterdrückung erhielt die Verdrängung der Sexualität in seinen Theorien einen besonderen Stellenwert. Wichtige Aspekte der psychoanalytischen Theorie sind das →Triebmodell und die Beschreibung des →psychischen Apparats. Freud konnte einen Kreis von Schülern um sich versammeln, die seine Theorie weiterentwickelt haben (Wilhelm →Reich, Helene →Deutsch, Sándor →Ferenczi), andere (Alfred →Adler, Carl G. →Jung) distanzierten sich später von seinen Grundannahmen und riefen eigene tiefenpsychologische Richtungen ins Leben. Wichtige Publikationen: „Die Traumdeutung“ (1899/1900), „Drei Abhandlungen zur Sexualtheorie“, „Das Ich und das Es“ (1923), „Totem und Tabu“ (1913), „Das Unbehagen in der Kultur“ (1930).

Freundschaft. Form der sozialen Beziehung zwischen Personen, die auf einem wechselseitigen und freiwilligen Austausch von Unterstützung, Anerkennung und Bestätigung beruht. Freundschaften sind aus psychologischer Sicht von Bedeutung, weil sie die Möglichkeit zu →Einfühlung und Offenheit bieten.

Friedensforschung. Interdisziplinäre wissenschaftliche Forschungen, die die Entstehungsbedingungen kriegerischer Auseinandersetzungen sowie Grundlagen zur Sicherung des Friedens untersuchen. Die Friedensforschung begann in Deutschland nach Beendigung des Zweiten Weltkrieges, wobei die Psychologische Friedensforschung als Teil der →Angewandten Psychologie nur von geringer Bedeutung ist.

Frigidität. Veralteter Begriff, der in oftmals abwertender Weise für die mangelnde sexuelle Lust, Erregung und Befriedigung bei Frauen benutzt wird. Umgangssprachlich wird in diesem Zusammenhang auch von „Gefühlskälte" gesprochen. Wenn nicht psychische Probleme im Umgang mit der Sexualität vorliegen, die beispielsweise durch eine sexualfeindliche Erziehung oder sexuelle Traumata entstanden sind, sind die Gründe für diese sexuelle Funktionsstörung häufig dem Partnerverhalten zuzuschreiben. Siehe auch →Orgasmus.

Fromm, Erich. Psychoanalytiker und Schriftsteller (1900–1980). Fromm gilt als einer der wichtigsten Vertreter der →Neopsychoanalyse sowie der →Frankfurter Schule und bezog soziologische Aspekte bei seinen Betrachtungen zur Psychologie des Menschen ein. Wichtige seiner Publikationen sind „Die Kunst des Liebens" (1956), „Haben oder Sein" (1976) sowie „Anatomie der menschlichen Destruktivität" (1973).

Frontallappen. Verbindung zwischen →Neocortex und →Limbischen System.

Früherziehung. Erziehung und Förderung des Kindes in den ersten drei Lebensjahren.

Frühförderung. Zusammenfassender Begriff für alle pädagogischen, therapeutischen, psychologischen und medizinischen →Interventionen bei einer Entwicklungsstörung des Kindes. Besondere Bedeutung kommt dabei der interdisziplinären Zusammenarbeit verschiedener Berufsgruppen in Kooperation mit den Eltern zu.

Frühkindliche Entwicklung. Bezeichnung für die verschiedenen Entwicklungsvorgänge in den ersten Lebensjahren eines Kindes.

Frühlesen. Lesefähigkeit des Kindes, die bereits vor Eintritt des Schulalters erworben wurde.

Frühreife. Allgemeine Bezeichnung, wenn eine →Entwicklung früher als altersüblich durchlaufen und abgeschlossen wird. Im Gegensatz zur →Akzeleration bezieht sich der Begriff Frühreife nur auf ein einzelnes Individuum und Merkmal. Frühreife wird durch innere oder äußere Bedingungen hervorgerufen.

Frühstörung. Bezeichnung für Störungen, die in den ersten Lebensjahren eines Menschen erfolgen und die Entwicklung eines stabilen →Ichs beeinträchtigen. So kann es beispielsweise zu einer →Ich-Spaltung kommen, wenn die →Bezugspersonen als bedrohlich, gleichzeitig aber auch als unterstützend und haltgebend erlebt werden. Eine Frühestörung liegt z. B. einer späteren →Borderline-Störung zugrunde oder kann zu →Alkohol- oder Drogenabhängigkeit führen.

Frustration. Gefühl der Enttäuschung oder des Misserfolgs, das entsteht, wenn →Erwartungen, →Bedürfnisse und Wünsche nicht erfüllt werden oder wenn aktuelle Ziele und Zukunftspläne sich nicht realisieren lassen. Frustration kann zu →Aggression führen.

Frustrations-Aggressions-Hypothese. →Aggressionstheorien.

Frustrationstoleranz. Fähigkeit, Frustration über eine längere Periode auszuhalten, ohne dass der Versuch gemacht wird, die Spannung indirekt zu mildern oder das Motiv zu befriedigen. Diese Fähigkeit wird in der Regel im Verlauf der →Sozialisation erworben.

Fühlen. 1. Bezeichnung für die Aufnahme von Reizen über die Haut.
2. Allgemeine Bezeichnung für das Erleben von →Emotionen.

Führung. Absichtliche und zielbezogene Einflussnahme, die mithilfe von Kommunikationsmitteln durch einen Vorgesetzten oder eine hierarchisch höher gestellte Person auf Unterstellte durchgeführt wird.

Führungsstil. Typische Verhaltensformen von Führungspersonen, welche relativ situationsunabhängig ist und eine Wirkung auf die Geführten hat. Generell wird zwischen demokratischem Führungsstil, der sich beispielsweise durch Wertschätzung von Mitarbeitern und Vertrauen in ihre Fähigkeiten auszeichnet, und autoritärem Führungsstil, bei dem das Erteilen von Anweisungen im Vordergrund steht, unterschieden. Siehe auch →Führung.

Führungsverhalten. Zielgerichtetes Steuern von Menschen und Mitteln, welches je nach Situation sehr unterschiedlich sein kann. Wurden dazu zunächst Persönlichkeitseigenschaften von Führungskräften untersucht, rücken jüngere Untersuchungen immer mehr von der Orientierung an einzelnen Merkmalen ab. Im Mittelpunkt dieser neueren Untersuchungen stehen situationsabhängige, wechselseitige Prozesse sowie Möglichkeiten der Mitbestimmung, etwa von Beschäftigten. Zwar wird das Führungsverhalten von den individuellen →Eigenschaften einer Person mitbestimmt, es kann jedoch auch trainiert werden. Die Ergebnisse der Untersuchung von Persönlichkeitsmerkmalen bei Führungspersonen sind insgesamt uneinheitlich. Belegt werden konnte lediglich ein Zusammenhang zwischen Mitarbeiterzufriedenheit und der Mitarbeiterorientierung von Führungskräften, hervorgerufen durch bestimmte Verhaltensweisen wie etwa dem Zeigen von persönlichem Interesse oder der Förderung von Fähigkeiten einzelner Mitarbeiter etc.

Funktionale Erziehung. Unbeabsichtigte Erziehungsprozesse, die im Gegensatz zur →intentionalen Erziehung beiläufig und unsystematisch erfolgen; auch „implizierte" Erziehung. Funktionale Erziehung geht häufig mit konkret sinnlichem Erleben oder der Teilnahme an sozialen Handlungen einher. So findet beispielsweise in der Schule →soziales Lernen auch in Situationen statt, in der intentional der Erwerb von Wissen vorgesehen ist.

Funktionalismus. Theorie, die menschliches Verhalten als nützliche Anpassung an Umweltbedingungen erklärt und generell eher Vorgänge als Inhalte oder Zustände untersucht. Der Funktionalismus gilt als Vorläufer des →Behaviorismus und stellt einen Gegenentwurf zum →Strukturalismus dar.

Funktionelle Entwicklungsdiagnostik. Die Beurteilung des Entwicklungsstandes eines Kindes im Säuglings- und Kleinkindalter, die durch verschiedene Tests erzielt wird.

Funktionelle Störungen. Körperliche Störungen ohne erkennbare organische Ursache, etwa bei Symptomen wie Herzrasen und Atemnot, die seelische Ursachen haben und sich beispielsweise auf eine →Herzneurose zurückführen lassen.

Funktionskreis. Modell zur Beschreibung der Wechselbeziehung von Organismus und Umwelt, das von der vergleichenden →Verhaltensforschung aufgegriffen und teilweise modifiziert wurde.

Funktionslust. Das offensichtlich lustvolle Einüben von Fertigkeiten im Spiel-, Sport- und Freizeitbereich, das die Grundlage für das Ausüben von Tätigkeiten außerhalb dieses Bereichs bildet. Beispiel: Ein Memory-Spiel vermittelt Spaß, dient aber auch dazu, das Erinnerungsvermögen zu trainieren, was wiederum in anderen Situationen nutzbringend eingesetzt werden kann.

Furcht. Allgemeine Bezeichnung für unangenehme Spannungs- oder Betroffenheitsgefühle, die auf konkrete Gefahren- oder Bedrohungssituationen zurückzuführen sind. →Angst.

G

Ganzheitlicher Unterricht. Aus der →Reformpädagogik hervorgegangene Unterrichtsmethode, die ihre Themen aus dem Lebensraum der Kinder auswählt. Die Kinder sollen nicht viele unverbundene Unterrichtsthemen dargeboten bekommen, sondern ein Thema ganz erleben. Dies führt häufig zu fächerübergreifendem Unterricht. Ganzheitlicher Unterricht findet vor allem in der Grundschule statt.

Ganzheitsmedizin. Verbindung von Schulmedizin und alternativen Methoden, die den Menschen als Einheit aus Körper und Geist bestehend betrachtet und somit auch beide Komponenten bei der Behandlung berücksichtigt. Es werden also nicht nur die einzelnen Symptome einer Krankheit bekämpft, sondern auch nach den Ursachen für das vorliegende Ungleichgewicht geforscht, um dieses zu beeinflussen und dadurch eine ganzheitliche Heilung herbeizuführen.

Ganzheitspsychologie. Richtung der Psychologie, die betont, dass psychische Vorgänge nur ganzheitlich zu verstehen sind („Das Ganze ist mehr als die Summe seiner Teile"). Die Ganzheitspsychologie wurde insbesondere durch die →Leipziger Schule zu Beginn des 20. Jahrhunderts bekannt. Sie gilt als Gegenströmung zur →Elementenpsychologie. Erkenntnisse der Ganzheitspsychologie haben insbesondere die Pädagogik beeinflusst (→ganzheitlicher Unterricht) und zur Entwicklung der →Gestaltpsychologie beigetragen. Einer der bekanntesten Psychologen dieser Richtung ist Felix →Krueger.

Gauß'sche Kurve. Alternative Bezeichnung für →Normalverteilung oder Glockenkurve. Siehe auch →deskriptive Statistik.

GBB. Abkürzung für →Gießener Beschwerdebogen.

Gebärdensprache. Verständigung über Ausdrucksbewegungen des Mundes und der Hände, die besonders von Taubstummen angewandt wird, um die gesprochene Sprache zu ersetzen. Siehe auch →Daktylologie.

Geborgenheit. Gefühl des unbedingten Beschütztseins und Aufgehobenseins, das insbesondere in der Kindheit durch die →Bezugspersonen, vertraute Orte oder Gegenstände erzeugt wird und zur Entwicklung von →Urvertrauen beim Kind beiträgt. Auch Erwachsene benötigen ein bestimmtes Maß an Geborgenheit, um ihr →seelisches Gleichgewicht beibehalten zu können.

Geburt. Physiologischer Vorgang, bei dem der Säugling 263–273 Tage nach der Befruchtung, ausgelöst durch Kontraktionen der Gebärmutter (Wehen), den mütterlichen Körper verlässt. Insbesondere die Geburt des ersten Kindes wird als ein →kritisches Lebensereignis angesehen, da beide Elternteile ihre Rollen neu organisieren müssen (vom Paar zur Elternschaft). Die Zeit unmittelbar nach der Geburt gilt als eine besonders →sensible Phase für das Entstehen einer →Bindung zwischen Eltern und Kind.

Geburtstrauma. In der →Psychoanalyse gilt das Geburtserlebnis eines jeden Kindes als mehr oder weniger traumatisch. Das Geburtstrauma wird durch den Geburtsakt und die Trennung von der Mutter ausgelöst und kann die Ursache für spätere Neurosen sein. Um das Geburtstrauma möglichst gering zu halten, werden heute vor allem sanfte Geburtsmethoden praktiziert. Innerhalb der Psychologie wurde das Geburtstrauma erstmals von Otto →Rank beschrieben. Siehe auch →Primärtherapie, →pränatale / perinatale Psychologie.

Gedächtnis. Informationsspeicher eines Organismus, der dazu befähigt, Informationen, Wahrnehmungen, Wissen und Erfahrungen aktiv zu speichern sowie Leistungen wie Behalten, Erkennen und Erinnern vollziehen zu können. Unterschieden werden die drei Gedächtnisbereiche Ultrakurzzeit-, Kurzzeit- und Langzeitgedächtnis, die von spezifischen neurochemischen Prozessen bestimmt sind und als physiologische Leistungen von den Nervenzellen des →Gehirns erbracht werden.

Aufgaben und Funktionsweisen der drei Gedächtnisbereiche:

Ultrakurzzeitgedächtnis: Aufnahme sensorischer und flüchtiger Reize. Es besteht ein beständiger Fluss aus neu aufgenommenen Reizen und vergessenen Eindrücken. Zuvor aufgenommene Reize werden durch neue Informationen teilweise gelöscht, wenn ihnen keine Aufmerksamkeit gewidmet wird, sodass nur ein geringer Teil der Informationen an das Kurzzeitgedächtnis weitergeleitet wird. Die Speicherkapazität ist sehr groß, die Speicherdauer jedoch gering (max. 2 Sekunden).

Kurzzeitgedächtnis (Arbeitsgedächtnis): Verarbeitung der aufgenommenen Informationen zu Worten und Bildern (Kodierung). Bewusstmachung der aus dem Langzeitgedächtnis eingespeisten Gedächtnisinhalte, was dazu führt, dass die Aufnahme neuer Inhalte immer von bereits vorhandenen Gedächtnisinhalten beeinflusst wird. Die Speicherkapazität des Kurzzeitgedächtnisses ist begrenzt und die Speicherdauer beträgt weniger als eine halbe Minute.

Langzeitgedächtnis: Gesamtheit der überdauernden Informationen; Wissen über die eigene Person und die Umwelt; Begriffe, Regeln, Abstraktionen; Prozesse des Denkens und Sprechens. Werden Erinnerungen abgerufen, werden sie vom Langzeitgedächtnis an das Kurzzeitgedächtnis zurückgeleitet. Große Speicherkapazität, Speicherdauer: Jahre, lebenslang.

Das Langzeitgedächtnis lässt sich in drei Funktionsbereiche unterteilen:

Semantisches Gedächtnis: Erinnern von Faktenwissen, abstrakten Regeln, Verknüpfung von Wörtern mit Merkmalen.

Prozedurales Gedächtnis: Erinnern, wie man erlernte Fertigkeiten ausführt, die nach einiger Zeit ohne das bewusste Abrufen ausgeführt werden (→Automatismus).

Episodisches Gedächtnis, „Biografisches Gedächtnis“: Vergangene Erfahrungen und Wahrnehmungen werden einschließlich ihres örtlichen und zeitlichen Kontextes abgespeichert (in der subjektiven Ich-Perspektive).

Die Leistungen des Gedächtnisses sind individuell unterschiedlich. Eine Möglichkeit, sie zu messen, ist die Feststellung der Geschwindigkeit, die eine Person benötigt, um eine neue Information in ihrem Gedächtnis abzuspeichern. Der Vorgang des →Vergessens ist dadurch gekennzeichnet, dass der Zugang zu einer Information nicht möglich ist, obwohl die Information im Gedächtnis weiterhin gespeichert bleibt.

Die ersten Versuche, die Leistungen des Gedächtnisses experimentell zu untersuchen, wurden von Hermann →Ebbinghaus ausgeführt. Heute widmet sich vorrangig die →Allgemeine Psychologie mit der Erforschung der Gedächtnisfunktionen, wobei im Mittelpunkt Fragen zur Organisation der vorgenommenen →Repräsentation im Gedächtnis stehen. Mit der Funktionsweise des Gedächtnisses befasst sich zudem die →Neurophysiologe und die Theorien zur →Künstlichen Intelligenz.

Gedächtnishemmung. Störungen in der Einprägung von Lerninhalten, die durch →Interferenzen hervorgerufen werden.

Gedächtnisstörungen. Vielzahl vorübergehender oder andauernder Beeinträchtigungen einer oder aller Gehirnleistungen, die sich sowohl auf das Behalten neuer Informationen als auch auf die Fähigkeit, sich zu erinnern, beziehen. Während beispielsweise eine →Demenz durch Beeinträchtigung der Merkfähigkeit gekennzeichnet ist, treten in Verbindung mit dem →Korsakow-Syndrom häufig Erinnerungstäuschungen auf. Gedächtnisstörungen können psychische oder organische Ursachen haben, sie können durch den altersbedingten Abbauprozess oder auch durch Konsum von →Drogen ausgelöst werden.

Gedächtnistraining. Methoden, um die Speicherfunktion des Gedächtnisses zu trainieren. Eine Methode ist z. B. das Wiederholen von Inhalten (z. B. Lerninhalten) zur Anregung des Kurzzeitgedächtnisses. Eine weitere Methode versucht, Inhalte mit Bildern zu verknüpfen, da diese weniger schnell vergessen werden („Eselsbrücken"). Gezieltes Gedächtnistraining ist vor allem für Personen notwendig, deren Gedächtnisfunktionen beeinträchtigt sind wie z. B. bei älteren Menschen. Siehe auch →Mnemotechnik.

Gedankenübertragung. Telepathie. Angenommene Fähigkeit, ohne den Einsatz der Sinne die Gedanken oder Gefühle einer anderen Person wahrnehmen zu können.

Gefangenendilemma. Entscheidungsmodell aus der →Spieltheorie.

Gefühl. →Emotionen.

Gefühlstheorien. Siehe →Emotionstheorien.

Gegenbesetzung. Psychoanalytischer Begriff für einen intrapsychischen Prozess, der verhindert, dass unerlaubte Gefühle und Wünsche in das Bewusstsein dringen, indem ein Gedanke oder eine Vorstellung gebildet wird, die dies hemmt. Siehe auch →Abwehrmechanismus.

Gegenkonditionierung. Therapeutische Technik, mit der ein Klient lernt, eine bestimmte Reaktion durch eine andere zu ersetzen, z. B. nicht mehr mit Furcht auf einen bestimmten Gegenstand oder eine bestimmte Situation zu reagieren, indem der Therapeut durch Darbietung eines angenehmen Reizes das erwünschte Verhalten verstärkt. →Desensibilisierung.

Gegenübertragung. Begriff aus der →Psychoanalyse. Im Gegensatz zur →Übertragung stellt die Gegenübertragung die emotionale Reaktion des Psychoanalytikers auf die Begegnung mit dem Patienten dar. Diese Reaktionen beinhalten die eigenen unbewussten Konflikte des Analytikers und werden im Rahmen einer →Supervision oder in der →Lehranalyse bearbeitet.

Gehemmtheit. →Hemmung.

Gehirn. Gemeinsam mit dem Rückenmark bildet das Gehirn das →Nervensystem. Es ist Zentralorgan aller geistigen Funktionen, Sitz des Bewusstseins und des Gedächtnisses sowie Zentrum für alle Sinneswahrnehmungen. Das Gehirn wird in verschiedene Regionen unterteilt, die unterschiedliche Funktionen übernehmen:

Die Hirnrinde (Kortex) stellt das Zentrum für alle Empfindungen dar und steuert Funktionen wie →Wahrnehmung, →Gedächtnis und →Sprache. Sie ist für die rationale Kontrolle zuständig und bildet die Umwelt ab. Dieser Gehirnteil kommt bei wirbellosen Tieren nicht vor, während er bei „höheren“ Tieren fast die gesamte Masse des Gehirns ausmacht.

Der Thalamus liegt im Zwischenhirn. Als wichtige Schaltstelle ist es seine Funktion, Sinneswahrnehmungen aufzunehmen und sie mit einer Gefühlsqualität (z. B. Trauer, Angst, Freude, Schmerz etc.) auszustatten. Der untere Teil des Thalamus wird als Hypothalamus bezeichnet, der das →vegetative Nervensystem und Bedürfnisse wie Hunger und Durst sowie die Regulation der Körpertemperatur steuert. Besondere Bedeutung dabei erhält die Hypophyse (Hirnanhangdrüse), die dem Thalamus anhängt. Sie reguliert das Hormonsystem und beeinflusst das Körperwachstum, Sexualität, Stressreaktionen und das Verdauungssystem.

Im Mittelhirn befindet sich die Formatio reticularis. Sie steuert die Bewegungen der Extremitäten und empfängt akustische und optische Signale. Dieser Teil des Mittelhirns ist außerdem für die Regelung des Schlaf- und Wachrhythmus zuständig und übt Einfluss auf die Muskelspannung aus.

Vom Kleinhirn werden Funktionen wie Gleichgewicht, Muskelspannung, Bewegungskoordination beeinflusst. Das Nachhirn reguliert Reflexe wie Husten und Schlucken und die vegetativen Zentren für Atmung, Herz- und Kreislauf.

Gehirnforschung. Erste anatomische Untersuchungen des Gehirns fanden bereits in der Antike statt. Der Beginn der experimentellen Gehirnforschung erfolgte in der ersten Hälfte des 19. Jahrhunderts. Der Neurologe Paul Broca konnte nachweisen, dass es Gehirnbereiche gibt, die auf bestimmte Aufgaben spezialisiert sind, z. B. das Sprachzentrum (auch →Broca-Zentrum genannt). Inzwischen geht man von mehr als Hundert solcher Zentren aus, die allerdings noch nicht vollständig erforscht sind. Komplexe Gehirnleistungen können jedoch nur durch ein Zusammenspiel einzelner Regionen erzielt werden. Bekannt ist inzwischen auch, das einzelne Gehirnbereiche Aufgaben anderer Bereiche übernehmen können, wenn diese ausfallen.

Physiologische Daten: Das Gehirn besteht aus den beiden Gehirnhälften (Hemisphären), die jeweils die gegenüberliegende Körperhälfte kontrollieren und durch den so genannten Balken verbunden sind. Im Laufe der Evolution hat das menschliche Gehirn beständig an Masse zugenommen. Das durchschnittliche Gewicht eines menschlichen Gehirns beträgt 1500 Gramm und umfasst bis zu 20 Milliarden Nervenzellen. Um das Gehirn vor Verletzungen zu schützen, wird es von zwei weichen sowie einer harten Hirnhaut umgeben und zusätzlich durch eine es umgebende Flüssigkeit abgepolstert.

Gehirnwäsche. Brainwashing. Form der →Folter mit dem Ziel, die politischen und moralischen →Einstellungen und Werthaltungen einer Person durch Verhöre, Überreizung des →Nervensystems, Versprechungen oder Drohungen zu verändern und in eine bestimmte Richtung zu lenken.

Gehör. Bezeichnung für das Sinnesorgan, welches akustische Informationen wahrnimmt und verarbeitet. Dabei werden Schallwellen vom äußeren Ohr aufgenommen und in das Innere des Ohrs weitergeleitet, wo eine vorhandenen Flüssigkeit, abhängig von der Höhe eines wahrgenommenen Tons, in eine bestimmte Schwingung versetzt wird, die wiederum eine nervöse Erregung erzeugt. Diese Erregung wird an das Gehirn weitergeleitet, wo die Verarbeitung des Reizes stattfindet. Das Gehör beeinflusst den Raumsinn, die Kopf- und Körperhaltung sowie den Gleichgewichtssinn des Menschen. Mithilfe des Gehörs kann eine Person subjektiv Entfernungen abschätzen oder anhand der Stimmlage einer Person auf deren Emotionen schließen.

Gehorsam. Befolgung einer Anweisung. Unterschieden werden unbedingter Gehorsam und bedingter Gehorsam. Unbedingter Gehorsam erfolgt aus Angst, z. B. weil das Nichtausführen der Anweisung mit einer Strafe verbunden ist und wird etwa im Rahmen einer →autoritären Erziehung erzeugt (siehe auch →Milgram-Experiment). Beim bedingten Gehorsam hat eine Person die Möglichkeit, frei zu entscheiden, ob sie die erhaltene Anweisung ausführen möchte (z. B. weil sie die →Autorität der Person anerkennt, die eine Anweisung erteilt, weil die Anweisung mit ihren eigenen Werten übereinstimmt etc.).

Geist. Philosophischer Begriff, der ein immaterielles, lebendiges und schöpferisches Prinzip im Gegensatz zur Materie bezeichnet. In der Psychologie werden damit Funktionen wie →Wahrnehmen, →Denken und →Erinnern umschrieben.

Geisteskrankheit. Umgangssprachlicher, veralteter Begriff für →Psychose.

Geisteswissenschaftliche Psychologie. Bezeichnung für Denkrichtungen innerhalb der Psychologie, die menschliches Erleben und Verhalten im Gegensatz zur →experimentellen Psychologie mithilfe der geisteswissenschaftlich-hermeneutischen Methode des Verstehens untersuchen. Der Ansatz geht auf Wilhelm →Dilthey zurück, der naturwissenschaftliche Methoden für die Erfassung menschlichen Erlebens und Verhaltens als ungeeignet ablehnte. Innerhalb der Psychologie spielt diese Denkrichtung eine untergeordnete Rolle.

Geistige Behinderung. Angeborene, im Zusammenhang mit der →Geburt hervorgerufene, durch Hirnhautentzündungen, Unfälle oder Entwicklungsstörungen bedingte Beeinträchtigung der psychischen Gesamtentwicklung und des Lernvermögens. Betroffene benötigen zumeist lebenslange soziale und pädagogische Hilfestellungen.

Wichtig für angeborene oder bei der Geburt entstandene Beeinträchtigungen sind eine frühe →Diagnose und →Frühförderung der betroffenen Kinder, wobei heute weitmöglichst eine gemeinsame Erziehung und Unterrichtung von Behinderten und Nichtbehinderten erfolgt (→Integrationspädagogik).

Geltungsbedürfnis. Streben nach sozialer Anerkennung und Beachtung. Ein übersteigertes Geltungsbedürfnis dient nach Alfred →Adler dazu, →Minderwertigkeitsgefühle zu kompensieren. Es tritt meist bei Menschen mit einer →narzisstischen Störung auf.

Gemeindepsychiatrie. Eine aus der Mental-Health-Bewegung in den USA hervorgegangene Bewegung, die versucht, psychisch kranke Menschen möglichst in ihrem nahen sozialen Umfeld zu versorgen und Möglichkeiten der →Rehabilitation anzubieten. Damit sollen →Ressourcen wie die Selbsthilfe und Nachbarschaftshilfe gestärkt werden.

Gemeinschaftsgefühl. Begriff aus der →Individualpsychologie. Nach Alfred →Adler ist die Zugehörigkeit zu einer Gemeinschaft ein elementares Bedürfnis des Menschen und wirkt seinem Streben nach →Macht entgegen, das erst erzeugt wird, wenn das Bedürfnis nach Gemeinschaft frustriert wird (z. B. durch die Erfahrung starker →Ablehnung in der Kindheit).

Gemüt. Nicht exakt definierter Begriff, der im Zusammenhang mit dem →Charakter oder der typischen Art, wie eine Person Eindrücke aufnimmt,

Gefühle ausdrückt und diese verarbeitet, verwendet wird. Das Gemüt wird auch oft als Kern des Charakters bezeichnet.

Gemütskrankheiten. Veralterte Bezeichnung für →affektive Störungen.

Gender. Ursprünglich eine in den amerikanischen Sozialwissenschaften vorgenommenen Unterscheidung zwischen den gesellschaftlich und kulturell geprägten →Geschlechterrollen (gender) und dem biologischen Geschlecht (sex). Während das biologische Geschlecht angeboren ist, sind die sozialen Geschlechterrollen erlernt und somit veränder- und erweiterbar.

Aus dem Gender-Ansatz wurde eine neue Strategie zur Förderung von Gleichberechtigung zwischen Männern und Frauen abgeleitet (Gender Mainstreaming), bei der es nicht mehr ausschließlich darum geht, die Gleichstellung von Frauen durch besondere Fördermaßnahmen voranzubringen, sondern auch darum, das Denken und Handeln von Männern zu verändern. So werden von Psychologen oder anderen speziell geschulten Fachkräften z. B. Gruppentrainings angeboten, in der Menschen erlebnisorientiert ihre eigenen geschlechtsspezifischen Rollenzuschreibungen erkennen und reflektieren können (Gender-Training). Ziel ist es, die Einstellungen und Handlungsweisen besser erkennen zu können, aus denen eine Benachteiligung für eines der Geschlechter erwächst. Ein Beispiel: Ein Personalchef, dessen Geschlechterrollenstereotyp beinhaltet, dass Frauen die Erziehung der Kinder besser bewerkstelligen als Männer, wird keine Arbeitszeitmodelle entwickeln, die Vätern eine gleichberechtigte Teilhabe an der Kindererziehung erlauben, so lange er sich seines Stereotyps nicht bewusst ist. Siehe auch →Geschlechterforschung.

Generalisierung. In der Lerntheorie wird zwischen Reizgeneralisierung und Reaktionsgeneralisierung unterschieden. Von Reizgeneralisierung spricht man, wenn eine Reaktion nicht nur auf den konditionierten Reiz hin erfolgt, sondern auch auf ähnliche Reize. Von Reaktionsgeneralisierung spricht man, wenn auf einen bestimmten Reiz nicht die gelernten Reaktionen, sondern andere ähnliche Reaktionen erfolgen. Siehe auch →klassische Konditionierung.

Generationenkonflikt. Konflikte und Spannungen zwischen den verschiedenen Generationen innerhalb einer Familie oder der Gesellschaft, die durch den Wandel von Werten ausgelöst wird. So war z. B. der Generationenkonflikt in den 1950er- und 60er-Jahren durch eine Auflehnung gegen die Autoritätshörigkeit, den Materialismus, die Lustfeindlichkeit und den Konservatismus der Elterngeneration geprägt.

Generationentherapie. Form der →Psychotherapie, die sich an Menschen in der Lebensphase des →Alters wendet, um sie darin zu unterstützen, weiterhin aktiv am gesellschaftlichen Leben teilzunehmen, ihre Potenziale möglichst zu erhalten und diese Lebensphase für sich selbst optimal zu nutzen.

Generationspsychose. Bezeichnung für →Psychosen, die in Zusammenhang mit der hormonellen Umstellung der Frau bei Schwangerschaft, →Geburt oder Wechseljahren ausgelöst werden.

Genfer Schule. Psychologische Strömung, die Anfang des 20. Jahrhunderts durch das Genfer „Institut Jean-Jacques Rousseau" begründet wurde und bedeutende Ergebnisse zur kindlichen Denkentwicklung vorlegte. Als wichtigster Vertreter der Genfer Schule gilt Jean →Piaget.

Genialität. Außergewöhnliche und einzigartige →Fähigkeit eines Menschen, die Intellektualität, Kreativität, Originalität sowie Motivation zu Hochleistungen beinhaltet.

Genitale Phase. In der psychoanalytischen Theorie die letzte Phase der psychosexuellen Entwicklung. Sie ordnet die →Partialtriebe aus der →oralen, →analen und →phallischen Phase der eigentlichen Sexualfunktion unter.

Genotyp. Gesamtheit aller Erbinformationen, auf deren Basis sich der →Phänotyp entwickelt.

Geopsychologie. Richtung der Psychologie, die sich mit Einflüssen von Klima, Wetter, Landschaft, Boden etc. auf das menschliche Verhalten und Erleben beschäftigt.

Geriatrie. Interdisziplinärer Bereich der Medizin, der sich auf die Behandlung von Krankheiten alternder Menschen spezialisiert hat.

Gerichtspsychologie. →Forensische Psychologie.

Gerontologie. Aufgabe der Gerontologie ist die Erforschung des Alterns und seiner psychischen, sozialen und körperlichen Auswirkungen. Siehe auch →Alter, →Alterspsychologie.

Gerontopsychologie. →Alterspsychologie.

Geruchssinn. Auch olfaktorischer Sinn. Aufnahme der in der Luft aufgelösten chemischen Stoffe durch die Nase, wobei die Reize von den Riechzellen der Nase in elektrische Impulse umgewandelt werden, die schließlich an das Gehirn weitergeleitet werden. Der Geruchssinn hat beim Menschen vor allem die Funktion, Nahrungsmittel zu überprüfen und dient beispielsweise dem Säugling zur Orientierung (so können z. B. bereits einige Tage alte Säuglinge die Milch ihrer Mutter von der anderer Frauen am Geruch unterscheiden).

Geschlechterforschung. Aus der Frauenforschung hervorgegangene interdisziplinäre Forschungsrichtung, die Geschlecht als kulturelles und soziales Konstrukt versteht (→Gender) und auf dieser Basis die Geschlechterverhältnisse untersucht. Themen sind z. B. die Bildung männlicher und weiblicher →Identitäten, die Reproduktion von Geschlechterrollen im Verlauf der →Sozialisation sowie die Untersuchung der unterschiedlichen weiblichen und männlicher Lebensentwürfe (z. B. Stellenwert von Beruf und Familie).

Geschlechterrollen. Bezeichnung für →Eigenschaften, →Fähigkeiten, →Motive und Verhaltensweisen, die aufgrund gesellschaftlicher →Normen als „weiblich" oder „männlich" definiert werden. In den letzen Jahrzehnten hat vor allem eine starke Veränderung der weiblichen Geschlechterrolle stattgefunden, die zu einer Erweiterung des Verhaltensrepertoires bzw. einer Auflösung der traditionellen Rollen geführt hat (z. B. durch eine stärkere Beteiligung am Berufsleben). Siehe auch →Gender, →Geschlechtsidentität.

Geschlechterstereotyp. Schematisierte Vorurteile, die sich auf unterschiedliche Verhaltensweisen von Männern und Frauen beziehen. Ein Geschlechterstereotyp wird durch diejenigen Bilder, Normen und Vorstellungen erzeugt, die in einer Gesellschaft für das unterschiedliche Verhalten von Männern und Frauen vorgesehen sind (z. B. „Männer sind stark", „Frauen sind schwach", „Frauen können nicht Autofahren", Männer können sich nicht einfühlen" etc.).

Geschlechtsidentität. Das Bewusstsein darüber, männlich oder weiblich zu sein, verbunden mit einer Einsicht in die Unveränderbarkeit des biologischen Geschlechts und der Annahme der sozialen Rolle, die eine Gesellschaft Männern und Frauen vorgibt. Die Geschlechtsidentität wird in der frühen Kindheit gebildet (ca. 3. Lebensjahr). Doch schon bevor eine Geschlechtsidentität vorhanden ist, nehmen Jungen und Mädchen die unterschiedlichen Rollenstereotype wahr und sozialisieren sich selbst dahingehend, diesen zu entsprechen.

Der Erwerb der Geschlechtsidentität ist für Jungen und Mädchen mit unterschiedlichen emotionalen Erfahrungen verbunden. Da noch immer vorrangig die Mutter die primäre →Bezugsperson der Kinder darstellt, kann das Mädchen ihre Geschlechtsidentität über die Identifizierung mit ihr herstellen, während der Junge seine Geschlechtsidentität nur über eine teilweise abrupte Abgrenzung von der Mutter erlangt. Da ihm häufig geeignete Rollenvorbilder fehlen, mit denen er sich identifizieren kann, ist die männliche Geschlechtsidentität in diesen Fällen mit Unsicherheit verbunden.

Geschlechtsreife. Zeugungsfähigkeit des Mannes bzw. die Empfängnisfähigkeit der Frau. Die zur Erlangung der Fortpflanzungsfähigkeit notwendigen körperlichen Entwicklungsprozesse erfolgen in der →Pubertät.

Geschlechtstrieb. →Sexualität.

Geschlechtsunterschiede. →Gender.

Geschlechtsverkehr. →Sexualität, →sexueller Reaktionszyklus.

Geschmackssinn. Sinn, mit dessen Hilfe chemische Substanzen, die in Nahrungsmitteln enthalten sind, erkannt werden können. Dies ermöglichen insbesondere die unterschiedlichen Geschmacksnerven auf der Zunge. Unterschieden werden die Geschmäcker süß, sauer, salzig und bitter, die jeweils individuell und kulturell unterschiedlich wahrgenommen werden.

Geschwisterposition. Einfluss, der aufgrund der Geschwisterreihenfolge auf die Entwicklung der Persönlichkeit ausgeübt wird. Die spezielle Bedeutung der Geschwisterposition für die individuelle Entwicklung wurde insbesondere von Alfred →Adler herausgestellt. So wird z. B. die Stellung des erstgeborenen Kindes durch die nachfolgende Geburt eines Geschwisterkindes verändert. Nach Adler verhalten sich zweitgeborene Kinder kooperativer, da sie die Aufmerksamkeit der Eltern von Anfang an mit dem erstgeborenen Kind teilen müssen. Das letztgeborene Kind neigt oftmals dazu, sich schwach zu erleben und muss daher häufig darum ringen, ernst genommen zu werden („Nesthäkchen"). Die Annahmen zur Auswirkung der Geschwisterfolge auf die individuelle Persönlichkeitsentwicklung konnten jedoch bisher nicht eindeutig durch die →Persönlichkeitspsychologie belegt werden.

Gesellschaft. Soziologischer Grundbegriff, der das zeitliche und räumliche Zusammenleben von Individuen und Gruppen beschreibt, die in einer Wechselbeziehung zueinander stehen und sich durch ein gemeinsames Werte-, Normen- oder Rechtssystem auszeichnen. Unterscheiden lassen sich verschiedene Formen von Gesellschaft. Als primitive Gesellschaften werden z. B. solche bezeichnet, in denen die Stabilität hauptsächlich durch die Weitergabe von →Traditionen gewonnen wird und in der das Verwandtschaftssystem eine dominante Rolle in der Regulierung des Zusammenlebens einnimmt. Kennzeichnend für Industriegesellschaften sind hingegen eine Lockerung und zunehmende Auflösung solcher Verwandtschaftsbeziehungen sowie eine Vielfalt von Werten und Lebensstilen. Siehe auch →Individualisierung, →Postmoderne, →präfigurative Gesellschaft.

Gesetz des Erfolgs. Begriff aus dem →Behaviorismus. Von Edward Lee →Thorndike formuliertes Gesetz, nach dem ein Lebewesen diejenigen Verhaltensweisen wiederholt, mit denen es einen positiven Effekt erzielen oder ein Erfolgserlebnis erfahren konnte (z. B. weil eine Belohnung folgt).

Gesichtsfeld. Wahrnehmungsbereich, den eine Person klar erkennen kann, ohne dabei Augen und Kopf zu bewegen.

Gesprächspsychotherapie. Therapieform aus der →Humanistischen Psychologie, die von Carl R. →Rogers in den 1940er-Jahren in den USA begründet wurde. Die Gesprächspsychotherapie basiert auf einer eigenen Persönlichkeitstheorie mit folgenden Grundannahmen: 1. Realität ist, was eine Person subjektiv als solche erlebt. 2. Der Organismus reagiert als ein organisches Ganzes auf alle Erfahrungen und ist bestrebt, diese zu integrieren. 3. Erfahrungen, die nicht in die Struktur des Selbst integriert werden können, werden als Bedrohung erlebt. 4. Das Selbst ist keine rigide und festgefügte Struktur, sondern erfährt in einem fortlaufenden Prozess eine ständige Veränderung. Ist eine Person im Einklang mit sich selbst, kann die →Aktualisierungstendenz ohne Störungen wirken und neue Erfahrungen integriert werden. Um einen Klienten in diesem Prozess zu unterstützen, betrachtete Rogers drei Grundhaltungen des Therapeuten gegenüber dem →Klienten als „notwendig und hinreichend“: 1. Wertschätzung (Akzeptanz, Achtung, Respekt), 2. →Echtheit (Selbstkongruenz, Aufrichtigkeit) und 3. →Einfühlung (nichtwertendes Verstehen). Für die Praxis der Gesprächspsychotherapie bedeutet dies, dass der Therapeut keine Bewertungen ausspricht, den Klienten nicht lenkt oder beeinflusst und keine Ratschläge erteilt. Ziel ist es, die Selbstheilungskräfte des Klienten zu mobilisieren und sein Potenzial zum persönlichen Wachstum anzuregen.

Die Etablierung dieser Therapieform erfolgte in Deutschland in den

1960er-Jahren (siehe auch Anne-Marie →Tausch). Sie gehört neben der →Psychoanalyse und der →Verhaltenstherapie zu den Therapieformen, die am häufigsten angewendet werden. Die Gesprächspsychotherapie stellt zudem eine der am gründlichsten erforschten Therapiemethoden dar und wird im Gegensatz zur Psychoanalyse an zahlreichen Hochschulen im Rahmen eines Psychologiestudiums gelehrt. Neben der Psychotherapie findet der Ansatz außerdem innerhalb der →Beratung und Pädagogik Anwendung. Siehe auch →personenzentrierter Ansatz.

Gesprächstherapie. Alternativ verwendeter Begriff für →Gesprächspsychotherapie.

Gestaltgesetze. Von der →Gestaltpsychologie zu Beginn des 20. Jahrhunderts formulierte Gesetzmäßigkeiten der Strukturierung von visuellen Wahrnehmungen. Demnach zeigt sich das übergeordnete Prinzip der menschlichen Wahrnehmung darin, das Gesehene als eine zusammengehörige und einprägsame Einheit wahrzunehmen (Prägnanzprinzip). Dieses Prinzip ist allen anderen Gestaltgesetzen übergeordnet. Im Einzelnen beinhalten die Gestaltgesetze folgende Aussagen:

Gesetz der Ähnlichkeit: Gleiche oder ähnliche Dinge werden als zusammengehörig wahrgenommen.

Gesetz der Geschlossenheit: Die menschliche Wahrnehmung ist bestrebt, die fehlenden Teile einer unvollständigen Figur im Geist zu ergänzen, sodass sie als vollständig angesehen wird.

Gesetz des gemeinsamen Schicksals: Dinge, die sich in ähnlicher Weise verändern oder sich in eine gleiche Richtung bewegen, werden als zusammengehörig wahrgenommen.

Gesetz der guten Fortsetzung: Die Möglichkeit des Menschen, beispielsweise eine einzelne Linie in einem komplexen Gebilde von Linien bis zum Ende verfolgen zu können.

Gesetz der Nähe: Dinge, die räumlich und zeitlich nah beieinander liegen, werden in der menschlichen Wahrnehmung zu einer Gruppe zusammengefasst.

Gestaltpsychologie. Richtung der Psychologie, die in den 1920er-Jahren entstand und sich vor allem der Erforschung der menschlichen Wahrnehmung widmete. Die Gestaltpsychologie orientiert sich an den Naturwissenschaften und beschränkt sich auf die Untersuchung objektiver Gegebenheiten. Sie entwickelte sich auf der Grundlage der Ganzheitspsychologie. Zu den wichtigsten Vertretern zählen u. a. Wolfgang →Köhler und Kurt →Lewin.

Gestalttherapie. Psychotherapeutisches Verfahren aus der →Humanistischen Psychologie. Die Gestalttherapie begreift die →Neurose als eine Folge gestörter Wahrnehmungen. Zu den Grundannahmen der Gestalttherapie gehört, dass kein Organismus außerhalb eines Umweltzusammenhangs existieren kann und dass eine Ganzheit zwischen Körper, Geist und Seele besteht. Die Anpassung eines Menschen an seine Umwelt wird als Kontakt bezeichnet. Kontaktunterbrechungen werden als schädlich angesehen, weil sie emotionales Wachstum verhindern. Die individuellen Muster des Kontaktabbruchs, die der Klient auch in der therapeutischen Situation zeigt, sind gleichzeitig Kriterium für die Diagnose und das zentrale Thema innerhalb der therapeutischen Arbeit. Die Gestalttherapie unterscheidet fünf Formen des Kontaktabbruchs:

Konfluenz: Eine Person kann sich nur mangelhaft oder gar nicht von einer anderen Person abgrenzen, interpersonale Grenzen verschwimmen.

Introjektion: Eine Person kann sich nur mangelhaft oder gar nicht von ihrer Umwelt abgrenzen. Sie nimmt auch solche Botschaften, Verhaltensweisen und Anschauungen aus ihrer Umwelt auf, die sich negativ auswirken.

Projektion: Statt einer realen Kontaktaufnahme stehen Fantasien über die Kontaktaufnahme mit der Umwelt im Vordergrund.

Retroflektion: Bedürfnisse oder Handlungsimpulse werden nicht gegenüber der Umwelt artikuliert, sondern verbleiben in der Person bzw. richten sich gegen sie selbst.

Ich-Behauptung: Aus Angst, die eigenen Grenzen nicht wieder herstellen zu können, gibt sich ein Mensch nicht der Verschmelzung mit anderen hin.

In den therapeutischen Prozess werden häufig erlebnisorientierte Elemente einbezogen, etwa die Arbeit mit dem →„Heißen Stuhl“ oder Elemente aus dem →Psychodrama. Eine besondere Technik ist der „Leere Stuhl“. Dabei stellt sich der Klient eine Person vor, z. B. eine →Bezugsperson aus seiner Kindheit, und tritt mit dieser Person in einen Dialog, um Konflikte nachträglich aufarbeiten zu können. Ziel der Gestalttherapie ist es, ein besseres Bewusstsein hinsichtlich der eigenen Person in der Gegenwart zu erlangen.

Entwickelt wurde die Gestalttherapie von Frederik S. Perls in den 1950er-Jahren in den USA. Beeinflusst wurde Perls vor allem durch die →Psychoanalyse, die →Gestaltpsychologie und die Existenzphilosophie. Während er die Gestalttherapie zunächst als Einzeltherapie ausführte, wandte er sie später verstärkt als Methode der →Gruppenpsychotherapie an.

Gestaltungstest. Form des →Persönlichkeitstests, bei dem Versuchspersonen aufgefordert werden, etwas zu gestalten (z. B. ein Bild zu malen), um so das gestalterische Geschick zu überprüfen. Aufgrund der mangelnden →Objektivität gilt dieses Verfahren als wissenschaftlich umstritten.

Gestaltwandel. Veränderungen im proportionalen Größenverhältnis des menschlichen Körpers, die im Verlauf der individuellen Entwicklung beim Übergang vom Kleinkind zum Schulkind und in der →Pubertät stattfinden. Der erste Gestaltwandel vollzieht sich etwa zwischen dem 5. und 7., der zweite etwa zwischen dem 12. und 13. Lebensjahr, wobei er bei Mädchen meist früher auftritt als bei Jungen.

Gestik. Körperliche Ausdrucksbewegungen, die eingesetzt werden, um das gesprochene Wort zu unterstreichen (z. B. während eines Vortrags durch entsprechende Hand- und Kopfbewegungen) und psychische Vorgänge begleiten oder darstellen. Siehe auch →Mimik.

Gesundheit. Im Alltagsverständnis sowie aus medizinischer Sicht die Abwesenheit von Krankheit. Demgegenüber steht ein umfassender Gesundheitsbegriff, der von der Weltgesundheitsorganisation (WHO) definiert wurde: „Die Gesundheit ist der Zustand des vollständigen körperlichen, geistigen und sozialen Wohlbefindens und nicht nur des Freiseins von Krankheit und Gebrechen." Demnach zählt ein bestmöglicher Gesundheitszustand zu den Grundrechten aller Menschen, und der Herbeiführung und Sicherung von Bedingungen, die ein gesundes Aufwachsen der nachfolgenden Generationen ermöglichen, wird ein hoher Stellenwert beigemessen.
Von seelischer Gesundheit wird gesprochen, wenn eine Person dauerhaft fähig ist, ihre intrapsychischen Prozesse zu regulieren und einen Ausgleich mit den Ansprüchen der Umwelt herzustellen.

Gesundheitsberatung. Form der →Beratung, die Menschen zu einer gesundheitsfördernden Lebensweise anregen möchte und entsprechendes Wissen und Informationen an Klienten weitergibt.

Gesundheitsförderung. Maßnahmen, die auf gesellschaftlicher und individueller Ebene initiiert werden, um Menschen zu befähigen, aktiv und selbstbestimmt zur Stärkung ihrer Gesundheit beizutragen. Dazu zählen z. B. →Gesundheitsberatung und Gesundheitserziehung.

Gesundheitspsychologie. Teilgebiet der →Angewandten Psychologie, das durch die Erforschung von Risikofaktoren, Risikogruppen und gesundheitsfördernden Aspekten dazu beitragen will, Erkrankungen vorzubeugen. Weitere Themenbereiche der Gesundheitspsychologie sind die Auseinandersetzung mit Gesundheits- und Krankheitsbegriffen sowie die →Evaluation von Maßnahmen der →Gesundheitsförderung.

Gesundheitsverhalten. Alle Verhaltensweisen einer Person, mit denen sie versucht, ihre Gesundheit zu erhalten und zu fördern. Dazu können z. B. eine bewusste Ernährung, körperliche Bewegung und Sport sowie die Inanspruchnahme von Vorsorgeuntersuchungen zählen.

Gewalt. Uneinheitlich definierter Begriff. Subsumiert werden darunter körperliche, psychische oder verbale Übergriffe einer Person oder Gruppe, durch die eine andere Person oder Gruppe geschädigt wird. Aggressive Auseinandersetzungen wie Kriege stellen ebenfalls eine Form von Gewalt dar. Gewalt wird als eine Form des →abweichenden Verhaltens beschrieben. Jede Gewalthandlung ist mit einem Komplex an Verhaltensweisen und psychischen Prozessen sowohl beim Opfer als auch beim Täter verbunden.

Gewalt in der Familie: Gewalt, die i. d. R. von Männern gegenüber Frauen und Kindern ausgeübt wird. Aufgrund dieser Gewalt suchen in der Bundesrepublik jährlich ca. 42.000 Frauen Schutz in einem Frauenhaus. Das erste Frauenhaus entstand 1976. Seitdem hat in der Gesellschaft eine Sensibilisierung gegenüber dieser spezifischen Form der Gewalt stattgefunden (siehe auch →Männerberatung). Seit Inkrafttreten des so genannten Gewaltschutzgesetzes im Jahr 2002 haben betroffene Frauen das Recht, vor Gericht eine Eilanordnung zu erwirken, die es ihnen gestattet, zeitlich befristet oder dauerhaft alleine die gemeinsame Wohnung nutzen zu dürfen, während der Täter diese verlassen muss. Generell lässt sich das Ausmaß von Gewalt in diesem Bereich nur schwer bestimmen, da eine hohe Dunkelziffer besteht.

Gewalt in der Erziehung: Körperliche Gewalt galt jahrhundertelang als legitimes Mittel der Erziehung, wobei die Grenzen zur →Kindesmisshandlung fließend waren. Seit dem Jahr 2000 haben Kinder in der Bundesrepublik das Recht auf eine gewaltfreie Erziehung. Im entsprechenden Gesetz heißt es: „Körperliche Bestrafungen, seelische Verletzungen und andere entwürdigende Maßnahmen sind unzulässig.“ Da inzwischen belegt werden konnte, dass Kinder und Jugendliche, die durch ihre Eltern Gewalt erfahren haben, später mit großer Wahrscheinlichkeit ebenfalls Gewalt ausüben werden, ist dies eine wichtige Maßnahme zur Gewaltprävention.

Gewalt in der Schule: Gewalt in der Schule nimmt seit Mitte der 1980er-Jahre zu. Diese Gewalt zeigt sich z. B. in körperlichen Übergriffen, Bedrohungen mit Waffen, Erpressung sowie in verbalen Übergriffen (Beleidigungen, Beschimpfungen), wobei die verbale Gewalt die am häufigsten auftretende Form ist. Gewalttätiges Verhalten in der Schule tritt meistens in der Altersgruppe der 13- bis 15-Jährigen auf. Als Ursache werden z. B. von Gewalt gekennzeichnete elterliche Erziehungspraktiken, eine niedrige Frustrationstoleranz, Medieneinflüsse, mangelnde soziale Integration sowie Gewalt in der →Peer-Group diskutiert.

Sexualisierte Gewalt: Bei Vergewaltigung und →sexuellem Missbrauch geht es entgegen der häufig vorgebrachten Auffassung nicht allein um das Ausleben sexueller Triebe („Triebtäter“) des Täters, sondern um die psychische Erfahrung von Macht gegenüber dem Opfer.

Strukturelle Gewalt: Einschränkung der Entwicklungsmöglichkeiten eines Individuums durch gesellschaftliche Bedingungen (z. B. Benachteiligung aufgrund des sozialen Status).

Gewaltberatung. Form der →Beratung, die sich insbesondere an Männer und männliche Jugendliche wendet, da diese sehr viel häufiger gewalttätig werden als Frauen. Sie wird ausschließlich von männlichen Therapeuten, Sozialarbeitern und Psychologen angeboten und hat das Ziel, die betroffenen Männer mit ihrem Verhalten zu konfrontieren und dieses Verhaltensmuster zu durchbrechen, z. B. indem ein Mann lernt, Gefühle von Hilflosigkeit wahrzunehmen, die er durch sein gewalttätiges Verhalten unterdrückt oder abwehrt. Dabei wird die Gewaltausübung des Mannes als Zeichen einer unsicheren →Identität gewertet.

Gewissen. Psychische Instanz, die auf das →Verhalten und →Erleben einer Person durch moralische und normative Werthaltungen Einfluss nimmt und an der sie ihre Handlungen überprüft („Kann ich das mit meinem Gewissen vereinbaren?“). In der →Psychoanalyse wird das Gewissen als →Über-Ich bezeichnet. Die Gewissensbildung ist eng mit der →Verinnerlichung der in der Erziehung vermittelten Normen und Werte verknüpft, die insbesondere in der →Adoleszenz einer kritischen Überprüfung unterzogen werden. Innerhalb des →Behaviorismus werden diejenigen Verhaltensweisen als Gewissen bezeichnet, die von der Umwelt sanktioniert und deshalb aus Angst vermieden werden (moral behavior).

Gewissensangst. Begriff aus der →Psychoanalyse für die Angst vor „Gewissensbissen" nach einer Überschreitung derjenigen →Normen, die das eigene →Über-Ich vorschreibt.

Gewöhnung. Habituation. 1. Bezeichnung für ein Verhalten, das erlernt wurde und nach einiger Zeit der Wiederholung ohne bewusste Reflexion erfolgt (siehe auch →Automatismus, prozedurales →Gedächtnis). Diese unbewusste Reaktion kann sich sowohl auf kognitive als auch auf affektive Handlungsmuster beziehen. Die Gewöhnung wirkt sich positiv auf das Leistungsvermögen einer Person aus, weil sie die Erledigung alltäglicher und wiederkehrender Aufgaben erleichtert. 2. Begriff für die Abstumpfung gegenüber häufig störenden Außenreizen, z. B. Lärm oder Kälte. 3. Bezeichnung für die noch relativ leichte Abhängigkeit von Drogen oder Alkohol, die eine Vorstufe zur →Sucht darstellen kann.

g-Faktor. Auch General Factor. Von Charles →Spearman geprägter Begriff, der im Zusammenhang mit →Intelligenz eine wichtige Rolle spielt. Demnach setzen sich Intelligenzleistungen jeweils aus einer allgemeinen sowie einer speziellen Begabung zusammen.

Gießen-Test. Fragebogen, der auf psychoanalytischen Annahmen basiert und mit dessen Hilfe Angaben zum →Selbstkonzept, zum →Ich-Ideal und →Über-Ich untersucht werden sowie Aspekte der →Fremdwahrnehmung. Der Gießen-Test besteht aus 57 →Items und wurde u. a. von Horst-Eberhard →Richter entwickelt. Er liegt jeweils in einer Fassung für Erwachsene sowie Kinder und Jugendliche vor.

Gilligen, Carol. Amerikanische Entwicklungspsychologin (*1936), Schülerin von Erik H. →Erikson und Lawrence →Kohlberg. Gilligen leistete einen wichtigen Beitrag zum Forschungsgebiet über die geschlechtsspezifische Moral.

Gleichaltrigengruppe. Synonym für →Peer-Group.

Gleichgewichtstheorie. →Balance-Theorie.

Grafologie. →Schriftpsychologie.

Greifraum. Nahraum. Der Raum, der einem Säugling zum Greifen nach Gegenständen zur Verfügung steht und in dem er sich orientiert, bevor er den →Fernraum erkunden kann.

Greifreflex. Einer der angeborenen →Reflexe beim Säugling. Bis etwa zum 4. Lebensmonat schließt dieser seine Hand zu einer Faust, sobald er im Innern der Hand eine Berührung verspürt. Ein analoger Reflex ist an den Füßen eines Babys feststellbar.

Grenzerfahrungen. Erfahrungen, die das alltägliche Bewusstsein bzw. die üblichen Handlungs- und Verhaltensweisen einer Person erheblich überschreiten (z. B. Wiederbelebung nach Eintritt des klinischen Todes oder Formen der Selbsterfahrung wie Survival-Trainings etc.).

Grenzgebiete der Psychologie. Häufig benutzte Bezeichnung für wissenschaftlich umstrittene Richtungen der Psychologie, wie etwa die →Parapsychologie.

Grobmotorik. Allgemeine Körper- und Bewegungskoordination. Siehe auch →Motorik.

Groddeck, Georg Walther. Deutscher Arzt und Begründer der psychosomatischen Medizin (1866–1934). Groddeck wandte die →Psychoanalyse erstmals auf die Behandlung körperlicher Krankheiten an. Veröffentlichungen u. a.: „Das Buch vom Es“ (1923).

Grof, Stanislav. Amerikanischer Psychiater tschechischer Herkunft (*1931). Grof setzte →LSD zu psychotherapeutischen Zwecken ein und gilt als einer der wichtigsten Vertreter der →transpersonalen Psychotherapie. Veröffentlichungen u. a.: „LSD-Psychotherapie“.

Größenwahn. Auch Megalomanie. Krankhafte Selbstüberschätzung, die vor allem im Zusammenhang mit →Psychosen auftritt (z. B. kann eine Person davon überzeugt sein, eine berühmte →Persönlichkeit zu sein).

Großhirn. Teil des →Gehirns, der sich aus den Schläfenlappen und Stirnlappen zusammensetzt.

Grübelzwang. Ständige gedankliche Beschäftigung mit einem Problem, ohne dass eine Lösung erzielt wird. Grübelzwang tritt z. B. in Verbindung mit →Depressionen und anderen psychischen Krankheiten auf und ist häufig mit Gefühlen von Versagen und Schuld verknüpft, ohne dass diese Gedankenabfolgen von den Betroffenen selbst unterbrochen werden können.

Grundstörung. Von Michael →Balint geprägte Bezeichnung für →Frühstörung.

Gruppe. Soziale Struktur, die sich aus den Interaktionsprozessen mehrerer Personen ergibt, die ein gemeinsames Interesse haben und auf das Erreichen eines bestimmten Ziels hinarbeiten. In einer Gruppe entwickeln sich bestimme Normen und Rollen, die das Verhalten der einzelnen Gruppenmitglieder beeinflussen und die eine bestimmte Anpassungsleistung des einzelnen Mitglieds erforderlich machen. Insbesondere im →Jugendalter spielt die Zugehörigkeit zu einer Gruppe eine wichtige Rolle für die Ausbildung der eigenen →Identität (siehe auch →Peer-Group).

Bezeichnungen für Arten von Gruppen:

Formelle oder formale Gruppe: Strukturierte Gruppe, die einen bestimmten Plan und ein bestimmtes Ziel verfolgt und sich in regelmäßigen, gemeinsam verabredeten Abständen trifft (z. B. VHS-Kurse, Arbeitsgruppen).

Informelle Gruppe: Gruppe von unbestimmter oder wechselnder Struktur, die situativ und zufällig entsteht ist und in der kein gemeinsames Ziel besteht; ausschlaggebend ist das Lustprinzip.

Kleingruppe: Gruppen mit 2 bis 24 Personen; es besteht ein direkter persönlicher Kontakt.

Großgruppe: Mitglieder oder Mitarbeiter einer Partei, einer Institution oder eines Unternehmens, häufig besteht zwischen den Gruppenmitgliedern kein direkter Kontakt.

Primärgruppe: Gruppen, in denen zwischen den Mitgliedern ein enger persönlicher und dauerhafter Kontakt besteht, der für den Einzelnen von besonderer Bedeutung ist (z. B. die Familie, enge Freunde).

Sekundärgruppe: Gruppen, die Sozialisationsaufgaben außerhalb der Familie übernehmen (Schule, Hochschule) oder Interessengruppen, in die sich eine Person einbringt (Parteien, Kirchen, Vereine).

Eigengruppe: Gruppe, der eine Person selbst angehört.

Fremdgruppe: Gruppe, gegen die sich Gruppenmitglieder der Eigengruppe oftmals abgrenzen (z. B. Punks gegenüber Skinheads, Angehörige verschiedener Parteien oder Glaubensrichtungen).

Gruppendynamik. Begriff für alle durch Interaktion der Gruppenmitglieder untereinander entstehenden Entwicklungen in einer Gruppe. Typische Bestandteile der Gruppendynamik sind etwa das Entstehen von Geborgenheitsgefühlen, der Ausschluss von Personen aus der Gruppe (→Sündenbockfunktion) oder die mit Idealisierung verknüpfte Anerkennung des Gruppenleiters. Der Begriff entstand in den 1930er-Jahren in den USA im Zusammenhang mit der von Kurt →Lewin ausgeführten Kleingruppenforschung, mit der die Veränderung im Verhalten der Gruppenteilnehmer sowie der Strukturen der Gesamtgruppe untersucht wurden. Eine Methode, um gruppendynamische Prozesse sichtbar zu machen, ist das →Soziogramm.

Gruppenkohäsion. Die Stärke des Zusammenhalts in einer Gruppe. Das Ausmaß der Gruppenkohäsion ist abhängig von gemeinsamen Werten der Gruppenmitglieder, einem effektiven Führungsverhalten der Gruppenleitung sowie der Existenz von Fremdgruppen. Generell entstehen in Gruppen, deren Kohäsion stark ausgeprägt ist, weniger →Konflikte als in Gruppen mit schwach ausgeprägter Gruppenkohäsion.

Gruppenpädagogik. Innerhalb dieser Disziplin werden pädagogische Prozesse untersucht, die gezielt unter Einbeziehung der Interaktionen von Gruppenmitgliedern und dem sozialen Netz einer Gruppe erfolgen. Ein Ansatz innerhalb der Gruppenpädagogik ist z. B. die →Themenzentrierte Interaktion. Gruppenpädagogik wird in allen pädagogischen Arbeitsfeldern ausgeführt (Vorschulerziehung, Schule, Erwachsenenbildung, →soziale Arbeit etc.) und geht auf die Kleingruppenforschung von Kurt →Lewin zurück. Sie wurde in Deutschland nach dem Zweiten Weltkrieg eingeführt.

Gruppenpsychotherapie. Sammelbezeichnung für psychotherapeutische Verfahren, in denen im Gegensatz zur →Einzeltherapie mehrere Personen gleichzeitig behandelt werden (maximal ca. 12 Personen). Die Gruppen werden häufig von zwei Therapeuten geleitet (→Kotherapeut). Gruppenpsychotherapien werden auf der Basis der üblichen therapeutischen Schulen angeboten. So können z. B. mithilfe psychoanalytisch orientierter Ansätze eigene →Übertragungen und →Projektionen, die auf andere Gruppenmitglieder erfolgen, bewusst gemacht und bearbeitet werden. →Encounter-Gruppe, →Sensitivitätstraining.

Gruppenverhalten. 1. Verhalten einer Person in einer Gruppensituation. 2. Verhalten einer Gruppe, das von den in der Gruppe geltenden Normen und Regeln bestimmt wird.

GT. Abkürzung für →Gießen-Test; wird auch als Abkürzung für die →Gesprächspsychotherapie verwendet.

Guilford, Joy Paul. Amerikanischer Psychologe (1897–1987), der wichtige Beiträge zur →Intelligenz, Persönlichkeit und →Kreativität auf der Grundlage der →Faktorenanalyse leistete.

Gültigkeit. Grad der Genauigkeit, mit der ein Merkmal mithilfe eines →Tests gemessen werden kann. Siehe auch →Validität.

Gutachten. →Begutachtung.

H

Habituation. →Gewöhnung, das Absinken einer Reaktion (sensorisch oder motorisch) bei wiederholter Einwirkung desselben Reizes in relativ kurzen Intervallen.

Habituell. Gewohnheitsmäßig, regelmäßig.

Habitus. Das Erscheinungsbild eines Menschen, das sowohl Aussehen als auch Verhalten beinhaltet. Vom Habitus kann auf die Veranlagung für seelische oder körperliche Erkrankungen geschlossen werden.

Haftpsychose. Psychische Folgen extremer Haftbedingungen, beispielsweise der Isolationshaft, die sich in →Depressionen oder →Wahnvorstellungen manifestieren.

Halluzinationen. Sinnestäuschungen, die von einer Person als real erlebt werden. Obwohl alle Sinne betroffen sein können, überwiegen akustische Halluzinationen („Stimmen hören") sowie visuelle Täuschungen. Halluzination können durch die Einnahme von →Drogen entstehen oder im Zusammenhang mit einer →Psychose auftreten.

Halluzinogene. Bezeichnung für →Drogen, die durch ihre Wirkung auf das →Zentralnervensystem →Halluzinationen und Bewusstseinsveränderungen verursachen.

Halo-Effekt. Auch Hof-Effekt. Beurteilungsfehler, der z. B. im Rahmen psychologischer →Tests auftreten kann. Er entsteht, wenn z. B. aufgrund einer herausragenden, festgestellten →Eigenschaft einer Person auf weitere hervorragende Eigenschaften, →Begabungen und Leistungen geschlossen wird, die Qualität einer einzelnen Eigenschaft also auf andere Eigenschaften oder die Gesamtpersönlichkeit übertragen wird. Der Halo-Effekt ist z. B. in Unterrichtssituationen von Bedeutung, da Lehrkräfte durch ihn verleitet werden können, einem guten Schüler in einem Unterrichtsfach auch in anderen Fächern gute Leistungen zuzuschreiben, auch wenn objektive Leistungstests dies gar nicht belegen können.

Haltung. Der gesamtkörperliche, durch Muskelinnervation hervorgerufene Spannungszustand, der einen Haltungstonus erzeugt: die muskuläre Grundlage der Haltung. Die individuelle Art der Haltung ist auch diagnostisch verwertbar. Im übertragenen Sinne spricht man auch von seelischen bzw. moralischen Haltungen wie etwa Werthaltungen. →Einstellungen, →Gesinnung.

Hamburg-Wechsler-Intelligenztest. Ein in den 1950er-Jahren standardisierter →Intelligenztest zur Erfassung der →Intelligenz von Erwachsenen (HAWIE) und Kindern (HAWIK), der aus dem im Jahr 1944 entstandenen „Wechsler Bellevue Intelligence Scale“ entwickelt wurde. Der Test besteht aus zehn verschiedenen Untertests, die sowohl verbale als auch handlungsbezogene Aufgaben umfassen.

Handgeschicklichkeitstest. Test zur Feststellung der Schnelligkeit von Handbewegungen, der zur Beurteilung der Feinmotorik dient.

Handgreifreflex. →Greifreflex.

Händigkeit. Bezeichnung für die funktionelle Asymmetrie im Gebrauch der Hände. Diese kann sich in der Bevorzugung einer Hand zeigen oder in der Leistungsüberzogenheit einer Hand für bestimmte Bewegungsaufgaben. Die Händigkeit ist üblich, während eine gleiche Geschicklichkeit beider Hände nur selten zu beobachten ist (Ambidexteralität). Wurde früher grundsätzlich versucht, Linkshändigkeit zu unterdrücken und eine Umgewöhnung zu erzielen, weiß man inzwischen, dass dies zu psychischen Störungen führen kann.

Handlung. Zielgerichtete, zeitlich und logisch strukturierte Tätigkeit (im Gegensatz zu →Verhalten), die bewusst und kontrolliert ausgeführt wird und Einfluss auf die Umwelt nimmt.

Handlungsforschung. Auch Aktionsforschung. Forschungsansatz, der von Kurt →Lewin in den 1940er-Jahren in den USA entwickelt wurde und zunächst die Resultate von verhaltens- und einstellungsverändernden Maßnahmen untersuchte, die von Erziehungs- und Strafvollzugseinrichtungen durchgeführt wurden. Kennzeichnend für dieses Konzept ist der starke Praxisbezug: Es sollen konkrete Lösungen für praktische Probleme gefunden werden und gleichzeitig praktische Eingriffe in soziale Prozesse erfolgen. Dazu erfasst der Forscher als teilnehmender Beobachter die aktuellen sozialen Prozesse und macht die gewonnenen Ergebnisse allen Beteiligten noch während der Untersuchung zugänglich. Auf diese Weise wird ein Lernprozess in Gang gesetzt, der das zu untersuchende Umfeld bereits verändert, wobei auch die Wirkungen und Bedingungen dieser Veränderung untersucht werden. Lewin selbst betonte den Anspruch, dass Forschung nicht nur Theorie hervorzubringen habe, sondern einen Beitrag dazu leisten kann, das soziale

Handeln von Menschen zu fördern. Insgesamt ist die Forschung durch folgende Aspekte gekennzeichnet: 1. Unmittelbare Beteiligung des Forschers am Untersuchungsverlauf. 2. Laufende Rückmeldung über die gewonnenen Ergebnisse an möglichst alle Beteiligten während der Untersuchung. 3. Emanzipatorische Zielsetzung (Veränderung im sozialen Feld).

Handlungskontrollstrategien. Begriff aus der →Kognitiven Psychologie für Prozesse, mit denen sich eine Person durch eigene Reflexion gegen →Motive schützt, die sie dazu drängen, alternative Handlungen anstelle der ursprünglich von ihr vorgesehenen auszuführen. In diesem Zusammenhang kann es zur Ausblendungen von Reizen kommen oder zu dem Versuch einer Person, ihre Umweltbedingungen in der Weise zu beeinflussen, dass die Kontrolle der Umwelt erhöht und somit die Wahrscheinlichkeit verringert wird, vom eigentlichen Handlungsvorhaben abzuweichen.

Handlungsorientierung. Begriff aus der Motivationsforschung für die im Kontext des Leistungsmotivs auftretende →Aufmerksamkeit und →Konzentration, mit der sich eine Person der Ausführung einer konkreten Handlung oder der Lösung eines Problems widmet.

Handlungsphasen. Zergliederung komplexer Handlungen in Teilabschnitte. Jeder Teilschritt ermöglicht es, die bisherigen Schritte, Ziele oder Alternativen sowie die geplante Ausführung der Handlung neu zu überdenken.

Handlungsschema. Die im →Langzeitgedächtnis gespeicherten Informationen, die durch Reize oder Handlungsziele abgerufen werden, um →Handlungen oder Denkvorgänge zu steuern. Solche Schemata sind im →Gehirn in hierarchischer Weise angeordnet, wobei an der Spitze ein abstraktes Schema sitzt, dem alle konkreten Schemata in absteigender Reihenfolge untergeordnet sind. Steht an der Hierarchiespitze beispielsweise das Schema „Prüfung bestehen", würden die Basis-Handlungsschemata z. B. „Buch hervorholen und lesen" lauten.

Handlungsspielraum. Bereich frei wählbaren Verhaltens. Die Möglichkeit, sich innerhalb eines vorgegebenen Rahmens zwischen verschiedenen Handlungsalternativen entscheiden zu können, um ein bestimmtes Ziel zu erreichen. Die subjektive Erfahrung des Handlungsspielraums ist Voraussetzung für Engagement und Lebensplanung.

Handlungstheorien. Zusammenfassende Bezeichnung für Theorieansätze, mit denen versucht wird, die Gesetzmäßigkeiten, Bedingungen und Formen menschlichen Handelns in sozialen Situationen zu beschreiben. Eines der damit verbundenen Ziele ist, Prognosen über zukünftiges Handeln von Personen zu ermöglichen.

Handschrift. Durch Gehirnimpulse gesteuerter Niederschlag der Schreibbewegung. →Schriftpsychologie.

Haptisch. Den Tastsinn betreffend.

Harte Drogen. Gruppe von →Drogen wie z. B. Heroin, Kokain, die körperliche und psychische →Abhängigkeit hervorrufen können.

Haschisch. Rauschmittel, das aus dem indischen Hanf gewonnen wird. Siehe auch →Cannabis, →Marihuana.

Hass. Intensives Gefühl der Abneigung gegen eine andere Person oder eine Gruppe von Personen wie z. B. Hass gegenüber Minderheiten oder dem anderen Geschlecht (Fremdenhass, Frauenhass, Männerhass); unter Umständen kann es zu aggressiven Handlungen gegenüber dem Hassobjekt kommen. Häufig wird Hass als Gegenteil von Liebe oder als eine Folge enttäuschter Liebe interpretiert und damit in Zusammenhang mit der Kränkung des eigenen Selbstwertgefühls gestellt.

Häufigkeit. In der deskriptiven Statistik die Anzahl der Elemente einer Population oder einer Stichprobe, die in eine bestimmte Merkmalsklasse fallen. Aus der Häufigkeit ist zu erkennen, wie oft eine Klasse von Variablen in einem Datensatz vorkommt. Setzt man die Häufigkeit f (x_i) einer Klasse i der Variablen x zur Gesamtzahl von N Beobachtungen in Beziehung, erhält man die relative Häufigkeit. Formel der relativen Häufigkeit: f(x) / N.

Häufigkeitsverteilung. Es gibt verschiedene Möglichkeiten der grafischen Darstellung von Häufigkeiten. Handelt es sich bei dem untersuchten Merkmal um eine Nominalvariable, kann sie entweder durch ein Säulendiagramm oder Sektorendiagramm dargestellt werden. Bei Ordinal-, Intervall- und Verhältnis-Variablen ist das Histogramm, Treppenpolygon oder Stufendiagramm üblich.

Hautsinne. Sinneszellen, die in der Haut liegen und spezifisch auf Druck, Temperatur, Schmerz oder feine Berührungen reagieren.

HAWIE. Abkürzung für →Hamburg-Wechsler-Intelligenztest für Erwachsene.

HAWIK. Abkürzung für →Hamburg-Wechsler-Intelligenztest für Kinder.

Hawthorne-Untersuchung. Ergebnis einer zwischen 1927 und 1932 durchgeführten betriebspsychologischen Untersuchung im Hawthorne-

Industriewerk in Chicago/USA. Es wurde nachgewiesen, dass soziale Faktoren (z. B. das Klima in einer Arbeitsgruppe) größere Bedeutung für die Arbeitszufriedenheit und Arbeitsleistung besitzen als äußere Faktoren (Arbeitsplatzzeit, Pausenzeit, Beleuchtung). Siehe auch →Arbeits-, Betriebs- und Organisationspsychologie, →Human Relations.

Hebephrenie. Form der →Schizophrenie, die bei Heranwachsenden im Jugendalter kaum merklich beginnt, aber zu schweren Störungen führt. Die Betroffenen verlieren zunehmend den Kontakt zur Realität und ihre →Persönlichkeit zerfällt.

Hedonismus. 1. Werthaltung, die sich am größtmöglichen Lustgewinn bzw. an Unlustvermeidung orientiert. 2. Theorie der →Motivation, die menschliches Verhalten allgemein durch das Streben nach Lust und dem Vermeiden von Unlust erklärt.

Heimlicher Lehrplan. Umschreibung für →funktionale Erziehung in der Schule, die auch im Widerspruch zu ihren eigentlichen Zielen stehen kann. So können Schüler neben dem vorgesehenen Lernstoff z. B. die Erfahrung machen, dass Durchsetzungsvermögen und Konkurrenzverhalten erfolgversprechender sind als beispielsweise Zusammenarbeit und Solidarität, weil in der Schule vorwiegend Einzel- statt Gruppenleistungen benotet werden.

Heißer Stuhl. Bezeichnung für eine therapeutische Technik innerhalb der →Gestalttherapie. Dabei nimmt im Rahmen einer Gruppentherapiesitzung eine Person auf dem „Heißen Stuhl“ Platz und erhält von den anderen Gruppenteilnehmern →Feedback hinsichtlich des eigenen Verhaltens. Auf diese Weise erfährt sie etwas über die →Fremdwahrnehmung ihrer eigenen Person.

Helfender Zeuge. Ein von der Psychoanalytikerin Alice →Miller geprägter Begriff. Demnach fallen →Traumata und schwierige Kindheitserfahrungen nicht der →Verdrängung anheim, wenn ein Kind von einer Person begleitet wird, die es in der Wahrnehmung seiner Gefühle unterstützt, beispielsweise wenn eine Person für ein Kind Partei ergreift, das in der Öffentlichkeit misshandelt wird.

Helfendes Verhalten. Verhalten, welches eine Person ausführt, um eine andere Person in einer spezifischen Situation zu unterstützen. Siehe auch →Prosoziales Verhalen, →Altruismus.

Helfer-Syndrom. Unbewusstes Motiv, anderen zu helfen, um eigene Ängste, Wünsche und Bedürfnisse zu kompensieren. Es tritt bei Personen in helfenden Berufen wie z. B. Sozialarbeiter und Psychologen auf und kann zu Depressionen und Erschöpfungszuständen führen. Für Menschen in sozialen, medizinischen und therapeutischen Berufen besteht die Möglichkeit, solche Persönlichkeitsanteile und das daraus resultierende Verhalten im Rahmen von →Supervision zu bearbeiten. Siehe auch →Abwehrmechanismus (Verkehrung ins Gegenteil), →Abstinenzregel, →Balint-Gruppe, →Burn-out.

Helladaptation. Anpassung des Auges an Helligkeit. Siehe auch →Dunkeladaptation.

Hellsehen. Die angebliche Wahrnehmung von Gegebenheiten, die nicht durch die Sinne vermittelt werden und räumlich sowie zeitlich weit entfernt sein können (z. B. in der Zukunft). Hellsehen wird der →Parapsychologie zugeordnet.

Helmholtz, Hermann von. Deutscher Mediziner, Physiologe und Physiker (1821–1894). Pionier auf dem Gebiet experimenteller Untersuchungen der Leistungsgeschwindigkeit von Nervenzellen (um 1850). Von Helmholtz führte außerdem Experimente zur →Farbwahrnehmung sowie zur Hör- und Sehleistung des Menschen durch.

Hemisphäre. Bezeichnung für die rechte und linke Hälfte des menschlichen →Gehirns.

Hemisphärendominanz. Umstand, dass bei psychischen Vorgängen eine Gehirnhälfte die Führung übernimmt, da die beiden Hirnhälften unterschiedliche Funktionsschwerpunkte aufweisen und Informationen unterschiedlich verarbeiten. Die rechte Hemisphäre steuert die linke Körperhälfte und ist für ganzheitliches, intuitives und bildhaftes Denken verantwortlich. Die linke Hemisphäre ist der rechten Körperhälfte zugeordnet und ist auf verdichtetes und abstraktes Denken in Begriffen, Worten oder Zahlen spezialisiert. Das Sprachzentrum ist hier angesiedelt. Der zwischen den beiden Hemisphären liegende →Balken hat die Funktion, den Austausch zwischen beiden Gehirnhemisphären zu gewährleisten und besteht ausschließlich aus Nervenfasern.

Hemisphärenspezialisierung. Alternativ gebrauchte Bezeichnung für die →Hemisphärendominanz.

Hemmung. Verlangsamung oder Unterdrückung von Reaktionen oder Handlungen aufgrund der Hemmung von Erregungen, die durch Reize ausgelöst werden. Bewusste Hemmung ist v. a. gegen Instinkthandlungen oder Triebe gerichtet. Die Ursachen von unbewussten Hemmungen liegen häufig bei innerpsychischen Mechanismen wie →Verdrängung.

Der Begriff findet in der Psychologie mehrfache Verwendung: 1. Die Lerntheorie geht davon aus, dass durch einen Ermüdungs- und Sättigungseffekt eine völlige Hemmung ausgelöst werden kann. Sie tritt dann auf, wenn eine Reaktion auf einen sich wiederholenden, gleichartigen →Reiz mehrmals hintereinander erfolgt und der Organismus auf diesen Reiz nicht mehr reagiert. 2. In der Persönlichkeitspsychologie steht Hemmung neben weiteren Merkmalen wie Lernfähigkeit oder Ausdauer in Beziehung mit →Introversion und →Extroversion. 3. Auf neurophysiologischer Ebene findet ständig eine Aktivierung und Hemmung im Zusammenspiel der Neuronen statt. 4. Umgangssprachlich wird der Begriff für Menschen gebraucht, die ängstlich und gehemmt sind und nicht offensiv auftreten oder sich vor sozialen Kontakten fürchten.

Herdentrieb. Begriff aus der →Sozialpsychologie. Analog zum Verhalten von Tieren wird damit die Tendenz von Menschen beschrieben, sich sozialen Gruppen anzuschließen, sich dem Gruppendruck oder dem Leiter einer →Gruppe unterzuordnen, ohne das eigene Handeln zu reflektieren.

Hering-Täuschung. Wahrnehmungstäuschung, bei der zwei parallele Linien einen Stern aus Linien horizontal durchlaufen, die dadurch in der Wahrnehmung als konkav erscheinen. Diese Wahrnehmungstäuschung wurde nach dem Physiologen Ewald Hering (1834–1918) benannt.

Hermaphroditismus. Veraltete Bezeichnung für die gleichzeitige Existenz weiblicher und männlicher Geschlechtsmerkmale. Inzwischen wird häufiger der Begriff →Intersexualität verwendet.

Hermeneutik. Begriff aus der Wissenschaftstheorie. Diese Methode dient dazu, Erklärungen für die Bedeutungs- und Sinnzusammenhänge einzelner menschlicher Kulturleistungen und Ausdrucksformen zu finden. Grundlegende Prämisse der Hermeneutik ist die Annahme, dass beispielsweise ein Kunstwerk nicht aus sich selbst heraus verständlich ist, sondern erst einer Interpretation bedarf. Eine mögliche Form der Auslegung wäre z. B., die Vita eines Künstlers mithilfe psychoanalytischer Konstrukte zu analysieren und auf diesem Wege einen „tieferen Sinn" abzuleiten, oder spezielle Motive des Künstlers herauszustellen.

Heroin. Rauschgift aus der Gruppe der Opiate. Heroin ist ein Abkömmling des Morphins. Konsumenten injizieren das weiße Pulver vorwiegend intravenös. Aufgrund des hohen Infektionsrisikos durch verschmutzte Spritzen werden auch andere Formen des Heroin-Konsums praktiziert, beispielsweise das Einatmen von Heroindämpfen. Dabei bleibt jedoch der so genannte „Kick“, das unmittelbar nach dem Einspritzen der Droge einsetzende Hochgefühl aus, das für den Konsum von Heroin charakteristisch ist. Da die Droge das Bewusstsein dämpft, werden Probleme nicht mehr als solche wahrgenommen und können ausgeblendet werden. Heroinkonsum führt bereits nach kurzer Zeit zu körperlicher und psychischer →Abhängigkeit, verbunden mit starken Entzugserscheinungen. Da sich der Organismus auf die Droge einstellt, muss der Konsum in immer stärkeren Dosen und kürzeren Abständen erfolgen. Es besteht die Gefahr einer Überdosierung mit Todesfolge („Goldener Schuss“).

Herzneurose. Bezeichnung für diffuse Beschwerden im Zusammenhang mit der Herz- und Atmungsfunktion jedoch ohne medizinischen Befund. Die sich häufig in Form von Herzschmerzen, Herzrasen, innerer Unruhe oder Atemnot zeigenden Beschwerden sind für die Betroffenen oft mit einem erheblichen Leidensdruck verbunden. Häufig handelt es sich bei den Erkrankten um unsichere Menschen. Eine mögliche Ursachenerklärung für das Herausbilden einer Herzneurose ist eine meist unbewusste, unverarbeitete Angst vor der Trennung von einer wichtigen →Bezugsperson.

Heterosexualität. Form der Sexualität, die sich auf gegengeschlechtliche Partner konzentriert und im Vergleich zur →Bi- oder →Homosexualität gesellschaftlich voll akzeptiert ist. Heterosexualität stellt die häufigere Variante menschlichen Sexualverhaltens dar.

Heterostereotyp. Im Gegensatz zum →Autostereotyp bezeichnet Heterostereotyp ein konstantes Bild, das sich ein Mensch zur Einschätzung einer anderen Person oder →Fremdgruppe gebildet hat, und in das oftmals Fehleinschätzungen und →Vorurteile einfließen, die schwer revidierbar sind.

Heuristik. Eine Heuristik besteht aus einfachen Annahmen, mit deren Hilfe ein Problem schneller gelöst werden kann als ohne Vereinfachung. Der Nachteil dieser Vereinfachung liegt darin, dass diese nicht mit Sicherheit zu einer richtigen Lösung führt; vorteilhaft ist jedoch, dass man mit Heuristiken schnell zur Problemlösung gelangt. Beispiel: Aus der Beobachtung, dass viele Menschen ein bestimmtes Markenprodukt kaufen, wird eine Annahme nach dem Motto „So viele Menschen können nicht irren.“ abgeleitet und sich der Wahl angeschlossen.

Heuristisch. Etwas, das brauchbar ist, um neue Tatsachen zu finden. Z. B. kann eine Hypothese, die noch ungesichert ist, heuristisch brauchbar sein.

Hierachie. Bezeichnung für Statusunterschiede in sozialen Systemen, wobei diejenigen Personen, die an der Spitze der Hierarchie stehen, den höchsten Status innehaben und allen anderen i. d. R. Anweisungen erteilen. Auf den einzelnen Hierarchieebenen gibt es weitere Weisungsbefugte. Ein typisches Beispiel für eine hierarchisch aufgebaute Organisation ist das Militär. Flache Hierarchien findet man hingegen z. B. in Unternehmen, in denen die Mitarbeiter große Entscheidungsfreiheit haben, eine kollegiale Zusammenarbeit besteht und Ideen auf einer gleichberechtigten Basis eingebracht werden können, obwohl es Personen gibt, die formal als Führungskräfte fungieren.

Hippocampus. Bezeichnung für einen Teil des Großhirns. Siehe auch →Gehirn.

Hirnanhangdrüse. Wichtigste Drüse zur Hormonproduktion, die auch als →Hypophyse bezeichnet wird.

Historische Psychologie. Junge Forschungsrichtung innerhalb der Psychologie, die davon ausgeht, dass menschliches Erleben und Verhalten durch die Kultureinflüsse im Verlauf des Sozialisationsprozesses hergestellt wird. Damit findet eine deutliche Abgrenzung zu der Grundannahme insbesondere der →Humanethologie statt, wonach menschliches Verhalten einer unveränderbaren „Natur" entspringt und weltweite Gültigkeit besitzt. Während die →Psychohistorie sich allein auf die →Psychoanalyse als theoretische Grundlage beruft, erforscht die historische Psychologie Wandlungsprozesse von Sozialisationsbedingungen und deren Rückwirkung auf die menschliche Psyche, ohne dabei an eine bestimmte Theorie gebunden zu sein.

Histrionische Persönlichkeitsstörung. Persönlichkeitsstörung, für die ein dramatisierendes und theatralisches Verhalten charakteristisch ist. Die Betroffenen lassen sich leicht von anderen Personen oder von geänderten Umständen beeinflussen, sind oberflächlich und leicht zu kränken und haben das ständige Verlangen, im Mittelpunkt der Aufmerksamkeit zu stehen. Früher wurde diese Persönlichkeitsstörung als Hysterie bezeichnet.

Hite-Report. Studie der amerikanischen Feministin Shere Hite, in der Frauen erstmals Fragen zu ihrem sexuellen Erleben beantworteten. Von dem in Deutschland 1977 erschienenen Bericht gingen wichtige Impulse für Frauen aus, →Sexualität frei von männlichen Zuschreibungen selbstbewusst zu erleben.

Hochbegabung. Von Hochbegabung wird gesprochen, wenn eine Person einen →IQ-Wert von 130 oder darüber erreicht. Hochbegabung wird umgangssprachlich mit Genialität in Verbindung gebracht und bezeichnet herausragende intellektuelle Fähigkeiten. Andere Definitionen beziehen darüber hinaus herausragende →Begabungen oder das Potenzial zu außergewöhnlichen Leistungen einer Person mit ein. Für die Betroffenen kann Hochbegabung mit sozialen und psychischen Problemen verbunden sein, etwa wenn die Hochbegabung nicht erkannt wird und hochbegabte Schüler aufgrund ihrer Unterforderung Schwierigkeiten haben, sich in den Klassenverband zu integrieren. Die Erforschung der Hochbegabung begann in der Bundesrepublik erst in den 1970er-Jahren. Eine häufig geäußerte Kritik ist, dass noch immer zu wenig für die Förderung von Hochbegabten getan wird. In der Praxis wird eine frühere Einschulung und das Überspringen von Klassen (→Akzeleration) praktiziert. Weitere pädagogische Angebote für Hochbegabte sind die Vertiefung und Anreicherung des Lernstoffs mit zusätzlichen Wissensbestandteilen (Enrichment), die Unterrichtung in Sonderklassen oder die Durchführung spezieller Wettbewerbe (z. B. Jugend forscht). Siehe auch →Genie.

Hofeffekt. Synonym für →Halo-Effekt.

Hoffnung. Erwartung einer Person, dass emotional bedeutsame Wünsche in Zukunft erfüllt werden oder dass sich die Lebensbedingungen im Allgemeinen verbessern werden. Hoffnungslosigkeit wird im subjektiven Erleben als →Kontrollverlust wahrgenommen und stellt damit eine psychische →Belastung dar.

Höhenangst. Mit Schwindel verbundene Angst beim Herunterschauen in große Tiefen, die in starker Ausprägung die Bewegungsfreiheit einer Person einschränken kann.

Holzkamp, Klaus. Deutscher Psychologe (1927–1995); Begründer der →Kritischen Psychologie. Veröffentlichungen u. a.: „Kritische Psychologie“ (1977), „Grundlegung der Psychologie“ (1983).

Homoerotik. Sexuelle Anziehung, die sich auf Partner des gleichen Geschlechts bezieht. Im Unterschied zur →Homosexualität beinhaltet die Homoerotik nicht zwangsläufig Genitalkontakte.

Homologer Reiz. Synonym für →adäquater Reiz.

Homöostase. Bezeichnung für ein in allen Organismen grundsätzlich vorhandenes selbstregulatives, dynamisches Gleichgewicht, dessen Aufrechterhaltung oder Wiederherstellung das →Nervensystem und die →Hormone gewährleisten. In diesem komplexen System greifen viele Funktionen ineinander, etwa die Körpertemperatur und der Flüssigkeitshaushalt. Ein neues Austarieren dieses Systems wird jedes Mal notwendig, wenn sich Umweltbedingungen geändert haben, etwa wenn der Organismus von Schlaf- in den Wachzustand übergeht. Homöostase ist ein Aspekt, mit dem menschliche →Motivationen erklärt werden können. Demnach löst das Empfinden körperlich-organischer Ungleichgewichte Impulse aus, die eine Person zu einer Handlung veranlassen, die das Wiedererlangen des Gleichgewichts zur Folge hat.

Homosexualität. Sexualverhalten, das sich auf gleichgeschlechtliche Partner konzentriert und das nach gegenwärtiger Auffassung eine mögliche Variante der Sexualität darstellt, obgleich diese Form der Sexualität nicht in allen Ländern der Erde toleriert und z. B. mancherorts in der Sozialisation von Jungen als negativ dargestellt wird. Die →Diskriminierung schwuler und lesbischer Paare hat in den letzen Jahren mit der sexuellen Liberalisierung abgenommen, in einigen öffentlichen Institutionen wie Militär oder Kirche werden Homosexuelle jedoch allgemeinhin nicht akzeptiert. Diskutiert wird die Gleichstellung homosexueller Paare und Lebensgemeinschaften auf allen gesellschaftlichen Ebenen. Lange Zeit wurde Homosexualität als „gestörtes“ Verhalten und als sozial schädlich angesehen. Nach neuesten Erklärungsansätzen kann Homosexualität keineswegs als psychische Störung angesehen werden. Mit dazu beigetragen haben Untersuchungen, bei denen keine Unterschiede in der Häufigkeit von Neurosen oder psychischen Störungen zwischen homo- und heterosexuellen Personen festgestellt werden konnten. Als auslösende Faktoren werden unterschiedliche Theorien etwa angeborene „Anormalien“ oder unterdrückte sexuelle Wünsche gegenüber dem jeweils gegengeschlechtlichen Elternteil diskutiert. Auch fließende Übergänge zwischen Homo- und Heterosexualität mit tendenziellen Verhaltensweisen in jeweils eine bestimmte Richtung in bestimmten Lebensphasen werden zur Erklärung herangezogen (→Bisexualität). Der Prozess des →Coming-out kann mit einer →Krise verbunden sein.

Hörigkeit. Extreme emotionale →Abhängigkeit von einer anderen

Person. Sie kann sich z. B. in sexueller Hörigkeit manifestieren, aus der sich eine Person nicht selbst befreien kann und bei der sie unter Umständen die eigene Demütigung und Entwürdigung in Kauf nimmt.

Hormone. Körpereigene Substanzen, die neben dem →Nervensystem die Aufgabe haben, Organfunktionen zu regulieren. Nerven- und Hormonsystem stehen in einer Wechselwirkung zueinander, gleichzeitig beeinflussen sich die unterschiedlichen, im Körper vorhandenen Hormone gegenseitig. Von den Hormonen wird beispielsweise das Sexualverhalten mitbestimmt. So tragen die Östrogene im weiblichen Hormonhaushalt zur Reifung der weiblichen Geschlechtsmerkmale bei und regulieren den Monatszyklus. Beim Mann sind die Androgene für das Wachstum der Geschlechtsmerkmale verantwortlich.

Andere Hormone beeinflussen körperliche Stoffwechselprozesse. So ist das Thyroxin für die Regulation des Grundumsatzes des Organismus zuständig, das Glukagon für die Erhöhung des Blutzuckerspiegel und das Insulin wiederum für dessen Senkung. Kommt es zu Störungen in diesen Gleichgewichten, kann sich dies auf das psychische Befinden auswirken und zu Müdigkeit, Reizbarkeit oder Nervosität führen. Störungen in der Hormonproduktion können zudem körperliche Erkrankungen auslösen. So ist z. B. eine Überproduktion des in der Schilddrüse hergestellten Thyreotropin für die →Basedow'sche Krankheit verantwortlich. Die Bildung der Hormone erfolgt in den endokrinen Drüsen des menschlichen Körpers, u. a. in der Zirbeldrüse, Hirnanhangdrüse, Bauchspeicheldrüse, Schilddrüse, Thymusdrüse, Ovarium und Hoden.

Hormone, die in den Nervenzellen gebildet werden, werden als →Neurohormone bezeichnet. Ihr Vorhandensein ist für die Regulierung der Prozesse an den Schaltstellen des Nervensystems, den →Synapsen, notwendig. Von der vollständigen Erforschung dieser Hormone werden Rückschlüsse auf die Beeinflussung psychischer Krankheiten wie →Depressionen oder →Schizophrenie erwartet. Dass es sich bei dem Hormonsystem tatsächlich um ein hochkomplexes System handelt, wird auch dadurch deutlich, dass bei Störungen innerhalb dieses Systems Hormone nur begrenzt von außen zugeführt werden können, weil die Aufnahme wiederum von körpereigenen Prozessen gesteuert wird.

Horney, Karen. Deutsch-amerikanische Psychoanalytikerin (1885–

1952). Wichtige Vertreterin der →Neopsychoanalyse und Mitbegründerin des „American Institute of Psychoanalysis“. Horney bezog in die Ursachenerklärungen zur Entstehung von →Neurosen gesellschaftliche Aspekte mit ein. Sie gilt als eine der ersten feministischen Kritikerinnen einiger Freud'scher Postulate, etwa des →Penisneids.

Hörstörungen. Bezeichnung für ein breites Spektrum von Einschränkungen des Gehörs bis hin zur Taubheit. Viele dieser Störungen sind körperlich bedingt, etwa fehlerhaftes Hören (Parakusie) oder das krankhafte, verstärkte Hörvermögen (Hyperakusie). Der so genannte Hörsturz wird auf →Stress zurückgeführt. Dabei findet eine drastische Verschlechterung der Hörfähigkeit statt, teilweise auch einhergehend mit der Wahrnehmung von Hörgeräuschen. Die genauen auslösenden Faktoren sind noch nicht vollständig erforscht. Siehe auch →Tinnitus.

Hospitalismus. Folgeerscheinungen, die vor allem bei Kindern auftreten, die ohne Mutter bzw. ohne Familienumwelt („Nestwärme“) aufwachsen, z. B. durch längere Heim- oder Krankenhausaufenthalte. Hospitalismus manifestiert sich in körperlichen und geistigen Entwicklungsstörungen, eine eingeschränkte Kontaktfähigkeit, in emotionalen Zuständen, die von →Angst, →Apathie und Antriebslosigkeit bestimmt werden sowie in einer erhöhten Krankheitsanfälligkeit. Das Phänomen wurde zuerst bei Kleinkindern beobachtet und ist eine →Reaktion auf reizarme Umweltbedingungen sowie auf eine fehlende →Bindung an eine →Bezugsperson.

Hospiz. Einrichtungen, die schwer und unheilbar erkrankten Menschen eine psychische Begleitung im Prozess des Sterbens zukommen lassen. Neben emotionaler Zuwendung und Unterstützung ist es eine wichtige Aufgabe der Helfer, dem Patienten mithilfe von Medikamenten die körperlichen Schmerzen zu nehmen. Hospize leisten zudem einen wichtigen Beitrag zur Entlastung Angehöriger, für die die alleinige Betreuung Schwerkranker oftmals aufgrund der psychischen Belastung nicht zu bewerkstelligen ist. Einige Hospize haben sich auf die Versorgung von Menschen mit bestimmten Krankheiten spezialisiert, beispielsweise auf die Betreuung AIDS-Kranker. Kinderhospize haben u. a. die Aufgabe, eine Atmosphäre zu schaffen, in denen die Angst vor dem Tod gemindert werden kann.

Human engineering. Begriff aus der →Arbeits-, Betriebs- und Organisationspsychologie, der die Bemühungen von Psychologen beschreibt, einen Beitrag zur Verbesserung von Arbeitsbedingungen zu leisten. Dazu gehören Aspekte wie die Optimierung von Arbeitsabläufen, der Pausen- und Urlaubsgestaltung sowie des Einsatzes von Maschinen und Arbeitsmitteln.

Humanethologie. Menschliche →Verhaltensforschung.

Humanistische Psychologie. Neben der →Psychoanalyse und dem →Behaviorismus ist die Humanistische Psychologie die dritte wichtige Strömung innerhalb der Psychologie. Obwohl erste Ansätze bereits in den 1940er-Jahren in den USA entstanden sind, gilt die Gründung der „American Association of Humanistic Psychology“ im Jahr 1962 unter Beteiligung von Abraham →Maslow, Charlotte →Bühler, Carl R. →Rogers und anderen als eigentliche Geburtsstunde der Humanistischen Psychologie. Sie beruht auf einem ganzheitlichen und positiven Menschenbild, das einer Person die Fähigkeit zur Selbstverwirklichung einräumt und den Menschen als sozial und konstruktiv betrachtet. Da jedem Organismus eine vorhandene Tendenz zur Selbstaktualisierung innewohnt (→Aktualisierungstendenz), strebt der Mensch nach Selbstverwirklichung, persönlichem Wachstum und freier Entfaltung seiner Persönlichkeit. Dieses Streben wurde am deutlichsten von Carl C. →Rogers in seiner Persönlichkeitstheorie herausgearbeitet. Die Humanistische Psychologie grenzt sich von der in der Psychoanalyse enthaltenen Tendenz ab, die Kindheit als determinierend für die Persönlichkeit eines Menschen zu betrachten und menschliches Verhalten aus angeborenen Trieben heraus, etwa dem Aggressionstrieb, zu erklären. Ebenso kritisiert sie den →Behaviorismus, der den Menschen allein auf sein beobachtbares Verhalten reduzieren möchte. Die Humanistische Psychologie betont stattdessen die Selbstheilungskräfte von Individuen. Die wichtigsten therapeutischen Schulen, die sich aus der Humanistischen Psychologie entwickelt haben, sind die →Gesprächspsychotherapie und die →Gestalttherapie. Siehe auch →Human-Potential-Bewegung.

Human-Potential-Bewegung. Bezeichnung für eine in den 1970er-Jahren in den USA entstandene Bewegung von Menschen, die ihr persönliches Potenzial im Sinne von →Selbstverwirklichung, →Echtheit und Selbstverantwortung ergründen und entfalten wollten. Diese Menschen trafen sich häufig in →Gruppen, in denen vor allem mit Methoden der

→Humanistischen Psychologie entsprechende Prozesse eingeleitet und unterstützt wurden. Teilweise wurden dabei auch Elemente aus fernöstlichen Philosophien und Religionen adaptiert.

Humanpsychologie. Psychologie des Menschen (im Unterschied zur Verhaltensforschung am Tier).

Human Relations. Ein im Zusammenhang mit den →Hawthorne-Untersuchungen entstandener Begriff für die Sozialbeziehungen von Menschen in Arbeitssituationen, denen aufgrund der Ergebnisse dieser Untersuchung große Bedeutung für die Arbeitsleistung von Mitarbeitern sowie für die Produktivität des Unternehmens zugeschrieben wird.

Humor. Einstellung, die es erlaubt, alltäglichen Konflikten, anstrengenden Situationen oder Herausforderungen mit einer gelösten und komisch-freudigen Stimmung zu begegnen, was dazu führt, dass Kränkungen und Belastungen weniger stark empfunden werden. Nach Auffassung von Sigmund →Freud stellt Humor ebenso wie der →Witz eine Strategie dar, emotionale Schmerzen und unangenehme Tatsachen nicht bewusst werden zu lassen.

Hypästhesie. Verminderte Empfindungsfähigkeit der Haut und der Sinnesnerven.

Hyperästhesie. Überempfindlichkeit der Gefühls- und Sinnesnerven, insbesondere der Haut.

Hyperkinetisches Syndrom. Oberbegriff für verschiedene Störungsbilder im Zusammenhang mit Aufmerksamkeitsdefiziten, Hyperaktivität und den damit verbundenen Auffälligkeiten im Sozialverhalten. Das hyperkinetische Syndrom kann sich bereits bei Säuglingen in Form von Unruhe, Erregbarkeit oder häufigem Schreien zeigen. Siehe auch →ADHS.

Hypermnesie. Abnorme Gedächtnisstärke, gesteigerte Gedächtnisleistung in der Hypnose.

Hyperthymie. Emotionale Übererregbarkeit.

Hypertonie. Bluthochdruck, der u. a. auf Stress zurückzuführen ist.

Hyperventilation. Atmung, die dem Körper mehr Sauerstoff zuführt als er benötigt. Sie kann in Zusammenhang mit psychischer Erregung oder durch Krankheiten ausgelöst werden. Hyperventilation wird aber auch zu therapeutischen Zwecken eingesetzt, z. B. im Rahmen der →Atemtherapie.

Hypnose. Umstrittene therapeutische Technik, bei der ein Patient mithilfe von →Suggestion in einen tranceähnlichen Zustand versetzt wird, die aber i. d. R. das innere Einverständnis des Patienten voraussetzt, wenn sie erfolgreich zur Anwendung kommen soll. Hypnose ist mit einem vollständigen Entspannungszustand verbunden, bei dem innerpsychische Umstrukturierungsprozesse stattfinden können. Versuche, durch das Erreichen tranceähnlicher Zustände körperliche oder seelische Heilungsprozesse zu initiieren, sind kulturhistorisch weit verbreitet. Als Begründer der Technik in Europa gilt der französische Arzt August Liébeault, nachdem bereits Ende des 18. Jahrhunderts der Wiener Arzt Anton Mesmer mit dieser Methode experimentiert hatte (Magnetisieren oder Mesmerisieren). Auch Sigmund →Freud arbeitete zunächst mit Einsatz von Hypnose, musste aber feststellen, dass sich damit keine dauerhaften Verbesserungen des Zustands seiner Patienten erzielen ließen. Wiederentdeckt wurde die Technik durch die Arbeit von Milton H. Erickson, der die →Suggestion als eine individuell auf jeden Patienten zugeschnittene Technik anwandte. Sein Ansatz der →Hypnotherapie bildete eine der Grundlagen, die zur Entwicklung des →Neurolinguistischen Programmieren (NLP) führten.

Hypnotherapie. Einsatz der →Hypnose zu therapeutischen Zwecken, oftmals in Form einer →Kurzzeittherapie.

Hypochondrie. Neigung, den Körper aus Angst vor Erkrankungen übermäßig zu beobachten und sich Beschwerden einzubilden. Auch wenn ein Arzt eine entsprechende Diagnose nicht stellen kann, reicht dies häufig nicht aus, um einer Person, die an Hypochondrie leidet, die Befürchtung, erkrankt zu sein, dauerhaft zu nehmen.

Hypokinese. Bewegungsarmut.

Hypologisches Denken. Beim Kleinkind vorsprachliches, noch nicht logisches Denken.

Hypophyse. →Hirnanhangdrüse; wichtigste, nur 14 mm lange Hormondrüse, von der aus die Steuerung aller anderen Hormondrüsen stattfindet und die u. a. die →Hormonbildung beeinflusst.

Hypothalamus. Teil des →Zwischenhirns, der ein übergeordnetes Zentrum des →Negativen Nervensystems ist. Von ihm aus werden lebenswichtige Körperfunktionen gesteuert wie z. B. Kreislauf, Atmung oder Körpertemperatur. Siehe auch →Gehirn.

Hypothese. Vermutungen und vorläufige Annahmen, die sich entweder durch eine wissenschaftliche Untersuchung bestätigen lassen oder aber verworfen werden müssen, wenn sie sich als unrichtig erweisen. Eine Hypothese wird in der →empirischen Sozialforschung als eine Art Hilfsmittel eingesetzt, um einen Untersuchungsgegenstand oder eine Fragestellung näher eingrenzen zu können. Die Forschungshypothese (auch Alternativhypothese genannt) wird aus einer bereits vorhandenen Theorie abgeleitet und einer so genannten Nullhypothese gegenübergestellt. Letztere beinhaltet die entsprechende Gegenbehauptung. An ihr werden die Forschungsergebnisse schließlich überprüft.

Hypothesentheorie der Wahrnehmung. Bezeichnung für ein theoretisches Konzept, demzufolge bestimmte Erwartungen stets Ausgangspunkt von Wahrnehmungen und Erkennen sind und deren Erfüllung ständig an der Umwelt überprüft wird. Bestätigen sich die Erwartungen nicht, kommt es zu Unstimmigkeiten im Realitätserleben und zu weiterer Informationsaufnahme.

Hypsiphobie. →Höhenangst.

Hysterie. Neurotische Störung ohne organische Ursache, bei der anfallsartige körperliche Symptome wie Lähmungen oder Krämpfe sowie psychische Symptome wie Wahnvorstellungen auftreten. In der psychoanalytischen Theorie bezeichnet man als Hysteriker Personen, die aufgrund verdrängter Triebimpulse körperliche Auffälligkeiten entwickeln und ein gesteigertes →Geltungsbedürfnis aufweisen. Lerntheoretische Richtungen sehen die Ursache von Hysterie in einer Neigung zur Erregbarkeit zusammen mit mangelnden →Hemmungen. Für Hysterie wird in der →Psychiatrie inzwischen die Bezeichnung →histrionische Persönlichkeitsstörung verwendet. In der Antike wurde der Begriff häufig für Frauen benutzt, die durch ein übertriebenes und aufgeregtes Verhalten auffielen, was man auf Unterleibsstörungen zurückführte.

I

IA. Abkürzung für →Intelligenzalter.

Iatrogen. Krankheiten, die durch eine fehlerhafte Diagnose oder Behandlung eines Arztes oder Therapeuten beim Patienten ausgelöst werden bzw. Verschlimmerung eines Zustandes durch einen Arzt oder Therapeuten.

ICD. Abkürzung für „International Statistical Classification of Diseases and Related Health Problems (deutsch: „Internationale statistische Klassifikation der Krankheiten und verwandter Gesundheitsprobleme").→Klassifikationssystem psychischer Störungen und organischer Krankheiten, dessen Diagnoseschlüssel im Auftrag der Weltgesundheitsorganisation (WHO) erstellt und regelmäßig überarbeitet wird. Die derzeit gültige Fassung ist ICD-10. Der ICD wird von der deutschen Gesellschaft für Psychiatrie und Nervenheilkunde empfohlen. Die American Psychatric Association hat eine eigene Form entwickelt: →DSM (Diagnostic and Statistical Manual of Mental Disorder).

Ich. Zentrum der →Persönlichkeit und diejenige Instanz, die einer Person ein →Bewusstsein von sich selbst vermittelt. Das Ich entsteht im Kontext sozialer Interaktionen in den ersten Lebensjahren, wenn das Kind erkennt, dass es eine von seinen primären →Bezugspersonen getrennte Person ist, mit der es sich zunächst identifiziert (siehe auch →Frühstörung).
Nach psychoanalytischer Auffassung vermittelt das Ich ständig zwischen Impulsen, die aus dem →Über-Ich und dem →Es kommen, um eine Anpassung an die Umwelt zu gewährleisten. Wie weit einer Person dies gelingt, ist entscheidend für ihre →Ich-Stärke.

Ich-Bezogenheit. Synonym für →Egozentrismus.

Ich-Funktion. Alle ererbten (primär autonomen) und sich im Lauf der Entwicklung herausgebildeten (sekundär autonomen) Leistungen, die vom →Ich bewältigt werden. Zu den primär autonomen Ich-Funktionen gehören z. B. →Denken und →Wahrnehmung, zu den sekundären gehören Funktionen, die im Verlauf der Bewältigung innerpsychischer Konflikte entstehen wie →Abwehrmechanismen oder →Sublimierung.

Ich-Ideal. Nach psychoanalytischer Auffassung stellt das Ich-Ideal die

Idealvorstellung eines Menschen von sich selbst dar und wird teilweise von den im →Über-Ich vorhandenen →Normen gebildet. Ist der Unterschied zwischen real erlebtem →Ich und dem Ich-Ideal stark ausgeprägt, sodass die Verwirklichung des Ich-Ideals einer Person nicht möglich ist, kann dies zu erheblichen psychischen Spannungen oder überzogenen Leistungserwartungen an die eigene Person führen.

Ich-Identität. Subjektive Vorstellung einer Person von sich selbst. Die Herausbildung einer Ich-Identität ist der zentrale psychische Reifungsprozess, der in der Pubertät geleistet werden muss (→Adoleszenzkrise). Je stärker eine Person ihre individuellen →Fähigkeiten, →Wünsche und →Einstellungen zu einer Ich-Identität zusammenfügen kann, desto klarer wird diese für andere sichtbar. Je größer die Übereinstimmung zwischen →Selbst- und →Fremdwahrnehmung ist, desto weniger psychische Spannungen sind in einer Person vorhanden. Differenziert beschrieben wurden einzelne Aspekte der Identitätsentwicklung z. B. von Erik H. →Erikson in dem von ihm vorgelegten Modell der psychosozialen Entwicklung und im Zusammenhang mit der Moralentwicklung von Lawrence →Kohlberg.

Ich-Spaltung. Form der →Spaltung, die entsteht, wenn das →Ich in seiner Vermittlungsfunktion zwischen →Es und →Über-Ich überfordert wird. Die aus dieser Situation resultierenden intrapsychischen Konflikte werden so stark, dass es für einen Menschen nur noch die Möglichkeit gibt, sein Ich aufzuspalten, um dem Spannungszustand zu entgehen.

Ich-Stärke. Funktionsfähigkeit des Ich, d. h. die Fähigkeit einer Person, das →Ich gegen intrapsychische Konflikte sowie gegenüber den Ansprüchen und Gefahren der Außenwelt zu behaupten.

Ich-Zustände. Zentraler Begriff aus dem Persönlichkeitsmodell der →Transaktionsanalyse. Nach Auffassung von Eric →Berne liegen dem →Denken, Handeln und Fühlen von Menschen drei verschiedene Ich-Zustände zugrunde, die für abgegrenzte Handlungs- und Interaktionseinheiten mit der Umwelt ebenso wie für das Selbsterleben einer Person bestimmend sind. Diese Ich-Zustände werden in ein Eltern-Ich, ein Erwachsenen-Ich und ein Kindheits-Ich unterteilt. Das Eltern-Ich enthält diejenigen Einstellungen und Verhaltensweisen, die von den Eltern und anderen →Bezugspersonen übernommen wurden. Das Eltern-Ich ist normativ, es kann sehr rigide bis repressiv sein, aber auch fürsorgliche Anteile beinhalten. Das Erwachsenen-Ich umfasst alle Persönlichkeitsanteile, die rational und bewusst gesteuert werden, während das Kindheits-Ich solche Handlungs- und Reaktionsmuster beinhaltet, die von →Spontaneität, einer Orientierung am →Lust-Prinzip und durch direkte Gefühlsäußerungen wie Trauer, Freude oder →Trotz gekennzeichnet sind. Das Kindheits-Ich wird wiederum in ein „freies Kind" und ein „reaktives Kind" differenziert. Erstere Instanz beinhaltet Aspekte wie den Zugang zu eigenen →Gefühlen und →Bedürfnissen, →Kreativität und Lebensfreude, das „reaktive Kind" kann entweder trotzig und rebellisch sein oder angepasst und fügsam.

In der individuellen Entwicklung einer Person ist das Kindheits-Ich spätestens bis zum Ende des 3. Lebensjahres herausgebildet, das Eltern-Ich ca. mit Beginn des Schulalters, während das Erwachsenen-Ich erst in dieser Zeit zu entstehen beginnt und mit Eintritt in die Pubertät voll funktionsfähig ist. Je stärker eine Person entscheiden kann, mit welchem Ich-Zustand sie auf eine Situation reagieren will, desto positiver ist dies für ihre psychische Gesundheit; je mehr sie in ihrer freien Entscheidung eingeschränkt ist, desto größer ist die Wahrscheinlichkeit, dass es zur Ausbildung einer →Neurose oder einer →psychischen Störung kommt.

Das Modell der Ich-Zustände nach Eric Berne lässt sich mit der von Sigmund →Freud vorgenommenen Beschreibung des psychischen Apparats vergleichen. In diesem Zusammenhang wäre das Erwachsenen-Ich bei Berne vergleichbar mit dem Ich bei Freud, das Eltern-Ich dem →Über-Ich gleichzusetzen, und das Kindheits-Ich wäre als Entsprechung des Es anzusehen.

Idealisierung. Vorgang, bei dem Idealvorstellungen einer anderen Person zugeschrieben werden, wodurch verhindert wird, dass Schwächen und Fehler dieser Person differenziert wahrgenommen werden. Eine typische Form ist die Idealisierung der Eltern im Kindesalter. Die Eltern sollen alle Nöte und Probleme lösen und werden als allmächtig erlebt. Eine realistische Einschätzung der Persönlichkeit der Eltern findet häufig erst im Erwachsenenalter statt. Das Bewusstwerden ihrer Versäumnisse und Mängel, welches zur Entidealisierung führen kann, kann mit Gefühlen wie →Enttäuschung, →Wut und →Hass verbunden sein. Die Idealisierung eines anderen Menschen ist zudem typisch für den Zustand der Verliebtheit, dem erst allmählich eine realistische und differenzierte Wahrnehmung des Partners folgt.

Ideenflucht. Extrem flüchtiger, sprunghafter, zusammenhangloser Ablauf von Gedanken und Vorstellungen, wobei Leit- bzw. Zielvorstellungen für den Gedankenablauf mehr oder weniger fehlen. Ideenflucht ist durch einen Zustand gekennzeichnet, in dem eine Person beim Ausführen ihrer Gedankengänge immer wieder den „roten Faden" verliert und neue Themen beginnt. Die →Denkstörung kann in Zusammenhang mit einer →Psychose auftreten (z. B. →Manie), bei organisch bedingten Gehirnerkrankungen oder nach dem Konsum von →Drogen und Alkohol.

Identifikation. Vorgang, bei dem eine Person unbewusst oder bewusst in die Rolle des anderen schlüpft, was dazu führen kann, dass →Eigenschaften, →Gesten oder →Handlungen einer anderen Person als eigene angenommen werden. Eine Identifikation kann sowohl mit einer Person stattfinden, die wertgeschätzt und idealisiert (→Idealisierung) wird als auch mit einer, die als Angst auslösend empfunden wird. In letzterem Fall kann die Identifikation zu einem →Abwehrmechanismus werden. Siehe auch →Imitation.

Identität. Bewusstsein einer Person darüber, wer und was sie selbst ist; die Summe aller Merkmale, die eine Person von anderen Menschen unterscheidet. Siehe auch →Ich, →Ich-Identität.

Identitätskrise. Psychische →Krise, die z. B. ausgelöst werden kann, wenn wichtige identitätsstiftende Faktoren (Beziehung, Freundschaften, Arbeitsplatz) verloren gehen und eine tiefe →Verunsicherung erlebt wird, die es notwendig macht, die eigene →Ich-Identität neu auszuloten. Identitätskrisen werden manchmal auch durch psychische Erkrankungen, etwa →Psychosen, ausgelöst.

Idiografisch. Begriff aus der Wissenschaftstheorie, die im Gegensatz zu den →nomothetischen Wissenschaften einmalige Erlebnisse und Sachverhalte zum Gegenstand haben, wie z. B. die Persönlichkeit einer einzelnen Person und nicht allgemeine menschliche →Merkmale und →Eigenschaften. Ziel der ideografischen Persönlichkeitsforschung ist das Verstehen und möglichst vollständige Erfassen der Einzigartigkeit eines Individuums.

Idiosynkrasie. 1. In der Psychologie Bezeichnung für eine ausgeprägte Abneigung und einen auffälligen Widerwillen gegenüber bestimmten Personen, Tieren, Gegenständen etc. 2. In der Medizin Bezeichnung für eine angeborene Überempfindlichkeit gegenüber bestimmten Stoffen und Reizen. 3. Im angelsächsischen Raum meist Bezeichnung für ein besonderes Merkmal, durch das sich eine Person oder eine Gruppe deutlich von anderen Menschen unterscheidet.

Ideosynkratischer Kredit. Im Zusammenhang mit der Führungskonzeption verwendetes Konzept zur Kennzeichnung von Führungspersonen in Gruppen, welche aufgrund ihres vergangenen normkonformen, positiven und gruppenförderlichen Verhaltens einen relativ hohen Status in der Gruppe erzielt haben, sodass man ihnen eine Art von „Kredit" zugesteht, von der Gruppennorm abzuweichen.

Illusion. Fehlerhafte Einschätzung einer Situation oder einer anderen Person im Sinne einer Beschönigung. Illusionen entstehen aus starken Wünschen oder →Hoffnungen und verhindern oftmals eine realistische Sicht der Dinge. So kann bei einer Person der Wunsch nach einem gemeinsamen Leben mit einem Partner oder einer Partnerin so stark ausgeprägt sein, dass sie nicht wahrnimmt, dass gerade dies mit dem aktuellen Partner nicht möglich ist. Obwohl die Aufgabe einer Illusion letztlich zur inneren Freiheit beiträgt, kann die damit verbundene →Enttäuschung emotional als sehr schmerzhaft erlebt werden.

Imagination. →Vorstellung.

Imago. Von Carl G. →Jung geprägter Begriff für das innere, oft idealisierte Bild einer wichtigen → Bezugsperson. Diese sich in der frühen Kindheit im Erleben des Kindes herausbildende Vorstellung begleitet einen Menschen häufig ein Leben lang und bestimmt sein Verhalten und Erleben, ohne dass dies bewusst wahrgenommen wird. Siehe auch →Objektrepräsentanz.

Imitation. →Nachahmung.

Imitationslernen. →Beobachtungslernen.

Imponiergehabe. Begriff aus der vergleichenden Verhaltensforschung für Verhaltensweisen bei Tieren, die dazu dienen, mithilfe einer Drohgebärde andere Tiere zu vertreiben oder auch um Attraktivität und Stärke zu demonstrieren, z. B. um für ein Weibchen zu werben. Davon abgeleitet wird der Begriff auch für menschliche Verhaltensweisen benutzt, etwa für ein demonstratives zur Schau stellen von Statussymbolen, aber auch für eine mit einer bestimmten Körpersprache demonstrierten physische Präsenz.

Impuls. Spontanes Umsetzen von →Handlungen, ohne dass vorher eine Reflexion der möglichen Konsequenzen erfolgt. Die Fähigkeit, Impulse zu kontrollieren, wird erst während der

→Sozialisation erworben (Impulskontrolle). Kinder folgen typischerweise Impulsen und setzen Ideen und Einfälle sofort um. Die Ausprägung der Impulsivität sowie die →Fähigkeit zur Impulskontrolle variiert von Person zu Person.

Inadäquater Reiz. Diejenigen →Reize, welche von den aufnehmenden Sinnesorganen nicht weitergeleitet werden können, weil diese für deren Aufnahme nicht ausgestattet sind. Trifft ein Reiz auf ein solches Sinnesorgan (z. B. ein Schlag auf das Auge), kann dies zu Schmerzen oder zu irritierenden →Wahrnehmungen führen. Siehe auch →adäquater Reiz. Die Schwelle (kleinste erforderliche Reizschwelle) ist bei inadäquaten Reizen wesentlich höher als bei adäquaten Reizen.

Indikation. Grundlage, welche die Veranlassung einer bestimmten Therapie oder eines Heilverfahrens als sinnvoll erscheinen lässt. Nachdem eine →Diagnose erstellt wurde, müssen die Chancen und Konsequenzen der möglichen Behandlung ausgelotet werden. Von →Kontraindikation spricht man, wenn eine Therapieform aufgrund der speziellen Situation eines Patienten als ungeeignet erscheint und die Gefahr besteht, dass seine psychische Störung dadurch noch verstärkt werden könnte.

Individualisierung. Bezeichnung für die strukturelle Veränderung in der Beziehung zwischen →Individuum und Gesellschaft im Sinne einer Freisetzung aus traditionellen Bindungen, der Auflösung vorhandener Sicherheiten und der Entstehung neuer sozialer Bindungen, die dem Einzelnen neue Freiheiten eröffnen. Obwohl historisch bereits zahlreiche Individualisierungsprozesse stattgefunden haben (z. B. die Auflösung der Großfamilien) ist besonders seit dem ausgehenden 20. Jahrhundert ein starker Individualisierungsschub zu verzeichnen. Diskutiert wird in diesem Zusammenhang, ob dieser Individualisierungsschub, der zwar eine Vielzahl von Lebensstilen möglich macht, noch eine ausreichende Rückeinbettung des Individuums garantiert, weil tradierte Strukturen zwar aufgelöst werden, aber kaum neue entstehen (z. B. Flexibilisierung der Arbeitswelt, Erosion sozialer Sicherungssysteme, Individualisierung von Berufs- und Bildungschancen, Brüchigkeit der Erwerbsbiografie, Auflösung tradierter →Geschlechterrollen etc.).

Individualpsychologie. Von Alfred →Adler begründete Richtung der →Tiefenpsychologie und Psychotherapie. Nach ihr ist der Mensch aus seinem „Lebensplan" zu verstehen. Dieser besteht in dem Bestreben, soziale Anerkennung zu erreichen und vor allem Minderwertigkeitskomplexe auszugleichen, die dem Menschen von früher Kindheit an eigen sind. Nach Ansicht von Alfred Adler macht ein Mensch im Laufe seines Lebens immer wieder die Erfahrung von Hilflosigkeit und →Abhängigkeit, was zu einem →Minderwertigkeitsgefühl führen kann. Um dieses Gefühl kompensieren (→Kompensation) zu können, streben Menschen nach →Macht. Da der Mensch nach Auffassung Adlers auch mit einem angeborenen →Gemeinschaftsgefühl ausgestattet ist, geraten Machtstreben und der Wunsch, in eine Gemeinschaft eingebettet zu sein, in Widerspruch. Alle Versuche, durch das Erlangen von Macht das Minderwertigkeitsgefühl zu überwinden, bilden als fehlgeleitete Strategie den Kern einer →Neurose. In der Therapie wird versucht, dem Patienten seinen individuellen →Lebensstil, wie er sich aus der Kompensation des Minderwertigkeitsgefühls entwickelt hat, erfahrbar zu machen (u. a. indem der Therapeut in einer Weise reagiert, die das übliche Muster durchbricht). Intensiv betrachtet werden dazu auch die frühen sozialen Beziehungen, insbesondere die zu den Geschwistern (→Geschwisterposition). Ziel ist es, dem Patienten eine Umorientierung zu ermöglichen, die sich schließlich in einem veränderten Lebensstil zeigt. Zur Unterstützung des Klienten erfolgt immer wieder die Ermutigung durch den Therapeuten (→Ermutigungstherapie).

Individualtherapie. 1. Alternative Bezeichnung für Therapien, die in Form einer →Einzeltherapie durchgeführt werden. 2. Bezeichnung für jene Form der Psychotherapie, die auf der Grundlage der →Individualpsychologie erfolgt.

Individuation. Psychischer Prozess der Selbstwerdung eines Menschen, der ihn zu einem →Individuum macht. Nach Carl G. →Jung bildet die Individuation einen lebenslangen Prozess, bei dem Inhalte aus dem →kollektiven Unbewussten mit denen aus dem persönlichen →Unbewussten zu einer Einheit verschmolzen werden. In der Psychoanalyse spricht man im Zusammenhang mit Individuation von der „psychischen Geburt“ des Menschen, die erreicht ist, wenn sich ein Kind als eigenständige Person erleben kann.

Individuum. Bezeichnung für den einzelnen Menschen in seiner Einzigartigkeit, die ihn aus der Masse der Menschen hervorhebt. Siehe auch →Ich-Identität, →Selbstkonzept.

Indoktrination. Massive Einflussnahme mit dem Ziel, einer anderen

Person oder Gruppe eine bestimmte Meinung oder Weltanschauung aufzuzwingen, wobei das Recht auf freie Meinungsbildung entweder eingeschränkt oder gar nicht vorhanden ist (z. B. auf staatlicher Ebene das Ausüben von Zensur etc.).

Induktion. Wahrheitskonservativer Erweiterungsschluss, d. h. analytischer Schluss von beobachteten Gegebenheiten auf die Menge nicht beobachteter gleichartiger Gegebenheiten, also von dem Besonderen auf das Allgemeine. In der Regel wird hierbei aufgrund wiederholter Beobachtungen auf allgemeine Regeln und Gesetzmäßigkeiten geschlossen.

Infantile Sexualität. Begriff aus der psychoanalytischen Theorie für die sexuelle Entwicklung in der Kindheit, siehe →frühkindliche Sexualität. S. →Freud unterscheidet dabei zwischen der oralen, der analen und der phallischen Phase.

Infantilismus. Bezeichnet ein Verhalten oder ein körperliches Erscheinungsbild eines erwachsenen Menschen, das stark an das eines Kindes erinnert. Mögliche Ursache für das Stehenbleiben einer Person auf einer kindlichen Entwicklungsstufe kann eine →Fixierung sein. Äußert sich der Infantilismus vor allem im physischen Erscheinen, können hormonelle Störungen die Ursache dafür sein.

Inferenzstatistik. Teil der →Statistik mit der Aufgabe, aus Stichprobenkennwerten auf die entsprechenden Populationswerte zu schließen.

Informationspsychologie. Richtung der Psychologie, bei der Erkenntnisse der Datenverarbeitung, etwa die Computersimulation oder die →Kybernetik, für die psychologische Forschung nutzbar gemacht werden.

Informationstheorie. Mathematisches Modell zur Untersuchung einer optimalen Informationsübermittlung zwischen Sender und Empfänger, die in den 1940er-Jahren in den USA entwickelt wurde und dazu dient, den Informationsgehalt von →Nachrichten exakt zu bestimmen.

Informationsverarbeitung. Allgemeine Bezeichnung für die Aufnahme neuer →Reize und Informationen und deren Verarbeitung im Gedächtnis durch Prozesse der Begriffs- und Schematabildung, des Abspeicherns, Erinnerns und Vergessens.

Informelle Gruppe. Zufällig entstandene →Gruppe, deren Zusammentreffen nicht mit der Realisierung eines bestimmtes Ziels oder Vorhabens verbunden ist.

Informelle Tests. Einfach konzipierte Testverfahren, bei denen beispielsweise auf die Festlegung von →Gütekriterien oder eine →Itemanalyse verzichtet wird.

Infradiane Rhythmen. →Biorhythmen, die in einem lang andauernden Zyklus verlaufen. Dazu zählen etwa der Menstruationszyklus der Frau oder jahreszeitliche Veränderungen, die sich aufgrund einer Umstellung des autonomen →Nervensystems auf die körperliche und geistige →Leistungsfähigkeit auswirken. Siehe auch →ultradiane Rhythmen, →zirkadiane Rhythmen.

Inhaltsanalyse. Contentanalyse, Textanalyse. Qualitative Methode zur Auswertung von Texten und Gesprächsprotokollen nach einer bestimmten Fragestellung. Nach der qualitativen Auswertung schließt sich i. d. R. eine quantitative Auswertung an. In erster Linie untersucht die Inhaltsanalyse sprachliche Ausdrucksformen, doch auch körperlicher Ausdruck wird miteinbezogen. So wird z. B. anhand festgelegter Kriterien die Häufigkeit einer bestimmten Äußerung überprüft.

Inhibition. →Hemmung.

Initiation. Rituale in traditionellen Gesellschaften, die eine Veränderung des sozialen Status einer Person einleiten und festschreiben. Häufig wird die Aufnahme in die Gemeinschaft der Erwachsenen mit einer bestimmten Zeremonie gefeiert.

Inkohärenz. →Denkstörung, die in Zusammenhang mit einer →Psychose auftritt und sich in Verwirrung und einer unzureichenden →Konzentration manifestiert.

Innere Kündigung. Psychische Reaktion auf unbefriedigende oder als belastend erlebte Arbeitssituationen, z. B. infolge von →Mobbing, ungerechter Beurteilung durch Vorgesetzte, Überforderung oder geringen Entwicklungs- und Aufstiegsmöglichkeiten. In allen Fällen manifestiert sich die „innere Kündigung“ in einem emotionalen Rückzug, der dazu führt, dass Aufgaben ohne Interesse und Engagement erledigt werden („Dienst nach Vorschrift“), was langfristig zu einer Verringerung der Arbeitsleistung führt.

Instanz. In der psychoanalytischen Theorie gebrauchter Begriff für die drei Bestandteile des →psychischen Apparats, das →Ich, das →Es und das →Über-Ich.

Instinkt. Bezeichnung für ein angeborenes, lebenserhaltendes, nervöses Verhaltensrepertoire, das durch äußere Reize ausgelöst und in bestimmten Situationen automatisch umgesetzt wird. Verhaltensforscher Konrad →Lorenz prägte den Begriff der Instinkthandlung für genetisch vorgegebene Reaktionen auf →Schlüsselreize, aus denen sich im Tierreich ganze Handlungsketten bilden, etwa beim Vorgang des Beutefangs.

Instruktion. 1. Einweisung von →Versuchspersonen in die exakten Verhaltensanweisungen vor der Durchführung eines →Experiments oder eines →Tests. 2. Allgemeine Bezeichnung für Lehrvorgänge und die Vermittlung von Lernstoff.

Instrumentelle Konditionierung. Form der →Konditionierung, bei der durch die Verknüpfung einer Reaktion mit einer bestimmten, meist belohnenden Konsequenz versucht wird zu beeinflussen, wie häufig ein i. d. R. erwünschtes Verhalten künftig auftritt. Dasjenige Verhalten, das ein Mittel bzw. ein Instrument für den erwünschten Effekt ist, wird häufig wiederholt und auf diese Weise zu einer erlernten Gewohnheit. Dieses elementare Lernprinzip wurde von Edward L. →Thorndike experimentell untersucht.

Insuffizienzgefühl. Synonym für →Minderwertigkeitsgefühl.

Integrationspädagogik. Oberbegriff für pädagogische Maßnahmen, die eine gemeinsame Betreuung und einen gemeinsamen Unterricht von Behinderten und Nicht-Behinderten innerhalb der öffentlichen Erziehung ermöglichen. Integrationspädagogik wird vor allem im Kindergarten- und Vorschulbereich sowie in den Schulklassen der Sekundarstufe I praktiziert. Sie setzt u. a. eine geringe Gruppen- bzw. Klassenstärke voraus, geeignete Fort- und Weiterbildungen der Erzieher und Lehrkräfte sowie die interdisziplinäre Zusammenarbeit mit anderen Fachkräften. Siehe auch →geistige Behinderung.

Integrative Psychotherapie. Therapiemethode, die in den 70er-Jahren initiiert wurde und den Anspruch hat, Techniken aus verschiedenen therapeutischen Schulen in der Arbeit mit dem Klienten zusammenzuführen. Die Integrative Psychotherapie beruht auf einem ganzheitlichen Menschenbild, ohne dass eine eigene Persönlichkeitstheorie entworfen wurde. Häufig werden Verfahren aus der →Humanistischen Psychologie miteinander kombiniert.

Intellekt. Vernunft, Verstand, das gesamte Denkvermögen einer Person, das es ihr ermöglicht, Erkenntnisse zu erlangen. Ein Mensch, der gewohnt ist, komplizierte Zusammenhänge aufgrund seines Wissensschatzes und eigener Analysen rational zu erfassen, wird als Intellektueller bezeichnet.

Intelligenz. Fähigkeit einer Person, neue und unbekannte Situationen zu bewältigen, aus ihrem Denken Schlussfolgerungen zu ziehen, Probleme zu lösen und die Relevanz von Informationen schnell einzuschätzen. Eine feststehende Definition des

Begriffs existiert nicht, obwohl Intelligenz zu den zentralen Begriffen innerhalb der Psychologie und der Pädagogik gehört und die Erforschung der Intelligenz bereits seit dem Beginn des 20. Jahrhunderts erfolgt. Die Bemühungen, den von anderen Bereichen des Denkens schwer abgrenzbaren Bereich der Intelligenz zu erforschen und greifbarer zu machen, konnten durch den Einsatz spezieller statistischer Analysen von Intelligenztests wie der →Faktorenanalyse vorangebracht werden. Charles E. →Spearman versuchte, gemeinsame Faktoren zu ermitteln, die für Intelligenzleistungen ursächlich sind und stellte 1927 die Zwei-Faktoren-Theorie auf. Sie besagt, dass alle Intelligenzleistungen, also diejenigen Leistungen, die für die Lösung einer Aufgabe notwendig sind, auf einem allgemeinen, zentralen Intelligenzfaktor, dem g-Faktor beruhen, neben dem es noch s-Faktoren gibt, die für die übrige spezifische Aufgabenlösung zuständig sind. Die Theorie zur Erklärung der Intelligenz von Louis L. Thurstone (1938) benennt insgesamt sieben so genannte Primärfähigkeiten („primary mental abilities"), die das gesamte Spektrum der Intelligenz umschreiben sollen. Dieser Theorie zufolge gehören dazu die Beherrschung von Sprache, die Fähigkeit zum Rechnen, die Geschwindigkeit der Wahrnehmung bzw. der Auffassungsgabe, räumliches Vorstellungsvermögen, logisches Denken und die Fähigkeit zum Schlussfolgern, sowie Gedächtnisleistungen und eine flüssige verbale Ausdrucksfähigkeit. Eine Abhängigkeit zwischen den einzelnen Faktoren konnte nachgewiesen werden. Die Faktorenanalyse von Joy Paul →Guilford (1967) ergibt eine Gesamtzahl von 120 intellektuellen Fähigkeiten. Guilford unterteilt die Faktoren der Intelligenz in erforderliche Operation (fünf verschiedene Arten: Überprüfen und Bewerten, konvergentes Denken, divergentes Denken, Aktualisierung von Wissen sowie Erkennen/Auffassen), in Inhalte (vier Arten: figurale, symbolische, semantische und verhaltensbezogene Inhalte) und Produkte (sechs verschiedene Arten: Einheiten, Klassen, Beziehungen, Systeme, Transformationen und Implikationen). Jede beobachtbare Intelligenzleistung stellt eine unterschiedliche Kombination von Operationen, Inhalten und Produkten dar, insgesamt ergeben sich also 120 Faktoren. Den Erklärungsansätzen, die mithilfe von messbaren Intelligenzleistungen entwickelt wurden, stehen Intelligenzkonzepte gegenüber, die innerhalb der →Kognitionspsychologie entwickelt wurden.

Zu ihnen gehört der Ansatz von Howard Gardner (1983). Er leitet Intelligenz aus sieben unterschiedlichen Möglichkeiten, die Welt zu betrachten ab, wobei der Wert, der jeder Betrachtungsweise beigemessen wird, von der jeweiligen Kultur und Gesellschaft, in der eine Person heranwächst, bestimmt wird. Dazu zählen 1. sprachliche Fähigkeiten 2. logisch-mathematische Fähigkeiten 3. räumliches Wahrnehmungsvermögen 4. musikalische Fähigkeiten 5. motorische und kinästhetische Fähigkeiten 6. interpersonale Fähigkeiten (das Verständnis der anderen) und 7. intrapersonale Fähigkeiten (Zugang zum eigenen →Selbst). Nach Auffassung von Gardner werden in den westlichen Industriegesellschaften die beiden erstgenannten Fähigkeiten besonders gefördert.

Intelligenzalter. Maßzahl für die Beschreibung des Entwicklungsstandes der Intelligenz von Kindern und Jugendlichen. Das Intelligenzalter bezeichnet das durchschnittliche Alter, in dem normal entwickelte Kinder bestimmte Intelligenzaufgaben lösen können. Bei einem von Alfred Binet entwickelten Verfahren werden Kindern alterstypische Aufgabenstellungen vorgelegt. Kann ein Kind Aufgaben bewältigen, die normalerweise erst von älteren Kindern gelöst werden können, wird sein Intelligenzalter höher als sein Lebensalter eingestuft und umgekehrt.

Intelligenzdiagnostik. Die qualitative und/oder quantitative Feststellung des Ausprägungsgrades der →Intelligenz einer Person, z. B. mithilfe standardisierter →Intelligenztestes oder durch die prozessorientierte Untersuchung von Denkvorgänge, z. B. durch die Methode des →lauten Denkens.

Intelligenzentwicklung. Entwicklung des Denkens und der Intelligenz. Wurde detailliert von Jean →Piaget beschrieben (→Denkentwicklung).

Intelligenzquotient. Maß, mit dem das intellektuelle Entwicklungsniveau eines Menschen angegeben wird. Die dazu benutzte Rechenformel lautet: IQ = IA/LA x 100, wobei IA dem Intelligenzalter und LA dem Lebensalter entspricht. Der durchschnittliche Intelligenzquotient (IQ) hat einen Mittelwert von 100 (mit geringen Abweichungen), wobei die Leistungen der Testperson jeweils ins Verhältnis zu den Leistungen ihrer Altersgruppe gesetzt werden. Entwickelt wurde das Maß 1912 von William Stern.

Intelligenztests. Sammelbezeichnung für →Tests, bei denen mithilfe quantitativer oder qualitativer Untersuchungen die →Intelligenz einzelner Personen oder Personengruppen festgestellt wird. Intelligenztests spielen vor allem in der Pädagogik eine wichtige Rolle. Sie werden üblicherweise als Gruppentests durchgeführt, wobei die zu lösenden Aufgaben von jeder Person in Einzelarbeit in einem festgelegten Zeitrahmen zu lösen sind.

Intelligenztests sind aus mehreren Gründen umstritten, etwa weil ihre Konstruktion oftmals nur einzelne Aspekte der Intelligenz, etwa das Sprachverständnis oder die Rechenfähigkeit feststellt, jedoch nicht das Gesamtpotenzial einer Person misst. Zudem geben Intelligenztests nicht die real vorhandene Fähigkeit wieder, neue Situationen im Alltag meistern zu können, weil dafür neben den kognitiven Fähigkeiten auch emotionale Faktoren (etwa →Angst oder Gehemmtheit) mitverantwortlich sind (siehe auch →emotionale Intelligenz). Nachgewiesen werden konnte, dass das Ergebnis eines →Intelligenztests unterschiedlich ausfällt, wenn eine Person zu unterschiedlichen Zeitpunkten getestet wird, da Intelligenz kein statisches Merkmal darstellt, sondern durch eine entsprechende Anregung und Förderung durch die Umwelt beeinflussbar ist. Der erste Intelligenztest wurde von Alfred Binet und Théodore Simon zu Beginn des 20. Jahrhunderts entwickelt (→Binet-Simon-Test). Ein heute häufig angewandter Test ist beispielsweise der →Hamburg-Wechsler-Intelligenztest. Um Benachteiligungen beim Lösen von Aufgaben auszuschließen, wurden so genannte →Culture-fair-Intelligenztests entwickelt. Diese versuchen die Intelligenz zu erfassen, ohne dass dabei soziale Unterschiede der getesteten Personen zum Tragen kommen.

Intentionale Erziehung. Pädagogische Handlungen, die im Gegensatz zur →funktionalen Erziehung geplant, aus →Erziehungszielen abgeleitet und häufig konzeptionell begründet sind.

Interaktion. 1. Prozess der gegenseitigen Beeinflussung von Personen in sozialen und zwischenmenschlichen Situationen, der gleichzeitig die Dimensionen →Denken, Fühlen und Handeln umfasst. Die Beteiligten wirken dabei wechselseitig aufeinander ein. 2. In der →Statistik Bezeichnung für denjenigen Varianzanteil, der als Funktion der Variation von zwei oder mehreren Bedingungen erklärt werden kann, und nicht als Resultat einer einzelnen Variablen.

Interaktionismus. 1. Forschungsrichtung innerhalb der →Sozialpsychologie, die die Interaktionen zwischen einer Person und anderen sowie die daraus entstehenden Wechselwirkungen untersucht. Dabei wird davon ausgegangen, dass Persönlichkeitseigenschaften keine feststehenden Merkmale sind, sondern sich abhängig von der jeweiligen Interaktion bzw. den aktuellen Situationsmerkmalen manifestieren. Siehe auch →symbolischer Interaktionismus. 2. Psychologische Theorienbildung auf Grundlage der wechselseitigen Bedingtheit körperlicher und geistiger Einflüsse.

Interaktionsanalyse. Forschungsmethode innerhalb der →Sozialpsychologie, bei der die Qualität und Intensität von Kommunikation zwischen Einzelpersonen und in Gruppen oder Institutionen beobachtet, erfasst und standardisiert wird. Interaktionsanalysen werden nach bestimmten feststehenden Kriterien und Beobachtungsverfahren, z. B. bei Gruppendiskussionen, durchgeführt.

Inderdependenz. Begriff aus der →Statistik für die wechselseitige Abhängigkeit verschiedener Variablen.

Interdisziplinarität. Bezeichnung für die Zusammenarbeit in mehreren Wissenschaftsdisziplinen. Durch den Austausch, der mit anderen Disziplinen erfolgt, rücken neue Zusammenhänge in das Blickfeld. Andererseits ergibt sich daraus der Vorteil, dass durch eine frühe Zusammenarbeit verschiedener Disziplinen ein umfassenderes oder schnelleres Ergebnis erzielt werden kann. Ein Beispiel für Interdisziplinarität in der Psychologie ist beispielsweise die Zusammenarbeit mit der Ernährungswissenschaft, um beispielsweise bei Essstörungen bessere Möglichkeiten der Beeinflussung von Ernährungsgewohnheiten zu entwickeln.

Interesse. Relativ konstante Bereitschaft oder Neigung einer Person, sich mit bestimmten Themen, Gegenständen oder Wissensgebieten zu beschäftigen. Interessen werden im Zuge der individuellen Entwicklung jedes Menschen erworben und sind eine wichtige Grundlage für Lernerfolge. So wirkt sich persönliches Interesse an einem Sachverhalt positiv auf den Lernerfolg aus. Damit besteht eine Parallele zur →intrinsischen Motivation des Lernens.

Interessenkonflikt. Aufeinandertreffen divergierender Ziele und Prioritäten verschiedener Personen oder Personengruppen, aus denen heraus →Konflikte entstehen können. Ständige Interessenkonflikte zwischen den einzelnen Gruppen sind typisch für eine komplexe Gesellschaft. Um diese immer wieder ausgleichen zu können, sind zahlreiche gesellschaftliche Institutionen entstanden, beispielsweise Gerichte oder Gewerkschaften.

Interferenz. Begriff aus der Lernpsychologie für eine Hemmung in der Abspeicherung eines neuen Lernstoffs, wenn dieser bereits vorher gelernten Inhalten ähnlich ist.

Interindividuell. Zwischen mehreren Individuen. Gegensatz: →intraindividuell.

Interkulturelle Erziehung. Gemeinsame schulische und außerschulische Erziehungs- und Bildungsangebote für einheimische Kinder und Kinder ausländischer Herkunft. Interkulturelle Erziehung zielt auf die Integration von Werten und Aspekten verschiedener Kulturen und auf Bereicherung des Wertesystems und Verhaltensrepertoires unterschiedlicher Herkunftsgruppen, ohne dass eine der Gruppen ihre eigene kulturelle →Identität aufgeben muss.

Internalisierung. →Verinnerlichung von Werten und Normen.

Internationale Psychoanalytische Vereinigung. 1910 gegründeter, internationaler Zusammenschluss von →Psychoanalytikern mit dem Ziel, die Weiterentwicklung der →Psychoanalyse voranzutreiben und Analytiker nach den von der Vereinigung festgelegten Richtlinien auszubilden.

Internetsucht. Psychische →Abhängigkeit von der Nutzung des Internets. Von Internetsucht wird gesprochen, wenn sich eine Person 35 Stunden und mehr Stunden pro Woche im weltweiten Datennetz aufhält. Angenommen wird, dass bei Internetsüchtigen eine psychische Prädisposition besteht, die sie zur Flucht aus der Realität bewegt, z. B. um Kontaktschwierigkeiten mit anderen Personen aus dem Weg zu gehen. Mögliche Folgen von Internetsucht sind der vollständige Rückzug aus dem sozialen Umfeld, Einschränkungen der Arbeitsleistung (aufgrund des Schlafmangels durch nächtliches „Surfen“ im Internet), Haltungsschäden aufgrund von Bewegungsmangel und eine Verschlechterung der Sehfähigkeit.

Intersexualität. Bezeichnung für das gleichzeitige Auftreten von männlichen und weiblichen Geschlechtsmerkmalen bei einer Person, wobei die Art der Ausprägung stark variiert. Es ist davon auszugehen, dass bestimmte Ausprägungen von Intersexualität von vielen Menschen gar nicht wahrgenommen werden, weil es äußerlich keine Anzeichen dafür gibt. Der Begriff „Intersexualität“ löst nach und nach die früher gebräuchliche Bezeichnung →„Hermaphroditismus“ ab.

Intervallskala. Innerhalb der →empirischen Sozialforschung lassen sich mithilfe einer Intervallskala gleichgroße Unterschiede zwischen den zu messenden Merkmalen feststellen.

Da der Nullpunkt einer solchen Skala willkürlich festgelegt wird, ist es nicht möglich, mit einer Intervallskala numerische Vergleiche anzustellen. Siehe auch →Nominalskala, →Ordinalskala.

Intervention. In der Psychotherapie, Pädagogik und Wirtschaftspsychologie die Bezeichnung für ein zielgerichtetes Eingreifen der entsprechenden Fachkräfte, um psychische, soziale oder organisationale Fehlentwicklungen einer Person oder eines Systems zu verhindern, abzubauen oder vorzubeugen. Eine Form der Intervention innerhalb einer Psychotherapie ist beispielsweise die →Konfrontation des Patienten.

Interview. Mündliche Befragung einer Person oder Personengruppe zu einem Thema, beispielsweise um Persönlichkeitsmerkmale festzustellen oder um die →Einstellungen zu einer bestimmten Frage innerhalb der Bevölkerung zu eruieren. Unterschieden wird zwischen standardisierten Interviews anhand eines festgelegten Fragenkatalogs, halbstandardisierten und offenen Interviews, die ohne einen Fragenkatalog im Rahmen eines offenen Gesprächs erfolgen. Interviews werden i. d. R. mithilfe von Aufnahmegeräten mitgeschnitten. Im Anschluss an die eigentliche Befragung wird das Interview transkribiert, d. h. das gesprochene Wort wird in geschriebenes Wort umgesetzt, wobei auch typische Artikulationseigenschaften eines Befragten mit übernommen werden können und sollen, etwa ein Stocken im Redefluss, Lachen etc.

Intimität. Intensive Vertrautheit zwischen zwei Menschen, verbunden mit emotionaler, häufig auch körperlicher Nähe, die im Vergleich zu anderen zwischenmenschlichen Beziehungen eine besondere Qualität aufweist und nach Auffassung der Psychoanalyse ein wichtiger Bestandteil einer gesunden seelischen Entwicklung ist. Bei unbewusster Angst vor Intimität treten häufig Kontaktschwierigkeiten auf.

Intimsphäre. Verhaltens- und Handlungsbereich einer Person, der von ihr normalerweise geschützt wird und dessen Verletzung mit Schamgefühlen verbunden ist, etwa der Bereich der Sexualität. Wo die Intimsphäre eines anderen Menschen beginnt, ist bedingt durch die normative Vermittlung durch die jeweilige Kultur und unterliegt dem sozialen Wandel. Auf psychischer Ebene ist die Intimsphäre durch Einfühlung und Taktgefühl geschützt, auf gesellschaftlicher Ebene durch gesetzliche Vorgaben wie z. B. der ärztlichen Schweigepflicht.

Intoleranz. Mangelnde Bereitschaft, andersartige Einstellungen, Werte und →Lebensstile von Menschen zu akzeptieren und zuzulassen oder die eigene Einstellung durch neue Informationen zu revidieren.

Intrinsische Motivation. Motivation, die im Gegensatz zur →extrinsischen Motivation nicht durch die →Verstärkung von außen beeinflusst wird, sondern aus dem inneren →Antrieb einer Person entsteht. Beispiel: Eine Person wählt ein Studienfach, dessen Berufsaussichten sehr schlecht sind, möchte aber aufgrund des starken →Interesses an diesem Fach kein anderes Studium aufnehmen.

Introjektion. →Verinnerlichung von Werten oder Einstellungen einer anderen Person oder Personengruppen. Dieser Begriff wird in der Regel identisch mit dem Begriff →Identifikation benutzt. Die Psychoanalyse sieht darin einen →Abwehrmechanismus, wobei die Übernahme der Verhaltensnormen z. B. die Angst vor einer Person mindern soll. Im Gegensatz zur Introjektion steht die →Projektion.

Introspektion. Gezielte Selbstbeobachtung des eigenen Erlebens oder eigener Bewusstseinsprozesse wie →Wahrnehmungen, →Gefühle oder Denken. Die Introspektion ist als Forschungsmethode innerhalb der Psychologie umstritten, weil sie objektive Ergebnisse nur mangelhaft erbringen kann. Siehe auch →Introspektionsfähigkeit.

Introspektionsfähigkeit. Fähigkeit einer Person, eigene Gefühle, Gedanken, →Wahrnehmungen und Körperempfindungen beobachten zu können. Die Introspektionsfähigkeit wird in vielen Therapieformen gefördert. Sie muss zu einem gewissen Teil bereits vorhanden sein, um im Rahmen einer Psychotherapie (Ausnahme: →Verhaltenstherapie) das eigene innere Erleben reflektieren und artikulieren zu können.

Introversion. Ein von Carl G. →Jung eingeführter Begriff für eine dem eigenen Innern zugewandte Grundeinstellung eines Menschen. Zur Introversion gehören Eigenschaften wie Verschlossenheit, Selbstbezogenheit, Entscheidungsunfähigkeit und Kontaktarmut. Die gegenteilige Einstellung ist →Extraversion. Würde eine extrovertierte Person ein Erlebnis z. B. verarbeiten, indem sie mit vielen Freunden darüber spricht, ist ein typisches Verarbeitungsmuster eines Introvertierten, das Erlebnis in seinem Tagebuch zu notieren. Das Jung'sche Konstrukt der Introversion und Extraversion wurde später von Hans Jürgen →Eysenck mithilfe der →Faktorenanalyse einer kritischen Prüfung unterzogen. Hier wird das Persönlichkeitsmerkmal der Introversion mit Symptomen wie Angstneurose oder auch mit leichter Konditionierbarkeit in Zusammenhang gebracht.

Intuition. Eine Art des →Denkens, die teilweise unbewusst verläuft, nur zu einem geringen Teil bewusst gesteuert werden kann und die es dennoch möglicht macht, Zusammenhänge durch spontane Eingebungen zu erfassen oder Sachverhalte zu klären.

Invarianz. Unveränderlichkeit, Beständigkeit. Fähigkeit, Objekte und Eigenschaften auch dann noch erkennen zu können, wenn sich ihre äußere Erscheinungsform gewandelt hat; sie stellt nach →Piaget ein grundlegendes Merkmal der kognitiven Entwicklung dar. Siehe auch →kognitive Invarianz.

Invasiv. Eindringend, (psychische) Grenzen überschreitend.

Inversion. 1. Wahrnehmungstäuschungen, die durch →Kippfiguren ausgelöst werden. 2. Von Sigmund →Freud benutzter, heute veralteter Begriff für →Homosexualität.

Inzest. Geschlechtsverkehr zwischen nahen Verwandten, etwa zwischen Vater und Tochter oder Geschwistern untereinander. Es muss sich dabei nicht um ein freiwilliges intimes Verhältnis handeln, sondern ist häufig eine Form des sexuellen Missbrauchs, für den der Erwachsene die Verantwortung zu tragen hat. Die Psychoanalyse vertritt die Auffassung, dass sich im Laufe der frühkindlichen Entwicklung ein Inzest-Wunsch hinsichtlich des jeweils gegengeschlechtlichen Elternteils ergibt. Wird dieser Wunsch nur unzureichend bewältigt, können daraus seelische Konflikte resultieren.

Inzestverbot. Bezeichnung für das in nahezu allen Gesellschaften geltende Verbot des Inzests.

Inzidentelles Lernen. →Beiläufiges Lernen.

IQ. Abkürzung für →Intelligenzquotient.

Irradiation. 1. Bezeichnung für eine Wahrnehmungstäuschung, die durch Kontraste hervorgerufen wird. Dabei erscheint eine helle Figur vor einem dunklen Hintergrund größer als eine dunkle Figur der gleichen Größe vor einem hellen Hintergrund. 2. In der Physiologie bezeichnet der Begriff die Ausstrahlung einer von den Nervenzellen hervorgerufenen Erregung, insbesondere von Schmerzempfindungen, über das lokale Gebiet der ursprünglichen Schmerzquelle bzw. Erregung hinaus in andere Bereiche des Körpers.

Irrationalität. Denken und →Einstellungen einer Person, die sich den

Gesetzen der Logik und der Vernunft entziehen. Irrationalität kann im positiven Sinn der →Intuition entspringen und zur →Kreativität beitragen, andererseits jedoch auch dazu dienen, →Vorurteile zu erzeugen und sie immer wieder zu bestätigen, wenn sich eine Person gegenüber rational vorgebrachten Argumenten verschließt und sich ausschließlich von ihren emotional geprägten →Einstellungen leiten lässt. Denkstörungen und →Halluzinationen, die im Zusammenhang mit Psychosen auftreten können, können ebenfalls eine Form von Irrationalität darstellen und führen in den meisten Fällen zu einer →sozialen Isolierung der Betroffenen.

Irreal. Nicht der Wirklichkeit entsprechend.

Irreversibel. Nicht umkehrbar; in der Medizin: unheilbar.

Irrtum. Durch Sinnestäuschungen oder fehlerhaftes Denken ausgelöste unbewusste Unkenntnis über einen bestimmten Gegenstand.

Isolation. Absonderung von Menschen. Zustand sozialer Distanz und Kontaktlosigkeit von Einzelpersonen oder Gruppen. →Soziale Isolation.

Isolierung. Bezeichnung für einen →Abwehrmechanismus. Dabei wird ein Wunsch oder ein Bedürfnis in einem innerpsychischen Prozess isoliert, sodass das Bestreben nicht mehr als zur eigenen Person zugehörig empfunden und als etwas völlig Fremdes erlebt wird. Isolierung als Form der Abwehr kommt häufig bei Menschen vor, die an einer →Zwangsneurose leiden.

Item. Die einzelnen Aufgaben in einem psychologischen Test, z. B. die Einzelfragen eines →Fragebogens.

Itemanalyse. Überprüfung der Anwendbarkeit von →Items bei einer →Testkonstruktion. So muss bei der Entwicklung von Tests überprüft werden, ob sich mit den vorhandenen Items sowohl hohe als auch niedrige Merkmalsausprägungen feststellen lassen (Trennschärfe), ob ein durchschnittlicher Schwierigkeitsgrad vorliegt (Schwierigkeitsindex) und ob die Items geeignet sind, ein einziges Merkmal oder eine bestimmte Eigenschaft festzustellen (Homogenitätsindex).

Iteration. Gleichförmiges, zwanghaftes Wiederholen von Handlungen oder Wörtern im Zuge der kindlichen Entwicklung oder einer Sprachstörung.

J

Jackson'sches Gesetz. Vom englischen Arzt und Neurologen John H. Jackson (1835–1911) beschriebene Gesetzmäßigkeit, wonach bei Ausfallerscheinungen des →Gedächtnisses zuerst jeweils diejenigen Inhalte verloren gehen, die zuletzt abgespeichert wurden.

Jaktation. Verhaltensstörung, die sich in rhythmischen Körperbewegungen manifestiert, etwa dem Hin- und Herschaukeln des Kopfes oder des gesamten Körpers. Jaktationen treten z. B. als Begleiterscheinungen von →Hospitalismus auf und übernehmen die Funktion, unangenehme Gefühle, die etwa durch Einsamkeit und Verlassenheit entstehen, zu reduzieren.

James-Lange'sche-Gefühlstheorie. Die von dem Amerikaner William James (1842–1910) und von dem Dänen Carl Georg Lange (1834–1900) fast zeitgleich formulierte Theorie besagt, dass menschliche Gefühle durch physiologische Prozesse wie Drüsentätigkeit, Kreislaufprozesse oder Muskelaktivität ausgelöst werden. Gefühle stellen demnach lediglich die Wahrnehmung dieser Veränderungen im Körper dar und sind als Begleiterscheinungen anzusehen. Die Theorie wurde von James prägnant in dem Satz zusammengefasst: „Wir weinen nicht, weil wir traurig sind, sondern wir sind traurig, weil wir weinen."

Janov, Arthur. Amerikanischer Psychologe und Psychotherapeut (*1924). Janov begründete Ende der 60er-Jahre die →Primärtherapie. Wichtige Publikationen: „Der Urschrei", „Anatomie der Neurose".

Ja-Sage-Tendenz. Allgemeine Tendenz von Versuchspersonen, bei der Beantwortung von Fragebögen grundsätzlich eher mit Zustimmung zu reagieren, was zu einer Verfälschung von Ergebnissen führen kann. Siehe auch →Responseset.

Job. 1. Im angloamerikanischen Kulturbereich: Bezeichnung für jede entgeltliche Arbeit. 2. Im deutschen Kulturbereich: Tätigkeiten und Dienstleistungen, die ohne weitere Bindungen, ohne ideelle Werte lediglich zum Gelderwerb ausgeübt werden.

Job enlargement. Erweiterung einer Arbeitsaufgabe durch Zuteilung weiterer Arbeitsgänge, welche zuvor noch nicht ausgeführt wurden, um die Arbeit interessanter, abwechslungsreicher und verantwortungsvoller zu gestalten und somit Monotonie, Ermüdung und einseitige Beanspruchung abzubauen.

Job rotation. Systematischer Wechsel der Arbeit bzw. Tätigkeit mit ähnlichen Zielsetzungen.

Jugendalter. Lebensphase zwischen Kindheit und Erwachsenenalter. Kennzeichnend für diese Entwicklungsphase sind die sexuelle Reifung und die kritische Auseinandersetzung mit den Eltern. In dieser Zeit werden die persönlichen Wertvorstellungen gebildet, erste sexuelle Erfahrungen gemacht, die vollständige Ablösung von den Eltern vorbereitet und Berufswahlentscheidungen getroffen. Da die Ausbildungszeiten für viele Jugendliche heute länger andauern, tritt die körperliche Reife in vielen Fällen früher ein als die ökonomische Unabhängigkeit von den Eltern. Weil zahlreiche Jugendliche deshalb im Vergleich zu den vorhergehenden Generationen erst später die für das Erwachsenenalter typischen Verantwortungen übernehmen müssen, spricht man von der Jugendphase auch als Moratorium (Aufschub). Siehe auch →Adoleszenz, →Adoleszenzkrise, →Pubertät.

Jugendberatung. Oberbegriff für psychologische, pädagogische und psychosoziale →Maßnahmen wie z. B. Drogenberatung, die von Psychologen und Sozialpädagogen speziell in Hinblick auf Jugendliche angewendet werden. Um Jugendliche mit diesen Angeboten zu erreichen, ist es notwendig, dass diese möglichst nah an ihrer →Lebenswelt angesiedelt werden. Häufig erfolgen die Beratungen daher in Einrichtungen, die von Jugendlichen zum Zweck der Freizeitgestaltung aufgesucht werden wie Stadtteil- und Kulturzentren. Zielgruppe sind in erster Linie verhaltensauffällige, schwer erziehbare Jugendliche.

Jugendbericht. Bericht einer unabhängigen Sachverständigenkommission zur Situation von Jugendlichen und den Leistungen der Jugendhilfe. Er wird in jeder Legislaturperiode neu erstellt und veröffentlicht, da die jeweiligen Bundesregierungen durch das Kinder- und Jugendhilfegesetz (→KJHG) dazu verpflichtet sind. Die Kommission besteht u. a. aus Psychologen, Soziologen und Pädagogen. Ziel ist es, die Jugendhilfe weiterzuentwickeln und mögliche Probleme und Schwierigkeiten in diesem Bereich sichtbar zu machen.

Jugenddelinquenz. Siehe →Jugendkriminalität.

Jugendforschung. Forschung im Rahmen der Sozialwissenschaften, die sich mit der gesellschaftlichen Situation von Jugendlichen und den

Prozessen ihrer Identitätsentwicklung befasst. Untersucht werden beispielsweise rechtsextremistische Orientierungen von Jugendlichen in Zusammenhang mit einer misslungenen Identitätsentwicklung. Immer mehr Beachtung findet das Gesundheitsverhalten von Jugendlichen. Dabei wird u. a. untersucht, welche Auswirkungen psychosoziale Belastungen im Jugendalter wie beispielsweise schlechte Ausbildungs- und Arbeitsmarktperspektiven auf den Drogen- und Alkoholkonsum haben. Die so genannten Shell-Studien, die in regelmäßigen Abständen veröffentlicht werden, gehören zu den bekanntesten Jugendforschungen und spiegeln die →Einstellungen von Jugendlichen in der Bundesrepublik wieder.

Jugendhilfe. Aufgabe der Jugendhilfe ist es, das Recht junger Menschen auf Entwicklung und Erziehung zu eigenverantwortlichen und gemeinschaftsfähigen Persönlichkeiten sicherzustellen. Träger der Jugendhilfe sind neben staatlichen Stellen (z. B. das Jugendamt) freie Träger wie Vereine, Wohlfahrtsverbände und die Kirchen. Zur Jugendhilfe gehören neben außerschulischen Bildungsangeboten auch spezielle Angebote der Sozialarbeit für Jugendliche, aber auch der Kinder- und Jugendschutz. Dieser wird etwa immer dann tätig, wenn Kinder und Jugendliche in ihrer Entwicklung durch negative Einflüsse z. B. seitens ihres Elternhauses gefährdet sind. Das Verständnis von Jugendhilfe hat sich in den vergangenen Jahrzehnten gewandelt. Im Unterschied zu früher sieht das →KJHG z. B. vor, stärker die Familien von betroffenen Kindern und Jugendlichen zu unterstützen anstatt vorschnell Heimunterbringungen anzuordnen.

Jugendkriminalität. Strafbare Handlungen, die im Jugendalter begangen werden. Dazu zählt auch abweichendes Verhalten wie etwa Schuleschwänzen (Jugenddelinquenz). Der größte Teil an Regelverstößen und Straftaten wird von männlichen Jugendlichen begangen. In den letzten Jahren ist eine ständige Zunahme der Jugendkriminalität zu verzeichnen. Berücksichtigt werden muss jedoch, dass viele im Jugendalter begangenen Regelverstöße nicht zwangsläufig eine lebenslange →Kriminalität vorzeichnen (Episoden-Jugendkrimininalität).

Als Gründe, die zu Jugendkriminalität führen, werden häufig psychosoziale Belastungen im Elternhaus (Alkoholabhängigkeit der Eltern, Armut, Trennungserfahrungen) und die oftmals damit verbundene emotionale Verwahrlosung von Jugendlichen genannt. Da vielen Jugendlichen die

Schwere ihrer Straftaten noch nicht voll bewusst ist, kommt für sie ein spezielles Jugendstrafrecht zur Anwendung. Unterschieden wird dabei zwischen Jugendlichen (14–18 Jahre) und Heranwachsenden (18–21 Jahre). Straftaten, die von Kindern unter 14 Jahren begangen werden, sind strafrechtlich nicht relevant. Vom Gericht verhängte Jugendstrafen werden separat von den Strafvollzugsanstalten für Erwachsene in den so genannten Jugendstrafanstalten abgeleistet, die aufgrund des erzieherischen Anspruchs die Möglichkeit einer Schul- oder Berufsausbildung bieten.

Jugendkultur. Spezifische Ausdrucksformen Jugendlicher, die dazu dienen, sich gegen das Wertesystem der Erwachsenen abzugrenzen und die somit eine wichtige Funktion in dem Prozess erfüllen, eine eigene Identität und ein eigenes Wertesystem zu entwickeln. Zur Jugendkultur gehören z. B. eine spezielle Jugendsprache, bestimmte Musikrichtungen oder ein besonderer Kleidungsstil. Trat Jugendkultur früher weitgehend einheitlich auf (z. B. die „Hippie-Bewegung), ist im Zusammenhang mit der Zunahme gesellschaftlicher →Individualisierung in den letzten Jahrzehnten festzustellen, dass sich auch die Ausdrucksformen der Jugendkultur differenzieren. So sind verschiedene Jugendkulturen, die zur gleichen Zeit nebeneinander existieren, keine Seltenheit mehr (Beispiel: „Raver" und „Punks"). Viele Ausdrucksformen bestimmter Jugendkulturen, die zunächst als Form des Protestes und der Rebellion gelten, werden später von der Gesellschaft adaptiert.

Jugendpsychologie. Teilgebiet der →Entwicklungspsychologie, das detailliert das Erleben und Verhalten sowie die psychologischen Entwicklungen im Jugendalter untersucht. Dazu gehören beispielsweise die Prozesse der Identitätsfindung unter Einbeziehung der individuellen sozialen Situation oder die Auswirkungen der →Peer-Group auf die weitere Entwicklung von Jugendlichen. Siehe auch →Jugendforschung.

Jugendreligionen. Bezeichnung für religiös orientierte Gemeinschaften mit überwiegend sehr jungen Mitgliedern. Zu den bekanntesten Gruppierungen zählen etwa die Vereinigungskirche („Mun-Sekte"), die „Osho"-Bewegung, die „Kinder Gottes", die „Transzendentale Meditation", und die „Internationale Gesellschaft für Krishna-Bewusstsein". Kennzeichen vieler der Bewegungen sind die hierarchischen bzw. autoritären Strukturen, die Überzeugung der Mitglieder, sie seien „gerettete Seelen" sowie die Anleihen bei verschiedenen Weltreligionen. Gefährlich werden solche Glaubensgemeinschaften immer dann, wenn z. B. Psychotechniken zur Anwendung kommen, die für den Einzelnen nicht mehr transparent und kontrollierbar sind oder wenn die religiöse Fassade politische Ideologien oder wirtschaftliche Ziele verdeckt. Da solche Gemeinschaften die eigene Weltanschauung absolut setzen, führt die Mitgliedschaft in diesen Gemeinschaften häufig zum Konflikt mit dem gewohnten sozialen Umfeld und nicht selten zur sozialen Isolation außerhalb der Gruppierung.

Der Begriff Jugendreligion ist insofern irreführend, als faktisch keine solche Gemeinschaft existiert, die sich speziell an Jugendliche wendet. Wenn Kinder und Jugendliche über ihre Eltern Kontakt zu entsprechenden Gruppierungen bekommen und solche Gemeinschaften die gesunde Entwicklung Minderjähriger gefährden, kann es zum Eingreifen des Staates kommen, indem z. B. das elterliche Sorgerecht entzogen wird.

Jugendschutz. Gesetze, die Kinder und Jugendliche vor gesundheitlichen und sittlichen Gefahren schützen. So regelt beispielsweise das Jugendarbeitsschutzgesetz (JarbSchG), wie lange und unter welchen Bedingungen Kinder und Jugendliche arbeiten dürfen. →KJHG.

Jugendwohngemeinschaft. Form der Fremdunterbringung, die als Alternative zur Heimunterbringung konzipiert wurde. Jugendwohngemeinschaften sollen im Rahmen vom „betreuten Wohnen" die Selbstständigkeit und Handlungskompetenz von Jugendlichen unterstützen und →Stigmatisierungen vorbeugen.

Jung, Carl Gustav. Schweizer Psychologe und Psychiater (1875–1961), Begründer der →Analytischen Psychologie. Jung arbeitete mit Eugen →Bleuler und bis zum Bruch 1912 mit S. →Freud zusammen. In Erweiterung des Begriffs der →Libido führte er die allgemeine psychische Energie und Konzepte wie das →kollektive Unbewusste oder Begriffe wie →Introversion und →Extroversion ein. Jung beschäftigte sich zudem mit →Okkultismus, Mythen und östlicher Philosophie. Wichtige Publikationen: „Über die Archetypen des kollektiven Unbewußten" (1935), „Analytische Psychologie" (1934).

Juvenil. Für das Jugendalter typisch.

JWG. Abkürzung für das 1924 eingeführte Jugendwohlfahrtsgesetz, das im Jahr 1990 vom →KJHG abgelöst wurde.

K

Kanalisierung. 1. Bezeichnung aus der →Sozialpsychologie für eine Verfestigung von Gewohnheiten und Verhaltensweisen des Individuums, die sich im Laufe des Sozialisationsprozesses herausbilden (siehe auch →Tradition) 2. Bezeichnung für die Übertragung von Informationen (z. B. durch die Nervenbahnen im Organismus) in der →Kybernetik 3. Begriff aus der →Gestaltpsychologie für das Einfügen psychischer Antriebe in einen Handlungsentwurf.

Kanalkapazität. Begriff aus der →Informationstheorie für die Informationsmenge, die in einem bestimmten Zeitraum durch einen Informationskanal übertragen werden kann. Sie wird in der Maßeinheit bit pro Sekunde (bit/s) gemessen. Informationen werden von den Kanälen des menschlichen Organismus, etwa Nervenbahnen, Gedächtnis und Sprache, in einer unterschiedlichen Geschwindigkeit übertragen.

Kaspar-Hauser-Syndrom. Komplex von Verhaltensauffälligkeiten, der aufgrund einer vollständigen →sozialen Isolation entstanden ist und sich in Störungen der Kontaktaufnahme sowie in einer mangelnden psychischen und emotionalen Differenziertheit äußert. Der Begriff wurde abgeleitet von Kaspar Hauser, einem Jugendlichen, der zu Beginn des 19. Jahrhunderts jahrelang ohne Kontakt zur Außenwelt in einem Versteck gelebt hatte. Der Fall löste starke Diskussionen hinsichtlich der →Anlage-Umwelt-Problematik aus.
Als Kaspar-Hauser-Versuche werden heute solche Versuche innerhalb der →Verhaltensforschung bezeichnet, für die Jungtiere sofort nach der Geburt vom Muttertier getrennt werden und isoliert von den Artgenossen in einer reizarmen Umgebung aufwachsen. Verhaltensforscher erhoffen sich auf diese Weise Erkenntnisse über den Anteil des vererbten im Vergleich zum erlernten Verhalten.

Kastrationsangst. Begriff aus der psychoanalytischen Theorie für die Angst des männlichen Kindes, sein Geschlechtsteil zu verlieren. Sie kann beispielsweise entstehen, wenn mit pädagogisch unsinnigen Androhungen versucht wird, Masturbation (→Selbstbefriedigung) zu unterbinden. Nach psychoanalytischer Auffassung ist die Entstehung einer solchen Angst eng mit dem →Ödipus-Komplex verbunden.

Kasuistik. 1. Untersuchungsmethode, die Grundsätze auf den Einzelfall anwendet (→Einzelfallanalyse) 2. In der klinischen Psychologie wird der Begriff für die Ansammlung von Krankheitsfällen mit dem Ziel gebraucht, eine bestimmte Situation besser bewerten zu können.

Katamnese. Im Gegensatz zur →Anamnese stellt die Katamnese den Abschlussbericht des Arztes oder Psychotherapeuten nach dem Ende einer Behandlung dar.

Katathymes Bilderleben. Symboldrama. Psychotherapeutisches Verfahren auf tiefenpsychologischer Grundlage, bei dem →Tagträume bzw. durch den Therapeuten gezielt hervorgerufene innere Vorstellungen bearbeitet werden. Der Patient wird bei der Entfaltung und Analyse weiterer, in ihm aufsteigender Bilder vom Therapeuten begleitet. Auf diese Weise können Konflikte angegangen werden, die der bewussten Bearbeitung nur schwer zugänglich sind. Das Verfahren wird in erster Linie als →Kurztherapie angewendet.

Katatonie. Störung der →Motorik, die im Zusammenhang mit psychischen Erkrankungen auftritt wie beispielsweise der →Schizophrenie. Sie äußert sich entweder in einer vollständigen Hemmung der Körpermotorik oder z. B. durch Grimassieren (Manierismus), das durch innere Spannungszustände hervorgerufen wird. Mögliche Begleiterscheinungen sind →Halluzinationen und →Apathie.

Katharsis. Befreiung von lange unterdrückten →Affekten und psychischen Konflikten, z. B. im Rahmen einer →Psychotherapie. Der Katharsis wird Heilwirkung zugeschrieben. Als therapeutische Methode wurde sie erstmals von Sigmund →Freud angewendet, der sie zur Behandlung von →Hysterie einsetzte. Nach Freuds Auffassung ist das Erinnern von verdrängten Erlebnissen dann heilsam, wenn eine Erinnerung zusammen mit den dazugehören Affekten auftritt. Auf diese Weise können angestaute Energien abgebaut werden.

Kathexis. →Besetzung.

Kausalität. Ursache-Wirkungs-Zusammenhänge. Kausalität bedeutet, dass jedes Ereignis mindestens eine Ursache hat und Ursache eines weiteren Ereignisses ist.

KI. Abkürzung für →künstliche Intelligenz.

Kinästhesie. Wahrnehmung und Steuerung der Bewegungen des eigenen Körpers oder einzelner Körperteile, die von speziellen →Rezeptoren, den Propriorezeptoren, registriert und an das Gehirn weitergeleitet werden.

Kindchenschema. Bezeichnung aus der →Verhaltensforschung, wonach bestimmte Körpersignale und -formen des Kindes oder eines Jungtieres bei Eltern Pflegeverhalten und Schutzinstinkte auslösen (→Auslösemechanismus). Beim Säugling und Kleinkind zählen dazu beispielsweise runde Körperformen, große Augen und der im Verhältnis zum Körper überproportional große Kopf des Kindes.

Kinder- und Jugendpsychiatrie. Spezialgebiet der →Psychiatrie, in dem ausschließlich Kinder und Jugendliche behandelt werden, die an einer psychiatrischen Erkrankung leiden. Das Höchstalter der Patienten beträgt maximal 21 Jahre. Neben speziell ausgebildeten Kinder- und Jugendpsychiatern, -psychotherapeuten und -psychologen arbeitet in diesem Bereich auch pädagogisches Fachpersonal. Eine Einbeziehung des sozialen Umfelds, z. B. der Eltern, ist für eine erfolgreiche Behandlung i. d. R. notwendig.

Kinder- und Jugendpsychotherapie. Therapeutische Behandlung von Kindern und Jugendlichen, die an →Verhaltensauffälligkeiten oder Entwicklungsstörungen leiden. Da insbesondere Kinder oftmals noch nicht über die kognitiven Möglichkeiten zur Selbstreflexion verfügen und ihre Konflikte nicht ausreichend verbalisieren können, hat in der Behandlung von Kindern die →Spieltherapie oder der Ausdruck von unbewussten Konflikten durch gestalterische Mittel (z. B. Malen, Gestalten mit Ton oder Musik) große Bedeutung. Die Eltern werden i. d. R. in die Behandlung einbezogen, damit mögliche Störungsursachen aus dem familiären Umfeld erkannt und bearbeitet werden können. Kinder- und Jugendpsychotherapie wird in freien Praxen und in Institutionen wie Erziehungs- und Familienberatungsstellen angeboten.

Kindesmisshandlung. Körperliche und seelische Gewaltausübung, →sexueller Missbrauch oder →Vernachlässigung eines Kindes oder Jugendlichen unter 18 Jahren. Kindesmisshandlung kann zu →Traumata, →Verhaltensauffälligkeiten, Entwicklungsstörungen, körperlichen Verletzungen oder zum Tod führen. Gründe für Kindesmisshandlung liegen u. a. in einer psychischen Überforderung der Eltern, einer bewussten oder unbewussten emotionalen →Ablehnung des Kindes, in rigiden und überalterten Erziehungsvorstellungen oder in der →Projektion affektiver Gefühle auf das Kind, etwa →Wut und →Hass, die in der eigenen Kindheit erzeugt wurden und durch das Kind wiederbelebt werden. Da diese

Form der Gewalt in allen →sozialen Schichten vorkommt, kann sie nicht allein auf soziale Belastungen der Familien wie etwa Armut und Arbeitslosigkeit zurückgeführt werden. Kindesmisshandlung stellt einen Straftatbestand dar.

Kindheit. Lebensphase des Menschen zwischen Geburt und Eintritt in die →Pubertät. Gesetzlich endet die Kindheit mit Vollendung des 14. Lebensjahres. Ihre besondere Bedeutung für die seelische Entwicklung des Menschen hat erstmals Sigmund →Freud herausgestellt, der erkannte, dass die Ursachen von →Neurosen fast immer in fehlgeschlagenen Entwicklungsprozessen in der Kindheit zu suchen sind. Die Unterteilung der Kindheit in Phasen ist innerhalb der Entwicklungspsychologie insgesamt uneinheitlich. Übereinstimmung herrscht weitgehend darüber, dass in einer →sensiblen Phase (Säuglingsalter) der Grundstein für eine sichere →Bindung zu den →Bezugspersonen gelegt wird, die für die weitere Entwicklung von entscheidender Bedeutung ist. Bis ca. zum 3. Lebensjahr findet die Entwicklung eines eigenständigen →Ichs statt, das die Basis für weitere Entwicklungsschritte wie der →Denkentwicklung, →Moralentwicklung und dem sozialem Lernen darstellt. Wichtige Sozialisationsinstanzen der Kindheit sind neben der Familie Kindergarten und Schule.

Gesellschaftliche Bewertung: Die Ausgestaltung der Lebensphase Kindheit wird stark von gesellschaftlichen Einflüssen bestimmt. Wie der französische Historiker Philippe Ariès nachgewiesen hat, existierte bis zum frühen 18. Jahrhundert keine eigenständige Kindheitsphase. Kinder wurden ebenso wie Erwachsene behandelt. Der französische Philosoph Jean-Jacques Rousseau (1712–1778) betonte hingegen stark die Eigenart der Kindheit, die vom Leben der Erwachsenen deutlich abzugrenzen sei. Er forderte einen kindgemäßen Umgang und reklamierte, dass Kindheit nicht durch Maßnahmen, die auf das Erwachsenenleben vorbereiten, beispielsweise durch einen übermäßigen Zwang zum Lernen, „verdorben" werden dürfe. In der Gegenwart hat der amerikanische Medienkritiker Neil Postman darauf hingewiesen, dass die Lebensphase der Kindheit in der Mediengesellschaft immer mehr zu verschwinden droht, weil →Tabus oder Lebensbereiche, die Kindern in früheren Jahrzehnten vorenthalten wurden (Sexualität, Gewalt etc.), durch die Medien vermittelt werden und Kindheit somit sozusagen eine „Entzauberung" erfährt.

Da in den westlichen Industrieländern allgemein ein Geburtenrückgang zu beobachten ist und die Entscheidung für oder gegen ein Kind frei getroffen werden kann, erhalten Kinder allgemein mehr Aufmerksamkeit und pädagogische Betreuung als in früheren Jahrzehnten. Der Alltag vieler Kinder wird durch ein breites Spektrum an Freizeit- und pädagogischen Maßnahmen bestimmt, sodass Freiräume, die ohne pädagogischen Einfluss bleiben, zunehmend verschwinden.

Kindliche Sexualität. Sinnliche Erfahrungen des Kindes, die auf den eigenen Köper bezogen sind (Autoerotik). Der Theorie der →Psychoanalyse zufolge konzentrieren sie sich je nach Entwicklungsphase des Kindes auf bestimmte Körperregionen (→orale Phase = Mundregion, →anale Phase = Ausscheidungsorgane). In der →genitalen Phase spielt insbesondere die Auseinandersetzung mit den Geschlechtsunterschieden eine wichtige Rolle. Auch wenn bereits in der frühen Kindheit beim Jungen Erektionen und beim Mädchen sexuelle Sensationen durch Berührungen der Klitoris hervorgerufen werden können, kann dies nicht als gleichbedeutend mit der →Sexualität Erwachsener betrachtet werden.

Kinetose. Durch Bewegung verursachte Übelkeit (z. B. Seekrankheit).

Kinsey-Report. Bericht zum Sexualverhalten der Bürger, der in den 40er- und 50er-Jahren in den USA erstellt wurde und von dem wichtige Impulse für eine Liberalisierung der Sexualnormen ausgingen. Der Biologe Alfred C. Kinsey (1894–1956) hatte dazu eine Befragung von knapp 20.000 Amerikanern zu Aspekten wie →Selbstbefriedigung, voreheliche sexuelle Erfahrungen oder →Einstellung zur →Homosexualität vornehmen lassen. Der Kinsey-Report erschien in Deutschland 1948 unter dem Titel „Das sexuelle Verhalten des Mannes“, im Jahr 1953 wurde „Das sexuelle Verhalten der Frau“ veröffentlicht.

Kippfigur. Bezeichnung für Figuren, die →Wahrnehmungstäuschungen auslösen, weil sie Mehrdeutigkeiten zulassen. Innerhalb der →Wahrnehmungspsychologie dienen Kippfiguren dazu, die menschliche Reaktion auf optische Reize zu untersuchen und zu interpretieren.

KJHG. Kinder- und Jugendhilfegesetz, das 1990 zur Förderung der Entwicklung und Erziehung junger Menschen verabschiedet wurde.

Klassifikationssysteme psychischer Störungen. Einteilung psychischer Störungen anhand festgelegter Kriterien in unterschiedliche Kategorien. Klassifikationssysteme dienen dazu, →psychische Störungen besser diagnostizieren, voneinander abgrenzen und vergleichbarer machen zu können. Die derzeit gebräuchlichsten Klassifikationssysteme psychischer Störungen sind das →ICD und das →DMS.

Klassische Konditionierung. Erster von mehreren Lernvorgängen, die innerhalb des →Behaviorismus von experimentellen Versuchen abgeleitet wurden. Die klassische Konditionierung wurde von Iwan P. →Pawlow vorgenommen, der den Speichelfluss von Hunden in Abhängigkeit zur Darreichung des Futters untersuchte. Er stellte fest, dass Hunde nicht nur in dem Augenblick, wenn das Futter unmittelbar zum Maul geführt wird, Speichelsekret absondern, sondern nach einigen Wiederholungen des Vorgangs bereits beim Anblick des Futters oder der Person, die das Futter bringt. Um dies erklären zu können, variierte Pawlow den Versuch und ließ während der Hundefütterung mithilfe einer Glocke einen Klang erzeugen. Auf diese Weise wurde der unkonditionierte Reiz (= Futter), der eine unkonditionierte Reaktion (= Speichelfluss) auslöst, mit einem neutralen Reiz kombiniert (= Glocke). Da die Hunde schließlich auch dann Speichelfluss produzierten, wenn sie kein Futter erhielten, sondern nur den Klang der Glocken hörten, kam Pawlow zu dem Ergebnis, dass ein neutraler Reiz durch Konditionierung dieselbe Reaktion auslöst wie ein unkonditionierter Reiz, allerdings in einer schwächeren Ausprägung.

Klaustrophobie. Übersteigerte Angst vor dem Aufenthalt in geschlossenen Räumen. Auch Klitrophobie genannt. →Phobie.

Klecksbild. Grundlage →projektiver Tests, etwa dem →Rorschach-Test, bei dem mit Tinte eine Zufallsfigur hergestellt wird. Diese wird von der Testperson interpretiert und daraus Persönlichkeitseigenschaften der Testperson abgeleitet.

Klein, Melanie. Österreichisch-englische Psychoanalytikerin (1882–1960), die neben Anna →Freud die führende Vertreterin auf dem Gebiet der Kinderpsychoanalyse war. Sie entwickelte die sog. Spielanalyse (→Spieltherapie) und führte wichtige Begriffe wie inneres Objekt (→Objektrepräsentanz) und →projektive Identifikation in die psychoanalytische Theorie ein.

Kleingruppenarbeit. Form der →Teamarbeit in Arbeits- und Lernzusammenhängen. Bei der Kleingruppenarbeit wird eine große Gruppe, z. B. die Teilnehmer eines Seminars, in kleinere Gruppen aufgeteilt (ca.

5 Personen), wobei jede Kleingruppe eine Aufgabe in einem bestimmten Zeitrahmen zu diskutieren und zu bearbeiten hat. Nach der Kleingruppenarbeit werden die Ergebnisse der einzelnen Gruppen dann zusammengetragen und vor der Gesamtgruppe präsentiert.

Kleingruppenforschung. Ein Forschungsbereich der →Sozialpsychologie und →Soziologie, der Interaktionen in Gruppen sowie Prozesse der Bildung und →Kohäsion von Gruppen untersucht. Wichtige Ergebnisse der Kleingruppenforschung stammen von Kurt →Lewin.

Kleinhirn. Auch als Cerebellum bezeichneter Teil des →Gehirns, der v. a. für die Bewegungskoordination und den Gleichgewichtssinn verantwortlich ist.

Kleptomanie. →Abweichendes, unkontrollierbares Verhalten, das sich in wiederholtem, zwanghaftem Stehlen manifestiert. Für Kleptomanie liegen unterschiedliche Erklärungsansätze vor. So stellt aus Sicht der →Psychoanalyse der Diebstahl eines Gegenstandes eine →Ersatzbefriedigung dar. Andere Ansätze betonen das Bedürfnis nach Aufmerksamkeit (durch ein mögliches „Ertapptwerden") oder den erfahrenen Reiz, der mit der Übertretung einer gesellschaftlichen →Norm verbunden ist.

Klient. In der Psychologie Bezeichnung für eine Person, die von einem Psychologen beraten oder therapiert wird. Während der Begriff vor allem in der →Humanistischen Psychologie bewusst verwendet wird, um das partnerschaftliche Verhältnis von Therapeut und Therapiertem zu betonen, verwenden Psychoanalytiker eher den medizinisch-organisch orientierten Begriff Patient.

Klientenzentrierte Psychotherapie. Alternative Bezeichnung für →Gesprächspsychotherapie.

Klinische Psychologie. Teilgebiet der →Angewandten Psychologie, welches sich der →Diagnose und Behandlung psychischer Störungen, der Erforschung ihrer Entstehung sowie der Entwicklung und Überprüfung von psychotherapeutischen Methoden widmet. Im Gegensatz zur →Psychiatrie befasst sich die Klinische Psychologie ausschließlich mit Störungen, die auf eine fehlgeschlagene Verarbeitung seelischer Konflikte zurückzuführen und für die keine organischen oder körperlichen Befunde nachweisbar sind. Entstehen durch psychische Störungen körperliche Folgeerkrankungen, arbeiten Psychologen und Psychotherapeuten beispielsweise im Bereich der →Psychosomatik mit Ärzten zusammen. Klinische Psychologie wird im Rahmen des →Psychologiestudiums im Hauptstudium gelehrt. Die Bezeichnung Klinischer Psychologe erhalten Psychologen, die nach einem abgeschlossenen Studium eine mindestens zweijährige Zusatzausbildung in einem der therapeutischen Verfahren absolviert haben (z. B. →Gesprächspsychotherapie).

Koedukation. Gemischtgeschlechtliche Erziehung und Erteilung von gemeinsamem Unterricht an Jungen und Mädchen. Koedukation ist in der Bundesrepublik seit 1960 für alle Regelschulen verbindlich. Insbesondere in den 80er-Jahren wurde die Koedukation in einzelnen Unterrichtsfächern zunehmend infrage gestellt, da aufgrund unterschiedlich stark ausgeprägter Zugänge von Jungen und Mädchen zu einzelnen Lernfeldern sowie aufgrund ihres unterschiedlichen Sozialverhaltens eine subtile Diskriminierung der Mädchen festgestellt wurde. Koedukation wird seitdem häufig zeitlich begrenzt oder in bestimmten Bereichen wieder aufgehoben (z. B. bei technischen Fächern).

Koffein. Chemische Verbindung (Alkaloid = giftige Stickstoffverbindung auf Pflanzenbasis), die insbesondere im Kaffee enthalten ist. Koffein hat anregende Wirkung; wird es in größeren Mengen konsumiert, können Vergiftungen mit →Symptomen wie innerer Unruhe, Herzrasen, Übelkeit und Zittern die Folge sein.

Koffka, Kurt. Deutsch-amerikanischer Gestaltpsychologe (1886–1941). Koffka gehört neben Wolfgang →Köhler und Max →Wertheimer zu den Begründern der →Gestaltpsychologie und trug wesentlich zur Verbreitung dieser psychologischen Richtung in den USA bei.

Kognition. Allgemeine Bezeichnung für die Verarbeitung von Informationen und menschlichen Erkenntnisprozessen. Neben dem Denken zählen dazu u. a. Aufmerksamkeit, Lernen, Wahrnehmung, Erinnerung, Entscheidung und Beurteilung.

Kognitive Dissonanz. Dissonanztheorie. Theorie der Informationsverarbeitung beim Menschen. Die Theorie der kognitiven Dissonanz besagt, dass eine Tendenz besteht, diejenigen Informationen auszuwählen, durch die bereits bestehende Meinungen oder getroffene Entscheidungen bestätigt werden. Informationen hingegen, die uneinheitlich sind und nicht zu bereits bestehenden Vorstellungen zusammengefügt werden können, erzeugen bei einer Person einen Spannungszustand und werden deshalb möglichst vermieden. Die Theorie der kognitiven Dissonanz wurde von Leon →Festinger entwickelt und ist innerhalb der →Sozialpsychologie bei der Erforschung von Einstellungsveränderungen von Bedeutung.

Kognitive Entwicklung. →Denkentwicklung.

Kognitive Landkarten. Begriff aus der →Lerntheorie. Nach Edward C. Tolman besteht ein Lernvorgang nicht nur in der Verknüpfung von Reiz und Reaktion, sondern auch in der Abbildung von Strukturen im Gehirn, wie z. B. physikalische Raumstrukturen (siehe auch →Repräsentation). Der Begriff entstand, nachdem Tolman Ratten im →Labyrinthversuch konditioniert hatte, den Ausgang zu finden und feststellte, dass die Tiere dazu auch dann in der Lage sind, wenn das Labyrinth unter Wasser gesetzt wird. Diese Erweiterung der zuvor allein an Reiz-Reaktions-Folgen orientierten Lerntheorien innerhalb des →Behaviorismus wird oftmals als kognitive Wende umschrieben.

Kognitive Psychologie. Auch Kognitionspsychologie. Teilgebiet der →Allgemeinen Psychologie, das sich mit der Erforschung geistiger Prozesse und ihrer Strukturen beschäftigt. Zentral für die Kognitive Psychologie ist die Annahme, dass Informationen, die von der Umwelt aufgenommen werden, eine Repräsentation in den Strukturen des Gedächtnisses erfahren, sodass beispielsweise eigene Handlungen in der Vorstellung vorweggenommen werden können (internes →Probehandeln, siehe auch →Kognitive Landkarten). Zur Erforschung von Denkvorgängen werden methodisch vor allem die →Introspektion, das →laute Denken und die Messung von Gehirnwellen (→Elektrokardiogramm) herangezogen. →Psychische Störungen werden als fehlgeschlagene Verarbeitung von Informationen verstanden. Therapeutische Verfahren, die an der →Umstrukturierung von Kognitionen ansetzen, sind beispielsweise die →kognitive Verhaltenstherapie (auch als kognitive Verhaltensmodifikation bezeichnet) und die →rational-emotive Verhaltenstherapie.

Der Kognitiven Psychologie kommt in der gegenwärtigen Psychologie große Bedeutung zu. So arbeiten z. B. im Bereich der Kognitiven Wissenschaft Linguisten (Sprachwissenschaftler), Informatiker, Neurophysiologen und Kognitionspsychologen interdisziplinär zusammen, um Modelle der Informationsverarbeitung (→Künstliche Intelligenz) zu entwickeln.

Kognitiver Stil. Die Erkenntnis, das Denken betreffender Stil.

Kognitive Verhaltenstherapie. Sammelbezeichnung für eine Vielzahl unterschiedlicher therapeutischer Verfahren, die auf der Grundannahme beruhen, dass psychische Störungen auf fehlerhafte kognitive Prozesse zurückzuführen sind und diese folglich durch eine Veränderung der falschen Schlussfolgerungen und Annahmen aufgehoben werden können. Auf Grundlage der kognitiven Verhaltenstherapie wird z. B. →Depression auf irrationales Denken zurückgeführt, bei dem ein Klient sich die negative Sichtweise seiner Person immer wieder selbst bestätigt und seine Fehler verallgemeinert. Kognitive Verhaltenstherapien konzentrieren sich auf die Bewältigung der Gegenwart und lassen vergangene Erfahrungen i. d. R. unberücksichtigt. Aufgabe des Therapeuten ist es, die unangemessenen Kognitionen des Klienten zu erfassen und Lernprozesse in Gang zu setzen, die es dem Klienten ermöglichen, neue kognitive Muster zu entwickeln, die zu anderen Verhaltensweisen führen. Je nach Verfahren setzen kognitive Verhaltenstherapien entweder bei einer kognitiven →Umstrukturierung (z. B. →rational-emotive Therapie), einer Veränderung der Bewältigungsfertigkeiten (Coping Skills, z. B. durch Angstbewältigungstraining) oder bei einer Veränderung bzw. gezielten Schulung des Problemlöseverhaltens an.

Kohärenzkriterium. Begriff aus der Testpsychologie für ein →Merkmal, das belegt, dass die Lösung eines Tests tatsächlich aufgrund der →Fähigkeiten der Testperson erreicht wurde und nicht zufällig entstand.

Kohäsion. Von Leon →Festinger eingeführter Begriff aus der →Sozialpsychologie für den Zusammenhalt einer Gruppe („Wir-Gefühl"). Kohäsion entsteht durch eine Vielzahl von Faktoren, die eine Person motivieren, weiterhin in einer Gruppe zu bleiben. Diese Motive können z. B. das öffentliche Ansehen einer Gruppe, ein gemeinsames Interesse an einem bestimmten Thema oder die Anziehung bzw. Abstoßung der Gruppenmitglieder untereinander sein. So konnte mithilfe der →Kleingruppenforschung nachgewiesen werden, dass z. B. eine starke Kohäsion mit einer stärkeren →Kooperation der Gruppenmitglieder untereinander verbunden ist und zunimmt, wenn eine Gruppe erfolgreich ihre Ziele umsetzen kann. Um die Kohäsion zu erhalten, verhalten sich Gruppen mit einer stark ausgeprägten Kohäsion restriktiver gegenüber Abweichlern als beispielsweise Gruppen mit einer geringen Kohäsion.

Kohlberg, Lawrence. Amerikanischer Entwicklungspsychologe (1927–1987). Kohlberg begann in den 1950er-Jahren die →Moralentwicklung beim Menschen zu untersuchen und legte ein entsprechendes Stufenmodell vor, das er auf der Grundlage der von Jean →Piaget beschriebenen Stufen der →Denkentwicklung erarbeitete.

Köhler, Wolfgang. Deutscher Psychologe (1887–1967), Mitbegründer der →Berliner Schule der →Gestaltpsychologie. Bekannt wurde Köhler durch seine Versuche mit Schimpansen, in denen er deren Lernfähigkeit und das Problemlösungsverhalten untersuchte. Aus diesen Experimenten leitete Köhler das →Lernen durch Einsicht ab.

Kohorte. Begriff aus der Sozialwissenschaft für eine Gruppe von Menschen, deren verbindendes Merkmal ein Ereignis darstellt, das in einem bestimmten Zeitraum stattgefunden hat. Das am häufigsten verwandte Merkmal stellt der Geburtsjahrgang dar. Diese Art der Kohorte wird auch als Geburts-Kohorte bezeichnet.

Kohut, Heinz. Amerikanischer Psychoanalytiker österreichischer Abstammung (1931–1981), der den Begriff →Selbst in die Theorie der Psychoanalyse einführte und wichtige Beiträge zur Narzissmustheorie (→Narzissmus) lieferte. Veröffentlichungen u. a.: „Narzissmus“ (1973); „Die Heilung des Selbst“ (1979).

Kokain. Synthetische Droge, die ursprünglich aus Blättern des in Südamerika beheimateten Kokastrauches gewonnen wurde. Kokain wird in Pulverform vertrieben und durch Schnupfen („Sneefen“) durch die Nase konsumiert. Aufgrund der anregenden Wirkung auf das →Zentralnervensystem tritt eine geistige und physische Leistungssteigerung und eine Erhöhung der →Libido ein. Folge des Konsums können zudem →Halluzinationen und →Euphorie sein. Körperliche Folgen eines länger andauernden Gebrauchs von Kokain sind insbesondere Gewichtsverlust, Leberschäden und eine Verätzung der Nasenschleimhäute. Es besteht die Gefahr der körperlichen und psychischen →Abhängigkeit.

Kollektives Unbewusstes. Von Carl G. →Jung geprägter Begriff aus der →Analytischen Psychologie, der Inhalte und Bilder enthält, die jeder Mensch unabhängig von seiner Persönlichkeit und Kultur als geistiges Erbe der menschlichen Entwicklung in sich hat.

Kollusion. Unbewusste Abstimmung des Verhaltens verschiedener Personen aufeinander. Kollusionen treten besonders in Paarbeziehungen auf der Basis eines gemeinsamen Grundkonflikts beider Partner auf. Zu einer Kollusion kommt es insbesondere dann,

wenn beide Partner unbewusst die Lösung ihres Grundkonflikts vom anderen erwarten.
Formen der Kollusion sind von dem Schweizer Psychotherapeuten Jürg Willi im Zusammenhang mit der Partnerwahl und Paarkonflikten (→Paartherapie) detailliert beschrieben worden. Allen Formen der Kollusion gemeinsam ist, dass ein Partner sich dabei regressiv verhält (→Regression), während der andere versucht, den Konflikt durch Überkompensation zu bewältigen (Progression). Dabei kommt es zu einer emotionalen Verstrickung, an der die Beziehung schließlich scheitern muss.
Arten der Paarkollusion nach Jürg Willi:
Narzisstische Kollusion: Beide Partner sind unbewusst auf der Suche nach Urharmonie und Verschmelzung. Einer der beiden Partner möchte unbewusst sein Selbst aufgeben und der Partner soll seine Idealvorstellungen erfüllen. Weil die Verschmelzung nicht eintritt, entstehen Wut und Enttäuschung.
Orale Kollusion: Im Mittelpunkt des Paarkonflikts steht die Suche nach Geborgenheit. Einer der beiden Partner hat unbewusst das Bedürfnis, vollkommen umsorgt zu werden, während der andere seine fürsorglichen Anteile ausleben möchte. Der Konflikt entsteht, weil der letztgenannte Partner eigene Wünsche nach Versorgtwerden verdrängt und den Partner schließlich als undankbar und unersättlich erlebt. Dieser wiederum wird immer vorwurfsvoller, weil die Fürsorge seines Partners nicht ausreicht, um seine Bedürftigkeit abzudecken.
Anal-sadistische Kollusion: Im Zentrum stehen Konflikte um Macht und Eifersucht. Einer der Partner möchte herrschen, um so die Angst vor Unterlegensein und Trennung zu kompensieren. Der andere Partner verdrängt seine Wünsche nach Unabhängigkeit, sodass der „mächtige" Partner immer tyrannischer auf das gefügige Verhalten seines Partners reagiert. Eine spezielle Form dieses Beziehungsthemas ist die Eifersucht-Untreue-Kollusion. Dabei agiert einer der Partner seine Autonomiewünsche durch Untreue aus, die einen Kreislauf von Eifersucht und Vorwürfen auslöst.
Phallisch-ödipale Kollusion: Beide Partner haben einen unbewussten Konflikt mit der männlichen Rolle. Die Frau möchte sich abhängig vom Mann fühlen, während dieser ständig Stärke beweisen soll. Der Mann wiederum überspielt seine tatsächlich vorhandene Schwäche und erwartet von der Frau Bestätigung. Zeigt der

Mann Schwäche, wird er sofort von der Frau entwertet.

Koma. Anhaltende Bewusstlosigkeit, die durch Gehirnverletzungen, Tumorerkrankungen oder einen Schlaganfall ausgelöst werden kann. Als Wachkoma (apallisches Syndrom) wird eine Form des Komas bezeichnet, bei der Betroffene ihre Umwelt teilweise wahrnehmen, aber keinen Kontakt mit ihr aufnehmen können. Ursache für ein Wachkoma ist ein Ausfall der Großhirnrinde. Bei ca. einem Fünftel aller Menschen, die sich in einem Wachkoma befinden, kehrt das →Bewusstsein zurück, wobei häufig eine →Behinderung zurückbleibt.

Kommunikation. Allgemein der Austausch von Informationen mit Mitteln der →Sprache oder →Gestik. Kommunikationsprozesse können mit einem Sender-Empfänger-Modell beschrieben werden. Demnach kodiert der Sender einer →Nachricht (Botschaft) diese mithilfe der Sprache (Zeichen) und leitet sie dem Empfänger zu. Dieser entschlüsselt die empfangene Nachricht. Da die Bedeutungszuschreibungen von Zeichen bei Menschen nicht vollständig identisch sind, kann der Inhalt einer Nachricht vom Empfänger jedoch niemals vollständig identisch entschlüsselt werden. Durch →Feedback wird dem Sender bestätigt, in welchem Maß der Empfänger die Botschaft verstanden hat. Die Begriffe Kommunikation und →Interaktion werden häufig synonym verwendet. Nach Paul →Watzlawick gehören zu Kommunikationsprozessen u. a. folgende Grundsätze (Axiome): 1. Sobald sich eine Person in einer sozialen Situation befindet, stellt jedes Verhalten Kommunikation dar, auch wenn über Sprache keine Nachrichten ausgetauscht werden. Beispielsweise drückt das Schweigen eines Interaktionspartners die Nachricht aus: „Ich will nicht mit dir sprechen“. Watzlawick macht diese Dimension menschlicher Kommunikation mit der Aussage „Man kann nicht nicht kommunizieren“ deutlich. 2. Jede Nachricht besteht aus einem Inhalts- und einem Beziehungsaspekt. Der Inhaltsaspekt enthält die sachliche Mitteilung, der Beziehungsaspekt erlaubt einen Rückschluss darüber, welche emotionale Einstellung der Sender zum Empfänger hat (z. B. das Ausmaß der →Wertschätzung). Beide Aspekte können in der Nachricht unterschiedlich stark gewichtet sein. Dieser Grundsatz wurde von dem Kommunikationspsychologen Friedemann Schulz von Thun zum →Vier-Ohren-Modell weiterentwickelt. 3. Innerhalb eines Kommunikationsprozesses beeinflussen sich die Interaktionspartner gegenseitig. Beispiel: Die Nachricht von A an B löst bei Letzterem eine Reaktion aus. Er kann die Nachricht von B z. B. mit eigenen Einfällen ergänzen, worauf wiederum A reagiert und beide schließlich in einen intensiven Austausch miteinander geraten.

Allgemein stellen die →Wertschätzung des Kommunikationspartners, die Fähigkeit zum Zuhören (→aktives Zuhören) und die →Echtheit der Gefühle der Kommunikationspartner die Voraussetzungen für eine ungestörte Kommunikation dar. Als kommunikative Kompetenz wird die Fähigkeit einer Person verstanden, sowohl eigene Interessen vertreten als auch auf die Bedürfnisse und Wünsche der anderen eingehen zu können. Kommunikative Kompetenz ist bei Menschen unterschiedlich stark ausgeprägt und kann durch gezieltes Training verbessert werden. Dazu ist es notwendig, das eigene Kommunikationsverhalten zu reflektieren, über Informationen zu Kommunikationsprozessen zu verfügen und Störungen in der Kommunikation frühzeitig erkennen und durchbrechen zu können.

Kommunikationsstörungen: Dem Sender-Empfänger-Modell zufolge kann es zu Störungen in der Kommunikation kommen, wenn 1. der Sender nicht oder nur unzureichend in der Lage ist, Nachrichten in Zeichen umzusetzen (z. B. mangelndes Sprachverständnis), 2. Störungen in der Aufnahme der Nachricht beim Empfänger vorliegen (z. B. selektive Aufnahme der Botschaften, um →kognitive Dissonanz zu vermeiden oder z. B. das Vermeiden von Nähe zum Kommunikationspartner aus emotionalen Gründen) oder 3. durch die Wahl der Kodierung (z. B. weil die →Nachricht mehrdeutige Wörter enthält). Eine Möglichkeit zur Aufhebung von Kommunikationsstörungen stellt die →Metakommunikation dar.

Kompensation. Begriff aus der →Individualpsychologie für den Versuch, tatsächlich vorhandene oder subjektiv wahrgenommene Einschränkungen von →Fähigkeiten in einem Bereich durch besondere Leistungen in anderen Bereichen auszugleichen. Alfred →Adler wandte den Begriff zunächst auf körperliche Defekte an, wenn z. B. ein Mensch mit einer Körperbehinderung diese durch besondere Leistungen auf geistigem oder sozialem Gebiet auszugleichen versucht.

Kompensatorische Erziehung. Erziehungsansatz, der entstandene Defizite in der Sozialisation aufgrund sozialer →Randständigkeit von Familien durch besondere Bildungs-

und Lernprozesse im außerfamiliären Bereich (z. B. Kindergarten, Schule) aufheben will. Ursprünglich in den USA entstanden, fand die kompensatorische Erziehung in der Bundesrepublik im Zusammenhang mit der Bildungsreform in den 1970er-Jahren verstärkt Einzug in die pädagogische Praxis, um auf diese Weise die →Chancengleichheit aller Heranwachsenden zu fördern.

Kompetenz. Allgemeine Bezeichnung für →Fähigkeiten in einem bestimmten Bereich (z. B. Handlungskompetenz, kognitive Kompetenz, soziale Kompetenz). In der Arbeitswelt wird der Begriff für den Zuständigkeitsbereich eines Mitarbeiters verwendet. Eine genaue Beschreibung und Abgrenzung der Kompetenzen von Mitarbeitern sind aus Sicht der →Arbeits-, Betriebs- und Organisationspsychologie für den reibungslosen Ablauf von Arbeitsprozessen in einem Betrieb oder einer Organisation unabdingbar.

Komplex. 1. Allgemeine Bezeichnung für das Verknüpfen verschiedener Teile, beispielsweise Gedanken, Erinnerungen und aktuelle Wahrnehmungen, zu einem geschlossenen Ganzen bzw. Vorstellungsbild. 2. Ein von Carl G. →Jung geprägter Begriff für verdrängte Gedanken und Gefühle, die im →Unbewussten bestehen bleiben und zu Fehlanpassungen im Verhalten führen können (z. B. Minderwertigkeitskomplex).

Komplexe Psychologie. Alternative Bezeichnung für →Analytische Psychologie.

Komplexqualität. Ein von Felix →Krueger geprägter Begriff aus der →Gestalttheorie. Er bezeichnet eine Ganzheit, die so komplex ist, dass ihre Einzelelemente nicht mehr erkennbar sind (z. B. menschliche Gefühle).

Konditionierter Reflex. Synonym für →bedingter Reflex.

Konditionierung. Verhaltensänderungen, die aufgrund der Manipulation von angebotenen →Reizen sowie der Reaktionen darauf (z. B. →Verstärkung durch Belohnung) erzielt werden. Verschiedene Formen der Konditionierung bilden die Grundlage der behavioristischen →Lerntheorie und wurden anhand experimenteller Untersuchungen ermittelt. Unterschieden werden die →klassische Konditionierung, die →instrumentelle Konditionierung, die →operante Konditionierung sowie die verbale und die semantische Konditionierung.

Konflikt. 1. Unvereinbarkeit von sich widersprechenden Wünschen, Trieben und Motivationen einer Person. Konflikte erzeugen unterschiedlich starke emotionale Spannungen, die den Wunsch nach einer Konfliktlösung bedingen. Konflikte treten im Alltagsleben häufig auf und können durch Abwägen aller Motive vom Individuum i. d. R. ohne fremde Hilfe gelöst werden. Gelingt ein einfaches Abwägen nicht, beispielsweise weil die Lösung des Konflikts eine Entscheidung von großer Tragweite erfordert und mit starken, sich widersprechenden Gefühlen verbunden ist (z. B. ein Schwangerschaftskonflikt), kann zu seiner Lösung psychologische Beratung notwendig werden.

Nach Kurt →Lewin lassen sich Konflikte in drei Kategorien einteilen: 1. Es gibt zwei mögliche Lösungswege, die beide als erstrebenswert und angenehm empfunden werden, aber die anstehende Entscheidung erlaubt es, nur einen davon realisieren zu können (Annäherungs-/Annäherungskonflikt) 2. Die mögliche Entscheidung beinhaltet sowohl negative als auch positive Konsequenzen, sodass eine Abwägung der Vor- und Nachteile erfolgen muss. Gelingt dies nicht, kann Handlungsunfähigkeit entstehen (Annäherungs-/Vermeidungskonflikt) 3. Beide Entscheidungen führen zu unangenehmen Konsequenzen, es kann also nur das „kleinere Übel" gewählt werden (Vermeidungs-/Vermeidungskonflikt).

2. Nach Auffassung der →Psychoanalyse sind frühkindliche Konflikte, die von einer Person nicht gelöst und bewältigt wurden, für die Entstehung einer →Neurose verantwortlich. Es entwickeln sich Schwierigkeiten oder ein Unvermögen, ähnliche Konflikte im Erwachsenenalter zu lösen. Die Aufgabe von Psychologen ist es, im Rahmen einer Psychotherapie eine Person bei der Auflösung solcher intrapsychischer Konflikte zu unterstützen.

3. Die →Sozialpsychologie untersucht Konflikte, die sich aus einem Gegensatz von Interessen, Zielen und Handlungen zwischen zwei oder mehreren Gruppen (z. B. zwischen Beschäftigten und Arbeitgebern) ergeben. Konflikte zwischen Gruppen sind i. d. R. mit einer Zunahme der →Kohäsion und der Entstehung von →Stereotypen in jeder der am Konflikt beteiligten Gruppen verbunden. Eine Konfliktlösung kann herbeigeführt werden, indem eine Konfliktpartei ihre Interessen gegenüber der anderen Partei erfolgreich durchsetzt, indem eine Partei auf ihre Interessen verzichtet oder indem beide Parteien auf ihre Interessen verzichten und sich aus dem Konflikt zurückziehen. Konstruktivere Wege der Konfliktlösung versuchen einen Kompromiss herbeizuführen, für den

beide Konfliktparteien einen Teil ihrer Forderungen und Ansprüche aufgeben oder bei dem beide Konfliktparteien möglichst weitgehend ihre Interessen verwirklichen können. Die beiden letztgenannten Konfliktlösungen stellen hohe Anforderungen an die →Kommunikation der Gruppen untereinander. Aufgabe der Konfliktforschung ist es, Bedingungen, die zum Entstehen von Konflikten führen, aufzudecken und Lösungsstrategien zu entwickeln.

Konfliktfähigkeit. Fähigkeit einer Person, Unstimmigkeiten in zwischenmenschlichen Beziehungen wahrnehmen, sie offen auszusprechen und eine Lösung herbeiführen zu können. Im Gegensatz zu einer konstruktiven Konfliktbewältigung steht die Konfliktvermeidung, bei der bestehende Dissonanzen verdrängt oder verleugnet werden. Dies kann z. B. dazu führen, dass eine Beziehung trotz scheinbarer Harmonie langfristig zu einer Trennung führt.

Konformität. Begriff aus der →Sozialpsychologie für →Einstellungen und Verhaltensweisen einer Gesellschaft, Gruppe oder Organisation, die sich vorrangig an gesellschaftlich akzeptierten →Normen orientieren. Psychologische Tests haben ergeben, dass Konformität bei ängstlichen oder autoritären Personen (→autoritäre Persönlichkeit) stark ausgeprägt ist. Durch die gesellschaftlich bedingte →Individualisierung von Menschen verringert sich die Notwendigkeit zur Konformität, sie wird zunehmend als negativ angesehen. Andererseits können auch komplexe Gesellschaften nicht ohne die Konformität ihrer Mitglieder in bestimmten Bereichen existieren.

Konfrontation. Psychotherapeutische Technik, mit der eine Verhaltensweise eines Klienten vom Therapeuten konkret benannt und angesprochen wird, um ihn zu einer Auseinandersetzung mit dieser zu bewegen statt sie weiter zu verleugnen.

Konfrontationstherapie. Alternativ gebrauchte Bezeichnung für →Reizüberflutungstherapie.

Konfrontative Therapie. Form der →Gruppentherapie aus dem Bereich der →Humanistischen Psychologie. Nachdem eine vertrauensvolle Beziehung zwischen Therapeut und →Klient hergestellt werden konnte, wird der Klient vom Therapeuten massiv konfrontiert (→Konfrontation), sodass er sein vorhandenes →Selbstbild nicht länger aufrecht erhalten kann. Zum Abschluss der Therapie wird der Klient vom Gruppenprozess ausgeschlossen und ist aufgefordert, die erfahrene innere Erschütterung selbstständig zu bewältigen. Die konfrontative Therapie weist eine Parallele zur Technik des →Heißen Stuhls in der →Gestalttherapie auf und dient dazu, schnell einen therapeutischen Durchbruch zu erzielen. Sie wird z. B. zur Therapie von Gewalttätern angewandt.

Kongenital. Angeboren; aufgrund von Erbanlagen seit der Geburt vorhanden.

Konkurrenz. Persönliches Motiv, →Leistungen und →Fähigkeiten einer anderen Person oder Gruppe zu übertreffen. Konkurrenz stellt in einer →Leistungsgesellschaft ein weit verbreitetes Verhaltensmuster dar, das bereits beim schulischen Lernen vermittelt wird, etwa durch →Leistungsbewertungen, die darauf beruhen, individuell erbrachte Leistungen mit den Leistungen anderer zu vergleichen. Das Gegenteil von Konkurrenz sind →Kooperation und Solidarität (gemeinsam Ziele verfolgen, gegenseitig füreinander einstehen).

Konstanzphänomene. Bezeichnung für die →Fähigkeit, Objekte in ihrer Unveränderbarkeit wahrnehmen zu können, auch wenn sie z. B. aufgrund ihrer räumlichen Entfernung oder eines veränderten Blickwinkels andere Sinneseindrücke vermitteln. Unterschieden werden Tiefen-, Geschwindigkeits-, Richtungs- bzw. Positions-, Orientierungs-, Helligkeits- und Farb- sowie Formkonstanz (Dingkonstanz). Sie werden durch Erfahrungslernen in den ersten Lebensjahren gebildet.

Konstitutionslehre. Lehre der physischen Gesamterscheinung eines Menschen, wobei Übereinstimmungen im Körperbild zusammengefasst und Zusammenhänge zwischen Anatomie und Charaktereigenschaften hergestellt werden. Die erste Konstitutionslehre entwickelte Ernst →Kretschmer 1925 und leitete daraus eine Prädisposition für psychische Störungen ab. Eine ähnliche Konstitutionslehre postulierte in den 40er-Jahren der amerikanische Psychologe William H. Sheldon. Konstitutionslehren gelten mittlerweile als veraltet und unwissenschaftlich, da insbesondere zwischen Körperbau und dem Auftreten →psychischer Störungen kein Zusammenhang nachgewiesen werden konnte.

Konstrukt. Ein nicht unmittelbar fassbarer Begriff, der sich auf angenommene Sachverhalte oder Eigenschaften bezieht. Er tritt oftmals in Form einer Arbeitshypothese im Rahmen einer Theorie auf, die geschaffen wird, um einen Gegenstand beschreiben zu können, der nicht direkt beobachtbar ist, sondern auf dessen Existenz nur durch klar erkennbare Erscheinungen und Zusammenhänge rückgeschlossen werden kann. In der →Psychologie nehmen Konstrukte einen hohen Stellenwert ein, da viele psychologische Phänomene nicht direkt beobachtet werden können. Konstrukte sind z. B. →Intelligenz oder →Motivation. Die Überprüfung von Konstrukten wird als Konstruktvalidierung bezeichnet.

Konstruktivismus. Erkenntnistheorie, wonach Wirklichkeit sich immer erst durch die individuelle →Wahrnehmung und Verarbeitung konstituiert. Der Konstruktivismus vertritt somit eine dem →Positivismus entgegengesetzte Auffassung. In der Psychologie sind konstruktivistische Ansätze beispielsweise in der von Jean →Piaget beschriebenen Entwicklung des →Denkens enthalten, da dort Prozesse beobachtet wurden, die erst durch die Einführung von Begriffen und ihrer Zuordnung wirksam sind. Der radikale Konstruktivismus stellt eine Denkrichtung dar, die auf der Grundlage neuerer Erkenntnisse der Gehirnphysiologie entstanden ist. Demnach wird Wirklichkeit allein durch autonome Gehirnprozesse geschaffen, d. h. allein durch Denkvorgänge und völlig unabhängig von den sinnlichen →Wahrnehmungen eines Menschen.

Kontakt. In der Psychologie Bezeichnung für die Intensität von Beziehungen, die ein Mensch zu anderen eingeht. Die Kontaktfähigkeit eines Menschen hängt z. B. von Persönlichkeitseigenschaften wie →Extraversion ab. Kontaktstörungen haben ihre Ursache häufig in negativen Kindheitserfahrungen, die dazu geführt haben, dass soziale Kontakte mit unangenehmen Assoziationen verknüpft werden (siehe auch →Objektrepräsentanz). Da es sich um ein existenzielles menschliches Bedürfnis handelt, bleibt der Wunsch nach Kontakt auch trotz der Schwierigkeiten in der Kontaktaufnahme bestehen. Menschen mit Kontaktstörungen stellen häufig aufgrund ihrer sozialen und inneren →Isolation hohe Erwartungen an andere Menschen oder an sich selbst (z. B. durch den vermeintlichen Anspruch, besonderes interessant erscheinen zu müssen). Kontaktstörungen können im Rahmen einer →Gruppentherapie bearbeitet und überwunden werden.

Kontiguitätsgesetz. Begriff aus dem →Behaviorismus. Das Kontiguitätsgesetz besagt, dass eine Verknüpfung zwischen →Reiz und Reaktion nur dann erfolgen kann, wenn die Reaktion in einer räumlichen und zeitlichen Nähe zum Reiz steht. Das Gesetz stellt innerhalb der →Lerntheorie die zweite notwendige Bedingung für erfolgreiches Lernen dar.

Kontraindikation. Gründe, die gegen die Durchführung einer bestimmten Therapie oder Behandlung bei einem Patienten sprechen, da von ihr eine schädliche Wirkung zu erwarten ist (→Indikation).

Kontrasttäuschung. Wahrnehmungstäuschung innerhalb der Sinnespsychologie, bei der z. B. Objekte mit dem gleichen Grauton unterschiedlich hell oder dunkel wahrgenommen werden, sobald die Lichtverhältnisse in der Umgebung einer Veränderung unterworfen werden.

Kontrolle. 1. Allgemeine Bezeichnung für die Bewertung von Leistungen oder eine Beaufsichtigung (z. B. im Zusammenhang mit der Durchführung eines wissenschaftlichen Experiments) 2. In der →Psychologie wird der Begriff häufig im Kontext von Lenkung und Beeinflussung von Menschen verwendet. 3. Bezeichnung für die Beeinflussbarkeit von Handlungen, Zielen und des eigenen Verhaltens (Selbstkontrolle). Ist einem Individuum die Kontrolle über die eigenen Lebensumstände nicht mehr möglich, entsteht ein Gefühl der Hilflosigkeit. Von Kontrollverlust wird gesprochen, wenn die Fähigkeit zur Selbstkontrolle in einem oder mehreren Bereichen verloren geht, z. B. durch Suchterkrankungen wie →Alkoholismus. Kontrollverlust kann auch durch äußere Umstände hervorgerufen werden, beispielsweise durch den Aufenthalt in einer psychiatrischen Klinik oder in einem Gefängnis (→totale Institution). Ein Kontrollverlust ist immer mit einer Reduzierung des →Selbstwertgefühls verbunden und kann zu →Depressionen führen. Von Kontrollzwang spricht man, wenn der Wunsch nach Kontrolle übermächtig und somit zwanghaft wird.

Kontrollgruppe. Gruppe von Personen, die nicht aktiv an einem →Experiment teilnimmt, sondern lediglich die Gruppe darstellt, mit der die Ergebnisse eines Experiments verglichen werden. Bei einem Medikamententest ist die Kontrollgruppe beispielsweise diejenige Gruppe, die das →Placebo erhalten hat.

Kontrollüberzeugung. Begriff aus der Persönlichkeitspsychologie, der Attributionen beschreibt, mit denen Menschen selbst den Einfluss auf Ereignisse in ihrem Leben interpretieren. Unterschieden werden internale (etwas geschieht aufgrund eigener Handlungen) und externale Kontrollüberzeugungen (etwas geschieht aufgrund von Unwelteinflüssen oder Zufall). Siehe auch →Attribution.

Kontrollversuch. Ein →Experiment, das durchgeführt wird, um ein bereits vorliegendes Ergebnis anhand eines ähnlichen Experiments zu überprüfen. Dazu wird in der Regel eine →Variable verändert, etwa indem das Experiment mit einer anderen Versuchsperson wiederholt wird.

Konvergentes Denken. Form des →Denkens, bei der Aufgaben durch Schlussfolgerungen gelöst werden.

Konvergenztheorie. Von William L. →Stern eingeführte Entwicklungstheorie, nach der Anlage und Umwelt bei der Entwicklung eines Menschen gleichermaßen zusammenwirken (siehe auch →Anlage-Umwelt-Problematik).

Konversion. Nach Sigmund →Freud die Bezeichnung für ein körperliches Symptom, das aufgrund eines innerpsychischen Konflikts entsteht, ohne dass eine körperliche Ursache festgestellt werden kann (z. B. Lähmungserscheinungen, für die es keine medizinische Erklärung gibt).

Konzentration. Fokussierung und Intensivierung der →Aufmerksamkeit auf eine Aufgabe oder einen Gegenstand. Da die menschliche →Wahrnehmung grundsätzlich darauf ausgerichtet ist, mehrere Dinge gleichzeitig aufzunehmen, ist Konzentration immer mit einer bewussten Anstrengung verbunden, um störende Reize auszuschließen. Ursache für eine mangelnde Konzentrationsfähigkeit können z. B. Müdigkeit, übermäßig viele Außenreize oder Angst sein. Kann die Konzentrationsfähigkeit längerfristig nicht aufrechterhalten werden, kann dies zu →Lernstörungen führen. Die Konzentrationsfähigkeit kann mit speziellen Tests, etwa dem →Pauli-Test, bei dem die Testperson Zahlen addieren muss, festgestellt werden.

Konzentrative Bewegungstherapie. KBT. Körperorientierte Therapieform, mit der die Selbst- und Körperwahrnehmung von Patienten unterstützt werden soll.

Kooperation. Partnerschaftliche Zusammenarbeit bei der Lösung einer Gesamtaufgabe, etwa das gemeinsame Vorbereiten eines Referats in einer Arbeitsgruppe. Aufgrund sozialpsychologischer Untersuchungen konnte nachgewiesen werden, dass innerhalb eines kooperativen Arbeitsprozesses nicht nur die Fähigkeiten der einzelnen Mitglieder addiert, sondern dass diese um ein Vielfaches erhöht werden (z. B. weil in einer Gruppe die Bereitschaft des Einzelnen, Leistungen zu erbringen, wächst und Fehler durch andere Gruppenmitglieder frühzeitig korrigiert werden können). Kooperation setzt eine hohe Kommunikationsbereitschaft voraus und funktioniert nur dann, wenn das Individuum einen freien Handlungs- und Entscheidungsspielraum beibehalten kann und sich nicht nur Gruppeninteressen unterzuordnen hat.

Körperbautypen. Klassifikation körperlicher Erscheinungsbilder im Rahmen einer →Konstitutionslehre.

Körperbild. Körperkonzept, Körperschema. Räumliche Vorstellung vom eigenen Körper. Bei Erkrankungen wie beispielsweise der →Magersucht ist das Körperbild massiv gestört.

Körpersprache. Körperliche Ausdrucksformen wie →Mimik, Körperhaltung und →Gestik, die eine Mitteilung an die Umwelt enthalten oder von dieser interpretiert werden können, sodass ein Rückschluss auf die Gedanken und Gefühle einer Person möglich wird. Körpersprache lässt sich einerseits gezielt trainieren, um sie z. B. zur Unterstützung rhetorischer Fähigkeiten einzusetzen (nonverbale Kommunikation, beispielsweise durch eine entsprechende Gestikulation). Ein Großteil der Körpersprache verläuft jedoch unbewusst und kann Gefühle transparent machen, die eine Person nicht mitteilen möchte. Ein Verschränken der Arme um den Körper wird z. B. häufig als ein innerer Rückzug oder Abstand gegenüber der Umwelt verstanden.

Körpertherapien. Allgemeine Bezeichnung für psychotherapeutische Verfahren, die mithilfe von Körperübungen oder direkter äußerer Einflussnahme auf den Körper, etwa Massagen, versuchen, verdrängte Gefühle wieder erlebbar zu machen. Alle Körpertherapien basieren auf der Grundannahme, dass psychisches Erleben Auswirkungen auf den Körper zeigt (und umgekehrt) und dass sich erfahrene →Traumata nicht nur in der Psyche, sondern auch in bestimmten Regionen des Körpers manifestieren. Ursprünge der Körpertherapie sind bereits in östlichen Traditionen zu finden, mit denen ein Ausgleich zwischen körperlichen und seelischen Prozessen herbeigeführt werden sollte, um das Wohlbefinden von Menschen zu steigern (z. B. →Yoga). Als Wegbereiter der verschiedenen, im Westen entstandenen Körpertherapien gilt Wilhelm →Reich. Aus der von ihm entwickelten →Orgontherapie sind Verfahren wie die →Atemtherapie oder die →Bioenergetik hervorgegangen.

Korrelation. Begriff aus der →Statistik für den Zusammenhang zwischen häufig auftretenden Daten, ohne dass hieraus bereits erkennbar ist, worin der Grund für diesen Zusammenhang besteht (z. B. ein festgestellter Zusammenhang zwischen Intelligenz und Lebensalter).

Als Korrelationskoeffizient (r) wird derjenige Zahlenwert bezeichnet, mit dem die Korrelation zwischen unterschiedlichen Daten mathematisch bestimmt werden kann. Der Korrelationskoeffizient liegt immer im Bereich der Werte –1 und +1, wobei der Wert 0 belegt, dass zwischen zwei gemessenen Eigenschaften kein Zusammenhang besteht. Korrelationsstudien werden in der Psychologie häufig vorgenommen, wobei zwei oder mehr →Variablen erhoben und mithilfe von Korrelationstechniken zueinander in Beziehung gesetzt werden.

Korsakow-Syndrom. Auch amnestisches Syndrom. Gedächtnisstörung, die sich in der Unfähigkeit manifestiert, sich an einzelne Dinge erinnern zu können und u. U. zu einer Einschränkung in der zeitlichen und räumlichen Orientierung führt. Das Korsakow-Syndrom tritt häufig im Zusammenhang mit →Alkoholismus auf. Die Störung wurde nach dem russischen Psychiater Sergej S. Korsakow (1854–1900) benannt.

Kotherapeut. Bezeichnung für einen zweiten Psychotherapeuten, der häufig im Rahmen von →Gruppen-, →Partner- oder →Familientherapien zum Einsatz kommt. So wird z. B. durch einen Kotherapeuten innerhalb einer Familien- oder Partnertherapie für beide Geschlechter eine größere Identifikationsmöglichkeit und bessere Einfühlung in einzelne Konfliktfelder gewährleistet, da es sich i. d. R. um ein gemischtgeschlechtliches Therapeutenpaar handelt.

Kovarianz. Ausmaß der →Varianz zwischen zwei Messwertreihen.

Kraepelin, Emil. Deutscher Psychiater und Psychologe (1856–1926). Von Kraepelin stammte die erste systematische Beschreibung psychischer Krankheiten, der eine wesentliche Bedeutung für die Entwicklung der →Klinischen Psychologie zukam. Kraepelin gilt zudem als Begründer der experimentellen →Psychopharmakologie.

Krafft-Ebing, Richard Freiherr von. Deutscher Psychiater (1840–1902). Krafft-Ebing arbeitete zunächst als forensischer Psychiater und untersuchte später Formen des abweichenden Sexualverhaltens. Sein Lehrbuch „Psychopathia Sexualis“ erschien im Jahre 1886 und erreichte in der damaligen Zeit zahlreiche Neuauflagen. Siehe auch →Masochismus.

Krampfanfall. Muskelkrämpfe, die im Zusammenhang mit der →Epilepsie auftreten. Unterschieden wird zwischen Grand Mal, bei dem zu Beginn des Anfalls Bewusstlosigkeit eintritt und ein Schrei ausgestoßen wird, bevor die Muskelkrämpfe den ganzen Körper erfassen, und Petit Mal, der weniger intensiv verläuft.

Tritt nur ein einzelner solcher Krampfanfall bei einer Person auf, spricht man von einem Gelegenheitsanfall, der nicht als Epilepsie im engeren Sinne bezeichnet werden kann. Als Ursachen kommen dafür z. B. Alkoholentzug, Sauerstoffmangel, Vergiftungen oder ein extremer Abfall der Blutzuckerwerte in Betracht. Ein solcher Krampfanfall kann außerdem durch eine Schädigung des Gehirns ausgelöst werden, etwa infolge einer Gehirnhautentzündung.

Krankheit. Störungen der körperlichen Organfunktionen und einer damit einhergehenden Beeinträchtigung des körperlichen und seelischen Wohlbefindens. Unterschieden werden chronische und akute Krankheiten. Während chronische Krankheiten allmählich entstehen und über einen längeren Zeitraum hinweg oder während der verbleibenden Lebenszeit fortbestehen (z. B. Rheuma, Diabetes), entwickeln sich akute Krankheiten plötzlich und verschwinden nach dem Abklingen der →Symptome wieder (z. B. Grippe). Das Entstehen von Krankheiten wird auf multifaktorielle Gründe und die von ihnen ausgehenden Wechselwirkungen zurückgeführt (z. B. Schwächung des Immunsystems durch psychische Belastungen, erblich bedingte Dispositionen, Umweltbelastungen etc.). Während Menschen vor hundert Jahren vorrangig an Infektionskrankheiten wie Tuberkulose, Grippe oder Diphtherie litten, spielen gegenwärtig in den Industrieländern infektiös bedingte Krankheiten nur noch eine untergeordnete Rolle. Zugenommen haben vor allem chronische Krankheiten (Krebs, Erkrankungen des Herz-Kreislauf-Systems, des Bewegungsapparates sowie der Atmungs- und Verdauungsorgane). Dies ist u. a. auf falsche Essgewohnheiten, Bewegungsmangel und →Stress zurückzuführen. In diesem Zusammenhang spricht man auch von Zivilisationskrankheiten. Hinzu kommen neben →psychischen Störungen eine Vielzahl →funktioneller Störungen. Um diese Entwicklungen zu stoppen, werden vermehrt Konzepte der →Gesundheitsförderung diskutiert und erprobt.

Krankheitsbewältigung. Subjektive Form des Umgangs mit einer Krankheit durch den Betroffenen. Um den Zustand des Krankseins bestmöglich bewältigen zu können, ist eine akzeptierende und aktive Auseinandersetzung mit der Krankheit förderlich (z. B. durch den Besuch einer Selbsthilfegruppe für chronisch kranke Menschen, durch Pflege sozialer Kontakte, Selbstverantwortung hinsichtlich der Einnahme von Medikamenten etc., siehe auch →Bewältigungsstrategien).

Krankheitseinsicht. Bewusstsein einer Person darüber, dass sie an einer →psychischen Störung oder →Krankheit leidet. Bei einigen psychischen Störungen und Erkrankungen fehlt eine Krankheitseinsicht häufig nahezu vollständig, etwa bei →Magersucht und →Alkoholismus. Dies führt dazu, dass Betroffene keine therapeutische Hilfe suchen und sich die Störung oder Erkrankung weiter verfestigen kann (→Leidensdruck).

Krankheitsgewinn. Von Sigmund →Freud vertretene Auffassung, wonach eine Erkrankung für einen Menschen mit Vorteilen verbunden sein kann. Freud differenzierte dabei zwischen primärem und sekundärem Krankheitsgewinn. Der primäre Krankheitsgewinn entsteht, weil sich eine Person krankheitsbedingt nicht mehr aktiv mit einem innerpsychischen Konflikt auseinander setzten muss (Flucht in die Krankheit). Der sekundäre Krankheitsgewinn wird durch Entlastungen gewonnen, beispielsweise die vorübergehende oder dauerhafte Berufsunfähigkeit oder die verstärkte Aufmerksamkeit durch den Arzt oder Therapeuten.

Kränkung. Siehe →narzisstische Kränkung.

Kreativität. Allgemeine Bezeichnung für schöpferische und originelle Leistungen, die durch die Kombination und Umwandlung von Problemlösungsstrategien entstehen. Nach Joy P. →Guilford sind dafür u. a. Originalität, Ideenflüssigkeit (die Verfügbarkeit von Gedächtnisinhalten und Denkprozessen), Flexibilität (die Fähigkeit, Denkstrategien verändern zu können) und Elaboration (die Fähigkeit, Informationen unterschiedlich verarbeiten zu können) notwendig. Andere Psychologen heben die Fähigkeit zum bildhaften Denken, Spontaneität, eine hohe →Ambiguitätstoleranz und eine spielerische Auseinandersetzung mit einem Gegenstand sowie Nonkonformismus als wichtige Voraussetzungen für Kreativität hervor. Auf gehirnphysiologischer Ebene wird ein ungehinderter Austausch zwischen der rechten und linken Hemisphäre als günstig für kreative Leistungen angesehen.

Das Ausmaß der Kreativität variiert von Person zu Person. Die individuelle Ausprägung kann mit speziellen Kreativitätstests festgestellt werden. Da diese jedoch nur einzelne Aspekte der Kreativität zu einem bestimmten Zeitpunkt erfassen können, sind ihre Ergebnisse bislang jedoch eher unbefriedigend. Als förderlich für die

Entwicklung von Kreativität gilt entdeckendes und selbstbestimmtes Lernen im Gegensatz zur Reproduktion vorgegebener Inhalte unter Leistungsdruck.

Kretinismus. Auch Hypothyreose. Form der geistigen Behinderung, die auf Hormonstörungen durch eine Fehlfunktion der Schilddrüse zurückgeführt wird, die entweder angeboren ist oder durch Jodmangel entsteht.

Kretschmer, Ernst. Deutscher Psychiater und Neurologe (1888–1964), der die →Konstitutionslehre entwickelte, bei der Körperbau und Charaktereigenschaften zueinander in Beziehung gesetzt werden.

Kriminalität. Delinquenz; Bezeichnung für ein Verhalten, das von einer Gesellschaft als strafbar definiert und somit strafrechtlich verfolgt wird (z. B. Diebstahl, die Tötung eines anderen Menschen, →sexueller Missbrauch). Kriminelles Verhalten wird historisch, je nach Kulturkreis und hinsichtlich seiner Schwere, unterschiedlich bewertet. Beispielsweise gilt Homosexualität in einigen, Mord in allen Gesellschaften als strafbar. Es werden auch Verhaltensweisen als Straftaten definiert, die bislang noch nicht als solche galten (z. B. Vergewaltigung in der Ehe).

Die Entstehung von kriminellem Verhalten wird mithilfe von Kriminalitätstheorien erklärt. Dabei geht der psychoanalytisch orientierte Erklärungsansatz davon aus, dass bei kriminellem Verhalten eine Störung in der →Über-Ich-Entwicklung vorliegt, sodass beim Täter keine adäquate Regulation zwischen Triebansprüchen und gesellschaftlichen Normen erfolgen kann (z. B. weil diese aufgrund emotionaler →Verwahrlosung in der Kindheit durch die Eltern nicht vermittelt wurden und somit eine mangelnde Orientierung hinsichtlich dieser Normen besteht).

Lerntheoretische Ansätze untersuchen z. B., in welchem Maß die Beobachtung von Gewalthandlungen in Medien oder in der Familie zur Nachahmung anregt bzw. die Hemmschwelle gegenüber solchen Verhaltensweisen herabgesenkt wird.

Psychologische Erklärungsansätze wurden teilweise durch Erkenntnisse der Soziologie (→Labeling-Approach) und praktische Erfahrungen der Sozialarbeit ergänzt. So konnte etwa festgestellt werden, dass eine ungenügende →Resozialisierung während einer Haftstrafe eine weitere kriminelle Karriere begünstigen kann.

Krise. Allgemein stellt eine Krise die bedrohliche Zuspitzung einer Situation dar, die einen Wendepunkt in einer Entwicklung auslöst. Als psychische Krise wird ein Zustand bezeichnet, in dem die üblichen Bewältigungsmechanismen einer Person versagen und die bisherige Lebensführung, wichtige Entscheidungen und Werthaltungen radikal in Frage gestellt werden. Durch eine Krise ist ein Mensch nicht mehr in der Lage, in gewohnter Weise weiterzuleben, sodass eine psychische →Umstrukturierung notwendig wird. Persönliche Krisen können mit Depressionen, Gefühlen von →Verzweiflung bis hin zur Suizidgefährdung einhergehen und durch äußere Umstände, z. B. die Trennung vom Partner oder den Verlust des Arbeitsplatzes, ausgelöst werden. Im Idealfall verhilft die Krise einer Person zu mehr Wachstum, Reife und Selbstverwirklichung. Häufig sind Menschen jedoch damit überfordert, eine Krise selbstständig zu bewältigen. Institutionen, die sich auf die →Beratung und Therapie von Menschen in Krisensituationen spezialisiert haben, führen Kriseninterventionen herbei, deren Ziel es ist, eine Person, die sich in einer Krise befindet, zu stabilisieren und einer ungünstigen weiteren Entwicklung vorzubeugen. Ist eine Selbstgefährdung der Person (→Selbstmord) nicht ausgeschlossen, kann die vorübergehende stationäre Aufnahme in der →Psychiatrie notwendig werden.

Kritik. Allgemeine Bezeichnung für die Hinterfragung und Überprüfung der Stimmigkeit eines Sachverhalts (z. B. einer Erkenntnistheorie, der Meinung einer Person etc.). Von Selbstkritik wird gesprochen, wenn eine Person eigene Handlungen und Verhaltensweisen hinterfragt und u. U. einen Fehler eingesteht. Kritikfähigkeit ist die →Fähigkeit, sich mit der Kritik anderer in einer konstruktiven Weise auseinander zu setzen. Dies beinhaltet, nicht mit übertriebener Kränkung (→narzisstische Kränkung) und →Aggressionen zu reagieren oder die geäußerte Kritik unreflektiert zu übernehmen, sondern auch diese kritisch zu überdenken.

Kritische Psychologie. Eine im Zusammenhang mit der Studentenbewegung in den 1960er-Jahren entstandene Denkrichtung innerhalb der Psychologie. Demnach beschreibt die Psychologie das Erleben und Verhalten von Menschen nicht allgemein und wertneutral, sondern in einer Weise, die sich aufgrund von Zwängen herausgebildet hat, die auf die Mehrzahl der Menschen in der bestehenden Gesellschaft ausgeübt werden. Ziel der kritischen Psychologie ist es, diese Mechanismen transparent zu machen. Die Kritische Psychologie ist stark von der →Kulturhistorischen Schule und dem Marxismus beeinflusst und wurde von dem deutschen Psychologen Klaus →Holzkamp begründet. Seit Mitte der 80er-Jahre ist ihr Einfluss zurückgegangen.

Kritischer Rationalismus. Erkenntnistheorie, die →Falsifikation als entscheidendes Kriterium von Wissenschaftlichkeit betrachtet. Eine Aussage ist danach so lange gültig wie die Widerlegung erfolglos bleibt. Der Kritische Rationalismus nimmt somit eine Gegenposition zum →Positivismus ein.

Kritisches Lebensereignis. Ereignisse im Leben von Menschen, die das Einnehmen einer neuen sozialen Rolle, eine Veränderung im Verhalten sowie die Herstellung eines neuen Gleichgewichts mit der sozialen Umwelt erforderlich machen. Kritische Lebensereignisse können von einer Person bewusst herbeigeführt werden und erwünscht (z. B. Eheschließung, →Geburt eines Kindes) oder unerwünscht sein („Schicksalsschlag", z. B. Tod naher Angehöriger). Wie ein kritisches Lebensereignis bewältigt werden kann, hängt davon ab, ob sein Eintreten vorhersehbar war, wie stark eine Person die Kontrolle über ihr Leben beibehalten kann und wie weit reichend die damit verbundenen Konsequenzen sind. Der Einfluss kritischer Lebensereignisse auf die Entstehung von →Krankheiten wird von der →Life-Event-Forschung untersucht.

Kritische Theorie. →Frankfurter Schule.

Krueger, Felix. Psychologe (1874–1948), Begründer der →Leipziger Schule der →Ganzheitspsychologie.

Kultur. Ursprünglich die Aneignung der Natur durch den Menschen. Zur Kultur zählen Kunst, Wissenschaften, →Sprache, religiöse Wertsysteme und soziale →Normen. Jeder Mensch wird in ein bestimmtes kulturelles Gefüge hineingeboren, dessen Normen er durch die →Sozialisation vermittelt bekommt. Nach Auffassung von Sigmund →Freud entwickelt sich Kultur auf der Grundlage sublimierter →Triebe (→Sublimierung). Diese Auffassung wird nicht mehr unwidersprochen geteilt (siehe auch →Marcuse).

Kulturhistorische Schule. Einflussreiche psychologische Schule der ehemaligen Sowjetunion, deren Postulate von der →Kritischen Psychologie übernommen wurden. Die Kulturhistorische Schule entstand in den 1950er-Jahren und grenzte sich vor allem gegen den →Behaviorismus ab. Demnach bestimmen nicht Reiz-Reaktions-Schemata das Verhalten, sondern Symbole, die vom Menschen geschaffen und von Generation zu Generation weitergegeben werden (z. B. Schrift) sowie eine aktive Aneignung der Welt. Beides führt dazu, dass der Mensch von der Abhängigkeit, auf Reize reagieren zu müssen, befreit wird (siehe auch →Zone der nächsten Entwicklung).

Kulturpsychologie. Teilgebiet der →Psychologie, das sich mit dem Einfluss von Kultur auf menschliches Erleben und Verhalten beschäftigt.

Kulturtechniken. Diejenigen →Fertigkeiten, die eine Person unbedingt beherrschen muss, um sich in einer Gesellschaft orientieren zu können. Zu den Kulturtechniken gehören z. B. die Schreib-, Lese- und Rechenfähigkeit, die Fähigkeit zur sozialen →Kommunikation sowie ein Wissen über die →Normen einer Gesellschaft. Kulturtechniken stellen keine statischen Fähigkeiten dar, sondern wandeln sich im Kontext gesellschaftlicher Veränderungsprozesse.

Künstliche Intelligenz. Anwendungsorientiertes, interdisziplinäres Forschungsgebiet der Informatik (Wissenschaft von den elektronischen Datenverarbeitungsanlagen und ihrer Anwendung), das menschliche Problemlösungsprozesse auf den Computer übertragen will und Problemlösungsstrategien erforscht. Der Forschungsbereich entstand in den 1950er-Jahren.

Kunstpsychologie. Teilgebiet der Psychologie, das sich mit der Wirkung von Literatur, Malerei und Musik auf den Menschen beschäftigt.

Kunst- und Gestaltungstherapie. Form der Psychotherapie, in der Patienten durch künstlerisches Gestalten Zugang zu ihren Gefühlen finden sollen. Medien der Kunst- und Gestaltungstherapie sind z. B. Tanz (→Tanztherapie), Bildhauerei, Malerei und Musik (→Musiktherapie).

Kurzpsychotherapie. Psychotherapie, deren Dauer auf einen Zeitrahmen von 5 bis 30 Sitzungen begrenzt ist und meist die Klärung eines bestimmten Problems zum Ziel hat. Eine besondere Form der Kurzpsychotherapie ist z. B. die →Fokaltherapie.

Kurzschlusshandlung. Affekthandlungen. Umgangssprachliche Bezeichnung für Handlungen, die ohne bewusstes Überlegen ausgeführt werden und die stark von →Affekten beeinflusst sind.

Kurzzeitgedächtnis. Teil des →Gedächtnisses, in dem Informationen nur für einige Sekunden gespeichert werden und dessen Speicherkapazität sehr begrenzt ist.

Kybernetik. Interdisziplinäre Wissenschaft von Steuerungs- und Regelungskreisen in Systemen.

L

Labeling Approach. Theorie aus der →Sozialpsychologie, nach der →abweichendes Verhalten nicht per se eine Abweichung darstellt, sondern erst durch eine entsprechende Zuschreibung der Umwelt entsteht. Diese Zuschreibungen wiederum werden von den Betroffenen Personen als Etikettierung übernommen und der eigenen Person zugeordnet. Die Bedeutung des Labeling Approach liegt darin, dass Ursachen für abweichendes Verhalten nicht mehr ausschließlich in individuellen Persönlichkeitsfaktoren gesucht werden, sondern die →Interaktionen mit der sozialen Umwelt einbezogen werden. Ein Kritikpunkt an dieser Theorie ist, dass sie die aktive Entscheidung des Individuums darüber, ob es eine Zuschreibungen annimmt oder zurückweist, unberücksichtigt lässt. Siehe auch →Kriminalität.

Labilität. Instabiles seelisches Gleichgewicht, das leicht beeinflussbar ist und erhöhte Selbstunsicherheit, Reizbarkeit und Stimmungsschwankungen beinhaltet. Nach H. J. →Eysenck besteht ein Zusammenhang zwischen →Neurotizsmus und vegetativer Labilität, d. h. erhöhter Reizbarkeit des vegetativen →Nervensystems.

Laborversuch. Experimente, die im Vergleich zu natürlichen Lebenssituationen in vereinfachter Weise im Labor nachgestellt und durchgeführt werden und so eine bessere Kontrollierbarkeit und Wiederholbarkeit gewährleisten.

Labyrinthversuch. Experiment zur Erforschung des Lernverhaltens von Tieren wie z. B. Ratten. In einem Gangsystem führt nur einer dieser Gänge zu einem Ziel mit Belohnung (zumeist Futter), die anderen Gänge enden als Sackgasse. Der Schwierigkeitsgrad des Versuchs steigt mit der Anzahl der Weggabelungen. Beobachtet wird, wie viele Fehler ein Tier beim ersten, zweiten oder dritten Durchlauf macht.

Lacan, Jaques. Französischer Psychoanalytiker (1901–1981), der die These begründete, dass das →Unbewusste wie eine →Sprache aufgebaut ist und somit die →Psychoanalyse Sigmund →Freuds neu gestaltete. Er prägte den französischen →Strukturalismus, und seine Forschungen zu Einbildung, Metapher und Symbolismus sind nach wie vor für die literarische Kritik bedeutsam. Lacan gründete „La Sociéteé Francaise de Psychoanalyse“ und die „Ecole Freudienne de Paris“.

Laing, Ronald David. Schottischer Psychiater (1927–1989), der als einer der führenden Vertreter der →Antipsychiatrie gilt. Laing interpretierte psychiatrische Krankheiten als gesunde Reaktion auf die kranke soziale Umwelt mit ihren gestörten Prozessen der →Kommunikation. Aufgrund seines Krankheitsbegriffs erhielten psychiatrische Patienten erstmals die Möglichkeit, in Wohngemeinschaften zusammen zu leben (→Psychiatrie). Veröffentlichungen u. a.: „Das geteilte Selbst“ (1960), „Das Selbst und die Anderen“ (1976).

Laissez-faire. Erziehungs- und Führungsstil, bei dem →Interventionen von Eltern, Pädagogen oder Führungspersonen weitestgehend unterbleiben. Der Laissez-faire-Stil hat sich insofern als uneffektiv bis schädlich erwiesen, da die mangelnde Einflussnahme auf Heranwachsende oder Mitarbeiter von diesen als Gleichgültigkeit gegenüber ihrer Person, ihrem Verhalten oder ihren Leistungen erlebt wird. Dieser Mangel an positiver →Wertschätzung kann wiederum →Aggressivität und Orientierungslosigkeit auslösen.

Lallen. Wiederholte, sinnfreie Lautäußerungen einfacher Art, die meist eine Vorstufe zum Spracherwerb darstellen. Das Lallstadium gilt als die zweite Phase der frühkindlichen Entwicklung und besteht zwischen dem 2. und 10. Lebensmonat. Siehe auch →Sprachentwicklung.

Lalopathie. Allgemeine Bezeichnung für Sprachstörungen. →Sprach- und Sprechstörung.

Lalophobie. Furcht vor dem Sprechen bei zugrunde liegender Sprachstörung, z. B. Stottern. →Sprach- und Sprechstörung.

Lampenfieber. Durch Erwartungsangst ausgelöster Zustand der Erregung vor Prüfungen oder öffentlichen Auftritten. Leichtes Lampenfieber kann zu Leistungssteigerungen, zu starkes Lampenfieber zu Leistungseinschränkungen führen.

Längsschnittuntersuchung. Forschungsmethode, bei der dieselbe Gruppe von Personen während eines längeren Zeitraums zu verschiedenen Zeitpunkten unter vergleichbaren Vorraussetzungen und mithilfe des gleichen Verfahrens untersucht wird. Längsschnittuntersuchungen werden insbesondere in der →Entwicklungspsychologie angewandt, um durch die Feststellung bestimmter →Merkmale Rückschlüsse auf vorausgegangene Entwicklungsprozesse zu ermöglichen (Gegensatz von →Querschnittsuntersuchung).

Langzeitgedächtnis. Umfangreichster Teil des →Gedächtnisses, der überdauernde Informationen speichert und als Netzwerk zu verstehen ist, in dem Inhalte assoziativ miteinander verbunden sind.

Langzeitpsychotherapie. Psychotherapeutische Behandlung von mehr als 25 Sitzungen. Im Unterschied zur Verhaltens- oder Gesprächspsychotherapie, die oftmals als →Kurzpsychotherapie durchgeführt werden, umfassen Langzeittherapien bis zu 300 Therapiestunden und sind typisch für die Durchführung einer →Psychoanalyse.

Lärm. Akustische Reize, die von einer Person als störend und unangenehm empfunden werden und keine verwertbare Information beinhalten. Die Aufdringlichkeit des Lärms hängt von seiner Lautstärke, Dauer und Frequenz ab und kann dazu führen, dass der menschliche Körper mit typischen Stressreaktionen reagiert. Schädigungen am Gehör können ab einer Lärmbelästigung von über 90 Phon entstehen (Lärmschäden). Die Auswirkungen dieser Belastungen werden von der Lärmforschung untersucht, die gleichzeitig nach Wegen sucht, alltägliche Lärmbelastungen zu reduzieren.

Latente Esssucht. Auch Latente Adipositas. Form der →Essstörung, die sich in starken Gewichtsschwankungen innerhalb eines kurzen Zeitraums und einer ständigen Auseinandersetzung mit Essen und dem Körpergewicht (z. B. fortgesetzter Wechsel zwischen Diät-Halten und „Sündigen“) manifestiert. Es besteht die Gefahr, dass sich eine Latente Esssucht zu einer schwer wiegenderen Essstörung, etwa einer →Bulimie oder →Magersucht, fortentwickelt.

Latenter Trauminhalt. Begriff aus der →Psychoanalyse für die unbewussten Ängste und Wünsche, die einen Traum ausmachen, aber nicht direkt erinnerbar sind und erst durch den →manifesten Trauminhalt entschlüsselt werden können.

Latenzperiode. Latenzphase. Eine der Entwicklungsphasen in der Theorie der →Psychoanalyse, die vom 6. Lebensjahr bis zur →Pubertät andauert und auf die →psychosexuelle Entwicklung in der frühen Kindheit folgt (→orale, →anale, →ödipale Phase). In dieser Zeit finden hauptsächlich Entwicklungen im Bereich des →sozialen Lernens und der kognitiven Fähigkeiten statt.

Lateralität. Bevorzugung bzw. erhöhte Funktionstüchtigkeit von Organen oder Gliedmaßen, die beim Menschen zweifach vorhanden sind. Lateralität ist für jeden Menschen hinsichtlich der Rechts- oder Linkshändigkeit unmittelbar spürbar. Zur Lateralität gehört beispielsweise auch die →Hemisphärendominanz des Gehirns, eine bessere Hörfähigkeit auf einem der beiden Ohren oder die unterschiedlich vorhandene Anfälligkeit für Muskelverspannungen bzw. eine ausgeprägtere Beweglichkeit in einer der Körperhälften.

Lautes Denken. Forschungsmethode, die im Bereich der →kognitiven Psychologie zur Anwendung kommt. Dabei teilt eine Versuchsperson z. B. die einzelnen Schritte zur Lösung eines Problems mündlich mit, die von einem Versuchsleiter protokolliert und aufgezeichnet werden. Auf diese Weise lassen sich die Problemlösungsstrategien von Menschen untersuchen.

Learning by doing. Umgangssprachliche Bezeichnung für Lernprozesse, bei der ein Lerneffekt durch das praktische Ausprobieren erzielt wird, ohne dass zuvor eine gezielte theoretische Vorbereitung erfolgt war. Der Begriff wird auf die philosophische Tradition des Pragmatismus zurückgeführt, die postuliert, dass sich der Wert des Menschen in seinem Handeln zeigt und Lernen nur durch eigenes Handeln erfolgen kann.

Lebenskompetenzen. Auch Life-Skills. Begriff aus dem Bereich der →Suchtprävention. Bei der Vermittlung von Lebenskompetenzen wird der Fokus auf die Entwicklung und Stärkung des Selbstbewusstseins von Kindern und Jugendlichen gelegt (z. B. durch entsprechende Sportangebote) sowie auf eine Stärkung ihrer →Konfliktfähigkeit. Die Vermittlung von Lebenskompetenzen stellt einen persönlichkeitsstärkenden Ansatz dar und ergänzt Maßnahmen der →Prävention, die auf Aufklärung und Information beruhen. Verhindert werden soll, dass Drogen von einer Person konsumiert werden, weil sie sich beispielsweise als „Versager“ empfindet.

Lebenslanges Lernen. Bezeichnung für die mit dem Übergang in die Wissensgesellschaft verbundenen notwendigen Lernprozesse, die über die gesamte Lebenszeit eines Menschen hinweg erfolgen. Lebenslanges Lernen meint sowohl die Erstausbildung und Weiterbildung im beruflichen Zusammenhang als auch informelle Bildungsprozesse. Gesellschaftliche Ursachen, die ein lebenslanges Lernen notwendig machen, sind vor allem der rapide technologische Fortschritt sowie der demografische Wandel (Geburtenrückgang), der z. B. einen Mangel an Fachkräften mit sich führt. Während eine berufsbegleitende Weiterbildung noch vor einigen Jahrzehnten einen beruflichen Aufstieg ermöglichte, stellt diese inzwischen meist nur noch eine Voraussetzung dar, bereits vorhandene →Qualifikationen nicht zu entwerten und den erreichten beruflichen Status zu sichern (etwa weil sich Computertechnologien ständig weiterentwickeln).

Lebensplan. Bezeichnung aus der →Individualpsychologie für individuelle Vorstellungen hinsichtlich der aktuellen und zukünftigen Lebensgestaltung. Es wird davon ausgegangen, dass Menschen ihre Verhaltensweisen diesem Lebensplan entsprechend ausrichten. Nach Alfred →Adler ist der Lebensplan eines Menschen grundsätzlich darauf angelegt, →Minderwertigkeitsgefühle zu überwinden. Ein Psychotherapeut, der eine →Individualtherapie durchführt, muss den individuellen Lebensplan eines Patienten hinter seinen Einzelhandlungen erkennen, um ihn vollständig verstehen zu können.

Lebensqualität. Qualitatives Fortschrittsideal, das dem quantitativ aufgefassten Fortschritt der 60er-Jahre gegenübergestellt wurde und die objektiv vorhandenen Lebensverhältnisse sowie ihre subjektive Bewertung durch die von ihnen betroffenen →Individuen bezeichnet. Zu den beeinflussenden Faktoren gehören z. B. die Wohnsituation, der Zugang zu Freizeitangeboten sowie Einkaufsmöglichkeiten im nahen Wohnumfeld, das Vorhandensein von Naherholungsgebieten, ein für das Individuum ausgewogenes Verhältnis von Arbeit und Freizeit, die Möglichkeit, mit anderen Menschen in Kontakt zu treten und Freundschaften zu pflegen. Erhebungen zur Lebensqualität von Menschen werden i. d. R. vorgenommen, um Bereiche zu ermitteln, in denen die Lebensqualität als verbesserungswürdig erachtet wird.

Lebensstil. Bezeichnung für die aktive Gestaltung des Lebens, wie sie sich in individuellen Bedürfnissen und →Einstellungen zu Bereichen wie Konsum, →Kultur, Arbeit und →Freizeit konstituiert.

Lebenstrieb. Nach Sigmund →Freud ist der Lebenstrieb ein Grundtrieb des Menschen, der dem →Todestrieb entgegengesetzt ist. Er setzt sich aus verschiedenen →Partialtrieben wie dem Selbsterhaltungstrieb und dem Sexualtrieb zusammen und verfolgt das Ziel, immer größere lebenserhaltende Einheiten hervorzubringen und zu bewahren.

Lebenswelt. Bezeichnung für das soziale Umfeld, in der sich eine Person vorrangig aufhält, ihre Erfahrungen gewinnt, an sozialen Interaktionen beteiligt ist und handelnd eingreift.

Legasthenie. →Lese-Rechtschreib-Schwäche.

Lehranalyse. Wesentlicher Bestandteil in der ersten Ausbildungsphase zum Psychoanalytiker, der beinhaltet, sich selbst einer →Psychoanalyse zu unterziehen. Somit wird die Voraussetzung geschaffen, eigene unbewusste Konflikte durchzuarbeiten und späteren Patienten unvoreingenommen zu begegnen. Eine solche Lehranalyse umfasst zwischen 250 und 600 Stunden.

Leib-Seele-Problem. Von der Philosophie aufgeworfene Fragestellung nach dem Zusammenhang zwischen Körper und Seele. Während die Philosophie selbst diese Beziehung zumeist als unvereinbar ansieht, wurden in der Psychologie verschiedene Theorien zur Lösung des Leib-Seele-Problems entwickelt, wie z. B. die psychophysische Wechselwirkung oder der psychophysische Parallelismus, wobei beide Ansätze nicht empirisch nachweisbar sind. Siehe auch →Ganzheitsmedizin.

Leidensdruck. In der →Psychotherapie die von einem Kranken oder Süchtigen subjektiv erlebte Intensität von Gefühlen des Leids. Leidensdruck stellt ein wesentliches Motiv dar, sich Veränderungsprozessen zu stellen. Denn solange die psychische Störung oder →Abhängigkeit (z. B. →Alkoholismus) nur Befriedigung mit sich bringt, ist der Erfolg einer Behandlung in den Augen vieler Therapeuten sehr gering.

Leipziger Schule. Bezeichnung für die von Felix →Krüger begründete Richtung der →Gestaltpsychologie.

Leistung. Sowohl die Umsetzung der individuell erbrachten geistigen oder körperlichen Anstrengung als auch das Ausmaß der erfolgreichen Erfüllung einer Aufgabe. Faktoren, die Leistung begünstigen, sind z. B. →Intelligenz, →Begabung, Fleiß und die vorhandene →Leistungsmotivation. Grundsätzlich variiert die Leistungsfähigkeit je nach Aufgabengebiet. Der Einfluss äußerer und innerpsychischer Faktoren auf die Leistungsfähigkeit in Arbeitssituationen wird z. B. von der →Arbeits-, Betriebs- und Organisationspsychologie untersucht.

Leistungsbeurteilung. Beurteilung der individuell erbrachten Leistung, die nach zugrunde gelegten Bezugsnormen vorgenommen wird und im schulischen, beruflichen wie auch im Freizeitbereich erfolgt (z. B. durch Wettbewerbe auf wissenschaftlichem, künstlerischem oder sportlichem Gebiet). Einerseits können Leistungsbeurteilungen in beschreibender Form erfolgen (z. B. als schriftliche Beschreibung und Beurteilung erbrachter Arbeitsleistungen in einem Arbeitszeugnis oder auch als mündliches →Feedback zu den schulischen Leistungen eines Schülers). Andererseits können Leistungsbeurteilungen auch auf Leistungsmessungen zurückgeführt werden. Dazu werden objektive, standarisierte Verfahren (→quantitative Verfahren) angewandt wie etwa Leistungstests. Eine ganz spezielle Form der Leistungsbeurteilung sind Leistungsbewertungen, die die Beurteilung von Schulleistungen in Form von Noten beinhalten.

Alle Formen der Leistungsbeurteilung dienen dazu, dem Leistungsbeurteilten eine Orientierung hinsichtlich seines Kenntnisstands, der in Zukunft zu erwartenden Leistung und den sich daraus zu ergreifenden Maßnahmen zu geben. Leistungsbeurteilungen werden insbesondere in der →Arbeits- und Organisationspsychologie angewendet zur Ermittlung von Personalentwicklungsmaßnahmen, Erhaltung von Arbeitsplätzen etc. In Arbeitssituationen sind sie mit der sozialen und materiellen Positionierung im Beruf verbunden (z. B. Lohnerhöhung, beruflicher Aufstieg).

Leistungsgesellschaft. Bezeichnung für die modernen Industriegesellschaften, in denen die soziale Positionierung üblicherweise in Abhängigkeit vom Grad der erbrachten Leistung vorgenommen wird. Dies setzt voraus, dass Leistung als Wertmaßstab von den meisten Menschen anerkannt wird und führt dazu, dass das Ausmaß der Befriedigung von →Bedürfnissen ebenfalls von der erbrachten Leistung abhängig gemacht wird. Eine Leistungsgesellschaft ist immer mit sozialer Ungleichheit verbunden, da nicht alle Menschen Leistungsansprüche in gleicher Weise erfüllen können. Die Gefahr einer solchen Gesellschaftsform besteht darin, dass grundlegende menschliche Bedürfnisse und Ansprüche wie →Gesundheit u. U. dem Leistungsprinzip untergeordnet werden. Aus dem Nichterfüllen von Leistungsnormen können für das Individuum psychische Belastungen ebenso wie soziale Ausgrenzung entstehen.

Leistungskurve. Arbeitskurve. Bezeichnung für die schwankende Leistungsfähigkeit im Tagesverlauf. Die meisten Menschen verfügen am Vormittag und Nachmittag über das größte Leistungsvermögen, mittags erfolgt ein Leistungstief. Man spricht von Leistungskurve, weil sich die erbrachten Leistungen in einer Arbeitssituation grafisch darstellen lassen (ähnlich wie Lernerfolge mithilfe einer →Lernkurve).

Leistungsmotivation. Von dem deutschen Psychologen Heinz Heckhausen (1926–1988) eingeführter Begriff, der die Motivation beschreibt, Leistungsanforderungen auf einem möglichst hohen Niveau zu erfüllen. Es wird angenommen, dass es sich dabei um eine →Einstellung handelt, die nicht variiert, d. h. eine Person, die eine hohe Leistungsmotivation in einem Aufgabenbereich zeigt, wird diese höchstwahrscheinlich auch in anderen Bereichen zeigen. Nach Heckhausen entsteht Leistungsmotivation aus der →Hoffung auf Erfolg sowie der Furcht vor Misserfolg. Welche der beiden Bestandteile überwiegt, ist individuell unterschiedlich. Für das Ausmaß der Leistungsmotivation ist entscheidend, welchen subjektiven Wert eine Person dem Erreichen eines Ziels zuschreibt sowie ihre Einschätzung, dass das Erreichen des Ziels realistisch ist.

Leniency-Effekt. Beurteilungsfehler, der entstehen kann, wenn eine Versuchsperson vom Versuchsleiter zu unkritisch beurteilt wird, z. B. weil sie von diesem als besonders sympathisch erlebt wird.

Lernbehinderung. Von Lernbehinderung im Kindesalter wird gesprochen, wenn ein Kind trotz besonderer Förderung in markanter Weise hinter den Leistungen seiner Altersgruppe zurückbleibt und keine →geistige Behinderung aufweist. Eine Lernbehinderung kann durchaus nur in bestimmten Aufgabengebieten auftreten und muss nicht mit einer niedrigen Intelligenz verbunden sein. Als Ursache werden frühkindliche Beschädigungen des Gehirns sowie ungünstige soziale Umweltfaktoren in Betracht gezogen.

Lernbereitschaft. Positive Haltung, sich Wissen oder Fähigkeiten anzueignen. Nach einer von Ewald L. →Thurndike formulierten Gesetzmäßigkeit (Gesetz der Lernbereitschaft) wird ein →Lernerfolg dann erzielt, wenn ein entsprechender Entwicklungsstand vorhanden ist, der es dem Lernenden grundsätzlich ermöglicht, die Aufgabe zu bewältigen, und wenn auch weitere Faktoren wie etwa Neugier, →Motivation und →Aufmerksamkeit hinzukommen. Fehlt die Lernbereitschaft über längere Zeit, entstehen Lerndefizite, d. h. ein Lernerfolg stellt sich nicht ein. Ein Grund für das Nachlassen der Lernbereitschaft können vorausgegangene negative Lernerfahrungen sein (Misserfolgserlebnisse, unfaire Leistungsbewertung etc.). Die Lernbereitschaft und damit auch der Lernerfolg kann durch entsprechende Lernhilfen (Übungsaufgaben etc.), einer Aufbereitung des Lernstoffes, der dem jeweiligen→Lerntyp entspricht oder durch individuelle Lernstrategien wie →Mnemotechniken gesteigert werden.

Lernen. In der Psychologie Bezeichnung für dauerhafte Verhaltensveränderungen sowie Veränderungen der →Persönlichkeit (Gefühle, Einstellungen etc.), die durch →Erfahrungen erfolgen.

In der Pädagogik wird der Begriff Lernen auf den Erwerb von →Wissen und →Fertigkeiten bezogen. Lernen kann durch verschiedene Mechanismen hervorgerufen werden, die sich hinsichtlich ihrer Komplexität unterscheiden und die mit verschiedenen →Lerntheorien erklärt werden.

Arten des Lernens:

Aversives Lernen: Lernen, das durch eine Konditionierung erfolgt, wobei ein Verhalten mit einem unangenehmen Reiz verknüpft ist (→Aversionstherapie), also „verlernt" werden soll.

Entdeckendes Lernen: Die Umwelt wird selbstständig erforscht, Fakten und Wissen selbstständig erworben und miteinander kombiniert. Entdeckendes Lernen setzt nichtdirektive Formen des Unterrichts voraus.

Intentionales Lernen: Absichtliches und zielgerichtetes Lernen. Lernprozesse werden bewusst initiiert und überwacht.

Inzidentelles Lernen: Beiläufiges Lernen. Es erfolgt ohne bewusste Absicht oder der Anweisung, etwas lernen zu sollen.

Latentes Lernen: Lernen, das nicht von außen verstärkt wird und erst zu einem späteren Zeitpunkt zu einer Verhaltensänderung führt.

Lernen am Modell (Nachahmungslernen, Imitationslernen): Statt auf einer Verstärkung durch äußere Reize basiert diese Art des Lernens auf der Beobachtung einer Person, dessen Verhalten imitiert wird (→Nachahmung).

Lernen durch Einsicht: Umwelteindrücke werden aufgenommen und miteinander in Beziehung gesetzt. Ein Denkprozess kombiniert schließlich verschiedene Möglichkeiten, sodass eine sinnvolle Lösung oder Verhaltensweise entsteht, die vorher nicht geübt wurde.

Selbstorganisiertes Lernen: Der Lernende lenkt seine Lernprozesse in jeder Hinsicht selbst. Im Kontext der Entwicklung neuer Informationstechnologien (z. B. Internet, Computer) gewinnt diese Art des Lernen zunehmend an Bedeutung.

Programmiertes Lernen: Das zu erlernende Material wird in kleine Lektionen aufgeteilt, nacheinander vermittelt und sofort positiv verstärkt. Die von Burrhus F. →Skinner eingeführte Art des Lernens ist die Grundlage für Lernmaschinen, bei der

Schüler das Lerntempo selbstbestimmt wählen können und bei dem nach jedem erfolgten Lernschritt ein →operantes Konditionieren erfolgt. Versuch-Irrtum-Lernen: „Trial-and-Error-Learning“. Gegenteil des Lernens durch Einsicht: In einer Situation, in der sich eine Person einer bisher unbekannten Herausforderung gegenübersieht, werden so lange Versuche, die Situation zu bewältigen, unternommen, bis eine erfolgreiche Problemlösung erzielt wird (→Gesetz des Erfolgs). Siehe auch Edwald L. →Thorndike.

Lernkurve. Grafische Darstellung des nach einem Lernvorgang erfolgten Wissenszuwachses anhand einer Kurve, die in einem Koordinatensystem abgezeichnet wird. Auf der X-Achse wird der Lernaufwand verzeichnet, z. B. die Anzahl der Wiederholungen, die für den Lernvorgang notwendig geworden sind. Auf der Y-Achse wird die Menge des aufgenommenen Lernstoffs angegeben. Die typische Verlaufsform der Kurve ist ein regelmäßiger steiler Anstieg, der abflacht und schließlich keinen Wissenszuwachs mehr anzeigt. Erklärbar ist dies durch →Interferenzen im →Gedächtnis, die bei einem länger anhaltenden Lernvorgang entstehen können und eine →Hemmung bewirken.

Lernpsychologie. Die Lernpsychologie befasst sich mit der Analyse und Beschreibung von Lernprozessen (z. B. der Untersuchung von Faktoren, die Lernen begünstigen, wie dem Einfluss von →Motivation, →Emotionen und der Darbietung des Lernstoffs) und entwickelt →Lerntheorien. In den letzen Jahrzehnten hat die Erforschung neurophysiologischer Vorgänge des Lernens an Bedeutung gewonnen (siehe auch →Neurophysiologie). Außerdem werden Lernprozesse zunehmend mithilfe der →Mathematischen Psychologie beschrieben.

Lernstörungen. Störungen in der Aufnahme von Wissen sowie Verzögerungen beim Lernprozess. Von einer Lernstörung kann ausgegangen werden, wenn sich kein Lernerfolg einstellt, das Lerntempo gering ist oder die Lernerfolge grundsätzlich hinter den vom Altersdurchschnitt erbrachten Leistungen zurückbleiben. Verursachende Faktoren für Lernstörungen können z. B. Störungen der Gedächtnisleistung, der →Motivation oder der Fähigkeit zur →Konzentration sein, die häufig in ungünstiger und verstärkender Wechselwirkung zur Lernumgebung (beispielsweise übermäßiger Zwang zum Lernen, Überforderung, →Prüfungsangst) stehen. Der Begriff Lernstörung bezieht sich im Gegensatz zu →Lernbehinderung oder →geistiger Behinderung nicht auf eine ständig vorhandene Einschränkung der →Lernfähigkeit.

Lerntheorien. Lerntheorien haben das Ziel, Aufschlüsse über Lernmechanismen zu gewinnen. Die verschiedenen Ansätze unterscheiden sich in ihren Voraussetzungen, ihrer Komplexität und in den berücksichtigten Variablen. Die bekanntesten Lerntheorien sind die verhaltensorientierte, die kognitive und die neurophysiologische.

Lerntyp. Bezeichnung für die individuell unterschiedlichen Formen, Wissen mithilfe eines bevorzugten Sinneskanals aufzunehmen. Der Biochemiker Frederic Vester (1925–2003), der die neurophysiologischen Grundlagen des Lernens ausführlich untersucht hat (siehe auch →Neurophysiologie), unterschied dabei folgende Lerntypen: Der visuelle Typ kann Wissen am besten über das Sehen aufnehmen, der auditive Typ über das Hören, der haptische Typ durch Fühlen und der verbale Typ durch Gespräche oder mündliche Mitteilungen.

Lernziel. Angestrebter Erwerb von Wissen oder Verhaltensweisen. Die Festlegung eines Lernziels dient dazu, möglichst genau das zu erreichende Ergebnis eines Lernprozesses zu beschreiben, insbesondere im Schulunterricht. Ein Lernziel oder Unterrichtsziel lässt sich in Grobziele, in präzise Feinziele und in allgemeine Richtziele differenzieren. Ob ein Lernziel erreicht wurde, wird in der Regel mit Methoden festgestellt, die zur individuellen →Leistungsbeurteilung (Tests, Prüfungen) herangezogen werden.

Lesbische Liebe. Bezeichnung für die weibliche →Homosexualität. Ähnlich wie bei der männlichen Homosexualität kann es einen schmerzhaften und schwierigen Prozess des →Coming-Outs geben. Denn trotz vielfältiger Bemühungen, die gesellschaftliche →Diskriminierung Homosexueller abzubauen, sind insbesondere für weibliche Jugendliche und junge Frauen wenig öffentliche Vorbilder vorhanden, die diesen Prozess erleichtern können. Entsprechende Anlaufstellen, die eine Unterstützung bei der Entwicklung der sexuellen Identität bieten, sind oftmals nur in größeren Städten vorhanden.

Historisch wurde die weibliche Homosexualität weniger sanktioniert als die männliche (was von Frauen aber als Zeichen der Diskriminierung betrachtet wurde, da sie sich weniger beachtet und ernst genommen fühlten). Im Zuge der Frauenbewegung in den 70er-Jahren ist auch eine Lesbenbewegung entstanden, die soziokulturelle Ausdrucksformen lesbischer

Frauen förderte (z. B. entsprechende Bücher, Zeitschriften, Treffpunkte wie Cafés und Kneipen).

Lese- und Rechtschreib-Schwäche. LRS. Lernstörung, die im Grundschulalter auftritt. Die betroffenen Kinder haben, ohne dass sie über eine geringere →Intelligenz verfügen, Schwierigkeiten beim Lesen oder Schreiben, manche der Betroffenen auch in beiden Bereichen. Zu beobachten ist, dass häufig ähnlich aussehende Buchstaben verwechselt werden. Die Ursache der Lese- und Rechtschreibschwäche ist nicht eindeutig geklärt. Neben anlagebedingten und familiären Faktoren wird auch auf mangelhafte Motivation und falsche Unterrichtsmethoden hingewiesen.

Letalität. Anzahl der Todesfälle, die in Folge einer Erkrankung im Verhältnis zu der Gesamtzahl der Menschen, die von der Krankheit betroffen sind, auftreten.

Lethargie. Zustand der emotionalen Teilnahmslosigkeit und Interessenlosigkeit sowie der körperlichen Trägheit; mögliche Begleiterscheinung von →psychischen oder organischen Störungen (z. B. →Hysterie oder Gehirnentzündungen).

Lewin, Kurt. Deutsch-amerikanischer Psychologe (1890–1947), ein Vertreter der →Berliner Schule, der die Gestalttheorie zur sozialen →Feldtheorie weiterentwickelte. Seine experimentelle Erforschung von Gruppenprozessen in den USA begründete die Methode der →Handlungsforschung (Aktionsforschung).

Libido. Begriff aus der Psychoanalyse. Energie, die aus dem Geschlechtstrieb heraus entsteht. Bereits in der frühen Kindheit durchläuft die Libido verschiedene Entwicklungsstadien wie die →orale, die →anale, die →phallische und die →genitale Phase. In sublimierter Form (→Sublimierung) kann diese Energie nach Auffassung Freuds in kulturell bedeutsame Motive umgesetzt werden.

Liebe. Positive emotionale Einstellung zu einem anderen Menschen und eine damit einhergehende tiefe emotionale Verbundenheit. Das Gefühl der Liebe kommt in unterschiedlichen Ausprägungen vor. Unterschieden werden verschiedene Formen der Liebe wie die erotische Liebe, die platonische Liebe oder die Liebe zum „Schönen und Wahren“ auf einer philosophischen Ebene. So ist die Liebe zum Partner beispielsweise mit sexuellen Gefühlen verknüpft, die Liebe zum Kind dagegen drückt sich in einer starken Fürsorglichkeit aus, und die Liebe zu den Eltern kann mit Anerkennung oder Dankbarkeit verbunden sein.

Liebesfähigkeit gilt in der →Psychologie als eine wesentliche Voraussetzung für psychische Gesundheit. Die Fähigkeit zu lieben kann eingeschränkt werden durch Störungen in der Identitätsentwicklung (→Narzissmus) oder durch schwierige Kindheitserfahrungen (z. B. Tod, Trennung der Eltern). Die in der Kindheit bestehende starke Furcht, die Liebe der Eltern zu verlieren (Liebesverlust, siehe auch →Objektverlust), bleibt im Erwachsenenalter als Angst vor dem Verlust des Partners bestehen. Der so genannte Liebesentzug als Erziehungsmaßnahme muss deshalb als eine das Kind psychisch stark belastende Strafe angesehen werden. Das Gegenteil von Liebe wird als →Hass bezeichnet.

Life-Event. →Kritisches Lebensereignis.

Life-Event-Forschung. Empirischer Forschungsansatz zur Untersuchung, ob und inwieweit Lebensereignisse einen Einfluss auf die Entstehung von psychischen und körperlichen Erkrankungen haben. Unter Lebensereignis werden dabei sowohl positive Ereignisse wie Umzug, Heirat, Arbeitsplatzwechsel oder die →Geburt eines Kindes verstanden als auch solche Lebensereignisse, die als traumatisch eingeschätzt werden, weil sie oftmals die Bewältigungsstrategien eines Menschen überfordern, wie z. B. der Verlust des Arbeitsplatzes oder der →Tod eines nahen Angehörigen. Die Life-Event-Forschung entstand in den 60er-Jahren in den USA. Trotz der methodischen Mängel der durchgeführten Forschungen, liegt ihre Bedeutung u. a. darin, das Augenmerk auf psychosoziale Faktoren bei der Entstehung von Erkrankungen gerichtet zu haben. Siehe auch →Coping.

Likert-Skala. Bezeichnung für eine Skala, die zum Messen der Intensität von →Einstellungen verwendet wird.

Limbisches System. Gehirnregion, die Teile des Großhirns sowie angrenzende Bereiche des Zwischen- und Mittelhirns umfasst. Das Limbische System übernimmt u. a. wichtige Funktionen bei der Wahrnehmung von →Emotionen.

Linguistischer Determinismus. Theorie, wonach die Weltsicht und die Art des Denkens durch die Struktur der Sprache bestimmt wird. Sie wurde von dem Sprachwissenschaftler B. L. Whorf 1956 postuliert, gilt bislang aber nicht als bewiesen.

Lob. Häufig angewandtes Erziehungsmittel. Abgeleitet von der behavioristischen →Lerntheorie wird Lob als positiver →Verstärker für erwünschtes Verhalten und gute Leistungen eingesetzt. Die Wirkung von Lob ist jedoch vom grundsätzlichen

Verhältnis zwischen Lehrer und Schüler bzw. zwischen Eltern und Kind abhängig. Ist das Lob beispielsweise nicht mit Wertschätzung verbunden und wird lediglich für das „Bravsein“ erteilt, kann es die Abhängigkeit von der Umwelt begünstigen anstatt zur Förderung des Selbstvertrauens eines Kindes beizutragen. Siehe auch →personenzentrierter Ansatz.

Locus of control. →Kontrollüberzeugung.

Logopädie. Therapeutisches Verfahren zur →Diagnostik und Behandlung von →Sprach- und Sprechstörungen sowie Hör- und Schluckstörungen. Zu den Aufgaben des Logopäden gehört z. B. die Behandlung von Sprachentwicklungsverzögerungen im Kindesalter, die Behandlung des Stotterns oder eines völligen Sprachverlusts (Aphasie), etwa infolge eines Schlaganfalls. Häufig wird eine Beratung und Einbeziehung der Angehörigen notwendig. Logopädie wird in Krankenhäusern, Fach- und Rehabilitationskliniken, ärztlichen und logopädischen Praxen und in Sonderschulen für hör- und sprachbehinderte Kinder durchgeführt.

Logorrhoe. →Sprechstörungen, die sich in einem anhaltenden Redeschwall manifestieren, wobei entweder Inhalte ständig wiederholt werden oder kein inhaltlicher Zusammenhang besteht. Die Logorrhoe kann im Zusammenhang mit einer →Manie auftreten oder als Folge einer Schädigung des →Gehirns.

Logotherapie. Eine von Viktor E. →Frankl begründete Form der →Psychotherapie, die das menschliche Bedürfnis nach Sinnfindung hervorhebt. Nach Auffassung von Frankl entstehen →Neurosen durch die empfundene Sinnlosigkeit des eigenen Lebens. Die wichtigsten Methoden der therapeutischen Intervention sind die →Dereflexion und die paradoxe Intention. Mit letztgenannter Interventionsmethode wird der Patient aufgefordert, sich bewusst seinen Ängsten auszusetzen, um so den Kreislauf von Angst und Vermeidung zu durchbrechen. Beziehen sich die Ängste z. B. darauf, nicht vor einer Gruppe zu sprechen, weil ein Patient befürchtet, seine Stimme könne zittern oder er könne erröten, empfehlen Therapeuten, die nach dieser Methode arbeiten, gerade diese Situation bewusst herbeizuführen. Diese Technik wurde in leicht abgewandelter Form von der →kognitiven Verhaltenstherapie übernommen und hat sich insbesondere für die Behandlung von →Zwangsneurosen als hilfreich erwiesen. Ziel dieser Therapieform, die Parallelen zur →Existenzanalyse aufweist, ist es, den Patienten zu unterstützen, sein Leben wieder als sinnvoll zu erfahren.

Lokalisation. Neurophysiologische Zuordnung von Gehirnregionen des Großhirns zu bestimmten intellektuellen Funktionen und Fähigkeiten. Bereits 1861 konnte der Chirurg Paul Broca im Gehirn des Menschen ein motorisches Sprachenzentrum nachweisen (→Broca-Zentrum). Da die Funktionen vieler anderer Gehirnbereiche bis heute nicht restlos aufgeklärt sind und zudem festgestellt wurde, dass beim Ausfall bestimmter Funktionen diese teilweise auch von anderen Gehirnbereichen übernommen werden, ist die Lokalisation bestimmter Funktionen immer wieder bezweifelt worden. Viele Wissenschaftler untersuchen daher verstärkt die Zusammenarbeit der unterschiedlichen Gehirnbereiche.

Lorenz, Konrad. Österreichischer Verhaltensforscher (1903–1989). Begründete die vergleichende →Verhaltensforschung und führte zentrale Begriffe wie etwa den der →Prägung ein. Lorenz erhielt 1973 den Nobelpreis für Medizin.

Löschung. Begriff aus dem →Behaviorismus, auch Extinktion genannt. Dabei wird eine konditionierte Reaktion nach und nach schwächer und bleibt letztlich ganz aus, wenn ein konditionierter Reiz nicht mehr mit dem unkonditionierten Reiz dargeboten wird. Die Häufigkeit, mit der ein Reiz ohne anschließende Belohnung angeboten werden muss, um eine bestimmte Verhaltensweise zum Verschwinden zu bringen, bezeichnet man als Löschungswiderstand.

Lowen, Alexander. Amerikanischer Arzt und Psychotherapeut (*1910), Mitarbeiter von Wilhelm →Reich. Lowen entwickelte dessen Theorien zur →Bioenergetik weiter und gründete 1956 das „Institut für Bioenergetische Analyse“ in New York. Publikationen u. a.: „Bioenergetik“ (1979), „Der Verrat am Körper“ (1980).

Loyalitätskonflikt. Konflikt, der entsteht, wenn ein Mensch in einem Vertrauens- oder Freundschaftsverhältnis zu verschiedenen Menschen steht, sich aber gezwungen sieht, eines davon zu brechen.

LSD. Lysergsäurediäthylamid. Halb synthetisch hergestellte Droge, der eine bewusstseinserweiternde Wirkung zugeschrieben wird und die →Halluzinationen auslöst. Weil diese extrem beängstigende Formen („Horrortrip“) annehmen können, lassen sich LSD-Konsumenten häufig bei ihrem „Trip“ von einer anwesenden Person begleiten, damit es nicht zu selbstschädigenden Handlungen aufgrund von →Panik kommt. Auch noch einige Zeit nach Einnahme der Droge kann es zu den als „Flashbacks“ bezeichneten, vorübergehenden Rückfällen in einen Rauschzustand kommen. LSD wurde von einigen Therapeuten im Rahmen der →Psychotherapie eingesetzt (Stanislav →Grof).

Lückentest. Form des →Intelligenztests, bei dem halbfertige Sätze oder unvollständige Wörter ergänzt werden müssen. Er wurde von Hermann →Ebbinghaus entwickelt.

Lüge. Bewusste Behauptung einer wahrheitswidrigen Tatsache, womit andere Personen getäuscht und in die Irre geführt werden sollen. Wird einer Person eine Lüge nachgewiesen, kann dies einen erheblichen Vertrauensbruch, eine erhebliche Schädigung ihres Ansehens und sogar rechtliche Konsequenzen nach sich ziehen. Gründe für eine Lüge können beispielsweise →Geltungsdrang sein, Angst, Höflichkeit, Rücksichtsnahme oder Berechung.

Unterschieden werden muss die Lüge, die von Erwachsenen bewusst eingesetzt wird, von der Lüge bei Kindern, da insbesondere Kleinkinder oftmals noch nicht zwischen Realität und Fantasie unterscheiden können.

Lügendetektor. Umgangssprachliche Bezeichnung für ein technisches Gerät (→Polygraf), mit dem festgestellt werden soll, ob eine Person die Wahrheit sagt. Ähnlich wie beim →Biofeedback-Training werden unterschiedliche Erregungszustände des Körpers gemessen und daraus Rückschlüsse auf die psychische Anspannung der befragten Person bezogen. Es wird angenommen, dass während eines Verhörs der Spannungszustand immer dann ansteigt, wenn die Person wissentlich falsche Aussagen macht. Ergebnisse, die mithilfe des so genannten Lügendetektors ermittelt wurden, sind als Beweismittel in Gerichtsverfahren nicht zugelassen.

Lügenskala. Bezeichnung für den Teil innerhalb eines Fragebogens, der →Items enthält, mit dessen Hilfe sich der Wahrheitsgehalt der erfolgten Antworten überprüfen lässt.

Lunatismus. →Schlafwandeln.

Lustprinzip. Nach psychoanalytischer Auffassung strebt eine Person grundsätzlich danach, Lust zu erreichen und Unlust zu vermeiden. Demnach ist das Lustprinzip typisch für die Funktionsweise des →Es und stellt das in der Kindheit vorherrschende Prinzip dar, das allmählich vom →Realitätsprinzip abgelöst wird, je weiter sich die verschiedenen →Ich-Funktionen entwickeln.

M

Macht. Die Möglichkeit, den eigenen Willen gegenüber einem anderen Individuum oder gegenüber einer Gruppe durchzusetzen. Ein Machtverhältnis impliziert eine ungleiche (asymmetrische) Beziehung zwischen mindestens zwei Personen und kann sich durch verschiedene Aspekte konstituieren. Dazu gehören z. B. ökonomische und physikalische Überlegenheit oder ein Vorsprung an Wissen und Erfahrung. Von legitimierter Macht wird gesprochen, wenn einer Person oder Institution die Befugnis zur Machtausübung von anderen Personen übertragen wurde (z. B. die Polizei als Ordnungsmacht).

Machtstreben. Zentraler Begriff innerhalb der →Individualpsychologie, der den Grundantrieb des Menschen nach der Beherrschung der Umwelt beschreibt. Nach Auffassung Alfred →Adlers strebt ein Mensch nach Macht, um Gefühle der →Minderwertigkeit zu kompensieren.

Magersucht. Auch Anorexia nervosa. Form der →Essstörung, die sich in einem starken Gewichtsverlust manifestiert, weil dem Körper nicht mehr ausreichend Nahrung zugeführt wird. Die Gewichtsreduzierung wird zudem durch einen erhöhten Bewegungsdrang, durch selbst herbeigeführtes Erbrechen oder den Missbrauch von Abführmitteln forciert. Magersucht tritt in den meisten Fällen bei Mädchen während der Pubertät auf.

Die Ursachen der Magersucht sind noch nicht hinreichend erforscht. Eine Ursachenerklärung auf Grundlage der →Psychoanalyse geht von der Abwehr sexueller Wünsche aus. Demnach wollen Magersüchtige unbewusst die mit der →Pubertät verbundenen psychischen und physischen Entwicklungen unterbrechen und in die Welt des Kindes zurückkehren.

Das sog. familiendynamische Erklärungsmodell betrachtet die Betroffenen im Zusammenhang mit den Beziehungen innerhalb der Familie. Demnach tritt Magersucht vorrangig in Familien auf, in denen starke Bindungen untereinander bestehen, die es erschweren, eine eigene →Identität zu entwickeln. Gleichzeitig besteht ein starkes Bestreben nach Harmonie, wodurch Konflikte sowie tatsächlich vorhandene Gefühle unterdrückt werden. Meistens herrscht in Familien von Betroffenen eine klassische Rollenaufteilung (Vater =

Ernährer, Mutter = zuständig für den Haushalt). Im Rahmen dieser Aufgabenverteilung werden Leistung und Perfektion stark betont und dem →Lustprinzip aber wenig Raum gegeben. Auch die Betroffenen stellen starke Leistungserwartungen an sich selbst.

Zu den psychische Folgen zählen beispielsweise die feindselige Haltung dem eigenen Körper gegenüber und der Versuch der Erkrankten, ihr Leben ausschließlich über das Denken zu steuern, wodurch sie ein Gefühl der Autonomie erleben. Zudem ist die Körperwahrnehmung Magersüchtiger gestört: Sie erleben sich auch dann noch als „dick" oder befürchten „dick" zu werden, wenn sie bereits stark abgemagert sind, eine →Krankheitseinsicht ist nicht vorhanden. Im Verlauf der Magersucht isolieren sich Betroffene und es kann zur Entwicklung einer →Depression kommen.

Neben den psychischen Folgen sind auch erhebliche körperliche Schädigungen zu beobachten. So führt der herabgesetzte Stoffwechsel häufig zu Müdigkeit, Frieren etc. Die unzureichende Nahrungsaufnahme bewirkt hormonelle Veränderungen, sodass ein Ausbleiben der Monatsblutung (Amenorrhö) zu beobachten ist. Störungen im Elektrolyt- und Vitaminhaushalt des Körpers können Herzrhythmusstörungen sowie eine Beeinträchtigung der Nierenfunktion hervorrufen. Besteht die Krankheit über mehrere Jahre, kann eine Verminderung der Knochengrundsubstanz (Osteoporose) die Folge sein. Droht die Abmagerung lebensgefährliche Formen anzunehmen, ist eine umgehende stationäre Aufnahme in einem Krankenhaus notwendig. In ca. zehn Prozent aller Fälle endet die Erkrankung tödlich.

Magisches Denken. Form des Denkens, die durch Fehlen von Rationalität und Logik gekennzeichnet ist. Ereignisse werden stattdessen aus irrationalen Zusammenhängen heraus erklärt (z. B. Wirkung von Zauberei, Wunschdenken, Beschwörungen). Magisches Denken tritt bei Kindern und bei Angehörigen von Naturvölkern auf und stellt eine Vorstufe zum rationalen →Denken dar.

Mahler, Margaret S. Österreichisch-amerikanische Psychoanalytikerin (*1920); untersuchte u. a. die frühe Mutter-Kind-Beziehung. Mahler unterscheidet drei Entwicklungsphasen, die das Kind durchläuft, bevor es gegen Ende des vierten Lebensjahres eine eigene →Identität („psychische Geburt") entwickelt hat. Dazu gehört neben der „autistischen" und „symbiotischen" Phase auch die der „Trennung und Individuation." Publikationen u. a.: „Die psychische Geburt des Menschen“.

Manie. Affektive Störung, die sich in übertriebener Ausgelassenheit und Antriebssteigerung sowie in Selbstüberschätzung und sprunghaftem →Denken äußert („Überdrehtsein“). Unterschieden werden die unipolare und bipolare Verlaufsform. Letztere bezeichnet ein Krankheitsbild, bei dem abwechselnd Phasen der →Depression und der Manie auftreten. Die Ursachen der Krankheit sind bislang nicht geklärt. Vermutet wird, dass die Manie dabei helfen soll, Phasen der Bedrücktheit und die Wahrnehmung eines geringen →Selbstwertgefühls zu vermeiden.

Manifestation. Das Sichtbarwerden einer Störung. Psychische Störungen äußern sich z. B. in charakteristischen Verhaltensweisen.

Manifester Trauminhalt. Psychoanalytischer Begriff für den Trauminhalt, an den sich der Patient im Gegensatz zum →latenten Trauminhalt erinnert und den er somit verbalisieren kann. Ausgehend davon kann eine →Deutung des latenten Trauminhalts erfolgen.

Manipulation. Beeinflussung einer Person mit dem Ziel, ihr Verhalten in eine bestimmte Richtung zu lenken und ihr →Denken, ihre →Gefühle und ihr →Bewusstsein zu verändern. Dies kann z. B. durch den gezielten Einsatz verfälschter Informationen (z. B. in der Werbung), vorgetäuschter Emotionen (z. B. indem man einer Person übertrieben schmeichelt) oder durch den Einsatz von →Psychopharmaka erfolgen.

Manisch-depressive Psychose. Veraltete Bezeichnung für eine bipolare →affektive Störung, in deren Verlauf es zu schwerer →Depression oder, weniger häufig, zur →Manie kommt.

Männerberatung. →Beratung, →Gewaltberatung.

Männerforschung. Aufgabe der Männerforschung ist es, männliche →Identität, ihre Entstehung sowie die Veränderung von männlichen Rollenbildern zu untersuchen. Männerforschung entstand in der Bundesrepublik in den 80er-Jahren als Gegenstück zur →Frauenforschung. Sie ist bislang noch nicht an Universitäten institutionalisiert, sondern wird von einzelnen Wissenschaftlern verschiedener Disziplinen vorangetrieben. Im angloamerikanischen Raum (men's studies) und im skandinavischen Raum blickt die Männerforschung bereits auf eine längere Tradition zurück.

Ebenso wie die →Geschlechterforschung wird auch innerhalb der Männerforschung Männlichkeit als soziales →Konstrukt betrachtet, das erst im sozialen Zusammenhang eine Bestimmung erfährt. Die einzelnen Themenbereiche der Männerforschung reichen von einer Neugestaltung der →Vaterschaft und den Untersuchungen zur →Gewalt, die von Männern ausgeübt wird, über die →Sozialisation von Jungen bis hin zum Einstellungswandel von Männern gegenüber den Geschlechterrollen.

Marasmus. Abnahme der physischen und geistigen Kräfte.

Marcuse, Herbert. Deutsch-amerikanischer Philosoph und Soziologe (1898–1979), Vertreter der →Frankfurter Schule. Marcuse beschäftigte sich mit den Entstehungsbedingungen von →Kultur auf psychoanalytischer Grundlage und verknüpfte diese mit Theorien des Marxismus. Im Gegensatz zu Sigmund →Freud, der die →Sublimierung von →Trieben als unabdingbar für die Entstehung von Kultur betrachtete, war Marcuse der Auffassung, dass Kultur auch ohne diese repressive Haltung gegenüber individuellen Triebansprüchen erzielt werden kann. Wichtige Publikationen: „Triebstruktur und Gesellschaft" (1956), „Der eindimensionale Mensch" (1964).

Marihuana. Aus getrockneten Blättern und Blüten des indischen Hanfs gewonnene weiche →Droge. Siehe auch →Cannabis.

Markscheide. Umhüllung und Isolierschicht der Nervenfasern. Siehe auch →Nervensystem.

Marktforschung. Teilgebiet der →Meinungsforschung.

Marktpsychologie. Wissenschaftliches Teilgebiet der Wirtschaftspsychologie, welches sich mit dem wirtschaftlich handelnden Menschen in seiner Rolle als Anbieter und Nachfrager beschäftigt und insbesondere psychologische Gesetzmäßigkeiten der Nachfrage und des Angebots erkundet.

Maskierung. Technik zur Untersuchung von Wahrnehmungsvorgängen. Dazu wird während eines →Experiments für einen kurzen Augenblick ein angebotener →Reiz durch einen anderen zweiten Reiz überlagert. Dieser wird als Maske bezeichnet. Da der zweite Reiz, beispielweise ein visuelles Muster, unbewusst bleibt, lässt sich auf diese Weise der Einfluss bewusst und unbewusst wahrgenommener Reize auf kognitive Prozesse erforschen.

Maslow, Abraham H. Amerikanischer Psychologe (1908–1970), Mitbegründer der →Humanistischen Psychologie, der wichtige Beiträge zur →Motivationsforschung lieferte (siehe auch →Bedürfnishierarchie). Veröffentlichte u. a. „Motivation und Persönlichkeit" (1977).

Masochismus. 1. Im engeren Sinn eine Form des Sexualverhaltens, bei der sexuelle Lust nur durch körperliche oder psychische →Misshandlungen und Erniedrigungen durch andere erfahren wird. 2. In einem allgemeineren Sinn bezeichnet Masochismus ein Verhalten, bei dem eine Person sich wiederholt in eine Situation begibt, in der sie Unlust und kaum →Wertschätzung erfährt. Aus psychoanalytischer Sicht stellt Masochismus eine Form der Selbstbestrafung dar, die die Funktion hat, sich von innerpsychischen Spannungen entlasten zu können, die durch ein strenges →Über-Ich ausgelöst werden. Eingeführt wurde der Begriff von Richard von →Krafft-Ebing, der ihn im Kontext des Sexualverhaltens verwendete. Die Bezeichnung entstand in Anlehnung an den österreichischen Schriftsteller Leopold Ritter von Sacher-Masoch (1836–1895), in dessen Werk erotische Darstellungen zu finden sind, die als masochistisch bezeichnet werden können.

Masse. Vorübergehende Ansammlung vieler Menschen, deren Gemeinsamkeit darin besteht, dass ihre Aufmerksamkeit auf den gleichen →Gegenstand gerichtet ist (z. B. beim Besuch eines Rock-Konzertes oder einer Sportveranstaltung). Da darüber hinaus keine sozialen Rollenerwartungen an den Einzelnen bestehen, die sozialen Beziehungen anonym bleiben und die Wahrnehmung von der eigenen Person abgelenkt und auf den Gegenstand konzentriert wird, der wiederum starke Gefühle auslösen kann, besteht die Gefahr von Massenpanik und einer Massenhysterie. Umstritten ist, ob es dabei psychologische Gesetzmäßigkeiten gibt, die psychoseähnliche Zustände auslösen (Massenpsychose), weil rationale Kontrolle und individuelle Verantwortung aufgegeben und ganze Menschenmassen Beeinflussungen von außen ausgeliefert sind, wie z. B. im Nationalsozialismus, als Tausende sich durch demagogische Reden zur Kriegsbegeisterung hinreißen ließen. Die Massenpsychologie wurde von dem französischen Soziologen Gustave Le Bon (1841–1931) begründet. Seine Untersuchungen zum Verhalten in Massen ergaben, dass hierbei eine Hemmung des rationalen Denkens, eine Steigerung der Emotionalität sowie der Suggestibilität erfolgt.

Maße der zentralen Tendenz. Maße, die im Rahmen der →deskriptiven Statistik mittlere Werte innerhalb von Häufigkeitsverteilungen bezeichnen. Unterschieden werden →Mittelwert (arithmetisches Mittel), →Median (Zentralwert) und →Modus (Modalwert).

Massenkommunikation. Form der →Kommunikation über Massenmedien wie Fernsehen, Printmedien (Zeitungen, Zeitschriften), Tonträger, Werbung usw. Massenkommunikation unterscheidet sich von anderen Formen der Kommunikation wie beispielsweise der persönlichen Kommunikation dadurch, dass eine anonyme Masse angesprochen wird und kein →Feedback des Empfängers an den Absender erfolgt. Innerhalb der Psychologie werden die von Massenmedien ausgelösten Auswirkungen auf das Erleben und Verhalten von Menschen untersucht (→Medienpsychologie). Die bisher vorliegenden Ergebnisse zeigen, dass Massenmedien vor allem bereits vorhandene →Einstellungen bekräftigen, da Menschen eine Tendenz haben, solche Informationen aufzunehmen, die ihre Einstellungen und Meinungen bestätigen, um →kognitive Dissonanz zu vermeiden.

Mastery-learning-Konzept. Zielerreichendes-Lernen. Lernkonzept, das auf der Annahme beruht, dass bei bestmöglicher →Instruktion und ausreichender Zeit zum Lernen sich in jedem Falle ein Lernerfolg einstellt. Voraussetzung dafür ist, dass die Aufbereitung der Lerninhalte auf die individuellen Voraussetzungen der Lernenden abgestimmt werden. Das Konzept kritisiert deshalb vor allem die Art und Weise, wie schulischer Unterricht konzipiert ist, weil die Wissensvermittlung dort nicht in einer Situation erfolgt, in der sich alle Schüler auf dem gleichen Wissensstand befinden. Gefordert wird daher, zunächst individuelle Lerndefizite zu ermitteln und auszugleichen.

Masturbation. Synonyme Bezeichnung für →Selbstbefriedigung.

Mathematische Psychologie. Sammelbezeichnung für Bestrebungen innerhalb der Psychologie, empirische Zusammenhänge mithilfe mathematischer Modelle darzustellen. Im Gegensatz zu herkömmlichen Auswertungen von →Variablen bietet ihre symbolische Übersetzung anhand von Zahlen und Formeln den Vorteil der genaueren Beschreibung. Die mathematische Psychologie findet beispielsweise in der →Entscheidungstheorie, innerhalb von Lernmodellen oder auch in der →Spieltheorie Anwendung.

Maturitas praecox. →Frühreife.

Maudsley-Test. Fragebogen, mit dem sich die Persönlichkeitsdimensionen →Neurotizismus und →Extraversion von Personen beurteilen lassen. 1959 von H. J. →Eysenck entwickelt.

Mead, Margaret. Amerikanische Ethnologin (1901–1978). Vorkämpferin auf dem Gebiet der →Geschlechterforschung. Mead konnte anhand von →Feldstudien nachweisen, dass bei einigen Völkern die Verteilung der →Geschlechterrollen der in den Industrieländern vorherrschenden Rollenverteilung diametral entgegengesetzt ist. Sie leitete daraus ab, dass Geschlechterrollen nicht angeboren sind, sondern gesellschaftlich bestimmt werden. Insbesondere in der →Pädagogik wurde zudem ihre These von der →prägfigurativen Gesellschaft diskutiert. Wichtige Publikationen: „Mann und Weib", „Jugend und Sexualität in primitiven Gesellschaften", „Der Konflikt der Generationen".

Median. Bezeichnung aus der →deskriptiven Statistik für einen statistischen Kennwert für die →zentrale Tendenz einer Verteilung. Der Median ist derjenige Punkt, der eine Verteilung so trennt, dass jeweils 50 Prozent der Fälle unterhalb und 50 Prozent der Fälle oberhalb dieses Kennwertes liegen.

Mediation. Methode zur Konfliktlösung und -regelung. Psychologen und andere Fachkräfte übernehmen dabei die Aufgabe, zwischen zwei Konfliktparteien zu vermitteln und einen Konsens herbeizuführen. Ziel ist es, eine gerichtliche Lösung eines tiefgehenden Konflikts überflüssig zu machen, etwa durch eine außergerichtliche Einigung von Ehepartnern innerhalb eines Scheidungsverfahrens oder einer Trennung. Der Mediator nimmt dabei die Position eines unabhängigen Dritten ein, der im Unterschied zum Anwalt nicht parteilich ist, und leitet die Verhandlung. Voraussetzung für Mediation ist die freiwillige Teilnahme beider Parteien.

Medienkompetenz. Bezeichnung für eine Vielzahl von →Fähigkeiten, die notwendig sind, um an der Informations- und Mediengesellschaft teilnehmen zu können. Dazu zählt u. a. die Fähigkeit, Informationen aufnehmen und begreifen zu können (lesen, verstehen) und sie hinsichtlich ihres Wahrheitsgehalts und ihrer Bedeutung richtig zu bewerten und auszuwählen, aber auch die Befähigung, technische Möglichkeiten zur Kommunikation und Informationsvermittlung einzusetzen (z. B. Umgang mit dem PC). Daher beinhaltet der Begriff zudem das Vermögen, diese Möglichkeiten nicht nur passiv zu konsumieren, sondern z. B. die technischen Voraussetzungen in dem Maße zu beherrschen, eigene Beiträge zur Mediengesellschaft aktiv gestalten zu können.

Medienpsychologie. Teilgebiet der Psychologie, das die Nutzung von Medien sowie deren Auswirkungen auf menschliches Erleben und Verhalten mithilfe psychologischer Methoden untersucht (Medienwirkung). Die durch die Aufnahme (Rezeption) von Medieninhalten (siehe auch →Massenmedien) hervorgerufenen Veränderungen können sich auf das →Denken, die →Gefühle und die →Motivation einer Person beziehen. Häufig untersucht wird beispielsweise die Frage, ob Gewaltdarstellungen in Filmen und Videos zur →Nachahmung anregen.

Medikamentenmissbrauch. Einnahme von Medikamenten ohne medizinische →Indikation oder in einer überhöhten Dosierung. Zu den Medikamenten, die häufig missbräuchlich verwendet werden, gehören Schlaf- und Beruhigungsmittel, Schmerzmittel sowie Appetitzügler und Abführmittel (z. B. im Zusammenhang mit einer →Essstörung wie →Bulimie oder →Magersucht). Medikamentenmissbrauch kann zu einer Schädigung von Körperorganen führen, Vergiftungen auslösen und längerfristig zu →Abhängigkeit führen (Medikamentenabhängigkeit.) Die Anzahl der Abhängigen ist schwer zu schätzen, da das Problem in allen gesellschaftlichen Schichten verbreitet ist und der Übergang zum Medikamentenmissbrauch oftmals nicht rechtzeitig erkannt wird.

Meditation. Religiöse Praxis, bei der die Aufmerksamkeit von der Außenwelt abgezogen und auf das eigene Innere gelenkt wird, mit dem Ziel, Selbsterkenntnis oder „Erleuchtung“ zu erlangen. Meditation wird i. d. R. in einer bestimmten Körperhaltung durchgeführt und kann mit einer besonderen Konzentration auf die Atmung verbunden sein. Sie spielt insbesondere in östlichen Religionen wie dem Zen-Buddhismus oder in neuen religiösen Gemeinschaften wie der transzendentalen Meditation (→Jugendreligionen) eine bedeutende Rolle.

Medizinische Psychologie. Teilgebiet der Psychologie, das sich mit psychologischen Fragestellungen und Problemen befasst, die im Zusammenhang mit einer medizinischen Behandlung von Menschen entstehen. So beschäftigt sich die Medizinische Psychologie mit den psychischen Ursachen von Erkrankungen, untersucht die Auswirkungen von Krankheiten auf die Psyche des Patienten sowie ihre emotionale Verarbeitung, aber auch das Verhältnis zwischen Arzt und Patient. Psychologen, die im Bereich der medizinischen Psychologie tätig sind, haben u. a. die Aufgabe, kranke Menschen und ihre Angehörigen psychologisch zu betreuen sowie Sterbebegleitung zu leisten.

Medulla oblongata. Teil des →Gehirns, der auch als Nachhirn bezeichnet wird.

Megalomanie. →Größenwahn.

Meinungsforschung. Verschiedene Verfahren, die dazu dienen, durch möglichst repräsentative Befragungen innerhalb der Bevölkerung Daten über →Einstellungen, Meinungen und zum Konsumverhalten zu erheben. Die Meinungsforschung lässt sich in die Bereiche Marktforschung (z. B. um die →Akzeptanz neuer Produkte zu testen, bevor diese am Markt platziert werden), Werbeforschung (Untersuchung der durch Werbung ausgelösten Wirkungen), Medienforschung (z. B. Untersuchung, welche Medien von welchen Bevölkerungsgruppen genutzt werden), Sozialforschung (Ermittlung sozialer Faktoren wie Wohnungssituation, Freizeitverhalten usw.) sowie Wahlforschung (Beliebtheit von Politikern, Wahlverhalten) unterteilen.

Unterschieden werden einmalige Repräsentativumfragen (Ad-hoc-Verfahren), die i. d. R. einen aktuellen Anlass haben („Wie finden Sie den Vorschlag von Politiker X?"), die wiederholte Untersuchung ein und derselben Stichprobe (→Paneluntersuchung), die es ermöglicht, nicht nur den Wandel von Einstellungen, sondern auch die sie auslösenden Faktoren zu erfassen, Trenderhebungen, bei der unterschiedliche Stichproben wiederholt zum gleichen Themenkomplex befragt werden und die somit Entwicklungstendenzen widerspiegeln, sowie regelmäßig durchgeführte Mehrthemenumfragen (Meinungserhebung zu unterschiedlichen Themenbereichen).

Entstanden ist die Meinungsforschung in den 1920er-Jahren in den USA. In der Bundesrepublik wird Meinungsforschung ähnlich wie die →Freizeitforschung vor allem von Instituten der Privatwirtschaft betrieben. Einen großen Umfang nimmt dabei die Werbeforschung ein, während die Wahlforschung nur einen kleinen Bereich innerhalb der Meinungsforschung ausmacht.

Melancholie. Stimmungszustand, der von Schwermut, Traurigkeit, dem Erleben emotionalen Schmerzes und einer Neigung zur Nachdenklichkeit geprägt ist. Der Begriff wird heute oft synonym mit →Depressionen gebraucht.

Menschenbild. Vorstellung vom Menschen mit den ihm eigenen Wesenszügen, die von bestimmten Annahmen ausgeht, aus denen sich Konsequenzen für die Interpretation des menschlichen Verhaltens ergeben. Das Menschenbild von Sigmund →Freud beruhte beispielsweise auf der Annahme, dass menschliches Verhalten durch Triebe, wie etwa den →Destruktionstrieb mitgesteuert wird. Die →Humanistische Psychologie betrachtet destruktives Verhalten hingegen als sekundäre Erscheinung, die entsteht, wenn Menschen ihre konstruktive Kraft nicht entfalten können. Daraus ergibt sich entweder eine repressive oder unterstützende Haltung gegenüber Menschen, beispielsweise im Prozess ihrer →Sozialisation.

Ein Wissenschaftler, dessen Menschenbild wiederum auf der Grundlage des →Behaviorismus beruht und der z. B. Faktoren untersuchen möchte, die Handlungen auslösen, wird dabei nicht auf →intrinsische Motivationen stoßen, da Impulse, die aus dem „Innenleben“ eines Menschen stammen, aufgrund seines Menschenbildes für ihn nicht vorkommen oder existent sind.

Mensch-Maschine-System. Bezeichnung aus der →Arbeits-, Betriebs- und Organisationspsychologie. Das Mensch-Maschine-System bezeichnet Produktionsprozesse, die von Maschinen bestimmt werden und in die sich Beschäftigte einordnen müssen. Ziel psychologischer Untersuchung in diesem Bereich ist es u. a., Vorschläge zur Gestaltung von Arbeitsabläufen zu machen, die für die Beschäftigten körperlich und psychisch schonend und belastungsarm sind.

Mental. Auf das Denken bezogen, gedanklich.

Mental-health-Bewegung. →Gemeindepsychiatrie.

Mentizid. →Gehirnwäsche.

Merkmal. Begriffsbezeichnung für alle messbaren →Eigenschaften von Gegenständen, Vorgängen und Personen. Bei Personen können sich Merkmale sowohl auf psychische als auch körperliche Eigenschaften beziehen.

Meskalin. Droge, die aus der in Mexiko verbreiteten Kakteenart Peyotl gewonnen wird. Meskalin löst starke Halluzinationen aus und führt zu Rauschzuständen, die bis zu zwölf Stunden anhalten können. In der psychologischen Forschung wurde Meskalin als Auslöser für →Modellpsychosen eingesetzt.

Metakognition. Wissen über die eigenen kognitiven Fähigkeiten. Zur Metakognition einer Person gehört z. B. die Kenntnis darüber, welche Art von Wissen sie sich leicht merken kann (z. B. Vokabeln oder chemische Formeln), wie gut ihre Fähigkeit zum Erinnern ausgeprägt ist, wie sie ihr Erinnerungsvermögen selbst positiv beeinflussen und sich einen Lernstoff am besten einprägen kann (→Mnemotechnik).

Metakommunikation. Kommunikation über die Kommunikation, d. h. dass ein Kommunikationsverhalten als solches zum Gegenstand eines Informationsaustausches gemacht wird. Dazu gehört auch die Gesamtheit der Mimik und Gestik wie beispielsweise Kopfnicken, Stirnrunzeln oder auch Gestikulieren. Metakommunikation wird i. d. R. dann notwendig, wenn Informationen beim Empfänger einer Nachricht nicht ankommen, wenn es zu einem Konflikt zwischen den Gesprächsteilnehmern kommt oder wenn eine Gesprächssituation aus einem anderen Grund nicht in konstruktiver Weise weitergeführt werden kann. Metakommunikation setzt voraus, dass die am Kommunikationsprozess Beteiligten ihre Art der Kommunikation reflektieren können. Die Bezeichnung wurde von Paul →Watzlawick eingeführt.

Metapsychologie. 1. Von Sigmund →Freud verwandter Begriff für den theoretischen Teil der →Psychoanalyse. Die Metapsychologie soll nach Auffassung Freuds in erster Linie begriffliche Modelle und Theorien liefern. 2. Bezeichnung für Reflexionen über den Entstehungszusammenhang psychologischer Theorien. 3. Selten benutzte, alternative Bezeichnung für →Parapsychologie.

Methadon. Zur Gruppe der →Opiate zählendes Schmerzmittel mit starker Wirkung. Methadon wird seit 1987 in der Bundesrepublik als Drogenersatzmittel an Heroinabhängige abgegeben (Substitutionsbehandlung) und unterliegt den Bestimmungen des Betäubungsmittelgesetzes. Durch die Substitutionsbehandlung kann die Beschaffungskriminalität verringert und damit verhindert werden, dass sich Drogenabhängige durch verunreinigte Spritzen mit HIV infizieren. Abhängige können soweit stabilisiert werden, dass sie in der Lage sind, an weiteren Maßnahmen zum allmählichen Drogenentzug teilzunehmen, etwa an einer psychotherapeutischen Behandlung.

Methoden. Verfahren und Techniken, mit deren Hilfe wissenschaftliche Erkenntnisse gewonnen werden. In der Psychologie spielen dabei die →Beobachtung, das →Experiment und der Einsatz von Tests eine wichtige Rolle. Methodenkritik dient dazu, Fehlerquellen bei der Erhebung von Daten und ihrer Auswertung wie etwa den →Halo-Effekt zu analysieren und zu überwinden. Sie hat zudem die Funktion, die Entscheidungen hinsichtlich einer bestimmten Methode, die für eine Untersuchung herangezogen wurde, kritisch zu hinterfragen. Unterschiedliche Methoden werden während des Psychologiestudiums in einem eigens dafür vorgesehenen Fach vermittelt, der Methodenlehre. Zu den Inhalten gehören empirische Forschungsmethoden (→qualitative und →quantitative Methoden), Methoden der Datenerhebung und ihrer Auswertung sowie erkenntnis- und wissenschaftstheoretische Grundlagen.

Midlife-Crisis. Begriff aus der →Alltags- und Entwicklungspsychologie für eine Lebenskrise, die besonders zwischen dem 40. und 50. Lebensjahr auftritt. Betroffene werden sich der Endlichkeit ihres Lebens bewusst und ziehen Bilanz, was sie bisher von ihren Zielen und Wünschen umsetzen konnten. Von einer Midlife-Crisis sind häufiger Männer betroffen, da die männliche Biografie i. d. R. weniger Wahlmöglichkeiten bietet und eine starke Konzentration auf den Beruf vorherrscht, während die weibliche Lebensgestaltung von Anfang an erforderlich macht, verschiedene Lebensbereiche in Einklang zu bringen (Kinder, Familie, Beruf, etc.).

Migration. Bezeichnung für den dauerhaften Wechsel des Wohnortes, wobei der Begriff i. d. R. auf die dauerhafte Verlegung des Wohnsitzes in ein anderes Land bezogen wird (internationale Migration). Unterschieden wird zwischen Einwanderung (Immigration) und Auswanderung (Emigration). Der Entschluss zur Migration kann gesellschaftliche oder politische Ursachen haben (Flucht und Vertreibung durch Kriege oder Bürgerkriege, Verfolgung im Heimatland) oder aus individuellen Gründen heraus erfolgen, wie etwa aus der →Hoffnung, im Einwanderungsland bessere Lebens- und Arbeitsbedingungen vorzufinden. Migration ist immer mit einem Prozess der →Akkulturation verbunden.

Milgram-Experiment. Bezeichnung für eine Versuchsreihe, die Anfang der 60er-Jahre von dem amerikanischen Sozialpsychologen Stanley Milgram begonnen wurde, um die Gehorsamsneigungen von Menschen gegenüber →Autoritäten zu untersuchen. Insgesamt nahmen ca. 2000 Versuchspersonen unterschiedlichen Alters und unterschiedlicher Bildung am Experiment teil. Die Versuchsanordnung sah vor, dass die Versuchspersonen („Lehrer") vom Versuchsleiter aufgefordert wurden, einer anderen Person („Schüler") schmerzhafte Stromstöße unterschiedlicher Intensität auszulösen. Auf Insistieren des Versuchsleiters waren zwei Drittel der Versuchsteilnehmer bereit, Stromstöße zu verabreichen, die zu heftigen Schmerzäußerungen der „Schüler" führten und von denen die

„Lehrer" wussten, dass sie sogar tödlich sein können. Den „Lehrern" war dabei nicht bekannt, dass die Stromstöße nur fiktiv verabreicht wurden, und der „Schüler" ein Mitarbeiter des Versuchsleiters war.

Das Milgram-Experiment gilt als Beleg für eine unerwartet hohe Autoritätsgläubigkeit. Menschen, die normalerweise Körperverletzung und Tötung aus innerster Überzeugung ablehnten, waren auf Veranlassung einer Autorität bereit, einem anderen Menschen Schmerz zuzufügen. Kritisiert wurde das Experiment, weil die Versuchspersonen über den wahren Zweck getäuscht wurden und ihnen erklärt worden war, dass die →Bestrafung notwendig sei, um die Gedächtnisleistungen der „Schüler" zu erhöhen.

Milieu. Der Begriff wird i. d. R. im Sinne von sozialem Milieu gebraucht und bezeichnet das Umfeld einer Person, von dem es aufgrund ökonomischer, kultureller, sozialer und religiöser Faktoren beeinflusst wird.

Milieutheorie. Theorie, die ausschließlich die Einflüsse der sozialen Umwelt für Verhalten, →Einstellungen und →Fähigkeiten eines Menschen verantwortlich macht und einen möglichen Einfluss durch angeborene →Anlagen negiert. Die Milieutheorie wurde insbesondere von den →Behavioristen vertreten. Siehe auch →Anlage-Umwelt-Problematik.

Milieutherapie. Bezeichnung für therapeutische Maßnahmen, die eingeleitet werden, um eine Person aus einer sie beeinträchtigenden oder störungsverursachenden Umgebung zu entfernen und um für sie ein alternatives soziales Umfeld bereitzustellen. Dazu werden beispielsweise längere Reisen oder Segeltörns mit sozialpädagogischer Begleitung unternommen, an denen Jugendliche teilnehmen, die in ihrer Entwicklung gefährdet sind, weil sie sich in Randgruppen aufhalten, in denen sie mit →harten Drogen oder kriminellen Gruppierungen in Kontakt kommen.

Miller, Alice. Schweizerische Psychoanalytikerin (*1923), publizierte in den 1980er-Jahren zahlreiche Bücher, mit denen sie die Theorie und Praxis der →Psychoanalyse kritisierte und für zahlreiche Diskussionen sorgte. Miller wandte sich u. a. gegen die Auffassung von der →kindlichen Sexualität, wie sie von →Freud postuliert worden war, da diese ihrer Meinung nach dazu führe, den realen →sexuellen Kindesmissbrauch zu verdecken. Entgegen dem →Triebmodell betonte Alice Miller die „Unschuld" und das „Opfersein" des Kindes und wandte sich zudem gegen die

Auffassung von einem angeborenen →Destruktionstrieb, der ihrer Ansicht nach als Folge von Misshandlungen und Vernachlässigungen in der Kindheit entsteht. Ihre Thesen wurden von der →Antipädagogik zur Unterstützung der von ihr vorgebrachten Erziehungskritik herangezogen. Wichtige Publikationen: „Das Drama des begabten Kindes" (1979), „Am Anfang war Erziehung" (1980), „Du sollst nicht merken" (1981). Siehe auch →Ödipus-Komplex, →Verführungstheorie.

Mimik. Mienenspiel zum Ausdruck von Gefühlen. Zur Mimik zählt insbesondere das Lächeln, das als angeborene Verhaltensweise des Menschen gilt und dem eine wichtige Funktion bei der Kontaktaufnahme, dem Empfinden von Sympathie und dem Abbau von →Aggressionen zukommt. Mimik ist angeboren, kann aber auch bewusst verändert werden und stimmt daher nicht immer zwangsläufig mit dem inneren Erleben einer Person überein. Sie lässt sich willentlich kontrollieren, z. B. um der Umgebung keine Rückschlüsse auf die tatsächlichen Gefühle zu erlauben. →Echtheit, →Körpersprache.

Mimikry. Mimikry beim Tier stellt die Fähigkeit dar, Gestalt oder Farbe zu verändern, um dadurch gegenüber Feinden besser geschützt zu sein. Übertragen auf den Menschen bezeichnet der Begriff die eigene Aufwertung, die eine Person durch das sich Schmücken mithilfe von Kleidung, Schmuck oder Statussymbolen zu erreichen versucht.

Minderheit. Minorität. Teilgruppe von Menschen innerhalb einer Gesellschaft, die sich von der Mehrheit unterscheidet. Zu den Unterscheidungsmerkmalen können z. B. die ethnische Abstammung, aber auch politische, religiöse und sexuelle Orientierungen gehören. Darüber hinaus impliziert der Begriff eine vorhandene →Stigmatisierung oder →Diskriminierung, da die Minderheitengruppe im Verhältnis zur Mehrheitsgruppe (Majorität) über weniger Macht- und Einflussmöglichkeiten verfügt. Die Untersuchung des Verhaltens und der Einfluss von Minderheiten auf die Gesamtgesellschaft ist Gegenstand der →Sozialpsychologie.

Minderwertigkeitsgefühl. Subjektiv empfundenes Gefühl der eigenen geistigen oder körperlichen Unzulänglichkeit und Unterlegenheit im Vergleich zu anderen. Nach Auffassung Alfred →Adlers sind Minderwertigkeitsgefühle der Ursprung für einen kompensatorischen Tatendrang wie z. B. das Streben nach →Macht. Minderwertigkeitsgefühle und deren Kompensation bezeichnete Adler als

Minderwertigkeitskomplex. Siehe auch →Organminderwertigkeit.

Mind-Machines. Bezeichnung für technische Geräte, die elektromagnetische Wellen erzeugen und so Gehirnströme beeinflussen können. Mind-Machines haben das Ziel, Entspannungszustände auszulösen und kognitive Fähigkeiten anzuregen. Der Einsatz von Mind-Machines gilt unter Psychologen als umstritten und wird von einigen sogar als gefährlich eingeschätzt.

Minnesota Multiphastic Personality Inventory. Abkürzung: MMPI. Mehrdimensionaler Persönlichkeitstest, der jedoch als veraltet gilt.

Minorität. →Minderheit.

Misserfolg. Erfahrung, einen selbst gesetzten Leistungsanspruch nicht erfüllt zu haben, z. B. wenn das Ergebnis einer Prüfung schlechter als erwartet ausgefallen ist. Die Furcht vor Misserfolg kann auf der einen Seite eine größere Motivation zur Folge haben als der Wille, ein gutes Ergebnis zu erzielen. Auf der anderen Seite können Hemmungen entstehen, bestimmte Herausforderungen überhaupt anzugehen.

Misshandlung. Ausübung psychischer oder körperlicher →Gewalt gegenüber einer anderen Person, die seelische oder körperliche Verletzungen mit sich führt. Häufige Formen der Misshandlung sind die →Kindesmisshandlung und die Körperverletzung einer fremden Person; beide stellen einen Straftatbestand dar.

Mitläufer-Effekt. Begriff aus der →Sozialpsychologie, siehe →bandwagon Effekt.

Mitscherlich, Alexander. Deutscher Arzt, Psychoanalytiker und Sozialpsychologe (1908–1982), der wichtige Beiträge zur Psychosomatik geleistet hat, indem er die Relevanz gesellschaftlicher Tatsachen für die Bildung leiblich-seelischer Fehlentfaltung hervorgehoben hat. Publikationen u. a.: „Die Krankheiten der Gesellschaft und die psychosomatische Medizin" (1957), „Auf dem Weg zur vaterlosen Gesellschaft" (1963).

Mittelwert. Statistischer Wert, der die zentrale Tendenz der Häufigkeitsverteilung beschreibt. Es werden verschiedene Arten von Mittelwerten unterschieden, wobei das arithmetische Mittel die gängigste Bestimmung darstellt: Es wird die Summe der Messwerte geteilt durch deren Anzahl berechnet.

Mnemotechnik. Lernstrategien, die zur Förderung der Gedächtnisleistungen genutzt werden. Dazu zählen z. B. so genannten „Eselsbrücken", mit denen die neu einzuprägenden Begriffe oder Sachverhalte mit bereits bekannten Bedeutungen bewusst assoziativ verknüpft werden. Siehe →Gedächtnisstrategien.

Mobbing. Über einen längeren Zeitraum wiederholt erfolgendes, feindseliges und schikanöses Verhalten gegenüber einem Arbeitskollegen, das für den Betroffenen beeinträchtigende Folgen auf die allgemeine Verfassung, die Arbeitsmotivation und auf die Gesundheit haben kann. Zu den angewandten Mitteln gehören: soziale Isolierung, Vorenthalten von Informationen, üble Nachrede, öffentliche Beleidigung, Kritik und Herabsetzung bis hin zur Übertragung von Aufgaben, die eine Degradierung des Mobbing-Opfers darstellen.

Die Dynamik von Mobbing-Prozessen hat der Arbeitswissenschaftler Heinz Leymann 1995 untersucht und beschrieben. Demnach lassen sich vier Phasen unterscheiden: Phase 1: Ein unterschwellig wirkender Konflikt wirkt sich negativ auf das Arbeitsklima aus. Dies führt dazu, dass eine gereizte bis aggressive Stimmung vorherrschend ist. Es wird jedoch vermieden, mit dem Mobbing-Opfer eine Klärung des Konflikts herbeizuführen. Phase 2: Das Mobbing-Opfer übernimmt eine →Sündenbock-Funktion, während der ursprüngliche Konflikt in den Hintergrund tritt. Das Mobbing-Opfer ist bereits verunsichert und zeigt Stresssymptome. Phase 3: Das Mobbing-Opfer wird weiter isoliert. Durch seine Verunsicherung häufen sich Fehler, die Vorgesetzen schalten sich ein. In dieser Phase können ernsthafte Erkrankungen auftreten. Die Spirale von Ausgrenzung setzt sich weiter fort. Phase 4: In der letzten Phase des Mobbing-Prozesses sind die Betroffenen vollständig isoliert. Es kommt zum Ausschluss aus der Arbeitswelt, entweder weil die Betroffenen inzwischen längerfristig arbeitsunfähig sind, eine Kündigung erhalten oder selbst kündigen.

Zu den Erkrankungen und Störungen, die Mobbing-Opfer durch den psychischen Stress entwickeln, gehören nervöse und psychisch bedingte Symptome wie Kopfschmerzen, Schlafstörungen und Angstzustände. Es kann zu Medikamenten- und Alkoholmissbrauch sowie →Depressionen bis hin zur Selbstmordgefährdung kommen. Die psychischen Folgen bestehen auch nach dem Verlust des Arbeitsplatzes i. d. R. weiterhin fort.

Ursachen für Mobbing sind zunehmender Konkurrenzdruck, Angst um den Arbeitsplatz, unbefriedigende Arbeitsplatzsituation aufgrund mangelnder Aufstiegschancen, schlechtes Betriebsklima.

Psychologische Unterstützung erfahren Betroffene, indem sie neben einer allgemeinen psychischen Stabilisierung und der Aufarbeitung der Mobbing-Erfahrung darin unterstützt werden, neue Konfliktlösungsstrategien, Selbstsicherheit und Methoden der Stressbewältigung zu erlernen.

Mobilität. In den Sozialwissenschaften wird der Begriff Mobilität im Sinne der Beweglichkeit der Berufsausübung und des sozialen Status verwendet. Unterschieden wird zwischen horizontaler und vertikaler Mobilität. Horizontale Mobilität bezeichnet den Wechsel des Berufs innerhalb eines Ranges, sodass keine Veränderung des sozialen Status gegeben ist. Vertikale Mobilität hingegen bezeichnet den beruflichen Auf- oder Abstieg, der mit einer Veränderung des sozialen Status einhergeht. Im Kontext einer zunehmenden gesellschaftlichen →Individualisierung nehmen die beiden Formen der Mobilität zu.

Modelllernen. →Lernen am Modell.

Modellpsychose. Durch die Verabreichung von psychotropen Drogen experimentell erzeugte Psychose, die i. d. R. vollständig ausheilt.

Moderation. Leitung eines Gruppengesprächs. Aufgabe des Moderators ist es, die →Interaktionen so zu strukturieren, dass alle Beteiligten ihre Argumente vorbringen können, ein produktiver Austausch erfolgt und dass Diskussionsregeln wie Redezeit, Sachlichkeit usw. eingehalten werden. Ein Moderator benötigt i. d. R. zudem inhaltliche Kenntnisse des diskutierten Themas, um durch gezielte Fragen und das Einwerfen von pointierten Stichworten die Diskussion inhaltlich voranzutreiben.

Moderatorvariable. Variable, welche einen Einfluss auf die Höhe der Beziehung zwischen zwei oder mehreren anderen Variablen ausübt. Berücksichtigt man die Moderatorvariable in ihrer Funktion für die Validität eines angewandten Tests, so kann man sie auch als eine Variable bezeichnen, welche Stichproben in Untergruppen trennt. In diesem Fall sind z. B. Alter, Geschlecht, Persönlichkeitsmerkmale als Moderatorvariablen zu verstehen.

Modus. Statistische Bezeichnung für diejenige Maßzahl einer Häufigkeitsverteilung, die dem Gipfel der Verteilung entspricht. Innerhalb einer Normalverteilung z. B. ist der Mittelwert gleichbedeutend mit dem Modus.

Mongolismus. Umgangssprachliche Bezeichnung für →Down-Syndrom.

Monomanie. Zustand der Besessenheit von einer bestimmten Vorstellung bzw. einer einzigen Idee, der zu zwanghaften Handlungen führen kann (z. B. →Kleptomanie, →Größenwahn).

Monotonie. Eintönigkeit, die im Empfinden einer Person entsteht, wenn von der Umwelt wenig neue →Reize dargeboten werden. Monotonie führt zu einer Herabsetzung der →Aufmerksamkeit und des Leistungsvermögens. Siehe auch →Eustress.

Moral. System von Werten und →Normen, die in einer Gesellschaft allgemein akzeptiert werden und an dem das →Individuum sein Handeln, Verhalten und seine Entscheidungsfindung orientiert. Die Vermittlung eines solchen Wertesystems ist eine wichtige Aufgabe innerhalb der →Sozialisation.

Moralentwicklung. Prozess, der mit der allgemeinen kognitiven Entwicklung verbunden ist und erstmals von Jean →Piaget beschrieben wurde. Er untersuchte, wie Kinder während des Spiels mit Regeln umgehen, abhängig von ihrer Altersstufe. Unterschieden werden konnten drei Entwicklungsstufen, wovon zwei als fremdbestimmte (heteronome) und eine als selbstbestimmte (autonome) Stufe der Moral angesehen werden konnten. Demnach orientiert sich das Kind bis zum Alter von ca. 8 Jahren an einer von den Erwachsenen vorgegebenen Meinung, was als „gut" oder „böse" angesehen wird. Bis zum 12. Lebensjahr entstehen erste eigene Vorstellungen von Gerechtigkeit und ab dem 12. Lebensjahr wird das moralische Bewusstsein von eigenständigen Prinzipien geleitet.

Aufbauend auf den Erkenntnissen von Piaget entwickelte Lawrence →Kohlberg in den 1960er-Jahren ein Stufenmodell der moralischen Entwicklung, das ebenfalls ein Teil der kognitiven Entwicklung darstellt. Er nimmt an, dass die Entwicklungsstufen der moralischen Urteilsfähigkeit universelle Gültigkeit haben, d. h. sie ist für alle Menschen gleichlautend sind und in einer festgelegten Reihenfolge durchlaufen werden. Zum methodischen Vorgehen Kohlbergs gehörte die Konfrontation von Versuchspersonen mit einem fiktiven moralischen Dilemma. Beispiel: Versuchspersonen sollten sich vorstellen, sie befänden sich in der Situation, für einen schwer kranken Angehörigen ein Medikament besorgen zu müssen, das sie nur durch Diebstahl beschaffen können. Schließlich sollen sie darüber entscheiden, ob dies für sie moralisch gerechtfertigt sei.

Kritik und Weiterführung: Nach dem Modell von Kohlberg (siehe unten) erreichen die meisten männlichen Versuchspersonen die Stufe 4 der Moralentwicklung (Orientierung an Gesetz und Ordnung), wobei Frauen nur Stufe 3 erlangen (Orientierung an den

Erwartungen der anderen). Daraufhin wurde die Moralentwicklung in den 80er-Jahren von der Entwicklungspsychologin Carol →Gilligan unter geschlechtsspezifischen Gesichtspunkten untersucht. Gilligan kam zu dem Ergebnis, dass es eine geschlechtsspezifische Moral gibt, aber die Entwicklung der Frau nicht weniger moralisch ist, sondern anders: Männer fällen moralische Urteile auf der Grundlage abstrakter Gerechtigkeitsprinzipien, während Frauen die möglichen Auswirkungen für die Beteiligten und die Folgen für deren Beziehungen als Orientierungsrahmen heranziehen. Die Frage, ob es tatsächlich Geschlechtsunterschiede in der Moralentwicklung gibt, wird nach wie vor diskutiert und ist nicht entschieden.

Moralische Entwicklung: Stufenmodell nach Kohlberg:

Präkonventionelles Niveau: gilt für Kinder bis ca. 9. Lebensjahr. Stufe 1: Ausrichtung an Lust und Schmerz, Vermeidung von Strafen. Stufe 2: Ausrichtung an Kosten und Nutzen, Spekulation auf Belohnung.

Konventionelles Niveau: gilt für die meisten Jugendlichen und Erwachsenen. Stufe 3: Ausrichtung am „braven Kind“, Wunsch nach Anerkennung, Vermeidung von Kritik. Stufe 4: Ausrichtung an Recht und Ordnung, Einhaltung von Regeln; Wunsch, den Autoritäten zu gefallen.

Postkonventionelles (prinzipgeleitetes) Niveau: gilt für eine Minderheit der Erwachsenen. Stufe 5: Ausrichtung am sozialen Vertrag, Einsatz für das Wohl der Gesellschaft. Stufe 6: Ausrichtung an ethischen Prinzipien, Einsatz für die Gerechtigkeit.

Stufe 7: Ausrichtung an universellen und transzendenten Prinzipien, Befolgung von universellen Grundsätzen; Selbstverständnis des Individuums als Teil des Ganzen (Kosmos), das soziale Normen transzendiert. (Das ursprüngliche Modell ist von Kohlberg später um Stufe 7 ergänzt worden.)

Moralismus. Verabsolutierung moralischer Werte unabhängig von Einzelsituationen.

Moralitätsprinzip. Nach Sigmund →Freud Grundsatz des menschlichen Verhaltens, der sich im Gegensatz zum →Lustprinzip oder dem →Realitätsprinzip explizit an den Prinzipien der Ethik und den Anforderungen des →Über-Ichs orientiert.

Morbidität. Erkrankungshäufigkeit innerhalb einer bestimmten Bevölkerungsgruppe.

Morbus Alzheimer. →Alzheimer Krankheit

Moreno, Jacob Levy. Amerikanischer Psychiater rumänischer Abstammung (1892–1974), der die →Soziometrie und das →Psychodrama als therapeutisches Mittel in der →Gruppentherapie entwickelte.

Morphium. Droge, die in die Gruppe der Opiate gehört und zur Schmerzbekämpfung eingesetzt wird. Über einen längeren Zeitraum verabreicht, führt Morphium zu körperlicher und psychischer →Abhängigkeit, in höheren Dosen kann es zum Tod führen.

Mortalität. Sterblichkeitsziffer; die Zahl der Todesfälle im Verhältnis zur Zahl der berücksichtigten Personen.

Motivation. Oberbegriff für die Gesamtzahl der Motive (Zweck, Antrieb, Ursache), die eine Person zur Umsetzung einer Handlung drängen. Motivation stellt die bewussten oder unbewussten Beweggründe für menschliches Verhalten und Handeln dar und ist an emotionale und kognitive Prozesse gekoppelt. Um die Leistung und die Bereitschaft zum Lernen zu steigern, kann ein gezieltes Motivationstraining durchgeführt werden.

Motivationsforschung. Aufgabe der Motivationsforschung ist es, Erklärungen für das zielgerichtete Verhalten von Menschen zu finden, um die Vielzahl menschlicher Motive systematisch zu ordnen. Unterschieden werden folgende Erklärungsansätze:
Verhalten wird von dem Bestreben motiviert, jeweils das Gleichgewicht (Homöostase) eines Organismus aufrechtzuerhalten: Demnach wird das Verhalten durch die Wahrnehmung von Bedürfnissen wie Hunger, Durst usw. bestimmt. Weil diese befriedigt werden müssen, will der Organismus seine Funktionen aufrechterhalten.
Instinkt- und Triebtheorien. Dazu zählen die psychoanalytische Theorie (Verhalten gilt als Folge angeborener Triebe wie Sexualität, Aggressionen etc.) und die →Verhaltenstheorie (Verhalten gilt als Umsetzung angeborener Verhaltensmuster, die durch Reize ausgelöst werden).
Innerhalb der →Humanistischen Psychologie wird das Streben nach seelischem Wachstum als Hauptmotiv des Menschen betrachtet. Abraham H. →Maslow hat in diesem Zusammenhang herausgearbeitet, dass es dazu zunächst notwendig ist, menschliche Grundbedürfnisse zu befriedigen (→Bedürfnishierarchie).
Gegenwärtig am bedeutsamsten sind kognitive Erklärungsansätze. Sie betonen die gedankliche Vorwegnahme, Verarbeitung und Analyse von Motiven. Ein kognitiver Ansatz ist z. B. die Erklärung des →Leistungsmotivs. Ein Kritikpunkt daran ist, dass gedankliche Prozesse allein nicht ausreichen, um Motivationen hinreichend zu erklären, sondern dass sie immer auch von Faktoren wie →Emotionen oder →sozialer Interaktion mitbeeinflusst sein können.

Motorik. Alle vom Gehirn aus gesteuerten und abgestimmten Bewegungsabläufe, die durch den Bewegungsapparat, Muskeln und Sehnen sowie die Anpassung von Atmung und Kreislauf ermöglicht werden. Dabei wird zwischen →Grob- und →Feinmotorik unterschieden.

Motorische Tests. Psychologische Tests, mit denen die Koordinationsfähigkeit, Schnelligkeit, Geschicklichkeit und Beherrschbarkeit von Bewegungsabläufen festgestellt werden soll.

Müller-Lyer'sche Täuschung. Wahrnehmungstäuschung, bei der zwei gleich lange Teilstrecken einer Linie unterschiedlich lang erscheinen, wenn nach außen bzw. innen gerichtete spitzwinklige Begrenzungen angezeichnet werden. Siehe →optische Täuschung.

Multikulturelle Erziehung. Alternative Bezeichnung für →interkulturelle Erziehung.

Multimorbidität. Vorhandensein mehrerer Störungen oder Erkrankungen bei einem Menschen.

Multiple-choice-Verfahren. Schriftliches Prüfungsverfahren, bei dem mithilfe eines Fragebogens unter mehreren vorgegebenen Antworten die jeweils richtige oder einstellungskongruente Lösung angekreuzt werden soll.

Multiple Persönlichkeitsstörung. Unterbrechungen der normalerweise integrativen Funktionen des Bewusstseins, Erinnerns, der Identität oder Wahrnehmung der Umwelt. Persönlichkeitsstörungen dieser Art können sich bis hin zu einer Persönlichkeitsspaltung entwickeln und werden auf traumatische Erfahrungen zurückgeführt.

Multiple Sklerose. Erkrankung des →Gehirns und Rückenmarks, bei der das Nervengewebe durch eine Entzündung angegriffen wird und es zum Schwund der →Markscheiden kommt. Dies führt zu Ausfallerscheinungen im neurologischen Bereich und löst z. B. Sehstörungen, Lähmungen und Empfindungsstörungen aus. Die Ursache der unheilbaren, in Schüben verlaufenden Krankheit ist unbekannt; mithilfe von Medikamenten können die Symptome gelindert werden.

Münchhausen-Syndrom. Bezeichnung für ein Verhalten, bei dem Personen glaubhaft Erkrankungen vortäuschen, mit dem Ziel, in ein Krankenhaus eingewiesen zu werden. Häufig verletzen sich die Betreffenden in diesem Zusammenhang selbst (Artefaktkrankheit).

Münzverstärkersysteme. (Token-Ökonomie, Münzökonomie) Verfahren zur Verhaltensmodifikation, bei dem erwünschtes Verhalten mit einem Verstärker, dem „Token" (Münzen, Chips o. Ä.), belohnt wird. Unerwünschtes Verhalten wird dagegen mit Tokenentzug bestraft. Erreicht werden soll ein Zuwachs an Selbstkontrolle, sodass der →Verstärker nicht mehr notwendig ist. Münzverstärkersysteme werden meist in der Schule angewandt.

Musikpsychologie. Teildisziplin der Psychologie, die den Einfluss von Musik auf menschliches Erleben und Verhalten untersucht sowie die Entwicklungsbedinungen für musikalische →Fähigkeiten.

Musiktherapie. Therapieform, welche die Wirkung von Musik mit dem Ziel nutzt, das Wohlbefinden von Personen sowie ihre psychische Gesundheit positiv zu beeinflussen, indem emotionale Prozesse ausgelöst oder Entspannungszustände herbeigeführt werden.

Mutismus. Psychisch bedingte Stummheit bei Kindern mit intakter Sprachmotorik und gesunder zuständiger Gehirnregion (→Broca-Zentrum), die auch als selektiver Mutismus auftreten kann. In diesen Fällen spricht das Kind nur mit einigen Personen. Siehe auch →Sprach- und Sprechstörungen.

Mutterbindung. Bezeichnung für eine nicht erfolgte psychische Ablösung des Sohnes von der Mutter, die in mangelnder Souveränität gegenüber dem Willen der Mutter zum Ausdruck kommt. Eine Mutterbindung kann dazu führen, dass ein Mann immer wieder →Loyalitätskonflikte zwischen Mutter und Partnerin durchlebt, bis hin zur völligen →Abhängigkeit von der Mutter, die eine Partnerwahl im Erwachsenenalter erschwert oder ganz unmöglich macht.

Mutterinstinkt. Begriff aus der Verhaltensforschung. Demnach soll ein angeborener Instinkt dafür sorgen, dass Mütter in der Lage sind, ihr Kind angemessen zu versorgen und auf seine Signale zu reagieren. Das Vorhandensein eines solchen Instinkts ist umstritten. Psychologen, die den Mutterinstinkt in Frage stellen, argumentieren, dass es durchaus zur Ablehnung des Kindes durch die Mutter kommen kann und Frauen nach der Geburt eines Kindes erst lernen müssen, die Signale des Kindes angemessen zu deuten.

Mutter-Kind-Beziehung. →Eltern-Kind-Beziehung.

Mutter-Kind-Interaktion. Wechselseitige Beeinflussung zwischen Mutter und Kind, die sich aus der Reaktion der Mutter auf die Signale des Kindes und den Signalen des Kindes, mit denen es diese Reaktionen wiederum beantwortet usw., ergibt. Siehe auch →Eltern-Kind-Beziehung.

N

Nachahmung. Bewusste oder unbewusste Übernahme von fremden →Verhaltensweisen. Die Nachahmung stellt, insbesondere beim Spracherwerb von Kindern, aber auch beim Erwerb von sozialen Verhaltensweisen, eine wichtige Funktion des Lernens dar. Ihr kommt umso größere Bedeutung zu, je häufiger ein Verhalten beobachtet wird, je stärker die emotionale Beziehung zu der imitierenden Person ist und je mehr →Autorität von dieser ausgeht.

Nacheffekt. Effekt, der auftritt, wenn eine Person einem intensiven oder lang andauernden Sinnesreiz ausgesetzt war und dieser anschließend im Empfinden nachwirkt, obwohl der Reiz nicht mehr vorhanden ist.

Nachricht. Botschaft. Innerhalb der →Kommunikation von Menschen eine Mitteilung, die eine Person an eine oder mehrere andere Personen weitergibt. Die verschiedenen Aspekte einer Nachricht und die Aufnahme seitens des Empfängers ist z. B. mit dem →Vier-Ohren-Modell von Schulz von Thun dargestellt.

Nahraum. →Greifraum.

Naive Verhaltenstheorie. →Alltagspsychologie.

Narcotics Anonymous. Selbsthilfegruppen für Drogenabhängige, die den Teilnehmern unabhängig von der Art der konsumierten Drogen Anonymität zusichert.

Narkotika. Medikamente, die das →Zentralnervensystem für eine bestimmte Zeit außer Kraft setzen, sodass das Schmerzempfinden und das →Bewusstsein ausgeschaltet sind (Narkose) und z. B. eine Operation am Körper durchgeführt werden kann. Der Missbrauch von Narkotika führt zur →Abhängigkeit.

Narzissmus. Psychoanalytischer Begriff für den Zustand der Eigenliebe und Selbstbezogenheit, der einer griechischen Sage entlehnt ist, in der sich der Jüngling Narziss in sein eigenes Spiegelbild verliebt. Sigmund →Freud führte die Bezeichnung 1914 in die Theorie der →Psychoanalyse ein und nahm eine Phase des primären Narzissmus an, in der ein Säugling noch keine Beziehung zur Umwelt hat und seine Triebenergie (→Libido) ausschließlich auf sich selbst richtet (→orale Phase, →psychosexuelle Entwicklung). Innerhalb dieser Theorie besteht der sekundäre Narzissmus nun darin, dass ein Mensch in seinem späteren Leben traumatische Erfahrungen macht, die dazu führen, dass dieser in das frühe Stadium des Narzissmus zurückfällt und seine Kontakte zur Außenwelt abbricht.

Differenzierte Beobachtungen von →Mutter-Kind-Interaktionen stellen diese Theorie jedoch in Frage. Es zeigt sich, dass der Säugling von Anfang an ein aktives und beziehungshaftes Wesen ist, das großes Interesse an seiner Mutter und deren Reaktionen hat. Demnach stellt der primäre Narzissmus eine Phase dar, in der sich der Säugling mit der primären Bezugsperson verschmolzen erlebt, weil er seine eigenen Körpergrenzen noch nicht wahrnehmen kann. Diese Erfahrungen stellen die Voraussetzungen für die spätere Abgrenzung zwischen dem Selbst und der Mutter, d. h. zwischen Selbstliebe und Objektliebe, dar. Dies führt dazu, sich selbst und andere mit Schwächen und ohne Idealisierung zu akzeptieren.

Misslingt dieser Prozess, weil der Säugling von seiner Umwelt abgelehnt wird, zu wenig Aufmerksamkeit erhält oder seine Gefühle nicht ausreichend wiedergespiegelt werden, fällt die Person später immer wieder in den Zustand des Narzissmus zurück. Dieser sekundäre Narzissmus kann zu einer Persönlichkeitsstörung im Zusammenhang mit dem Erleben der eigenen →Identität und des →Selbstwertgefühls führen. Das →Selbst wird durch ständige Selbstidealisierungen und die Abwertung anderer stabilisiert. Aus tiefenpsychologischer Sicht stellt dies den Versuch dar, nachträglich ein sicheres Gefühl für das eigene Selbst zu entwickeln, dessen Entwicklung in der frühen Kindheit fehlgeschlagen ist. Siehe auch →Borderline-Störung, →Frühstörung, →narzisstische Kränkung.

Narzisstische Kränkung. Entzug narzisstischer Befriedigung und Verletzung des →Selbstwertgefühls. Menschen, die an einer →narzisstischen Störung leiden, weisen eine besonders hohe Kränkbarkeit auf. Dies kann dazu führen, dass eine Kränkung subjektiv stärker empfunden wird, als es dem Anlass nach angemessen wäre (z. B. weil die Person kritisiert oder übersehen wurde). Narzisstische Kränkungen lösen starke →Wut aus, die u. U. extreme Reaktionen nach sich ziehen kann. Beispiel: Ein Jugendlicher läuft Amok, weil er von einer Schule verwiesen wurde.

Nativismus. Auffassung, nach der bestimmte Vorstellungen und Verhaltensweisen angeboren sind (z. B. Raum- und Zeitvorstellungen) und daher weder erlernt noch auf Umwelteinflüsse zurückzuführen sind.

Naturell. Umgangssprachlich für Wesensart, →Temperament.

Naturwissenschaftliche Psychologie. Alle Teilgebiete der Psychologie, in denen Erkenntnisse vorrangig mit naturwissenschaftlichen Methoden gewonnen werden, z. B. durch →Laborexperimente. Ein Teilgebiet der Naturwissenschaftlichen Psychologie ist die →Neurophysiologie.

Necker'scher Würfel. Die perspektivische Zeichnung eines Würfels, bei dessen Betrachtung eine optische Umkehrung auftritt, sodass man das Gefühl hat, den Würfel aus verschiedenen Blickwinkeln wahrzunehmen: Man sieht sowohl die Oberansicht als auch die Unteransicht des Würfels.

Negative Erziehung. Erziehungsansatz, dessen alleinige Maßnahme in der Abschirmung des Heranwachsenden vor negativen Umwelteinflüssen besteht. Befürworter gehen davon aus, dass das Kind seine Anlagen am besten dann zur Entfaltung bringen kann, wenn alle anderen pädagogischen →Interventionen unterbleiben.

Negative therapeutische Reaktion. Begriff aus der →Psychoanalyse, der eine Verhinderung einer Heilung durch unbewusste →Motive bezeichnet.

Negative Übung. Technik innerhalb der →Verhaltenstherapie. Dabei wird ein störendes Verhalten mehrmals wiederholt, um es zum Verschwinden zu bringen. Die Technik beruht auf der Annahme, dass durch die Wiederholungen eine reaktive →Hemmung aufgebaut wird.

Negativismus. 1. Ablehnendes Verhalten bzw. Einstellung, bei der vorrangig die negativen Aspekte eines Sachverhalts hervorgehoben werden. 2. Widerstand gegen innere und äußere Impulse bei psychisch Kranken.

Neid. Stark empfundenes, unangenehmes Gefühl, das auftritt, wenn eine andere Person hinsichtlich materieller Werte oder persönlicher Eigenschaften als begünstigter oder besser gestellt erlebt wird. Ein häufiger Anlass für Neid ist die Bevorzugung eines Geschwisterkindes durch die Eltern oder einen Elternteil in der Kindheit. Neid wird häufig verdrängt, da er mit Scham besetzt ist.

Neill, Alexander S. Englischer Pädagoge (1883–1973). Beeinflusst von Sigmund →Freud und Wilhelm →Reich, gründete er 1921 das Internat „Summerhill", das auf dem Prinzip beruht, den Schülern größtmögliche Entscheidungsfreiheit und Rechte zur demokratischen Mitbestimmung einzuräumen. Neill gilt als wichtigster Theoretiker der →antiautoritären Erziehung. Veröffentlichungen u. a.: „Theorie und Praxis der antiautoritären Erziehung" (1965).

Nekromanie. →Nekrophilie.

Nekrophilie. 1. Im allgemeinen Sinne das Interesse an Leichen oder Verwesendem. 2. Im engeren Sinne die Neigung zum Geschlechtsverkehr mit Toten.

Neobehaviorismus. Vorläufer der →Kognitiven Psychologie. Der Neobehaviorismus entstand mit der Anerkennung innerer Prozesse wie z. B. dem →Denken (im Gegensatz zum direkt beobachtbaren Verhalten) innerhalb des →Behaviorismus. Entscheidender Auslöser dafür war die von Edward C. Tolman entwickelte Theorie der →kognitiven Landkarte. Siehe auch →Lerntheorien.

Neologismus. In der Psychologie Begriff für z. T. sinnlose Sprachneubildungen, die bei Kleinkindern oder psychotischen Erkrankungen auftreten können.

Neopsychoanalyse. Bezeichnung für die Weiterentwicklung der Psychoanalyse Sigmund →Freuds. Dabei handelt es sich um Konzepte, die den →Einfluss von Trieben auf das psychische Geschehen relativieren und den sozialen Einflüssen stärkere Gewichtung beimessen. Vertreter dieser Strömung ist beispielsweise Erich →Fromm. Als wichtigster Vertreter der Neopsychoanalyse in Deutschland gilt Harald Schultz-Hencke (1892–1953).

Nervengifte. Stoffe, von denen ab einer gewissen Dosierung nachweislich eine schädigende Wirkung auf das Nervengewebe (→Nervensystem) ausgeht. Dazu zählen u. a. Genussmittel wie →Alkohol und →Nikotin sowie in der Umwelt vorhandene Schadstoffe wie Blei, Schwefelkohlenstoff und Kohlendioxid. Werden sie über einen längeren Zeitraum und hoch dosiert dem Organismus zugeführt, können Lähmungen, u. U. mit Todesfolge, auftreten.

Nervensystem. Gesamtheit des reizaufnehmenden und verarbeitenden Nervengewebes, das die Lebensfunktionen steuert und die stoffliche Grundlage der psychischen Vorgänge bildet. Es besteht aus dem →Zentralnervensystem (→Gehirn und Rückenmark) und dem peripheren Nervensystem, das sich aus den einzelnen →Nervenzellen zusammensetzt und die Vernetzung der Nerven im Körper gewährleistet. Das Nervensystem leitet die von den →Rezeptoren aufgenommenen →Reize an das →Gehirn weiter und löst Reaktionen aus. Unterteilt wird es in das animale (somatische) und das vegetative (autonome) Nervensystem. Das animale Nervensystem ist für alle Vorgänge zuständig, die von einer Person bewusst und willentlich gesteuert werden können, insbesondere die Bewegungskoordination. Das vegetative Nervensystem hingegen kann willentlich nicht beeinflusst werden. Es ist u. a. für die Regulation der Atmung, Verdauung und des Stoffwechsels zuständig. Das autonome Nervensystem wiederum lässt sich in das sympathische und parasympathische Nervensystem (Sympathikus bzw. Parasympathikus) unterteilen. Das sympathische Nervensystem ist für Körpervorgänge zuständig, die mit Anstrengungen verbunden sind. Infolge dessen bewirkt dieses System z. B. die Ausschüttung von →Adrenalin bei Stress, die Beschleunigung des Herzschlags etc. Das parasympathische Nervensystem regelt alle Vorgänge, die für die Nahrungsaufnahme und die Verdauung sowie für die Regeneration des Körpers notwendig sind (z. B. Verlangsamung der Atmung während einer Entspannungsphase). Außer bei der Schweißdrüsenproduktion und der Beeinflussung der Muskulatur der Blutgefäße, die allein durch den Sympathikus reguliert werden, arbeiten Parasympathikus und Sympathikus untrennbar zusammen. Beide hängen eng mit dem Hormon- und Immunsystem (→Hormone) des Organismus zusammen. Kommt es zu einer Störung im Zusammenspiel, kann eine →vegetative Dystonie die Folge sein.

Nervenzelle. Neuron. Grundeinheit des →Nervensystems. Jede einzelne Nervenzelle setzt sich aus Zellkörper (Soma) und zahlreichen Nervenfortsätzen zusammen. Dabei werden zwei Nervenfortsätze unterschieden:
1. Dendriten: Diese Nervenfortsätze sind wurzelartig verzweigt und bilden auf diese Weise eine große Oberfläche. Sie nehmen Erregung auf und führen diese dem Zellkörper zu.
2. Axon: Axone haben die Aufgabe, Erregung aus dem Zellkörper weiterzuleiten. Ein Axon kann bis zu einem Meter lang sein und somit deutlich länger als Dendriten. An ihren Enden sind die Axone aufgespalten (synaptische Nervenendungen, →Synapse) und stellen Kontakt mit der Zellmembran einer Nachbarzelle her. Auf diesem Wege wird die Erregung in eine andere Nervenzelle weitergeleitet. Einige Axone sind mit einer Umhüllung umgeben (→Markscheide). Diese Axone haben eine höhere Leistungsgeschwindigkeit als Axone, die nicht über eine Markscheide verfügen. Hat eine Nervenzelle eine Erregung übertragen, benötigt sie eine Ruhepause von einigen Millisekunden, bis sie neue Erregungsleistung erbringen kann (Refraktärzeit). Nervenzellen und das sie umgebende Stützgewebe werden als Neuroglia (Nervengewebe) bezeichnet.

Nervenzusammenbruch. Zustand nervöser physischer und psychischer Erschöpfung, der als eine Reaktion auf körperliche, seelische oder geistige Überforderung gilt.

Nervosität. Zustand erhöhter Reizbarkeit. Nervosität äußert sich in Unkonzentriertheit, rascher Erschöpfung und Hektik in der Bewältigung des Alltags.

Netzhaut. Lichtempfindlicher Teil des Augapfels, der in der Lage ist, Lichtreize aufzunehmen. Die Netzhaut besteht aus mehr als Hundert Millionen Sinneszellen. Unterschieden werden Zapfen und Stäbchen. Die Zapfen sind an der →Wahrnehmung von Farben beteiligt, während die Stäbchen die Anpassung an Hell- und Dunkelheit leisten. Siehe auch →Sehen.

Netzwerk. →Soziales Netzwerk.

Neugierverhalten. Bedürfnis, das dazu anregt, immer neue →Reize in der Umwelt zu suchen und aufzunehmen. Einige Psychologen gehen davon aus, dass Neugierverhalten angeboren ist. Es ist besonders in der Kindheit ausgeprägt und regt zum →Probehandeln an. Neugier sollte nicht unterdrückt werden, da es die Voraussetzung für ein Interesse an der Aufnahme von Wissen in späteren Lebensphasen bildet. Siehe auch →Fragealter.

Neural. Vom →Nervensystem ausgehend, die Nerven betreffend.

Neuralgie. Schmerzempfindung an bestimmten Nerven, die aber nicht auf eine Nervenentzündung oder Sensibilitätsstörung zurückgeführt werden kann.

Neuralgisch. 1. Medizinischer Begriff für ein Symptom, das auf eine →Neuralgie hinweist. 2. Im übertragenen Sinn ein besonders sensibler Aspekt der Persönlichkeit oder eine →Eigenschaft, die eine Person als ihre persönliche Schwäche ansieht.

Neurasthenie. Verschiedene Symptome, die nach einer Phase starker geistiger Anstrengung oder in Belastungssituationen in Form von Erschöpfung, verbunden u. a. mit →Nervosität und Reizbarkeit, auftreten. Der Erschöpfungszustand tritt häufig in Folge gesellschaftlicher Einflüsse auf. In der →Klinischen Psychologie wird die Neurasthenie als Erschöpfungssyndrom bezeichnet. Umgangssprachlich spricht man häufig von Nervenschwäche.

Neurit. Synonym für Axon. Siehe auch →Nervenzelle.

Neurobiologie. Teilgebiet der Biologie, das sich mit der Funktionsweise, dem Aufbau und der Entwicklung des →Nervensystems beschäftigt.

Neuroendokrinologie. Lehre von dem Zusammenwirken der Drüsen, die für die Produktion von →Hormonen verantwortlich sind, sowie dem →Nervensystem.

Neuroglia. Nervengewebe. Gewebe, das dazu dient, das →Nervensystem abzustützen und zu isolieren. Das Nervengewebe besteht aus zahlreichen so genannten Gliazellen.

Neurohormone. →Hormone, die von den Nervenzellen gebildet werden.

Neuroleptika. Medikamente mit beruhigender Wirkung, die häufig Patienten verordnet werden, die an einer →Psychose erkrankt sind. Siehe auch →Psychopharmaka.

Neurolinguistik. Als Teilgebiet der →Linguistik untersucht die Neurolinguistik u. a. →Sprachstörungen, die vor dem Hintergrund einer neurologisch bedingten Fehlfunktion entstanden sind.

Neurolinguistisches Programmieren. NLP. Eine von den amerikanischen Wissenschaftlern Richard Brandler und John Grinder in den 70er-Jahren entwickelte Methode, die im therapeutischen Bereich als auch im Bereich der →Pädagogik und →Organisationsentwicklung zum Einsatz kommt, um eine Verhaltensänderung von Personen einzuleiten. NLP basiert auf den Grundlagen, dass 1. Erfahrungen vom →Nervensystem verarbeitet werden und 2. über Sprache Veränderungen ausgelöst werden können. Zur Entwicklung des NLP wurde das Vorgehen u. a. von Gestalt- und Hypnotherapeuten (→Hypnose) im Rahmen von Kurzpsychotherapien analysiert und untersucht, welche therapeutischen →Interventionen für den Erfolg einer Therapie von Bedeutung waren.

NLP als Therapieform wird mit dem Ziel eingesetzt, innere Blockaden aufzulösen, die durch negative innere Bilder entstehen und es einer Person nicht erlauben, ihren ursprünglichen →Impulsen nachzugeben. Dabei arbeitet der Therapeut z. B. mit →Autosuggestion, um den Klienten in eine positive Stimmung zu versetzen. Das Dissoziieren dient dazu, einem Problem gegenüber Distanz zu entwickeln. Beim Ankern wird ähnlich wie beim →Klassischen Konditionieren eine negative Empfindung durch eine positive ersetzt, wobei dies durch eine Fremdsuggestion erzielt wird. Beim Refraiming werden Fremdsuggestion und Hypnose kombiniert. Aufgrund seines Potenzials auch als Instrument der Manipulation zu dienen, ist NLP nicht unumstritten.

Neurologie. Lehre vom Aufbau, den Funktionen und den Erkrankungen des →Nervensystems. Ein Neurologe ist ein Facharzt für Nervenheilkunde. Er wird umgangssprachlich auch als Nervenarzt bezeichnet.

Neuromuskuläre Endplatte. Bezeichnung einer →Synapse, der die spezielle Funktion zukommt, nervöse Erregung an die Muskulatur weiterzuleiten.

Neuronale Netze. Begriff aus der →Kognitiven Psychologie. Neuronale Netze dienen dazu, Denkprozesse nachzuahmen.

Neuronen. Synonym für →Nervenzellen.

Neuropathologie. Lehre von den Erkrankungen des →Nervensystems.

Neurophysiologie. Teilrichtung der Physiologie, die sich mit dem Aufbau und den Funktionen des gesamten →Nervensystems befasst. Die Neurophysiologie ist ein wichtiger Bestandteil der →Biologischen Psychologie, die zu den Grundlagenfächern im Psychologiestudium zählt.

Neuropsychologie. Teildisziplin der →Physiologischen Psychologie. Die Neuropsychologie untersucht menschliches Erleben und Verhalten in Abhängigkeit von den neuronalen Funktionen des →Gehirns. Das umfangreiche Gebiet der Neuropsychologie ist in weitere Teilgebiete aufgegliedert. Im Bereich der experimentellen Neuropsychologie werden z. B. gezielt Zusammenhänge zwischen neurophysiologischen Prozessen und dem inneren Erleben untersucht (so wird mithilfe des →Elektroenzephalogramms untersucht, welche Gehirnregionen bei Sexualstraftätern besonders aktiv sind). In der diagnostischen Neuropsychologie haben Psychologen die Aufgabe, mithilfe von →Tests festzustellen, inwieweit medizinisch diagnostizierte Schädigungen des Gehirns Funktionseinbußen in den Bereichen →Kognition und →Emotion nach sich ziehen.

Neurose. Psychische Störungen, für die keine organischen Ursachen vorliegen. Menschen, die an einer Neurose leiden (Neurotiker), sind in der Lage, die damit verbundenen Abweichungen im Erleben und Verhalten selbst wahrzunehmen und empfinden deshalb i. d. R. einen →Leidensdruck. Häufig sind sie in ihren Handlungsweisen eingeschränkt, weil ein Lebensbereich oder einzelne Handlungsaufgaben mit starker Angst besetzt sind. Führen die psychischen Beeinträchtigungen zu körperlichen Störungen (z. B. Schmerzempfindungen ohne organischen Befund) spricht man von →psychosomatischen Krankheiten. Als neurotisch bezeichnet man Verhaltensweisen, die auf eine Neurose zurückzuführen sind.

Die Erklärungen zur Entstehung gehen letztlich alle auf die von Sigmund →Freud entwickelte Theorie zurück, wonach ein innerer →Konflikt von einem Menschen nicht bewältigt werden kann und in Folge dessen verdrängt wird. Im Gegensatz zu der früher gängigen Freud'schen Einteilung in Aktualneurosen, Neuropsychosen, Übertragungsneurosen und narzisstischen Neurosen ist heute eine Unterteilung in Organneurosen und Psychoneurosen üblich. Neurotische Symptome treten auf, weil kindliche Wünsche aus Angst vor →Bestrafung unerfüllt bleiben. Diese verlagern sich ins Unbewusste und verbleiben dort aufgrund innerer →Abwehrmechanismen. Die einzelnen Formen von Neurosen werden innerhalb der →Klinischen Psychologie in Gruppen wie →Zwangsneurosen, →Konversionen, →Phobien etc. eingeteilt.

Neurosekrete. Von Nerven abgesondertes hormonales Sekret.

Neurosensorisch. Einen Nerv betreffend, der an der Übertragung von Sinnesreizen beteiligt ist.

Neurotizismus. Begriff für das Ausmaß bestimmter Persönlichkeitseigenschaften, die sich durch empirische →Tests nachweisen lassen und die Informationen darüber enthalten, wie stark ein Mensch emotional erregbar ist. Neurotizismus zeigt sich beispielsweise in emotionaler Labilität und Ängstlichkeit. Der Neurotizismus wurde detailliert von Hans Jürgen →Eysenck untersucht.

Neurotoxine. →Nervengifte

Neurotransmitter. →Transmitter. In den →Neuronen gebildete Substanz, die die Grundlage für die Erregungsübertragung bildet und in den →Synapsen freigesetzt wird wie Adrenalin, Acetylcholin. →Botenstoffe.

Nichtdirektive Psychotherapie. Alternative Bezeichnung für →Gesprächspsychotherapie.

Nichtreaktive Messverfahren. Beobachtung einer →Versuchsperson, ohne dass diese davon Kenntnis hat.

Nikotin. Pflanzengift, das aus der Tabakpflanze gewonnen wird. Nikotin geht beim Rauchen von Tabakprodukten teilweise in den Körper über. Eine gesundheitsschädigende Wirkung entsteht durch die von Nikotin ausgelöste Kontraktion der Blutgefäße, dem damit verbundenen Absinken der Körpertemperatur sowie der Erhöhung des Blutdrucks und der Herzschlagfrequenz. Des Weiteren steigt bei Rauchern der Cholesterinspiegel, womit eine Verkalkung der Arterien gefördert werden kann. Nikotin wirkt anregend und ausgleichend auf das →Nervensystem, es kommt daher zu einer stärkeren Ausschüttung von →Adrenalin und →Noradrenalin. Diese Folgeerscheinung ist ursächlich dafür, dass Nikotin zur →Abhängigkeit führt.

Niveautests. →Powertests.

NLP. Abkürzung für →Neurolinguistisches Programmieren.

Noktambulismus. →Schlafwandeln.

Nominalskala. Methode innerhalb der →empirischen Sozialforschung, die dazu dient, Merkmale zu klassifizieren. Eine Nominalskala erlaubt keine Berechnungen, sondern dient dazu, eindeutige Zuordnungen vorzunehmen. So kann eine Versuchsperson mit dem Merkmal X (z. B. weiblich) die Ziffer 1 erhalten, eine weitere Versuchsperson mit dem Merkmal Y (z. B. männlich) die Ziffer 2.

Nomothetisch. Vorgehen in der Wissenschaft, wobei das Erkenntnisinteresse im Gegensatz zur →idiografischen Wissenschaft darauf konzentriert ist, allgemeine Gesetzmäßigkeiten zu untersuchen und zu beschreiben. Unter den Teilgebieten der Psychologie kann z. B. die →Allgemeine Psychologie als eine nomothetische Wissenschaft angesehen werden.

Non-compliance. Im Gegensatz zu →Compliance bezeichnet der Begriff die mangelnde Bereitschaft des Patienten, den therapeutischen Prozess zu unterstützen (z. B. durch das Nichtbeachten von Verhaltensratschlägen).

Nondeklaratives Gedächtnis. Wissen, das zwar im Gedächtnis Spuren hinterlassen hat, aber sich im Gegensatz zum →deklarativen Gedächtnis nicht in Worte fassen lässt.

Nonparametrische Verfahren. Begriff aus der →Statistik für eine Klasse von Auswertungsverfahren, welche im Gegensatz zu den parametrischen (verteilungsgebundenen) Verfahren weder eine bestimmte Verteilung des zu messenden Merkmals in der Population noch eine große Stichprobe voraussetzen. Weiter können sie bei niedrigem Datenniveau (Nominal- oder Ordinaldaten) eingesetzt werden. Zu den gängigen nonparametrischen (verteilungsfreien) Verfahren gehören z. B. der U-Test von Mann-Whitney oder der Wilcoxon-Test.

Non-Rapid-Eye-Movement. NREM. Phase des Schlafes, in der keine →Rapid-Eye-Movements (REM) auftreten. Als NREM- Schlaf wird die Phase zwischen dem Einschlafen und der ersten REM-Phase bezeichnet, sowie die Zeitspanne zwischen zwei REM- Phasen.

Nonverbale Kommunikation. Botschaften und Informationen, die nicht verbalisiert werden, sondern über die →Körpersprache einer Person ausgedrückt und vermittelt werden. →Kommunikation.

Noradrenalin. Wichtiger →Botenstoff, der vor allem im Nebennierenmark, dem Stammhirn und an den Enden des Sympathikus gebildet wird. Noradrenalin wird ebenso wie →Adrenalin bei Stress erzeugt und sorgt für die Verringerung der durch das Adrenalin ausgelösten Reaktionen.

Norm. 1. Allgemeine Bezeichnung für gesellschaftliche Regeln, Maßstäbe und Richtlinien, die eine Orientierungshilfe für das eigene Wertesystem und Verhalten darstellen. 2. In der Statistik wird der am häufigsten auftretende Wert hinsichtlich eines →Merkmals als Norm bezeichnet. Als normal gilt das, was am häufigsten auftritt. 3. In der →Sozialpsychologie die üblichen Formen sozialen Verhaltens, die den alltäglichen Umgang von Menschen untereinander in einer Gesellschaft regeln. Normen werden im Verlauf der →Sozialisation durch die Gesellschaft vermittelt. Je früher eine Konfrontation mit gesellschaftlichen Normen erfolgt, desto größer ist die Wahrscheinlichkeit, dass es zu einer →Verinnerlichung der Normen kommt. Ihre Nichteinhaltung wird i. d. R. mit unterschiedlichen Sanktionen belegt.

Normalverteilung. Synonym: Gauß-Verteilung, Glockenkurve. Begriff aus der →Statistik für eine Häufung von Mittelwerten. Eine Normalverteilung entsteht, wenn die ein Merkmal verursachenden Faktoren zahlreich, voneinander unabhängig und in ihren Zusammenwirken additiv sind. Da Mittelwerte bei der Erhebung von Daten i. d. R. häufiger vorkommen als Extremwerte, ergibt die Normalverteilung die Form einer Glockenkurve. Sie wird nach ihrem Erfinder, dem Mathematiker Carl Friedrich Gauß (1777–1855), auch als Gauß'sche Kurve bezeichnet.

Nosomanie. Wahnhafte Einbildung, an einer Krankheit zu leiden, obwohl kein derartiger Befund vorliegt. →Hypochondrie.

Nosophobie. Starke Furcht, an einer Krankheit zu leiden oder zu erkranken. →Hypochondrie.

Nullhypothese. →Hypothese.

Null-Summen-Spiel. Bezeichnung aus der →Spieltheorie für eine Spielanordnung, bei der ein Spieler das gewinnt, was der Mitspieler verliert. Die Summe des Gewinns und des Verlustes ergibt also genau null.

Numerus clausus. Begrenzung der Zulassung von Studierenden für einen Studiengang.

Nymphomanie. Gesteigertes Bedürfnis von Frauen nach sexuellem Kontakt, dem eine psychische Störung zugrunde liegt. Entspricht beim Mann der so genannten „Satyrasis".

O

Objekt. 1. Allgemeine Bezeichnung für einen Gegenstand. 2. In der Psychoanalyse wird der Begriff für Menschen oder Dinge verwendet, auf die sich die →Libido richtet und die sich außerhalb des eigenen →Selbst befinden (z. B. „Liebesobjekte").

Objektbesetzung. Nach Sigmund →Freud bezeichnet der Begriff die Besetzung von Objekten (Personen und Dinge) mit →Libido, im Gegensatz zur libidinösen Besetzung des eigenen Ich (→Narzissmus) oder des eigenen Körpers und seiner erogenen Zonen (Autoerotismus).

Objekterkennung. Begriff aus der →Wahrnehmungspsychologie. Um ein →Objekt erkennen zu können, werden die von ihm ausgehenden →Reize mit bereits im Gedächtnis vorhandenen und gespeicherten Informationen verglichen.

Objektive Psychologie. Oberbegriff für Richtungen der Psychologie, die sich auf objektiv beobachtbares oder messbares Verhalten beschränken, im Gegensatz zu Richtungen, die allein auf →Introspektion beruhen, wie etwa die →Psychoanalyse. Die Objektive Psychologie ist ein Vorläufer des →Behaviorismus.

Objektive Tests. Im Gegensatz zu →projektiven Tests stellen objektive solche dar, die nach exakt festgelegten Kriterien ausgewertet werden und das Gütekriterium der →Objektivität erfüllen. Auf diese Weise wird ausgeschlossen, dass in die Auswertung →Meinungen, →Empfindungen, →Einstellungen und →Vorurteile der Person einfließen, die mit der Testauswertung bzw. Testdurchführung beauftragt ist.

Objektivität. Sachlichkeit. Durch Objektivität wird verhindert, dass Urteile oder wissenschaftliche Erkenntnisse durch subjektive Meinungen oder Vorurteile verfälscht werden. Man unterscheidet drei Arten von Objektivität: Die Durchführungs-, Auswertungs- und Interpretationsobjektivität. Neben →Validität und →Reliabilität stellt Objektivität eines von drei Gütekriterien dar, die erfüllt sein müssen, wenn ein Test wissenschaftlichen Ansprüchen genügen soll. Das Gegenteil von Objektivität ist →Subjektivität.

Objektpermanenz. Objektpermanenz ermöglicht es dem Kind, zu erkennen, dass Dinge auch dann noch existieren, wenn sie von ihm nicht wahrgenommen werden, weil sie beispielsweise abgedeckt wurden. Das Bewusstsein von der Objektpermanenz bildet sich im Kontext mit der Intelligenz- und →Denkentwicklung bis zum zweiten Lebensjahr heraus. Diese Entwicklung wurde detailliert von Jean →Piaget beschrieben.

Objektrepräsentanz. Begriff aus der Psychoanalyse. Objektrepräsentanz ist ein inneres Bild, das ähnlich wie ein →Imago im Laufe der Kindheit entsteht, und Erfahrungen mit einem →Objekt oder Anteile eines solchen darstellt. Dieses innere Abbild dient dem Kind dazu, die Abwesenheit seiner →Bezugspersonen emotional bewältigen zu können. Für den Heranwachsenden und den Erwachsenen stellt Objektrepräsentanz die Grundlage dar, die eine beständige und von der aktuellen Erfahrung unabhängige Bezogenheit auf die Umwelt und andere Menschen gewährleistet. Ihr Vorhandensein schafft z. B. die Voraussetzung, um sich in einer unangenehmen Konfliktsituation einer anderen Person vertrauensvoll zuwenden zu können.

Objektspaltung. →Abwehrmechanismus, bei dem eine andere Person entweder ausschließlich als „gut" oder als „böse" empfunden wird und somit keine differenzierte Wahrnehmung mehr möglich ist. Objektspaltungen treten z. B. häufig im Zusammenhang mit →Borderline-Störungen auf. Siehe auch →Frühstörung.

Objektverlust. Psychoanalytischer Begriff für den Verlust einer →Bezugsperson durch Trennung, Tod oder emotionale Abwendung. Da eine Bezugsperson für das psychische Gleichgewicht eines Kindes absolut notwendig ist (→Bindung), bleibt in jedem Menschen auch im Erwachsenenleben eine tiefgehende Angst vor dem Verlust von Menschen, die als emotional bedeutsam erlebt werden, erhalten. Im Kindesalter kann sich diese Furcht auch auf Gegenstände beziehen, da diese für ein Kind u. U. die Bedeutung von →Objekten annehmen können (z. B. ein Spielzeug, bei dessen Verlust heftige Reaktionen zu beobachten sind).

Objektwahl. Nach Auffassung von Sigmund →Freud ist das Kind ca. mit Beginn des zweiten Lebensjahres in der Lage, sich gezielt denjenigen Personen zuzuwenden, von denen es sich besonders liebevoll behandelt fühlt, z. B. dem Vater oder der Mutter (infantile Objektwahl). Bei der Objektwahl im Erwachsenenalter, also der Partnerwahl, werden i. d. R. unbewusst Verhaltensmuster wiederholt, die in der Beziehung zum ersten „Objekt" eine Rolle spielten.

Ödipale Phase. In der Theorie der Psychoanalyse die dritte Stufe der

→psychosexuellen Entwicklung im Kindesalter.

Ödipuskomplex. Phase der →psychosexuellen Entwicklung. Der Ödipus-Komplex tritt in der frühen Zeit der →genitalen Phase auf. Demnach entstehen im Unbewussten des Jungen in dieser Kindheitsphase (ca. zwischen dem 3. bis 5. Lebensjahr) sexuelle Wünsche gegenüber der Mutter und eine →Konkurrenz mit dem Vater. Dieser wiederum kann als übermächtig erlebt werden, sodass der Junge die Furcht entwickelt, von seinem Vater kastriert zu werden (→Kastrationskomplex). Deshalb werden die sexuellen Wünsche gegenüber der Mutter schließlich verdrängt, was zur Einleitung der →Latenzphase führt. Analog dazu war Freud der Auffassung, dass das Mädchen unbewusst den Vater begehrt und sich von diesem ein Kind wünscht (Elektra-Komplex). Die Nichtbewältigung dieses Konflikts kann im Erwachsenenalter zu psychischen Störungen und →Neurosen führen. Dieses Konzept Freuds ist inzwischen umstritten, da es in einer Zeit entstand, für die eine Tabuisierung der Sexualität charakteristisch war. Im Kontext mit dem Bekanntwerden der Häufigkeit des innerfamiliären →sexuellen Kindesmissbrauchs in den 1980er-Jahren wurde erneut der Entstehungshintergrund des Ödipus-Komplex thematisiert, da Freud zuvor in der →Verführungstheorie selbst die Tatsache des sexuellen Kindesmissbrauchs eingeräumt hatte (siehe auch Alice →Miller). Die Bezeichnung Ödipus-Komplex ist von der griechischen Sage um König Ödipus abgeleitet, der unwissentlich seinen Vater tötete und seine Mutter heiratete.

Offener Unterricht. Form der Unterrichtsgestaltung, die ein selbstständiges und erfahrungsorientiertes Lernen ermöglicht. So kann z. B. im Rahmen von Projekten der Lernstoff von Schülern weitgehend selbst erarbeitet werden.

Ohnmacht. 1. Medizinischer Begriff für einen vorübergehenden Zustand der Bewusstlosigkeit (→Bewusstseinsstörungen). 2. Gefühl, das entsteht, wenn einer Person bewusst wird, dass sie mit ihrem Verhalten auf eine Situation keinen Einfluss nehmen kann, obwohl dies von ihr gewünscht wird (Ohnmachtsgefühl). Man spricht z. B. von ohnmächtiger Wut, wenn diese Gefühlsäußerung keine Reaktionen oder Auswirkungen nach sich zieht.

Okkultismus. Lehre von Kräften, die im Unbekannten und Verborgenen wirken, und zu denen Anhänger des Okkultismus Zugang suchen. Im Mittelpunkt steht dabei die Beeinflus-

sung mechanischer Vorgänge durch psychische Kräfte, die anhand physikalischer oder wissenschaftlicher Gesetzmäßigkeiten weder erklärbar noch beweisbar sind. Zu diesen Praktiken zählen z. B. das Gläserrücken oder das Kartenlegen, um die Zukunft vorauszusagen. Aus psychologischer Sicht lassen sich okkulte Praktiken mit dem Wunsch nach →Macht interpretieren.
In Europa traten okkulte Vorstellungen erstmals nach der Französischen Revolution auf. In den 1990er-Jahren wurden entsprechende Praktiken im Zusammenhang mit der New-Age-Bewegung wieder populär (Tarot-Karten, Pendeln, Heilen mit Edelsteinen, etc.).

Ökologische Psychologie. Auch Umweltpsychologie. Teilgebiet der →Sozialpsychologie, das die Beziehung von Menschen zu ihrer Umwelt und die sich daraus ergebenden Auswirkungen auf ihr Erleben und Verhalten untersucht. Dazu gehört z. B. die Beschäftigung mit den Auswirkungen der Städteplanung und des Wohnungsbaus auf das soziale Zusammenleben und die Wirkungen, die von der unmittelbaren räumlichen Umgebung ausgehen. Zudem untersucht die Ökologische Psychologie die Auswirkungen von Umweltbelastungen (z. B. Autoverkehr, Elektrosmog) auf die Psyche des Menschen und beschäftigt sich mit der kognitiven und emotionalen Verarbeitung des Wissens um entstandene Umweltschäden und um die Gefährdung der natürlichen Lebensgrundlagen des Menschen.
Die Forderung, Umweltaspekte in die Psychologie mit einzubeziehen, wurde von Psychologen erstmals im Jahr 1924 erhoben. Bereits 1909 hatte der Biologe Jacob von Uexküll postuliert, dass die Umwelt nicht nur hinsichtlich ihrer physikalischen Eigenschaften von Bedeutung ist, sondern einen Lebensraum darstellt, der vom Menschen aktiv wahrgenommen wird (→Merkwelt) und auf den er Einfluss nimmt (→Wirkwelt, siehe auch →Funktionskreis). In den 1970er-Jahren wurde eine Unterscheidung zwischen Umwelt- und Ökopsychologie eingeführt, wobei die Umweltpsychologie allein die Untersuchung von Problemen im Zusammenhang mit Umweltbelastungen als Aufgabe haben sollte, während der Ökopsychologie die Untersuchung von allgemeinen Umweltauswirkungen auf das menschliche Erleben vorbehalten bleiben sollte. Da diese Unterscheidung nur noch gelegentlich vorgenommen wird, gelten beide Begriffe inzwischen wieder als gleichbedeutend.

Okzipital. Zum hinteren Bereich des Schädels gehörend.

Olfaktorisch. Den Geruchssinn betreffend.

Oligophrenie. Allgemeinste Bezeichnung für geistige Unterentwicklung. Früher häufig als „Schwachsinn" bezeichnet. Siehe auch →geistige Behinderung.

Omnibus-Test. Bezeichnung für einen unspezifischen Signifikanztest, der nur das Urteil erlaubt, ob überhaupt Unterschiede, z. B. zwischen Mittelwerten, bestehen.

Omnipotenzgefühl. →Allmachtsgefühl.

Onanie. →Selbstbefriedigung.

Oneirologie. →Traumdeutung.

Ontogenese. Bezeichnung für die Entwicklung des einzelnen Individuums von der Eizelle bis zum Tod, im Gegensatz zur →Phylogenese (Entwicklung der Art).

Operantes Konditionieren. Teil der behavioristischen →Lerntheorie, der auf Experimente von Burrhus F. →Skinner zurückgeht. Operantes Konditionieren beruht auf der Grundannahme, dass jeder Organismus versucht, Verhalten zu vermeiden, das für ihn mit negativen Konsequenzen verbunden sein könnte. Umgekehrt wird angenommen, dass dasjenige Verhalten von Lebewesen bevorzugt wird, welches angenehme Folgen nach sich zieht. Diese Zusammenhänge untersuchte Skinner mit einer Versuchsanordnung, bei der er die Reaktionen von Tieren auf spezifische Reize in der so genannten Skinner-Box beobachtete. In einem speziell dafür eingerichteten Versuchskäfig wurden Tiere zunächst beobachtet, um festzustellen, wie häufig ein bestimmtes Verhalten natürlicherweise auftritt. In einem zweiten Schritt wurde dieses Verhalten z. B. mit Futter belohnt, was dazu führte, dass das Tier dasselbe Verhalten häufiger zeigte. Operantes Konditionieren stellt eine Form des →Lernens durch →Verstärkung dar.

Operational. Sich auf Handlungen beziehend.

Operationalisierung. Bezeichnung für die Festlegung von Kriterien zur empirischen Erfassung eines theoretischen Konstrukts (Begriffes), welches in der Regel nicht direkt beobachtbar ist. Die Operationalisierung eines Begriffs erfolgt durch eine operationale Definition, durch die Begriffe auf das Beobachtbare zurückgeführt und die Bedingungen festgelegt werden, welche für das Auftreten eines Sachverhalts erforderlich sind. Operationalisierungen sind notwendig, um aus einer zu prüfenden Hypothese oder Theorie Aussagen über beobachtbare Sachverhalte ableiten zu können. Beispiel: Die Schichtzugehörigkeit der Befragungspersonen wird anhand der Antworten auf eine Frage nach der beruflichen Stellung operationalisiert.

Operationalismus. Wissenschaftstheorie, die besagt, dass Begriffe und Theorien von den Untersuchungsbedingungen ausgehend betrachtet werden müssen, also durch die →Methoden bestimmt sind. Um wissenschaftliche Standards aufrechtzuerhalten, soll zudem keine Beschreibung des Objekts erfolgen, sondern eine Beschreibung hinsichtlich der Durchführung der →Operation.

Operations research. Unternehmensforschung. Forschungsmethode, die im Bereich der Wirtschaftspsychologie (→Arbeits-, Betriebs- und Organisationspsychologie) zur Anwendung kommt. Dazu werden Daten erhoben und Faktoren ausfindig gemacht, die sich im System eines Unternehmens gegenseitig beeinflussen, um daraus statistische und mathematische Modelle zu entwerfen. Mit deren Hilfe lassen sich verschiedene Zukunftsszenarien ableiten. Diese wiederum werden als Grundlage für wichtige Unternehmensentscheidungen genutzt.

Opfer. 1. Bezeichnung für eine Person, die psychischer oder physischer →Gewalt ausgesetzt ist oder war (z. B. →Vergewaltigung, →Mobbing, Raubüberfall). Häufig sind solche Erlebnisse mit starken seelischen Belastungen verbunden, in deren Folge es zu Angststörungen, →Depressionen oder einer →posttraumatischen Belastungsstörung kommen kann, sodass zur psychischen Bewältigung einer solchen Erfahrung psychotherapeutische Hilfe notwendig wird.
2. In der Psychoanalyse Bezeichnung für eine Rolle, mit der eine Person innerhalb zwischenmenschlicher Beziehungen keine Verantwortung für ihr eigenes Handeln übernimmt, sondern diese vollständig an den Beziehungspartner übergibt. Das Opfer kann sich als wehrlos und unschuldig erleben, während es unter dem Verhalten des anderen leidet, z. B. unter der Alkoholabhängigkeit des Partners (→Co-Abhängigkeit). Aus Sicht der Tiefenpsychologie erfüllt die Rolle des Opfers eine psychische Entlastungsfunktion, wodurch Ängste, die mit der Übernahme von Verantwortung für das eigene Leben verbunden sind, vermieden werden können (z. B. die Befürchtung, als egoistisch zu erscheinen und abgelehnt zu werden).

Opferforschung. Viktimologie. Teilgebiet der Kriminologie, das sich mit den Beziehungen zwischen Verbrechensopfer und Verbrecher befasst. Innerhalb der Opferforschung werden die psychischen Folgen einer Straftat für die →Opfer untersucht, Verhaltensratschläge zum besseren Schutz vor Straftaten entwickelt und neue Formen des Ausgleichs zwischen Opfern und Tätern erprobt.

Opiate. Bezeichnung für Medikamente und Drogen, die Opium oder chemische Stoffe, die dem Opium ähnlich sind, enthalten. Dazu zählen →Heroin, →Morphium und →Methadon. Aufgrund ihrer →Abhängigkeit erzeugenden Wirkung unterliegen Opiate dem Betäubungsmittelgesetz. Morphium und Methadon werden nur unter strenger ärztlicher Kontrolle zur Schmerzlinderung bzw. als Drogenersatzstoff eingesetzt.

Opium. Droge, die aus der unreifen Kapsel des Schlafmohns gewonnen wird, indem der darin enthaltene Saft getrocknet und anschließend geknetet wird. Opium hat, niedrig dosiert, Schmerz lindernde Wirkung, die bereits im Altertum bekannt war, höher dosiert führt es zu euphorischen Zuständen. Im 18. Jahrhundert wurde Opium von Indien aus weltweit an Ärzte und Apotheker verkauft. 1909 wurde der Konsum von Opium, außer zu medizinischen Zwecken, in vielen Ländern verboten, da die Droge zu →Abhängigkeit und bei häufig unbemerkter Überdosierung zum Tod führt.

Oppel-Täuschung. Geometrische Wahrnehmungstäuschung, bei der eine Linie, die unterteilt ist, länger erscheint als eine Linie von gleicher Länge, die keine Unterteilungen aufweist.

Optimismus. Im Gegensatz zum →Pessimismus bezeichnet Optimismus eine Lebensauffassung, die grundlegend lebensbejahend ist, zukünftige Ereignisse von der guten Seite betrachtet und auf einen positiven Ausgang hofft.

Optische Täuschung. Eine Form der →Wahrnehmungstäuschung, bei der das Gesehene nicht mit den äußeren Gegebenheiten übereinstimmt.

Orale Phase. In der Theorie der Psychoanalyse stellt die orale Phase den ersten Abschnitt der →Entwicklung des Kindes dar, der bis zur Beendigung des ersten Lebensjahres andauert. Die sexuelle Energie wird hierbei auf die Mundregion konzentriert, ein Lustgewinn wird durch Lutschen und Saugen erreicht. Ein weiteres Kennzeichen der oralen Phase ist die Funktion des Einverleibens und die Entwicklung von Urvertrauen und Urmisstrauen sowie die Fähigkeit, zwischen sich und der Mutter zu unterscheiden.

Oralraum. Physischer Raum, in dem sich der Säugling selbstständig orientieren kann. Während der →oralen

Phase sucht er nach Gegenständen, die ihm orale Befriedigung verschaffen. Siehe auch →Greifraum.

Ordinalskala. Bezugssystem beim Messen von Leistungen, wie z. B. das Notensystem in der Schule, das dazu dient, eine Rangfolge für die unterschiedlichen Ergebnisse festzulegen. Die Ordinalskala wird auch als Rangskala bezeichnet. Siehe auch →Nominalskala, →Intervallskala.

Organisationsentwicklung. Abkürzung: OE. Absichtliche und bewusst gesteuerte Veränderung einer Organisation von einem aktuellen Zustand (Ist) hin zu einem gewünschten Zustand in der Zukunft (Soll). Im Unterschied zur →Arbeitsgestaltung an einzelnen Arbeitsplätzen geht es bei der OE in der Regel um die Veränderung größerer Einheiten der Organisation (Abteilungen, Unternehmensbereiche oder gesamte Organisation). Unterschieden werden personale Ansätze (Maßnahmen der Aus- und Weiterbildung zur Verbesserung der Qualifikation) und strukturelle Ansätze (Maßnahmen zur Veränderung der Arbeitsstrukturen und der Technologie). Interventionsmaßnahmen der OE werden in der Regel in einem längerfristigen Prozess auf Basis einer Organisationsanalyse umgesetzt.

Organisationspsychologie. Teilgebiet der angewandten Wirtschaftspsychologie, das sich mit organisatorischen Voraussetzungen der Arbeit beschäftigt bzw. damit, welche Wirkung diese auf das interaktive Verhalten von Menschen in Organisationen sowie auf deren Arbeitsertrag haben. Siehe auch →Arbeits-, Betriebs- und Organisationspsychologie.

Organisch bedingte psychische Störung. Psychische Störungen, die auf körperliche Ursachen zurückzuführen sind wie etwa Hirnerkrankungen, oder aber biochemische Veränderungen im →Gehirn, z. B. durch Drogenmissbrauch.

Organisches Psychosyndrom. Oberbegriff für Störungen, die durch Schädigungen des →Gehirns hervorgerufen werden und u. a. eingeschränkte Denk- und Gedächtnisfunktionen sowie Orientierungsschwierigkeiten zur Folge haben können.

Organismus. Bezeichnung für ein lebendiges System wie z. B. den Menschen, im übertragenen Sinne aber auch ein soziales Gebilde, das eine Einheit bildet und aus voneinander abhängigen Teilen besteht. Die untrennbar miteinander verbundenen Komponenten müssen zusammen arbeiten, um die Funktionsfähigkeit des Organismus aufrecht zu erhalten.

Organminderwertigkeit. Begriff aus der →Individualpsychologie für subjektiv empfundene oder tatsächlich vorhandene körperliche und organische Mängel einer Person, auf deren Grundlage sich ein →Minderwertigkeitsgefühl entwickeln kann.

Orgasmus. Höhepunkt (Klimax) der sexuellen Lust und Erregung, der durch ein vielschichtiges Zusammenspiel physiologischer und psychischer Aspekte ausgelöst wird und ein Gefühl der Entspannung nach sich zieht. Der Orgasmus verläuft bei Männern und Frauen unterschiedlich: Bei der Frau kommt es zu Kontraktionen der Muskulatur ihrer Vagina sowie des Uterus, beim Mann erfolgt der Samenerguss (Ejakulation). Bei beiden Geschlechtern ist der Orgasmus mit einer erhöhten Durchblutung des Beckenbereichs, einer erhöhten Muskelanspannung des gesamten Körpers und einer verstärkten Atmung verbunden. Während Frauen zu multiplen Orgasmen fähig sind, benötigt der Mann eine Phase der Regeneration, bis er einen erneuten Akt vollziehen und somit einen neuen Orgasmus erleben kann. Bei der Frau wird zwischen dem vaginalen (durch das Eindringen des Penis in die Vagina hervorgerufenen) und dem klitoralen (durch die Stimulation der Klitoris erzeugten) Orgasmus unterschieden. Die →Sexualwissenschaft sieht von dieser Differenzierung allerdings ab, da sie nicht nachgewiesen werden konnte.

Orgasmusstörungen. →Anorgasmie.

Orgontherapie. Auch Vegetotherapie. Eine von dem Psychoanalytiker Wilhelm →Reich entwickelte Therapieform, die später von Alexander →Lowen zur →Bioenergetik weiterentwickelt wurde. Reich ging davon aus, dass es sich bei der Energie, die der →Libido zu Grunde liegt, um eine real messbare physische Kraft handelt, die den →Organismus durchströmt und die er als Orgon bezeichnete. Abhängig davon, auf welcher Stufe der psychosexuellen Entwicklung ein intrapsychischer Konflikt entsteht, der nicht gelöst werden kann und zu einer →Neurose führt, ist dies mit der Entstehung einer spezifischen Panzerung der Körpermuskulatur verbunden. Diese Muskelpanzerungen verhindern, dass die Orgonenergie frei im Körper fließen und die betroffene Person einen vollständigen →Orgasmus erleben kann. Reich versuchte durch ein Einwirken auf die verkrampfte Muskulatur diese Panzerung aufzulösen, wobei der dabei erinnerte lebensgeschichtliche Hintergrund aufgearbeitet wurde. Seiner Auffassung nach ist Heilung dann erfolgt, wenn die Orgonenergie wieder frei im Körper fließen kann. Parallel dazu wird der Patient fähig, einen vollständigen Orgasmus zu erleben (orgastische Potenz), der notwendig ist, um die Organenergie im Körper auszugleichen, sodass diese keine neurotischen Symptome verursachen kann.

Orientierungsreaktion. Begriff aus der Verhaltenstheorie für eine komplexe Reaktionsform, mit der ein Organismus auf neue oder überraschende Umweltreize reagiert. Eine Orientierungsreaktion ist verbunden mit der Hinwendung zum Reiz, einer erhöhten →Aufmerksamkeit, vegetativen und zentralnervösen Aktivitäten sowie der Unterbrechung einer aktuell durchgeführten →Handlung. Die Orientierungsreaktion soll die Bedeutung des auslösenden Reizes entschlüsseln und bereitet den Körper gleichzeitig auf eine Flucht bei einer drohenden Gefahr vor (→Alarmreaktion).

Orthogenetisches Gesetz. Grundsatz, der besagt, dass sich die individuelle Entwicklung nach einer vorgegebenen Ordnung vollzieht, die nicht zufällig ist und in einer Weise stattfindet, in der es fortlaufend zu Differenzierungen kommt, die immer wieder in das Gesamtsystem integriert werden.

Orthogonale Faktoren. Faktoren, die im Rahmen einer →Faktorenanalyse nicht aufeinander bezogen werden können.

Oszillation. In der →Testpsychologie Bezeichnung für unterschiedliche Leistungen ein und derselben Person, wenn diese zu unterschiedlichen Zeitpunkten getestet wird.

Outing. 1. Veröffentlichung der sexuellen Orientierung einer Person gegen deren Willen. 2. Bekanntmachung der eigenen sexuellen Orientierung.

Overachievement. Bezeichnung für Leistungen, die von einer Person erbracht werden und die deutlich über ihrem angenommenen oder durch einen →Intelligenztest festgestellten Leistungsvermögen liegen. Siehe auch →Underachievement.

Overprotection. Englische Bezeichnung für →Überbehütung.

Overt-behavior. Begriff aus dem →Behaviorismus, der sich im Gegensatz zum →Covert-behavior auf ein Verhalten bezieht, das direkt sichtbar ist, z. B. die Gestik.

P

Pädagogik. Erziehungswissenschaft. Theorie und Praxis der Bildung und Erziehung, die auf der Grundlage sozialer Gegebenheiten sowie des Entwicklungsstandes der jeweiligen Zielgruppe Maßnahmen und Methoden entwickelt, um die →Fähigkeiten und →Fertigkeiten von Menschen zu verbessern. Ähnlich wie in der Psychologie bestehen in der Pädagogik verschiedene Richtungen, die auf der Basis eines jeweils spezifischen →Menschenbildes eigene Ansätze entwickelt haben (z. B. →Waldorfpädagogik, Montessori-Pädagogik, Freinet-Pädagogik). Zudem lassen sich Teilbereiche wie Schulpädagogik, Wirtschaftspädagogik, →Sonderpädagogik, Sozialpädagogik (→Soziale Arbeit) oder →Interkulturelle Erziehung unterscheiden. Im letzten Jahrhundert fand eine starke Professionalisierung, Differenzierung und Ausweitung der Pädagogik statt. Pädagogische Maßnahmen erreichen inzwischen alle Altersgruppen (z. B. im Rahmen von Erwachsenen- und Altenbildung) und durchziehen fast alle Lebensbereiche (z. B. als Freizeitpädagogik). Allgemein sind Erziehungsziele und -praktiken einem ständigen, gesellschaftlich bedingten Wandel unterworfen (siehe auch →Kindheit).

Pädagogische Beratung. Form der →Beratung, die sich der Vermittlung von Informationen zur Bildungslaufbahn von Schülern und der Klärung ihrer psychosozialen Probleme widmet. →Schulpsychologie.

Pädagogische Psychologie. Aufgabe der Pädagogischen Psychologie ist die Erforschung psychischer Aspekte des →Lernens und Lehrens. Typische Fragestellungen betreffen etwa die Erforschung der Gesetzmäßigkeiten des Lernens (z. B. →Lernmotivation, Lernprozesse) sowie Möglichkeiten der Messung von Lernerfolgen und der →Intelligenz. In der Praxis werden die Erkenntnisse der Pädagogischen Psychologie z. B. für die Schullaufbahnberatung (→Pädagogische Beratung) und die Entwicklung von Unterrichtsmethoden verwendet. Ein weiterer Teilbereich der Pädagogischen Psychologie befasst sich mit der Erforschung von Erziehungsprozessen, etwa dem Einfluss elterlicher Erziehungsstile auf die Entwicklung der Kinder. Diese Ergebnisse werden z. B. für die Erziehungsberatung genutzt. Ingesamt fließen in die Pädagogische Psychologie zahlreiche Erkenntnisse der →Allgemeinen Psychologie, der →Sozialpsychologie und der →Differenziellen Psychologie ein. Pädagogische Psychologie wird innerhalb des →Psychologiestudiums im Hauptstudium gelehrt.

Päderastie. Form der →Pädophilie, bei der sich die sexuelle Neigung eines erwachsenen Mannes auf Jungen oder männliche Jugendliche bezieht. Das Ausleben dieser Neigung ist strafbar.

Pädophilie. Bezeichnung für die sexuelle Neigung Erwachsener zu Kindern und Jugendlichen, wobei sich diese im Gegensatz zur →Päderastie sowohl auf Jungen als auch auf Mädchen beziehen kann. Da es sich bei der Pädophilie um eine Form des →sexuellen Missbrauchs handelt, wird von Experten (Psychologen, Polizei) auch die Bezeichnung Pädosexualität verwandt.

Paneluntersuchung. Begriff aus der empirischen Sozialforschung, der eine spezielle Form der Längsschnittuntersuchung beschreibt. Dabei werden in bestimmten Zeitabständen an der gleichen Gruppe von Personen dieselben Merkmale erhoben, z. B. mithilfe eines Fragebogens. Auf diese Weise kann u. a. festgestellt werden, ob seit der letzten Befragung Veränderungen in den Einstellungen oder Meinungen dieser Personen stattgefunden haben. Als Panel-Effekt wird die Tendenz von Befragten bezeichnet, bewusst gleiche oder abweichende Antworten zu geben, wodurch jedoch i. d. R. keine Verzerrung der Ergebnisse entsteht.

Panikattacke. Plötzlich auftretende, intensive Angst ohne äußeren Anlass. Panikattacken stellen das →Symptom einer Angststörung dar und werden häufig von körperlichen Beschwerden wie Ohnmachts- und Erstickungsgefühlen oder Beklemmungen begleitet.

Panikreaktion. Auf einen Schreck folgende, heftige Angstreaktion, die entweder eine einzelne Person oder eine Gruppe betreffen kann und z. B. Flucht auslöst. Von Massenpanik spricht man, wenn eine größere Personengruppe in Panik gerät und es zu unüberlegten Handlungen kommt.

Paradigma. Grundlegender Orientierungsrahmen für die Entwicklung von Erkenntnissen in der Wissenschaft (z. B. „Die Erde ist eine Scheibe“). Ein Paradigmenwechsel findet statt, wenn ein neues Paradigma Gültigkeit bekommt („Die Erde ist eine Kugel“). In der Psychologie stellt z. B. die Auffassung, dass psychische Phänomene mit naturwissenschaftlichen Methoden untersucht werden können, ein Paradigma dar.

Paradoxe Intention. In der →Logotherapie angewandte therapeutische Konfrontationstechnik, bei der ein Patient aufgefordert wird, sich derjenigen Situation, die er am meisten fürchtet, bewusst auszusetzen. Die paradoxe Intention wurde von Viktor E. →Frankl entwickelt.

Paradoxe Kommunikation. Botschaften innerhalb der zwischenmenschlichen Kommunikation, die sich widersprechen und die im Extremfall zu →Double-Bind-Situationen führen können.

Parameter. Kennwert. Allgemein Bezeichnung für eine variable oder konstante Größe, die von anderen Größen abhängig ist. In der →Statistik stellen beispielsweise der →Mittelwert, die →Maße der zentralen Tendenz oder die →Standardabweichung wichtige Parameter dar.

Paranoia. Wahn. Durch das Auftreten von Wahnvorstellungen (z. B. →Verfolgungswahn, →Eifersuchtswahn) charakterisierte Form der →Psychose. Als paranoide Persönlichkeitsstörung wird eine psychische Störung bezeichnet, die durch starkes Misstrauen und die Erwartung, von anderen in bösartiger Weise behandelt zu werden, gekennzeichnet ist. Daher wird die Umwelt als feindselig und aggressiv wahrgenommen.

Paraphilie. Formen des Sexualverhaltens, die von der Gesellschaft als anormal angesehen werden, für die betroffenen Personen jedoch die einzige Möglichkeit zur Erlangung sexueller Befriedigung darstellen. Dazu zählen z. B. →Exhibitionismus, →Fetischismus oder →Pädophilie. Der Begriff Paraphilie löst die frühere Bezeichnung Perversion ab.

Parapsychologie. Metapsychik. Aufgabe der Parapsychologie ist es, Phänomene wie Tele- und Psychokinese, →Okkultismus oder Magie mit wissenschaftlichen Methoden zu untersuchen. Der einzige Lehrstuhl für Parapsychologie in Deutschland befindet sich in Freiburg im Breisgau und wurde 1950 von dem deutschen Psychologen Hans Bender eingerichtet. Die wissenschaftliche Auseinandersetzung mit parapsychologischen Phänomenen begann Ende des 19. Jahrhunderts in England. In den 30er-Jahren folgte die Errichtung eines entsprechenden Laboratoriums in den USA, wo der Begriff „Psi“ geprägt wurde. Er bezeichnet die Kraft, die hinter einigen der parapsychologischen Erscheinungen vermutet wird.

Parasomnie. →Schlafstörungen.

Parasympathikus. Teil des →vegetativen Nervensystems, von dem insbesondere die regenerativen Körperprozesse gesteuert werden, z. B. Verdauung und Entspannung.

Parkinson-Krankheit. Schüttellähmung, Morbus Parkinson. Neurologische Erkrankung, die durch →Zittern der Hände, Muskelsteifheit sowie Geh- oder Gleichgewichtsstörungen gekennzeichnet ist. Die Krankheit beginnt mit Müdigkeit und →Depressionen sowie Empfindungsstörungen an Armen und Beinen. Während die Störungen zunächst nur eine der beiden Körperhälften betreffen, zeigen sich die Symptome im weiteren Krankheitsverlauf auch in der anderen Körperhälfte. Parallel dazu findet im Gehirn ein allmählicher Zellabbau in der Substantia nigra, einer Nervensubstanz, statt.

Die Ursachen für die Entstehung der Parkinson-Krankheit sind noch nicht vollständig geklärt. In Betracht gezogen werden Erbfaktoren und ein Mangel des im →Gehirn vorkommenden →Botenstoffes Dopamin. Die Krankheit wurde nach dem englischen Arzt James Parkinson benannt, der sie erstmals 1817 beschrieb.

Parsons, Talcott. Amerikanischer Soziologe (1902–1979), der wichtige Modelle sozialen Handelns entwickelte und als einer der einflussreichsten Sozialwissenschaftler der jüngsten Vergangenheit gilt (siehe auch →Pattern-Variables).

Partialtrieb. Von Sigmund →Freud eingeführte Bezeichnung für die einzelnen Phasen der →Libido (→orale Phase, →anale Phase, →genitale Phase), die sich erst in der genitalen Phase zu einem einheitlichen Trieb, dem Geschlechtstrieb, verbinden.

Partnerschaft. Zwischenmenschliche Beziehung, die auf Gleichberechtigung, Dauerhaftigkeit und einer gemeinsamen Übernahme von Verantwortung beruht. Eine Partnerschaft kann sowohl privaten (Liebesbeziehung, Ehe) als auch beruflichen Charakter haben (gemeinsame Firmengründung).

Partnertherapie. Auch Paartherapie. Gemeinsame psychotherapeutische Behandlung von Personen, die in einer Paarbeziehung zusammenleben. Eine Partnertherapie kann notwendig werden, wenn psychische Probleme bestehen, von denen beide Partner betroffen oder die auf eine gestörte →Kommunikation innerhalb der Partnerschaft zurückzuführen sind. Zu den häufig angewendeten Verfahren gehören gesprächspsychotherapeutische, psychoanalytische oder verhaltenstherapeutische sowie systemische bzw. kommunikationstherapeutische Methoden. Während die gesprächspsychotherapeutisch und tiefenpsychologisch orientierten Partnertherapien (siehe auch

→Kollusion) eine Klärung der individuellen Schwierigkeiten beider Partner anstreben, die zur Verbesserung ihrer Beziehung beitragen soll, hat eine Partnertherapie auf Grundlage der Verhaltenstherapie das Ziel, dem Paar neue Problemlösungsstrategien und Konfliktlösungsmuster zu vermitteln. Der systemische bzw. kommunikationstherapeutische Ansatz konzentriert sich auf die Verbesserung der Kommunikation des Paares und will auf diese Weise langfristig zu einer Veränderung in der Paarbeziehung beitragen. Partnertherapien werden häufig von zwei Therapeuten begleitet (→Kotherapeut).

Partnerwahl. Wahl eines Lebens- oder Sexualpartners. Bevorzugt werden dabei Personen, die eine große →Affinität zur eigenen Persönlichkeit (Homogamie) aufweisen. Nach psychoanalytischer Auffassung wird die Partnerwahl von unbewussten Motiven bestimmt, was dazu führt, dass die Wahl häufig auf eine Person fällt, die Ähnlichkeiten mit einer der primären →Bezugspersonen aufweist. Kommt es zu Störungen innerhalb einer Partnerschaft (z. B. →Kollusion), kann eine →Partnertherapie zur Klärung der Konflikte beitragen.

Patchwork-Identität. Begriff aus der →Sozialpsychologie. Er bezeichnet die für die →Postmoderne typische Erscheinung, die eigene →Identität aus einer Vielzahl von Identifikationsfiguren und -modellen aktiv bilden zu können. Ein Beispiel ist das Freizeitverhalten: Waren früher Möglichkeiten der Freizeitgestaltung auf wenige traditionelle Formen beschränkt, besteht heute die Möglichkeit, an verschiedenen kulturellen Ausdrucksformen zu partizipieren. Durch die Möglichkeit, vieles kennen zu lernen und ausprobieren zu können, bleibt die Auseinandersetzung mit den Inhalten oft oberflächlich und es werden z. T. nur Bruchstücke übernommen, die nicht zum Kern einer Person vordringen.

Pathogenese. Entstehung und Entwicklung einer Krankheit oder psychischen Störung.

Pathologie. Lehre von den Krankheiten, ihrer Entstehung und den durch sie hervorgerufenen organischen und anatomischen Veränderungen.

Pattern-Variables. Muster von Handlungsorientierungen, die von Talcott →Parsons entwickelt wurden und eine allgemeine Theorie des sozialen Handelns darstellen. Nach dieser Theorie sind solche Handlungsorientierungen notwendig, weil für komplexe soziale Situationen die angeborenen biologischen Streuungsmöglichkeiten beim Menschen nicht ausreichen. Unterschieden werden folgende fünf Orientierungsmuster: 1. Affektivität vs. Neutralität: Die Handlungsmöglichkeiten einer Person variieren zwischen den Polen Lust und vernünftige Erwägung. 2. Selbstorientierung oder Kollektivorientierung: Die Handlungsmöglichkeiten bewegen sich zwischen den beiden Polen der Verfolgung eigener Interessen und den Interessen, die dem Gemeinwohl dienen. 3. Partikularismus vs. Universalismus: Handlungsmöglichkeiten ergeben sich aus allgemeinen Rollenerwartungen und engen, emotional bestimmten Kontakten. 4. Soziale Anerkennung durch Zuschreibung vs. erbrachte Leistung: Jeder Akteur einer Handlung muss für sich klären, ob er in einer sozialen Situation aufgrund von Zuschreibung oder aufgrund der Einnahme einer professionellen Rolle handelt. 5. Spezifität vs. Diffusität: In einer Interaktion muss der Akteur entscheiden, ob er sich als ganze Person mit einer Funktion und Rolle oder aufgrund mehrerer Funktionen und Rollen einbringt.

Pauli-Test. Leistungstest, bei dem Versuchspersonen aufgefordert werden, über eine längere Zeit hinweg (30 bzw. 60 Minuten) kontinuierlich Zahlen zu addieren. Er wird eingesetzt, um die Rechenfähigkeit von Schülern zu messen, aber auch um Phänomene wie etwa →psychische Sättigung oder Übungseffekte untersuchen zu können.

Pawlow, Iwan Petrowitsch. Russischer Physiologe und Neurologe (1849–1936). Pawlow schuf mit der →klassischen Konditionierung („Pawlow'scher Hund") eine wesentliche Grundlage der →Lerntheorie. Er wurde 1904 mit dem Nobelpreis für Medizin ausgezeichnet.

Peer-Group. Begriff aus der Jugendsoziologie, der die Gleichaltrigengruppe bezeichnet, die in der →Pubertät den Ablöseprozess vom Elternhaus sowie das Erlernen jugendtypischer Verhaltensweisen unterstützt und somit eine wichtige Funktion für die Entwicklung einer eigenen →Ich-Identität übernimmt. Die Peer-Group stellt neben Schule und Familie eine der wichtigsten Sozialisationsinstanzen dar und nimmt hinsichtlich der Anerkennung und Befolgung sozialer Regeln und Normen einen bedeutsamen Rang ein.

Peripheres Nervensystem. Teil des →Nervensystems, das aus Nervenzellen und Nervenbahnen besteht, die den Körper außerhalb von →Gehirn und Rückenmark durchziehen.

Perls, Frederik Solomon. Deutsch-amerikanischer Psychoanalytiker (1893–1970), Begründer der →Gestalttherapie. Veröffentlichungen

u. a.: „Das Ich, der Hunger und die Aggressionen“, „Grundlagen der Gestalt-Therapie“.

Persona. Begriff aus der →Analytischen Psychologie für den Teil der Persönlichkeit, mit dem ein Mensch auf die Umwelt reagiert und der u. a. ein Ergebnis von Anpassungsleistungen darstellt.

Personenzentrierter Ansatz. Umschreibung für die von Carl R. →Rogers entwickelte →Psychotherapie (→Gesprächspsychotherapie) sowie die Übertragung ihrer Grundannahmen auf die Pädagogik bzw. non-direktive Pädagogik. Ein Aspekt dieses Ansatzes ist z. B. ein „schülerzentrierter Unterricht“, bei dem weitgehend selbstbestimmte, autonome Lernprozesse initiiert werden.

Person-Gegenstands-Konzeption. Begriff aus der →Pädagogischen Psychologie, der ausdrückt, dass das →Interesse einer Person an einem Gegenstand keine gleich bleibende Eigenschaft darstellt, sondern immer auch von einem Interaktionsprozess mit der →Umwelt abhängt.

Persönlichkeit. Gesamtheit aller →Eigenschaften einer Person, die für ihr Erleben und Verhalten grundlegend sind und sie dadurch einzigartig machen. Die entsprechenden Persönlichkeitseigenschaften müssen beständig sein, aber nicht immer sichtbar in Erscheinung treten, da einige Merkmale jeweils situationsgebunden auftreten (z. B. →Aggressivität, Ehrgeiz, →Kreativität, Emotionalität). Die Entwicklung der Persönlichkeit erfolgt über die gesamte Lebenszeit hinweg in aktiver Auseinandersetzung mit der Umwelt.

Die wichtigen psychologischen Schulen basieren auf eigenen Persönlichkeitstheorien. So geht z. B. die →Psychoanalyse von einer Dynamik zwischen →Ich, →Es und →Über-Ich (Psychodynamik) aus, die →Humanistische Psychologie hingegen von einer →Aktualisierungstendenz, die den Menschen in Richtung Wachstum und Entfaltung streben lässt. Auf der Grundlage der →Faktorenanalyse haben verschiedene Psychologen im Rahmen der Persönlichkeitsforschung versucht, einzelne Faktoren der Persönlichkeit, die universelle Grunddimensionen darstellen sollen, zu isolieren. Entsprechende Modelle stammen von Raymond B. Cattell, Hans Jürgen →Eysenck und Joy Paul →Guilford. Cattell ermittelte 36 voneinander abhängige Oberflächeneigenschaften, die schließlich auf 16 Eigenschaften zurückgeführt wurden. Diese bilden die Grundeigenschaften. Eysenck's Ansicht nach setzt sich die Persönlichkeit aus drei grundlegenden, unabhängigen Eigenschaften zusammen. Diese sind Extraversion vs. Introversion, Neurotizismus und Psychotizismus. Nach Guilford baut die Persönlichkeit auf eine individuelle Kombination von sieben Merkmalen auf: Bedürfnisse, Interessen, Einstellungen, Temperamente, Eignungen sowie physiologische und morphologische Eigenschaften.

Aktuell wird in der Psychologie das Fünf-Faktoren-Modell („Big Five") favorisiert, das von den amerikanischen Psychologen Paul Costa und Robert McCrae in den 80er-Jahren ebenfalls mithilfe der Faktorenanalyse gewonnen wurde:

Emotionale Sensibilität: ausgeglichen, belastbar, sorgenfrei vs. nervös, ängstlich, unsicher.

Extraversion: gesellig, herzlich, optimistisch vs. zurückhaltend, introvertiert, reserviert.

Offenheit für neue Erfahrungen: zielstrebig, urteilsunabhängig, leistungsbereit vs. unbeweglich, fügsam, konservativ.

Verträglichkeit: kooperativ, mitfühlend, verständnisvoll vs. widerspenstig, egozentrisch, misstrauisch.

Gewissenhaftigkeit: diszipliniert, pünktlich, zuverlässig vs. unsystematisch, gleichgültig, unbeständig.

Persönlichkeitsfragebogen. Fragebogen, mit dem der Ausprägungsgrad von Persönlichkeitseigenschaften anhand der Selbsteinschätzung einer Person ermittelt wird. Um ein differenziertes Bild von einer Person zu erhalten, werden z. B. im Rahmen der Persönlichkeitsdiagnostik häufig mehrdimensionale Skalen verwendet, die sich aus einer →Testbatterie zusammensetzen.

Persönlichkeitspsychologie. Aufgabe der Persönlichkeitspsychologie ist es, allgemeine Modelle zur Beschreibung von Persönlichkeit zu entwickeln, um individuelle Unterschiede erklären zu können. Siehe auch →Differenzielle Psychologie.

Persönlichkeitsstörung. Früh erworbene, dauerhafte Störungen im Erleben und Verhalten, die zu erheblichen sozialen Einschränkungen sowie Einschränkungen in der Leistungsfähigkeit führen. Zu den Persönlichkeitsstörungen zählen etwa die →Borderline-Störung, die histrionische, narzisstische sowie die schizoide Persönlichkeitsstörung. Sie sind in den gängigen →Klassifikationssystemen psychischer Störungen beschrieben.

Persönlichkeitstests. Verfahren, mit denen Persönlichkeitseigenschaften einer Person ermittelt werden, wie z. B. projektive Tests oder →Persönlichkeitsfragebögen.

Persönlichkeitsveränderung. Dauerhafte Veränderungen in der Persönlichkeit, die für die Betroffenen zu sozialen Nachteilen führen. Persönlichkeitsveränderungen können durch →Traumata, Krankheiten oder durch den lang andauernden Gebrauch von →Psychopharmaka und →Drogen ausgelöst werden.

Perspektivübernahme. Fähigkeit, sich in die Situation eines anderen Menschen hineinversetzen zu können und dessen Sichtweise zu übernehmen. Perspektivübernahme ist die Grundvoraussetzung für →soziale Kompetenz. Ist die Fähigkeit zur Perspektivübernahme bei einem Menschen nicht oder nicht ausreichend vorhanden, spricht man von →Egozentrik.

Perversion. Zwanghafte, von der gesellschaftlichen Norm erheblich abweichende Form der Sexualität. In jüngerer Zeit wird hierfür auch der Begriff →Paraphilie gebraucht. Siehe auch →Exhibitionismus.

Perzeptives Lernen. Auch Perzeptuelles Lernen. Aneignung nichtsprachlicher Inhalte durch Wahrnehmungen, die zu Verhaltensänderungen führen, im Gegensatz zu Lernvorgängen, die auf →Sprache und →Kognitionen basieren.

Pessimismus. Einstellung, die im Gegensatz zum →Optimismus auf der Erwartung beruht, dass keine positive Entwicklung der Dinge zu erwarten ist und die ausschließlich die negativen Aspekte von Ereignissen und Umständen betont.

Phallische Phase. Teil der psychosexuellen Entwicklung in der frühen Kindheit, die auch als →genitale Phase bezeichnet wird.

Phänomenologie. Erkenntnislehre, die im Gegensatz zur rein rationalen Erkenntnisgewinnung auf einer intuitiven Betrachtung und sinnlichen Erfahrung der Dinge und ihrer Beschreibung basiert. Auf diese Weise soll das „eigentliche Wesen" der Erscheinungen entdeckt werden. Die Phänomenologie wurde von dem deutschen Philosophen Edmund Husserl (1859–1938) Anfang des 20. Jahrhunderts begründet. Von der Phänomenologie ausgehende Einflüsse haben z. B. zur Entwicklung qualitativer Forschungsmethoden (→qualitative Methoden/Forschung) beigetragen.

Phänomenologische Psychologie. Strömungen innerhalb der →Psychologie, die in Anlehnung an die →Phänomenologie vor allem auf der Beschreibung von psychologischen Erscheinungen basieren und die Analyse von Bewusstseinsstrukturen zum Ziel haben.

Phänotyp. Äußeres Erscheinungsbild. Gesamtheit aller →Merkmale, die bei einem Menschen ausgeprägt sind, im Gegensatz zum →Genotyp, den vorhandenen Anlagen.

Pharmakotherapie. Behandlung psychischer Störungen mit Medikamenten (→Psychopharmaka).

Phobie. Extreme Furcht vor einer bestimmten Situation oder einem Objekt (z. B. vor dem Fliegen, vor Menschenmassen). Menschen, die an einer Phobie leiden, sind im Alltag dadurch häufig Einschränkungen ausgesetzt und können die Angst aus eigener Kraft kaum überwinden. Phobien werden hauptsächlich mit verhaltenstherapeutischen Methoden behandelt (z. B. →Reizüberflutungstherapie).

Phylogenese. Stammesgeschichte. Entwicklung einer Art oder Klasse von Lebewesen im Gegensatz zur →Ontogenese, der Entwicklung des Einzelnen. Die Phylogenese basiert auf dem Prinzip der Wechselwirkung zwischen →Anlage und dynamischer Anpassung an die Umwelt.

Physiologische Psychologie. Biologische Psychologie, Psychobiologie. Aufgabe der Physiologischen Psychologie ist die Untersuchung des Zusammenspiels zwischen Körper- und Organfunktionen sowie dem Verhalten. Die Physiologische Psychologie wird in verschiedene Teilgebiete, etwa →Neurophysiologie oder Sinnesphysiologie, unterteilt.

Piaget, Jean. Schweizer Psychologe und Biologe (1896–1980). Piaget begründete die →Genfer Schule und lieferte bedeutende Beiträge zur Intelligenz-, Sprach- und Moralentwicklung des Kindes. Veröffentlichungen u. a.: „Psychologie der Intelligenz“, „Die Psychologie des Kindes“.

Pilotstudie. Pilot Study. Erstmalige wissenschaftliche Untersuchung eines Gegenstands. Eine Pilotstudie hat die Funktion einer Vorstudie und dient dazu, Fragestellungen einzugrenzen und Hypothesen zu spezifizieren.

PISA-Studie. Abkürzung für Program for International Student Assessment; Internationale Schulleistungsstudie im Auftrag der OECD (Organisation für wirtschaftliche Entwicklung und Zusammenarbeit) mit dem Ziel, im Ländervergleich von 32 Staaten die vorhandenen →Fähigkeiten und →Fertigkeiten von 15-jährigen Schülerinnen und Schülern festzustellen. Die Studie soll Aussagen darüber erbringen, inwieweit Heranwachsende darauf vorbereitet sind, aktiv an der Gesellschaft teilzunehmen und zukünftige Herausforderungen lösen zu können. Im Rahmen der Studie werden Lesekompetenzen sowie mathematische und naturwissenschaftliche Kenntnisse untersucht. Sie verläuft in drei Zyklen, wobei der erste bereits im Jahr 2000 abgeschlossen wurde. Die wichtigsten Ergebnisse lauten: 1. Schüler in Finnland verfügen über die größte Lesekompetenz, während Schüler in Japan und Korea über die besten mathematischen und naturwissenschaftlichen Kenntnisse verfügen. 2. In den drei genannten Ländern ist der Abstand im Leistungsniveau aller Schüler gering, während beispielsweise in Deutschland ein starker Unterschied zwischen leistungsstarken und leistungsschwachen Schülern nachgewiesen werden konnte, der zudem in hohem Maß mit der sozialen Herkunft (→soziale Schicht) korreliert. 3. In vielen Ländern liegen die Jungen hinsichtlich ihrer Lesekompetenz hinter den Mädchen. Umgekehrt verhält es sich bei den Leistungen im Fach Mathematik. 4. In allen drei Leistungsbereichen (Lesen, Naturwissenschaften, Mathematik) erreichten deutsche Schüler im Vergleich mit den anderen Ländern nur den 20. bis 25. Platz.

Placebo. Scheinpräparat. Medikament, das keine medizinischen Wirkstoffe enthält und im Rahmen von Medikamententests eingesetzt wird. Placebos werden einer Kontrollgruppe verabreicht, während an einer anderen Gruppe die Wirkung des Medikaments getestet wird (siehe auch →Blindversuch). Aus psychologischen Gründen sind Placebos in der Lage, eine Verbesserung leichter Symptome hervorzurufen (Placeboeffekt).

Plastizität. Ausmaß der Veränderbarkeit einer Persönlichkeit durch Anpassung, Entwicklung oder gezielte Beeinflussung durch die soziale Umwelt.

Plateaubildung. Auftreten eines Stillstandes im Anstieg von →Lernkurven. Nach Zeiten rascher Übungszunahme folgt dort für einige Zeit kein bemerkenswerter Lernzuwachs. Dieses Phänomen wird sowohl beim Erlernen von Sprachen als auch beim Erlernen motorischer Fertigkeiten beobachtet.

Platzangst. Agoraphobie. Form der →Phobie, bei der im Gegensatz zur →Klaustrophobie eine Furcht davor besteht, sich auf freien Plätzen aufzuhalten.

Poggendorff-Täuschung. Wahrnehmungstäuschung, bei der eine Gerade, die von mehreren schräg verlaufenden Geraden unterbrochen wird, aufgrund einer Winkelverzerrung als seitlich versetzt wahrgenommen wird.

Politische Psychologie. Teilgebiet der psychologischen Forschung sowie der →Angewandten Psychologie. Die Politische Psychologie befasst sich mit den Folgen politischer Entscheidungen und politischer Machtausübung auf menschliches Erleben und Verhalten. Themen der Politischen Psychologie sind z. B. die Erforschung der Entstehung und Dynamik politischer Einstellungen und ihrer Weitergabe während der →Sozialisation. Sie liefert zudem grundlegende Beiträge zur Meinungs- und Vorurteilsforschung sowie zur Friedens- und Konfliktforschung. In ihrer praktischen Anwendung übernehmen Psychologen z. B. die Aufgabe, Behörden, Gesetzgebungsorgane sowie politische Entscheidungsträger zu beraten und an der Entwicklung geeigneter Methoden zur politischen Bildung mitzuarbeiten. Als Grundlagen werden v. a. Erkenntnisse aus der →Sozialpsychologie verwendet.

Poltern. Form der Sprechstörung, die sich in hastigem Sprechen manifestiert und mit Störungen in der Artikulation und Lautbildung sowie Auslassung oder Wiederholung von Worten bzw. Wortteilen verbunden ist (→Sprach- und Sprechstörungen).

Polygraf. Technisches Gerät, mit dem sich mehrere physiologische Reaktionen gleichzeitig aufzeichnen lassen, beispielsweise Puls, Atemfrequenz und Hautwiderstand (→psychogalvanische Reaktion). Polygrafen werden z. B. als →Lügendetektoren eingesetzt.

Pornografie. Darstellung sexueller Handlungen in Printmedien, Filmen oder elektronischen Medien (Internet), wobei die Übergänge zwischen erotischer Kunst und Pornografie fließend sind. Kennzeichnend für pornografische Produkte sind entwürdigende und mit Gewaltakten verbundene Darstellungen von Frauen, da Pornografie i. d. R. von Männern konsumiert wird. Gesetzlich verboten ist die Darstellung von sexuellen Handlungen zwischen Menschen und Tieren und zwischen Erwachsenen und Kindern. Bezogen auf letztere ist in jüngster Zeit eine Zunahme entsprechender Darstellungen zu beobachten, die insbesondere über das Internet Verbreitung finden und eine besonders schwere Form des →sexuellen Missbrauchs darstellen.

Die Erforschung der Auswirkungen von Pornografie hat bisher nur uneinheitliche Ergebnisse erbracht, sodass weiterhin strittig ist, in welchem Maß Pornografie dazu beiträgt, sexualisierte →Gewalt zu erzeugen oder zu verstärken. Die deutlichste Kritik an der Pornografie wird von Feministinnen geübt („Pornografie ist die Theorie, Vergewaltigung die Praxis").

Positivismus. Wissenschaftstheorie, die nur das als Erkenntnis gelten lässt, was unmittelbar zu beobachten ist. Im Bereich der Psychologie ist der

→Behaviorismus dem Positivismus zuzuordnen.

Positivismusstreit. Nachträgliche Bezeichnung für einen theoretischen Disput zwischen Vertretern des →kritischen Rationalismus (Karl Popper) und der →Frankfurter Schule (Theodor W. →Adorno), der 1961 stattfand und die Sozialwissenschaften nachhaltig beeinflusste. Die Streitpunkte bezogen sich auf grundsätzliche Fragen der Wertfreiheit von →Wissenschaft, auf die Möglichkeit oder Unmöglichkeit, einzelne Faktoren und Daten aus einer komplexen gesellschaftlichen Wirklichkeit isolieren zu können sowie auf die gesellschaftliche Verantwortung des Wissenschaftlers für die Verwertung seiner Erkenntnisse.

Postadoleszenz. Lebensphase im Anschluss an die →Pubertät, die den Übergang ins Erwachsenenalter markiert und in modernen Gesellschaften i. d. R. mit einem →psychosozialen Moratorium verbunden ist.

Postmoderne. Bezeichnung für eine Sichtweise der modernen Gesellschaften, die kritisch deren Fortschrittsgläubigkeit und Machbarkeitvorstellungen hinterfragt. So wird im Bezug auf die Psychologie beispielsweise beanstandet, dass aufgrund der vorherrschenden naturwissenschaftlichen Forschungsmethoden unberücksichtigt bleibt, dass der Einzelne im Kontext einer sich verändernden Gesellschaft (→Individualisierung) immer mehr gezwungen ist, seine Identität ständig neu zu konstruieren. Kritiker werfen dieser Denkrichtung vor, sie führe zur Beliebigkeit und zur Auflösung allgemein akzeptierter gesellschaftlicher →Werte. Der Begriff wurde von dem französischen Philosophen Jean-François Lyotard (1924–1998) Ende der 70er-Jahre in die Diskussion eingeführt.

Posttraumatische Belastungsstörung. Posttraumatisches Stresssyndrom. Infolge eines →Traumas auftretende gravierende →psychische Störung. Eine posttraumatische Belastungsstörung ist an folgenden →Symptomen zu erkennen: Ständiges Wiedererinnern des Traumas, Schlafstörungen, Erschöpfungszustände, innere Unruhe und Einschränkung der Konzentrationsfähigkeit. Zudem können Angstzustände, →Depressionen und psychosomatische Störungen auftreten. Oftmals tritt die posttraumatische Belastungsstörung erst Monate nach dem Erleben des Traumas auf. Sie kann mithilfe einer →Psychotherapie behandelt werden.

Power Test. Niveautest. Tests, mit denen das höchst mögliche Niveau der Leistungsfähigkeit einer Testperson festgestellt wird. Im Gegensatz zu →Speed-Tests besteht dabei keine Zeitbegrenzung für die Aufgabenbewältigung.

Prädisposition. Veranlagung, auf deren Grundlage bestimmte →Merkmale oder →Eigenschaften ausgebildet werden können.

Präfigurative Gesellschaft. Von Margaret →Mead beschriebener Wendepunkt im Verhältnis der Generationen, der in der Mitte des 20. Jahrhunderts stattgefunden hat. Demnach lässt sich die bisherige Kulturentwicklung in drei Phasen unterteilen:

Postfigurative Gesellschaft: Werte werden von der Generation der „Alten" an die nachwachsende Generation weitergegeben, ohne hinterfragt zu werden.

Konfigurative Gesellschaft: Das Verhalten der jeweils jungen Generation orientiert sich an dem der Elterngeneration.

Präfigurative Gesellschaft: Bedingt durch einen rapiden gesellschaftlichen Wandel können von der Eltern- und Großelterngeneration Werte nicht mehr verbindlich vorgegeben werden, da diese nicht abschätzen können, wie sich die Gesellschaft weiterentwickeln wird. Es kommt zu einer Umkehr im traditionellen Generationenverhältnis: In der gegenwärtigen und zukünftigen Gesellschaft repräsentieren Heranwachsende die zukünftige Entwicklung (z. B. indem Eltern den Umgang mit elektronischen Medien von ihren Kindern lernen).

Die These von der präfigurativen Gesellschaft impliziert, dass Heranwachsende stärker als bisher zur selbstständigen Auseinandersetzung mit der Umwelt und zum selbstbestimmten Lernen befähigt werden müssen.

Prägung. 1. Zentraler Begriff aus der →Verhaltensforschung für Lernvorgänge, die in einer Phase erfolgen, in der für diesen spezifischen Lernvorgang eine erhöhte Empfindsamkeit des Organismus besteht und der zu später nicht mehr veränderbaren Verhaltensweisen führt. Konrad →Lorenz bezeichnete diese Zeit als „sensible Phase". Erfolgt in dieser Phase der betreffende Lernvorgang nicht, kann er zu einem späteren Zeitpunkt nicht mehr nachgeholt werden. 2. Innerhalb der Psychoanalyse eine von René →Spitz eingeführte Vorstellung, wonach Einflüsse in den ersten drei Lebensjahren stärker als in anderen Phasen der Kindheit für die Entwicklung von Selbstvertrauen und Vertrauen in die Umwelt ausschlaggebend sind.

Pränatale / Perinatale Psychologie. Teildisziplin der Psychologie, die sich mit der Erforschung der wechselseitigen Beziehung zwischen Ungeborenem und Eltern in der Zeit vor (pränatal), während und kurz nach der →Geburt befasst. Ihre Fragestellungen befassen sich z. B. mit der Entstehung der →Bindung zum Kind bei Müttern und Vätern unmittelbar nach der Geburt, den Auswirkungen der pränatalen Diagnostik sowie einer besseren psychologischen Versorgung von Frühgeborenen. Die Pränatale und Perinatale Psychologie wurde in enger Zusammenarbeit mit Medizinern entwickelt und hat in den letzen Jahrzehnten stark an Bedeutung gewonnen. Siehe auch →Geburtstrauma.

Prävention. Vorbeugung. Bezeichnung für eine Vielzahl von Maßnahmen innerhalb des Gesundheitswesens, die dazu dienen, das Entstehen von Krankheiten zu verhindern. Unterschieden wird zwischen primärer, sekundärer und tertiärer Prävention. Primäre Prävention bezieht sich auf die Vorbeugung von Krankheiten, während mit einer sekundären Prävention weitere Negativfolgen verhindert werden sollen, wenn bereits eine Krankheit eingetreten ist. Unter tertiärer Prävention versteht man alle Vorgehensweisen, die der Rehabilitation dienen. Neben medizinischen zählen dazu auch psychosoziale Maßnahmen, z. B. Stärkung von Problemlösungskompetenzen und des sozialen Netzwerkes sowie gesellschaftspolitische Maßnahmen, etwa die Aufklärung über Gesundheitsrisiken.

Prestige. Begriff aus der →Sozialpsychologie für das soziale Ansehen einer Person oder Gruppe. Prestige meint die gesellschaftliche Wertschätzung aufgrund von Sachkompetenz und sozialer Stellung und wirkt meinungsbildend. →Status.

Primärgruppe. Im Gegensatz zur →Sekundärgruppe ist die Primärgruppe i. d. R. die Familie, in die ein Mensch hineingeboren wird und die eine wesentliche Funktion für seine →Sozialisation übernimmt. Charakteristisch für eine Primärgruppe ist eine enge, emotionale Beziehung, von der ein starker Einfluss auf das Verhalten einer Person ausgeht.

Primärprozess. Primärvorgang. Psychoanalytischer Begriff für Prozesse, die im →Unbewussten, also dem →Es ablaufen. Sie zeigen sich z. B. in →Träumen oder →Fehlhandlungen und unterliegen dem →Lustprinzip, während der →Sekundärprozess vom →Bewusstsein und vom →Realitätsprinzip bestimmt wird.

Primärtherapie. Auch Urschreitherapie. Eine auf den amerikanischen Psychologen Arthur →Janov zurückgehende Form der →Psychotherapie, die in emotionalen Verletzungen und den daraus resultierenden Überlastungen des kindlichen Organismus während der Geburt und in der frühen Kindheit die Ursachen psychischer Störungen sieht. Nach Janovs Ansicht kann der Zusammenprall zwischen den Bedürfnissen des Kindes und erzieherischen Normen so gravierend sein, dass das Kind, um psychisch zu überleben, Gefühle und Empfindungen abspalten muss. In der Theorie der Primärtherapie hat dieser Spaltungsvorgang eine Entsprechung auf der neurophysiologischen Ebene, da die abgespaltenen Gefühle als eingekapselte Nervenimpulse bestehen bleiben und den Organismus in einen anhaltenden Spannungszustand versetzen. Heilung kann dann erfolgen, wenn schmerzhafte Gefühle ausagiert werden können, z. B. durch Schreien oder Weinen.

Primitivreaktion. Auch Kurzschlusshandlung. Undifferenzierte Verhaltensweisen und Reaktionen, die weit unterhalb des psychischen Entwicklungsniveaus einer Person liegen, z. B. aufgrund affektiver Erregung (Wutanfall).

Probabilismus. Lehre, nach der wissenschaftliche Erkenntnisse nicht als definitiv sicher gelten können, sondern immer nur bis zu einem gewissen Grad wahrscheinlich sind. Siehe auch →Testtheorie.

Proband. Lateinische Bezeichnung für →Versuchsperson.

Probehandeln. Denkprozesse, mit deren Hilfe zukünftiges Handeln und die möglichen Auswirkungen kognitiv vorweggenommen werden können. Der Begriff wurde u. a. von der →Genfer Schule verwendet.

Problemlösen. Kreativer Prozess, in dem nach bisher unbekannten Lösungswegen gesucht wird. Das Problemlöseverhalten wurde erstmals von der →Gestaltpsychologie anhand von Versuchen mit Schimpansen untersucht (Wolfgang →Köhler). Demnach findet beim Problemlösen eine Umorganisation bereits vorhandener →Repräsentationen statt, sodass plötzliche und neue Einsichten entstehen können (→Aha-Erlebnis).

Produktives Denken. Schöpferisches →Denken im Gegensatz zum reproduktiven Denken. Siehe auch →Kreativität.

Profilneurose. Umgangssprachliche Bezeichnung für Verhaltensweisen einer Person, die dadurch gekennzeichnet ist, ihre Kompetenz ständig unter Beweis stellen zu wollen. Dieses Verhalten hat die Funktion, empfundene →Minderwertigkeitsgefühle aufgrund mangelnder Qualifikation oder nicht vorhandener →Fähigkeiten zu kompensieren. Die Profilneurose eines Mitarbeiters kann eine sachliche, zielorientierte Zusammenarbeit erheblich erschweren.

Prognose. Vorhersage der zukünftigen Entwicklung (z. B. die Heilungschancen einer Krankheit, die Erfolgsaussichten einer Psychotherapie). Prognosen spielen innerhalb der →Angewandten Psychologie in vielen Bereichen eine Rolle, etwa in der →Forensischen Psychologie, um Aussagen über das zukünftige Verhalten einer Person treffen zu können. Auch wenn entsprechende Begutachtungen mit großer Fachkompetenz und Sorgfalt erfolgen, kann eine Prognose niemals die künftige Entwicklung definitiv voraussagen.

Programmiertes Lernen. Form des →Lernens unter Zuhilfenahme von Lehr-Lern-Programmen, die den Lernstoff in kleinen Abschnitten darbieten und eine sofortige Erfolgskontrolle, z. B. durch Übungsaufgaben, ermöglichen. Programmiertes Lernen findet ohne unmittelbare Einwirkung oder Unterweisung eines Lehrers statt.

Progressive Muskelentspannung. Methode zur Körperentspannung und zum Abbau von →Stress. Bei der progressiven Muskelentspannung werden zunächst einzelne Muskeln bewusst angespannt und anschließend entspannt. Entwickelt wurde das Verfahren von dem Physiologen Edmund Jacobsen (siehe auch →Autogenes Training, →Yoga).

Projektion. Form eines der von der →Psychoanalyse beschriebenen unbewussten →Abwehrmechanismen.

Projektive Identifikation. Form eines →Abwehmechanismus, der von Melanie →Klein in die Theorie der →Psychoanalyse eingeführt wurde und mit dem besondere Phänomene der →Gegenübertragung in einer psychoanalytischen Behandlung erklärt werden.

Projektive Tests. Gruppe von →Tests, die auf Deutungen und Vorstellungen, also den Projektionen der Versuchsperson, basieren und deren Auswertung zur Ermittlung von Persönlichkeitseigenschaften dient. Einer der bekanntesten projektiven Tests ist der →Rorschach-Test. Da diese Art der Tests das Kriterium der →Objektivität nicht erfüllen, sind sie wissenschaftlich umstritten.

Prophylaxe. Vorbeugung von Krankheiten und Störungen (z. B. durch gesunde Ernährung, Impfungen, Sport). Siehe auch →Psychohygiene, →Prävention.

Propriorezeptoren. Diejenigen Sinnesorgane, die Veränderungen im Körperinnern registrieren und einen →Reflex auslösen.

Prosoziales Verhalten. Verhalten, das den Interessen einer Gruppe, einer Person oder einer Gemeinschaft dient und im Gegensatz zum →Egoismus von Uneigennützigkeit gekennzeichnet ist.

Prozessdiagnostik. Form der →Diagnostik, die gezielt eingesetzt wird, um Veränderungen während eines Prozesses, z. B. im Verlauf einer psychotherapeutischen Behandlung, festzustellen.

Prüfungsangst. →Versagensangst, die im Zusammenhang mit einer Prüfungssituation auftritt und sich in Beeinträchtigungen auf der psychischen, körperlichen sowie kognitiven Ebene zeigt. Auf der psychischen Ebene können u. a. →Depressionen, emotionale Reizbarkeit, ein Verlust der →Motivation, Stimmungsschwankungen sowie Panikattacken auftreten. Körperliche Symptome sind z. B. Kopfschmerzen, Schlafstörungen oder innere Unruhe. Im kognitiven Bereich sind häufig Denkblockaden oder Konzentrationsstörungen zu beobachten, wobei die Ausprägung aller →Symptome individuell unterschiedlich ist. Besteht die Prüfungsangst bereits während der Prüfungsvorbereitung, kann diese dadurch erheblich beeinträchtigt werden (z. B. durch eine ständige gedankliche Vorwegnahme der Prüfungssituation). Bei Studierenden kann Prüfungsangst dazu führen, dass Prüfungen immer wieder aufgeschoben werden und es im Extremfall zum Studienabbruch kommt.
Die Ursachen für Prüfungsangst liegen häufig in den vorausgegangenen Lern- und Sozialisationserfahrungen, etwa Misserfolg, hoher Leistungsdruck oder eine starke →Verinnerlichung gesellschaftlicher Leistungsnormen (siehe auch →Leistungsgesellschaft), was dazu führt, dass das Erfüllen von Leistungsansprüchen eng mit dem →Selbstwertgefühl einer Person verbunden ist. Ein wichtiger Faktor, der zur Bildung von Prüfungsangst beiträgt, ist die Angst vor den Folgen einer nicht bestandenen Prüfung (z. B. Nachteile für die weitere Schul- oder Berufslaufbahn). Generell ist Prüfungsangst stärker bei Personen ausgeprägt, deren →Leistungsmotivation auf einer →Misserfolgserwartung basiert.
Zum Abbau von Prüfungsängsten tragen geeignete Lernstrategien (z. B. bessere Strukturierung des Lernstoffs), Rollenspiele, mit denen die Prüfungssituation vorbereitet werden kann, und der Abbau zu hoher Erwartungen an die eigene Person bei. Entspannungsverfahren können bei der Verringerung körperlicher Anspannung hilfreich sein (z. B. →Autogenes

Training, →Yoga). Im Einzelfall können durch eine psychologische Beratung (siehe →Schulpsychologe, →Studienberatung) Kognitionen, die zu irrationalen Befürchtungen und falschen Schlussfolgerungen führen, verändert werden („Ich bin gut vorbereitet, und werde viele Aufgaben lösen können!“ statt „Ich falle bestimmt durch!“).

Psychagogik. Kombination von pädagogischen und psychologischen Methoden zur Behandlung von Kindern und Jugendlichen, die →Verhaltensauffälligkeiten und Lernstörungen zeigen. Psychagogen sind Personen mit einer pädagogischen oder psychologischen Grundausbildung und einer entsprechenden Zusatzausbildung mit →Lehranalyse. Sie arbeiten z. B. in Erziehungsberatungsstellen, Heimen oder psychiatrischen Krankenhäusern.

Psyche. Seele. Das bewusste und unbewusste innere Erleben einer Person. In der Psychologie wird der Begriff „Seele“ weitgehend vermieden, da damit religiöse und philosophische Assoziationen geweckt werden. Der Begriff geht in der westlichen Kultur auf den griechischen Philosophen Aristoteles (384–322 v. Chr.) zurück, der sie als eine in allen Lebewesen enthaltene Lebenskraft definierte.

Psychedelisch. Das Bewusstsein verändernd (z. B. durch psychedelische Drogen).

Psychiater. Facharzt für →Psychiatrie und →Psychotherapie, der für die →Diagnostik und Behandlung von psychischen Störungen, psychosomatischen und neurologischen sowie Suchterkrankungen zuständig ist. Psychiater arbeiten in Krankenhäusern und freien Praxen und haben nach einem abgeschlossenen Medizinstudium eine mehrjährige Weiterbildung zum Facharzt absolviert. Im Gegensatz zu nichtärztlichen →Psychotherapeuten sind sie befugt, bei Fremd- oder Selbstgefährdung eines Patienten die Unterbringung in der geschlossenen Abteilung eines psychiatrischen Krankenhauses zu veranlassen (→Selbstmord).

Psychiatrie. Teilgebiet der Medizin, das sich der Erkennung und Behandlung schwer wiegender →psychischer Störungen widmet und sich in einzelne Bereiche, z. B. →Kinder- und Jugendpsychiatrie, Forensische Psychiatrie oder →Sozialpsychiatrie, gliedert. Die Behandlung erfolgt i. d. R. durch eine Kombination von Psychotherapie, →Pharmakotherapie sowie Maßnahmen, die dem Training von Verhaltensweisen und der Reintegration in die Gemeinschaft dienen (z. B. →Sozialtherapie).

Entwicklung der Psychiatrie: Die erste psychiatrische Klinik entstand in Deutschland zu Beginn des 19. Jahrhunderts. Erst mit Beginn des 20. Jahrhunderts wurden tatsächlich seelische Krankheitsursachen gesucht und behandelt, da psychische Störungen zuvor hauptsächlich als anatomische Erkrankungen des Gehirns betrachtet worden waren. Nach neueren Schätzungen wurden in der Zeit des Nationalsozialismus in Deutschland ca. 70.000 Patienten ermordet (siehe auch →Euthanasie) oder fielen einer Zwangssterilisation zum Opfer. Auch im Nachkriegsdeutschland waren Fixierungen (Festschnallen des Patienten am Bett), Elektrokrampfbehandlungen und die bloße Verwahrung der Patienten ohne ausreichende Therapieangebote die Regel. Erst durch die Kritik der →Antipsychiatrie in den 60er-Jahren setzte eine grundlegende Veränderung der Psychiatrie ein. Inzwischen sind Maßnahmen, die der sozialen Integration und Aneignung praktischer Fähigkeiten dienen (z. B. Beschäftigungstherapie, gemeinsame Freizeitangebote) selbstverständlich, und die Versorgung der Patienten erfolgt nicht mehr ausschließlich in großen Kliniken (Landeskrankenhäuser), sondern möglichst wohnortnah in kleineren Einrichtungen (siehe auch →Gemeindepsychiatrie).

Psychischer Apparat. Bezeichnung aus der →Psychoanalyse für die miteinander verbundenen Instanzen →Ich, →Es und →Über-Ich. Siehe auch →Topografisches Modell.

Psychische Realität. Wirklichkeit der seelischen Empfindungen eines Menschen im Gegensatz zur äußeren, materiellen Realität seiner Lebensumstände.

Psychische Sättigung. Motivationslosigkeit, die eintritt, wenn eine Person einer wiederkehrenden Handlung oder einer von Monotonie charakterisierten Situation über einen längeren Zeitraum hinweg ausgesetzt wird.

Psychische Störungen. Oberbegriff für alle Störungen im Erleben und Verhalten einer Person, z. B. →Neurosen, →Persönlichkeitsstörungen oder →Psychosen.

Psychoanaleptika. →Psychostimulanzien.

Psychoanalyse. 1. Bezeichnung für die von Sigmund →Freud entwickelte Methode der Psychotherapie sowie 2. eine Theorie zur Beschreibung der allgemeinen Gesetzmäßigkeiten menschlichen Erlebens und Verhaltens. Kernstücke der psychoanalytischen Theorie sind das Triebmodell (→Trieb), das Modell des →psychischen Apparats, das Phasenmodell der →psychosexuellen Entwicklung sowie eine spezielle Neurosenlehre.

Die Bezeichnung Psychoanalyse wurde erstmals 1896 verwendet. Ihre Entstehung ist unmittelbar mit den praktischen Erfahrungen Freuds als Nervenarzt verbunden. Er versuchte zunächst, durch →Hypnose die →Symptome seiner Patienten zu unterdrücken. Dabei entdeckte er, dass mithilfe von →Assoziationen, bei denen seine Patienten frei über ihr inneres Erleben berichten konnten, eine wesentliche Verbesserung erzielt werden konnte. Dazu musste eine Wiederbelebung der bis dahin verdrängten Erinnerungen und ein Abreagieren der dazugehörigen →Affekte erfolgen. Die Entstehung der Hysterie führte Freud zunächst auf sexuelle →Traumata zurück (→Verführungstheorie). Später revidierte er diese Theorie und betrachtete die Erinnerungen seiner Patienten als Fantasie und Wunschvorstellung, woraus er u. a. die Theorie vom →Ödipus-Komplex entwickelte. Demnach stellen Neurosen Lösungsversuche eines in der Kindheit erlebten Konflikts dar, der nicht verarbeitet werden konnte und zu einer →Fixierung auf die jeweilige Stufe der →psychosexuellen Entwicklung geführt hat, in der er entstanden ist. In der Weiterentwicklung der Psychoanalyse ist das Triebmodell in den Hintergrund getreten und es sind zunehmend Störungen des Selbstwerts (→Narzissmus, →frühe Störung) in den Blickpunkt gerückt, die aufgrund schwieriger Erfahrungen mit den Bezugspersonen (Objektbeziehungen) in der frühen Kindheit entstanden sind (siehe auch →Neopsychoanalyse, Jacques →Lacan, Alice →Miller).

Obwohl psychoanalytische Erklärungen in Teilen des künstlerischen und intellektuellen Lebens weit verbreitet sind, spielen sie im Rahmen des →Psychologiestudiums kaum eine Rolle. Die Ausbildung zum Psychoanalytiker erfolgt über eine mehrjährige →Lehranalyse und ist ausschließlich Diplom-Psychologen, Ärzten und Personen mit einem abgeschlossenen Studium in einem verwandten Beruf vorbehalten.

Psychoanalyse als Behandlungsform: Wesentliche Bestandteile einer Psychoanalyse sind die Bearbeitung der →Übertragung und →Gegenübertragung, die Analyse des →Widerstands und die →Deutung der Konflikte, →Träume und neurotischen →Symptome des Patienten. Der Patient wird aufgefordert, seine Gedanken und Einfälle (→Assoziationen) zu schildern. Eine klassische Psychoanalyse wird im Liegen durchgeführt und nimmt eine Behandlungsdauer von mehreren Jahren (insgesamt mehr als 300 Sitzungen bei mindestens drei Sitzungen pro Woche) in Anspruch.

In Abwandlung des klassischen →Settings werden auch psychoanalytisch orientierte Psychotherapien im Sitzen (ein bis zwei Sitzungen wöchentlich), psychoanalytische Kurzzeittherapien (→Fokaltherapie) oder psychoanalytische Gruppensitzungen, bei denen die Teilnehmer einer geschlossenen Gruppe über mehrere Jahre hinweg behandelt werden, ausgeführt.

Psychodrama. Form der Gruppenpsychotherapie. Beim Psychodrama werden intrapsychische Konflikte sowie Konflikte mit anderen Menschen vergleichbar einem Schauspiel nachgestellt und auf diese Weise bewusst gemacht. An der szenischen Darstellung eines Konflikts (psychodramatische Hilfswelt) sind mehrere Gruppenteilnehmer beteiligt (Mitspieler = „Hilfs-Ichs"). Bedeutsam für den Spieler, dessen Konflikt dargestellt wurde, ist ein Feedback der Zuschauer (z. B. starke Anteilnahme, Schilderung ähnlicher Erlebnisse, Verbesserungsvorschläge), sodass eine Reflexion des Problems unter Anleitung eines Psychotherapeuten stattfinden kann. Das Psychodrama wurde von Jakob L. →Moreno in den USA entwickelt und wird in Deutschland seit den 70er-Jahren angewendet.

Psychogalvanische Reaktion. Änderung des Hautwiderstandes als Reaktion auf psychischen Stress oder einen Affektzustand. Dabei sinkt aufgrund einer erhöhten Produktion der Schweißdrüsen der elektrische Leitungswiderstand der Haut. Die psychogalvanische Reaktion ist eine der Reaktionen, die mit einem →Lügendetektor gemessen werden können.

Psychogene Erkrankungen. Störungen und Erkrankungen seelischen Ursprungs. Sie können im Rahmen einer →Psychotherapie behandelt werden.

Psychogramm. Darstellung von Persönlichkeitsdaten, die durch einen Test ermittelt wurden (z. B. in Form einer Grafik).

Psychohistorie. Interdisziplinäre Richtung der Sozialwissenschaften, in die Beiträge aus der Geschichtswissenschaft, der →Psychologie, der →Psychoanalyse sowie der →Soziologie einfließen. Die Psychohistorie betrachtet Geschichte nicht als Ansammlung historischer Daten, sondern untersucht die psychologischen Motive menschlichen Handelns in ihrem historischen Kontext. Innerhalb der Psychohistorie wird die →Identität eines Menschen als Ergebnis eines historischen Prozesses betrachtet. Zentrale Forschungsgegenstände der Psychohistorie sind die Geschichte der →Kindheit, der Familie (siehe auch →Eltern-Kind-Beziehung) sowie der Geschlechterverhältnisse.

Psychohygiene. Maßnahmen zur Erhaltung und Förderung des →seelischen Gleichgewichts und der geistigen Gesundheit. Dazu gehören individuelle Aktivitäten sowie die Aufklärung der Öffentlichkeit über die Entstehung und Bewältigung →psychischer Störungen und den Umgang mit Betroffenen. Beispiele für psychohygienische Maßnahmen sind das Erlernen von Entspannungstechniken oder die bewusste Pflege von Freundschaften (→soziales Netzwerk).

Psycholinguistik. Interdisziplinäre Disziplin, die sich mit der Sprachverwendung und -entwicklung, dem Spracherwerb und dem Sprachverstehen unter psychologischen Gesichtspunkten beschäftigt.

Psychologie. Empirische Wissenschaft vom menschlichen Erleben und Verhalten. Erforscht werden z. B. →Motivation und →Kognitionen (→Allgemeine Psychologie), die Entwicklung der Persönlichkeit (→Persönlichkeitspsychologie), Prozesse des Lernen und Lehrens (→Pädagogische Psychologie) und das Verhalten von Menschen unter gesellschaftlichen Bedingungen (→Sozialpsychologie).

Historische Entwicklung: Die Psychologie hat sich aus der Philosophie entwickelt, die sich bis zum 19. Jahrhundert mit Fragen hinsichtlich der menschlichen Seele befasste. Als eigenständiges wissenschaftliches Fach konnte sie sich 1879 etablieren, nachdem Wilhelm →Wundt weltweit das erste psychologische Laboratorium in Leipzig gründet hatte. Schon in den Jahren zuvor hatte Gustav T. →Fechner mit der →Psychophysik die Grundlagen für die experimentelle Psychologie geschaffen. Im Jahre 1885 führte Hermann →Ebbinghaus die ersten experimentellen Forschungen zum Gedächtnis durch. Um die Jahrhundertwende folgten weitere wichtige Ergebnisse (z. B. die erstmalige Messung der →Intelligenz, Untersuchungen zum Willen durch die →Würzburger Schule, →Pawlows Experimente zur →Klassischen Konditionierung). Außerhalb der Universitäten gingen entscheidende Impulse von der Psychoanalyse Sigmund →Freuds aus, die zur Begründung weiterer wichtiger psychotherapeutischer Schulen führten (→Analytische Psychologie, →Individualpsychologie).

Als weitere wichtige Schule entstand in den 20er-Jahren die →Gestaltpsychologie (→Köhler, →Wertheimer). In den USA hatte John B. →Watson

1913 den →Behaviorismus begründet, der dort in der ersten Hälfte des 20. Jahrhunderts zur einflussreichsten psychologischen Schule avancierte.

Mit dem aufkommenden Nationalsozialismus verließen zahlreiche führende Psychologen und Psychoanalytiker Europa, sodass bedeutende Weiterentwicklungen in den folgenden Jahrzehnten hauptsächlich in den USA stattfanden, wo in den 40er-Jahren neben der Verhaltenstherapie und der Psychoanalyse die →Humanistische Psychologie als „dritte Kraft" entstand, aus der im Folgenden wiederum zahlreiche psychotherapeutische Ansätze hervorgegangen sind (z. B. die →Gesprächspsychotherapie). In Deutschland fand eine Neuetablierung des Faches Psychologie an den Universitäten Anfang der 50er-Jahre statt (siehe auch →Psychologiestudium). Von besonderer Bedeutung innerhalb der akademischen Psychologie ist gegenwärtig die →Kognitive Psychologie. Die Ergebnisse der →Angewandten Psychologie (z. B. →Arbeits-, Betriebs- und Organisationspsychologie, →Verkehrspsychologie, →Politische Psychologie, →Wirtschaftspsychologie, →Klinische Psychologie) werden in zahlreichen gesellschaftlichen Bereichen genutzt. So gehören beispielsweise Psychotherapien mittlerweile zum selbstverständlichen Bestandteil der Gesundheitsversorgung, deren Inanspruchnahme von →Stigmatisierung weitgehend befreit ist.

Psychologiestudium. Das Fach Psychologie kann in Deutschland an zahlreichen Universitäten studiert werden, wobei die Zulassung zum Studium durch den →Numerus Clausus begrenzt ist. Die Regelstudienzeit beträgt neun Semester, die meisten Studenten schließen allerdings erst nach dem 12. oder 13. Semester ab. Das Studium gliedert sich in ein Grund- und ein Hauptstudium. Im Grundstudium werden Grundlagenfächer wie Methodenlehre, →Allgemeine Psychologie, →Entwicklungspsychologie, →Differenzielle Psychologie, →Sozialpsychologie sowie die biologischen Grundlagen der Psychologie (→Physiologische Psychologie) vermittelt. Danach muss eine Diplom-Vorprüfung abgelegt werden. Im Hauptstudium folgen die anwendungsbezogenen Fächer (→Klinische Psychologie, →Pädagogische Psychologie, →Arbeits-, Betriebs- und Organisationspsychologie sowie →Diagnostik und →Evaluation). Während des Hauptstudiums müssen Studierende zudem ein sechsmonatiges Berufspraktikum absolvieren. Nach der bestandenen Diplom-Prüfung erhalten die Absolventen die Berufsbezeichnung Diplom-Psychologe. Dieser Abschluss stellt die Zulassungsvoraussetzung für die Ausbildung zum Psychologischen Psychotherapeuten dar. Diplom-Psychologen, die nicht als →Psychotherapeuten tätig werden möchten, arbeiten z. B. in der wissenschaftlichen Forschung, in Wirtschaftsunternehmen im Bereich der Personalauswahl und -entwicklung oder in der Meinungsforschung.

Psychologische Beratung. →Beratung.

Psychologische Diagnostik. Auch Psychodiagnostik. Teilgebiet der →Psychologie, das sich mit der Konstruktion, Anwendung und Überprüfung von Verfahren beschäftigt, die zum Erstellen einer →Diagnose oder →Prognose verwendet werden.

Psychologismus. 1. Im 19. Jahrhundert entstandene Theorie, nach der alle Wissenschaften psychologisch begründet seien, da sie aufgrund von menschlichem Handeln und geistigen Prozessen zustande kommen. Diese Theorie wird inzwischen als unzutreffend angesehen. 2. Umgangssprachlich spricht man von „Psychologisieren", wenn z. B. das Verhalten einer anderen Person mit pseudopsychologischen Erklärungen versehen wird oder Erkenntnisse der Psychologie auf Lebensbereiche ausgedehnt werden, für die sie keine oder keine ausschlaggebende Gültigkeit besitzen.

Psychometrie. 1. Messung der psychischen Eigenschaften mit standardisierten (quantitativen) Methoden im Gegensatz zur →Kasuistik. 2. In der Parapsychologie bezeichnet der Begriff die Fähigkeit einer Person, außersinnliche Kontakte herzustellen. Die Psychometrie hat sich aus der →Psychophysik entwickelt.

Psychomotorik. Sämtliche durch den Willen beeinflussbaren Bereiche der körperlichen Motorik (Bewegungsabläufe, Körperhaltung). Von psychomotorischen Ausfällen wird gesprochen, wenn Bewegungen nicht mehr bewusst kontrolliert werden können (z. B. durch übermäßigen Alkoholkonsum).

Psychoneuroimmunologie. Forschungsbereich innerhalb der →Psychosomatik, der die Zusammenhänge und Wechselwirkungen zwischen →Nervensystem, Immunsystem und dem seelischen Befinden einer Person untersucht. Siehe auch →Psychoonkologie.

Psychoneurose. Von Sigmund → Freud eingeführte Bezeichnung für →Neurosen, für deren Entstehung unvollständig verdrängte Triebimpulse verantwortlich sind und deren →Symptome sowohl der Abwehr als auch der teilweisen Triebabfuhr dienen.

Psychoonkologie. Wissenschaftliche Untersuchung der Zusammenhänge zwischen dem Entstehen einer Krebserkrankung und psychischen Faktoren. So gibt es Hinweise darauf, dass lang andauernde Gefühle der Hoffnungslosigkeit das Immunsystem einer Person nachhaltig schwächen können. Mithilfe der Erkenntnisse der Psychoonkologie sollen Methoden entwickelt werden, die das Immunsystem und die psychische Widerstandskraft von z. B. Krebspatienten stärken. Siehe auch →Psychosomatik.

Psychopath. Veraltete Bezeichnung für Personen, die an einer →Persönlichkeitsstörung leiden, die mit Auffälligkeiten im Sozialverhalten verbunden ist. Heutzutage wird der Begriff Soziopath verwendet.

Psychopharmaka. Oberbegriff für eine Vielzahl unterschiedlicher Medikamente, die auf das →Zentralnervensystem und somit auf die Psyche eines Menschen einwirken. Psychopharmaka werden zur Behandlung psychischer Störungen verordnet und verändern das Verhalten und Erleben der Patienten (siehe unten). Psychopharmaka werden gemeinsam von Psychologen, Medizinern und Pharmakologen entwickelt, die innerhalb der Psychopharmakologie zusammenarbeiten.

Gruppen von Psychopharmaka (unterteilt nach Bezeichnung, Wirkung und Anwendung):

Antidepressiva (alternative Bezeichnung: Thymoanaleptika): antriebssteigernd, stimmungsaufhellend, angstlösend; bei Depressionen.

Neuroleptika: dämpfend, antipsychotisch, Verminderung von Angstzuständen, Halluzinationen und Wahnvorstellungen; bei Psychosen (z. B. Schizophrenie).

Psychostimulanzien (alternative Bezeichnung: Psychoanaleptika; Psychotonika, umgangssprachlich: Aufputschmittel): leistungs- und antriebssteigend; bei ADHS.

Tranquilizer (alternative Bezeichnungen: Beruhungsmittel, Sedativa): dämpfend, beruhigend, entspannend; bei Angstzuständen, Belastungssituationen, Spannungszuständen.

Hypnotika (Schlafmittel): Müdigkeit erzeugend und schlaffördernd (längere Einnahme kann zu Abhängigkeit führen); bei Schlafstörungen.

Psychophysik. Lehre von den Zusammenhängen zwischen Reiz, Erregung und Erleben. Als Teilgebiet der experimentellen Psychologie untersucht die Psychophysik insbesondere die von Reizen ausgelösten Wirkungen auf die →Sinnesorgane und das →Nervensystem. Sie wurde 1860 von Gustav T. →Fechner begründet. Gegenwärtig gehört es z. B. zu den Aufgaben der Psychophysik, Lärmbelastungen zu untersuchen und geeignete Lärmschutzmaßnahmen zu entwickeln (→Lärm).

Psychose. Oberbegriff für psychische Krankheiten, bei denen das Orientierungsvermögen sowie der Bezug zur Umwelt und zum eigenen Erleben (Ich-Störungen) stark beeinträchtigt sind. Im Gegensatz zur →Neurose fehlt Menschen, die an einer →Psychose erkrankt sind, i. d. R. eine →Krankheitseinsicht. Unterschieden werden exogene, endogene und reaktive Psychosen:

Exogene Psychosen: Ursachen sind organische Störungen (z. B. Verletzungen des →Gehirns).

Endogene Psychosen: Ursachen sind nicht eindeutig bekannt (z. B. →Schizophrenie, Wahnerkrankungen).

Reaktive Psychosen: Ursachen sind Umwelteinflüsse (z. B. Traumata).

Psychosekte. Gruppierungen, in denen sich religiöse Weltanschauungen mit der Anwendung psychologischer Techniken vermischen. Siehe auch →Jugendreligion.

Psychosexuelle Entwicklung. Entwicklungspsychologische Lehre der →Psychoanalyse, die besagt, dass die frühkindliche Sexualität eine Abfolge verschiedener Phasen darstellt: →orale, →anale, →genitale und →Latenzphase.

Psychosomatik. Lehre von den Wechselwirkungen zwischen Körper und Psyche, die die Entstehung von Krankheiten und deren Verlauf beeinflussen. Als psychosomatische Krankheiten gelten z. B. Asthma, Hypertonie, Neurodermitis oder →Essstörungen. Die psychosomatische Krankheitslehre begann Anfang des 20. Jahrhunderts, wobei unterschiedliche Erklärungsmodelle für die Entstehung psychosomatischer Krankheiten herangezogen werden.

Beispiele für Psychosomatik-Erklärungsansätze:

Modell der De- und Resomatisierung: Während es zu den Entwicklungsaufgaben in der Kindheit gehört, zwischen psychischen und physischen Prozessen zu differenzieren (Desomatisierung), hat bei Menschen mit einer psychosomatischen Erkrankung eine Resomatisierung stattgefunden, d. h., weil die Psyche mit der Bewältigung eines Konflikts oder einer Situation überfordert war, findet eine →Regression statt, während der ein Konflikt ausschließlich auf die körperliche Ebene verschoben wird.

Alexithymie-Modell: Es wird davon ausgegangen, dass Menschen mit psychosomatischen Erkrankungen über eine Persönlichkeitsstruktur verfügen, die es ihnen erschwert, Gefühle wahrzunehmen und über sie zu sprechen. Psychosomatische Krankheiten entstehen, weil belastende Gefühle nicht ausgedrückt werden.

Stresskonzept: Psychosomatische Erkrankungen werden als Folge einer Stressreaktion verstanden, bei der ein ursprünglicher Impuls nicht ausgeführt werden konnte, z. B. weil er gegen gesellschaftliche Normen verstößt (Wut, Ärger). Als Folge kann die mit der Stressreaktion verbundene körperliche Erregung nicht abgeführt werden. Die dadurch hervorgerufenen Belastungen des Körpers können bei länger andauerndem Stress zur Erkrankung des Körpers führen.

Psychosoziales Modell. Im Gegensatz zum medizinischen Erklärungsansatz hebt das psychosoziale Modell als auslösende Faktoren für psychische Störungen und körperliche Erkrankungen soziale und psychische Aspekte hervor.

Psychosoziales Moratorium. Von Erik H. →Erikson geprägter Begriff für die Ausdehnung der →Jugendphase (z. B. durch längere Ausbildungszeiten), was zur Folge hat, dass die mit der Erwachsenenrolle verbundenen typischen Verantwortlichkeiten hinausgeschoben werden können. Dieses Phänomen ist in allen modernen Gesellschaften zu beobachten.

Psychostimulanzien. Psychoanaleptika. →Psychopharmaka und Stoffe, die eine anregende und antriebssteigernde Wirkung ausüben und die Wahrnehmung sowie das Denken intensivieren. Zu ihnen zählt z. B. Amphetamin. Psychostimulanzien können zur körperlichen →Abhängigkeit führen und werden umgangssprachlich als Aufputschmittel bezeichnet.

Psychotherapeut. Allgemeine Bezeichnung für Personen, die berechtigt sind, eine Psychotherapie durchzuführen. Seit 1999 ist dies die geschützte Berufsbezeichnung für Psychologische Psychotherapeuten (Diplom-Psychologen, die eine mehrjährige Zusatzausbildung absolviert haben), Kinder- und Jugendpsychotherapeuten (Diplom-Psychologen, Diplom-Pädagogen oder Diplom-Sozialpädagogen mit mehrjähriger Zusatzausbildung) sowie Psychiater (Ärzte mit entsprechender Facharztausbildung) und Fachärzte für psychotherapeutische Medizin.

Psychotherapie. Oberbegriff für verschiedene therapeutische Verfahren zur Behandlung psychischer oder psychisch bedingter Störungen, die im Gegensatz zur →Pharmakotherapie durch Gespräche oder psychologisch begründete →Interventionen eine Verhaltensveränderung und ein Auflösen der Symptome erreichen möchten. Psychotherapie wird häufig durchgeführt bei →Neurosen, psychosomatischen Erkrankungen sowie Suchterkrankungen.

Gemeinsam ist den unterschiedlichen therapeutischen Ansätzen eine klar strukturierte Rollenaufteilung sowie eine emotionale und vertrauensvolle Beziehung zwischen Psychotherapeut und →Klient bzw. Patient (siehe auch →Setting). Die Zielsetzungen variieren je nach therapeutischer Schule (Beseitigung von →Symptomen, bessere Anpassung an die Umwelt, persönliches Wachstum, besserer Zugang zum Selbst). Psychotherapien werden als Einzel- oder Gruppentherapien in Privatpraxen, Beratungsstellen, Rehabilitationseinrichtungen etc. angeboten.

Die ersten Formen der Psychotherapie waren die →Psychoanalyse und die →Verhaltenstherapie.

Psychotherapeutische Richtungen (unterteilt nach wichtigen Verfahren, Grundannahmen, Zielen):

Tiefenpsychologische Ansätze: Psychoanalyse, Analytische Therapie, Individualtherapie, Fokaltherapie, Neoanalyse, Katathymes, Bilderleben, Transaktionsanalyse. Psychische Störungen entstehen aufgrund unbewusster Konflikte, die häufig aus der Kindheit stammen. Ziele: Aufdeckung unbewusster Konflikte, Einsicht in diese Konflikte und ein besseres Verständnis der eigenen Person.

Verhaltensorientierte Ansätze: Rational-emotive Therapie, Kognitive Verhaltenstherapie, Systematische Desensibilisierung, Reizüberflutungstherapie (Flooding). Störende Verhaltensweisen entstehen durch fehlerhaftes Denken, verzerrte Wahrnehmungen und falsche Schlussfolgerungen. Das Verhalten einer Person kann durch die Veränderung ihrer Denkprozesse beeinflusst werden. Ziele: Beseitigung von Symptomen, bessere Anpassung an die Umwelt.

Humanistische Ansätze: Gesprächspsychotherapie, Gestalttherapie. Orientierung am „Hier-und-Jetzt“, Stärkung des Potenzials zum Wachstum und der Selbstheilungskräfte des Patienten. Ziele: Entfaltung der Persönlichkeit, persönliches Wachstum, mehr Bewusstheit.

Körpertherapien: Atemtherapie, Bioenergetik, Orgontherapie. Psychische Konflikte manifestieren sich im Körper (z. B. in Form muskulärer Verspannungen, eingeschränkter Atmung). Ziele: Beseitigung psychischer Spannungen durch die Auflösung körperlicher Blockierungen. Systemische Ansätze: Familientherapie, Partnertherapie, Kommunikationstherapie. Individuelle Störungen basieren auf Störungen in einem System (z. B. der Familie) oder der Kommunikation zwischen ihren Mitgliedern. Dem erkrankten Mitglied eines Systems (Symptomträger) kann nur durch die Behandlung aller geholfen werden. Ziele: Verbesserung interpersonaler Kommunikationsprozesse. Kreativ-gestalterische Ansätze: Musiktherapie, Kunst- und Gestaltungstherapie, Tanztherapie. Kreative Medien können den Zugang zu den eigenen Gefühlen unterstützen. Ziele: Stärkung des Selbstvertrauens.

Psychotherapieforschung. Untersuchungen, mit denen die Effekte psychotherapeutischer Behandlungen sowie die Bedingungen, die für eine erfolgreiche Behandlung notwendig sind, festgestellt werden sollen. Die Psychotherapieforschung begann in den 50er-Jahren (u. a. durch Carl R. →Rogers, siehe auch →Q-Sortierung). Die vorliegenden Ergebnisse weisen nach, dass in der Mehrzahl aller Fälle durch eine Psychotherapie eine Besserung der →Symptome erreicht werden kann. Als wichtigste Variablen für eine erfolgreiche Psychotherapie gelten die Qualität der Beziehung zwischen →Patient (→Klient) und Therapeut sowie die Bereitschaft des Patienten, an einer Veränderung seiner Situation mitzuarbeiten.

Psychotrope Substanzen. Stoffe, die auf die →Psyche des Menschen Einfluss nehmen. Zu den psychotropen Substanzen zählen beispielsweise →Drogen, →Alkohol, →Psychopharmaka und →Koffein.

Psychovegetativ. Beeinflussung des →vegetativen Nervensystems durch psychische Prozesse, die z. B. Krankheitssymptome ohne organischen Befund auslösen.

Pubertät. Entwicklungsphase nach der Kindheit. Die Pubertät beginnt beim Mädchen etwa ab dem 10., beim Jungen etwa ab dem 12. Lebensjahr. Charakteristisch für diese Phase ist eine Hormonumstellung des Körpers, die zur Ausreifung der sekundären Geschlechtsorgane führt (Vergrößerung der weiblichen Brust, des männlichen Gliedes und der Hoden, Wuchs der Schambehaarung). Beim Mädchen tritt die erste Monatsblutung (Menarche), beim Jungen der erste Samenerguss (Ejakulation) auf. Zudem findet in dieser Zeit ein auffälliges Längenwachstum des Körpers statt. Psychische Entwicklungsaufgaben sind die emotionale Ablösung von den Eltern, die Entwicklung eigener Wertvorstellungen sowie einer eigenen →Ich-Identität, wobei die Orientierung an der →Peer-Group an Bedeutung gewinnt (siehe auch →Adoleszenz).

Pubertätsmagersucht. Häufigste Form der →Magersucht, die in der →Pubertät beginnt.

Public Health. Wissenschaftsdisziplin, die mithilfe diverser öffentlicher Maßnahmen der Gesundheitsförderung die →Prävention von →Krankheiten erreichen will. Public Health ist in den USA entstanden und wird in Deutschland auch als Gesundheitswissenschaft bezeichnet. Siehe auch →Gesundheitsförderung.

Purkinje-Phänomen. Wahrnehmungstäuschung, die aufgrund einer unterschiedlichen Sensibilität der Zapfen und Stäbchen (→Netzhaut) gegenüber →Farbwahrnehmungen zu erklären ist. Während zwei Flächen, die real zwei unterschiedliche Farben aufweisen, bei Bestrahlung mit Licht als gleich hell wahrgenommen werden, erscheinen diese unter Dämmerungsbedingungen als unterschiedlich hell. Die Erscheinung wurde nach dem Physiologen Johannes E. Ritter von Purkinje (1787–1869) benannt, der sie erstmals 1825 beschrieb.

Pygmalion-Effekt. Auch Rosenthal-Effekt. Spezifische Form einer →Selffulfilling Prophecy innerhalb der Lehrer-Schüler-Interaktion oder der Führungskräfte-Mitarbeiter-Interaktion. Demnach können die von einem Lehrer vorausgeschickten Erwartungen hinsichtlich der Leistung und →Intelligenz eines Schülers diese tatsächlich beeinflussen. Der Pygmalion-Effekt lässt sich auf weitere Eigenschaften oder Verhaltensweisen von Schülern übertragen, ist jedoch wissenschaftlich nicht eindeutig belegt. Postuliert wurde er Ende der 60er-Jahre von den amerikanischen Psychologen R. Rosenthal und L. Jacobson. Siehe auch →Versuchsleiter-Erwartungseffekt.

Q

Q-Sortierung. Auch Q-Methode oder Q-Sort. Methode zur Ermittlung der Übereinstimmung oder Abweichung von Selbstbild und Wunschbild. Für eine Q-Sortierung wird die Versuchsperson mit persönlichen Aussagen konfrontiert, zu denen sie eine Einschätzung darüber abgeben soll, wie stark diese auf sie zutreffen (z. B. „trifft für mich ganz genau zu", „trifft für mich in keiner Weise zu"). Der Klient soll dabei etwa 100 Karten mit den verschiedensten Aussagen in insgesamt neun Kategorien einordnen. Die Q-Sortierung dient dazu, den Erfolg einer →Psychotherapie zu überprüfen. Je stärker das Selbstbild einer Person mit ihrem Wunschbild übereinstimmt, desto größer ist der Therapieerfolg. Die Methode wurde erstmals von Carl R. →Rogers angewendet.

Quadrattäuschung. Optische Täuschung. Bei der Betrachtung zweier gleich großer Quadrate erscheint dasjenige Quadrat, das auf seiner Spitze positioniert ist, größer als das Quadrat, das auf einer seiner Seiten steht.

Qualifikation. Fähigkeiten und Eignungen, die durch Ausbildung, Studium oder Weiterbildungen erworben werden und die beispielsweise in Form von fachlichen Qualifikationen und →Schlüsselqualifikationen die Voraussetzungen für die Ausübung einer bestimmten beruflichen Tätigkeit darstellen.

Qualifizierung. Prozess des Erwerbs neuer →Qualifikationen, etwa durch Weiterbildungen oder gezielte Trainings- und Fördermaßnahmen. Die Qualifizierung kann sowohl die Aneignung beruflicher Fähigkeiten umfassen als auch diejenige sozialer Fähigkeiten, wie etwa ein Training zur Erweiterung der kommunikativen Kompetenz (→Kommunikation). Qualifizierung setzt i. d. R. eine entsprechende Bereitschaft der jeweiligen Person voraus, über Erstausbildung und Studium hinaus →lebenslanges Lernen zu betreiben.

Qualitative Forschung. Im Gegensatz zur →quantitativen Forschung untersucht die qualitative Forschung subjektive Sinnzusammenhänge. Die am häufigsten angewendeten Methoden innerhalb der Psychologie sind die →Beobachtung und das qualitative →Interview. Kennzeichnend für qualitative Forschungsansätze ist, dass sich der Forscher mit seiner Subjektivität einbringt und sich in eine

→Interaktion mit der Versuchsperson begibt, etwa im Rahmen der →Handlungsforschung. Im Gegensatz zu quantitativen Methoden wird die Versuchsperson nicht als →Objekt, sondern als Experte ihrer Situation betrachtet. Qualitative Forschung ist im Vergleich zur quantitativen Forschung mit einem größeren Zeitaufwand bei der Datenerhebung und Auswertung verbunden.

Qualitätsmanagement. Abkürzung: QM. System zur Überprüfung der Qualität einer Dienstleistung in der Phase der Planung, Vorbereitung, Ausführung und Auswertung. Ziel ist es, die Dienstleitung unter inhaltlichen und ökonomischen Gesichtspunkten zu optimieren.

Quantitative Forschung. Durchführung von wissenschaftlichen Untersuchungen auf der Basis von Daten, die aufgrund einer mengenmäßigen Erfassung gewonnen werden. In der Psychologie ist die häufigste quantitative Methode das →Experiment. Die dabei erhobenen Daten werden anschließend mit mathematischen Mitteln ausgewertet (→Statistik). Ziel ist es, einen Untersuchungsgegenstand möglichst exakt zu erfassen. Der Wissenschaftler verhält sich gegenüber seinem Untersuchungsgegenstand neutral und betrachtet ihn als →Objekt, während er selbst der Experte ist, der den Gegenstand beurteilt.

Quantitative Inhaltsanalyse. →Inhaltsanalyse.

Quasibedürfnis. Innerer Spannungszustand, der durch unerreichte Ziele, die sich eine Person selbst gesetzt hat, erzeugt wird. Der Spannungszustand kann erst aufgelöst werden, wenn das gewünschte Ziel erreicht wurde oder keine →Motivation mehr besteht, es anzustreben. Der Begriff wurde von Kurt →Lewin eingeführt.

Querschnittuntersuchung. Methode innerhalb der →empirischen Sozialforschung, bei der verschiedene →Kohorten zu einem bestimmten Zeitpunkt einer einmaligen Untersuchung unterzogen werden.

Quotenstichprobe. Methode der Stichprobenauswahl, die häufig in der Meinungsforschung angewandt wird. Dazu wird anhand von Bevölkerungsstatistiken eine Stichprobe ausgewählt, die für die Gesamtbevölkerung hinsichtlich eines bestimmten Merkmals repräsentativ ist. Dabei sollen Merkmalsträger ausgewählt werden, bei denen einige Merkmale mit der Proportion derselben Merkmale in der Grundgesamtheit übereinstimmen. Dieses Verfahren lässt Rückschlüsse auf die Gesamtbevölkerung zu.

R

Randgruppe. Gruppe von Menschen, die nicht oder nur unzureichend in die Gesellschaft integriert sind und daher am sozialen Leben nur begrenzt teilnehmen. Randgruppen entstehen, weil Menschen die Werte einer Gesellschaft nur teilweise akzeptieren, ihren Leistungsanforderungen nicht gerecht werden können (→Leistungsgesellschaft) oder weil sie von der Mehrheit marginalisiert (in die Randständigkeit gedrängt) werden, etwa weil sie über geringe soziale oder materielle →Ressourcen verfügen. Bei Angehörigen von Randgruppen kann es sich z. B. um Strafgefangene, Drogenabhängige und zunehmend auch um alte, kranke oder um behinderte Menschen handeln.
Oftmals befinden sich diese Personen in einem Teufelskreis, weil die Reintegration in die Gesellschaft durch →Stigmatisierung erschwert wird. Angehörige einer Randgruppe können eine →Subkultur in der Gesellschaft bilden. Der Umgang mit Randgruppen wurde in Deutschland insbesondere in den ausgehenden 70er-Jahren verstärkt unter gesellschafskritischen Gesichtspunkten diskutiert. Im Zuge dessen sind vermehrt Ansätze entwickelt worden, die Stigmatisierungen vermeiden oder abbauen sollen.

Randomisierung. Erzeugung einer Zufallsstichprobe, z. B. die Auswahl von Versuchspersonen durch ein Losverfahren oder deren Aufteilung im Rahmen eines →Experiments nach dem Zufallsprinzip.

Rangordnung. System der Über- und Unterordnung, das in einer Gesellschaft mit unterschiedlichen Machtverteilungen sowie verschiedenen Rechten und Pflichten verbunden ist. Siehe auch →soziale Schicht.

Rangskala. →Ordinalskala.

Rank, Otto. Österreichischer Psychoanalytiker (1884–1939), der auf der Grundlage der von Sigmund →Freud entwickelten Theorien zu der Auffassung kam, dass die →Geburt für jeden Menschen ein →Trauma darstellt, von dem das weitere psychische Erleben wesentlich bestimmt wird und auf das Ängste zurückgeführt werden können. Veröffentlichungen u. a.: „Das Trauma der Geburt" (1924).

Ranschburg-Hemmung. Nach dem ungarischen Psychiater Paul Ranschburg benannte Gedächtnishemmung bzw. Hemmung des Lernens, Behaltens und Reproduzierens, die beim Angebot gleicher oder ähnlicher Lerninhalte innerhalb eines kurzen Zeitraums auftritt.

Rapid-Eye-Movement-Phase. →REM-Phase.

Rapport. Bezeichnung für den nahen und vertrauensvollen Kontakt zwischen →Klient und Psychotherapeut bzw. zwischen einer Versuchsperson und dem Versuchsleiter. Ursprünglich wurde der Begriff für die Beziehung zwischen Hypnotiseur und Patient während der →Hypnose verwandt.

Rassismus. Wissenschaftlich unhaltbare Ideologie, die postuliert, dass es überlegene Rassen gibt und daraus die Berechtigung ableitet, vermeintlich „minderwertige" Rassen zu diskriminieren, zu unterdrücken, zu verfolgen oder zu vernichten. Beim Menschen werden Rassen nach geografischer Herkunft differenziert, deren sichtbare Merkmale z. B. eine unterschiedliche Pigmentierung der Haut oder eine unterschiedliche Form der Augen darstellen. Aufgrund dieser Unterschiede gelangen Rassisten zu der Auffassung, dass zwischen den Rassen ungleiche Fähigkeiten kultureller oder intellektueller Art vorhanden seien.

Insbesondere zurzeit des Kolonialismus wurden intensive Versuche unternommen, die angebliche Überlegenheit der weißen über die schwarze Rasse nachzuweisen. Während der Zeit des Nationalsozialismus führte der Antisemitismus (Feindschaft oder Abneigung gegenüber Juden) zur Ermordung von sechs Millionen Menschen jüdischen Glaubens. Während das Verhalten der Täter und Mitläufer im Nationalsozialismus u. a. als Folge des →autoritären Charakters erklärt wird, bezieht man in die gegenwärtige Auseinandersetzung über Rassismus und Fremdenfeindlichkeit eine mangelhaft ausgebildete →Ich-Identität mit ein. Weil Menschen, die eine rassistische oder fremdenfeindliche Einstellung haben, sich innerlich schwach und minderwertig fühlen, sind sie nicht in der Lage, sich mit Menschen auseinander zu setzen, deren Äußeres und deren Kultur von der ihren abweicht, sodass das „Fremde" als eine Bedrohung erlebt wird. Gleichzeitig wird der eigene Selbsthass aufgrund der wahrgenommenen Schwäche auf Menschen projiziert, die „anders" erscheinen. Siehe auch →Sündenbock.

Ratingskala. Skala zur →Selbst- und Fremdeinschätzung, auf der regelmäßige Abstufungen vorgegeben sind, mit deren Hilfe z. B. der Ausprägungsgrad oder die Qualität von Persönlichkeitseigenschaften angegeben werden kann.

Rational-emotive Verhaltenstherapie. REVT. Form der →kognitiven Verhaltenstherapie, die ebenso wie andere Formen dieser therapeutischen Richtung davon ausgeht, dass neurotische →Symptome durch Denkprozesse ausgelöst werden, die zu verzerrten Einstellungen und Ansichten einer Person über sich selbst führen. Um eine Besserung der Symptome zu erzielen, wird versucht, diese Denkprozesse zu beeinflussen und zu modifizieren. Gleichzeitig lernen die Klienten, ihre Gefühle rational zu beurteilen, sodass unnötige →Frustrationen vermieden werden können. Die rational-emotive Verhaltenstherapie wird als Einzel- oder Gruppentherapie durchgeführt und wurde von dem amerikanischen Psychologen Albert Ellis entwickelt.

Rationalisierung. Einer der von der →Psychoanalyse beschriebenen →Abwehrmechanismen.

Rationalismus. Denkrichtung, nach der Erkenntnisse nicht durch Erfahrungen, sondern allein durch Vernunft erlangt werden können. Rationalismus stellt die in der westlichen Welt dominierende Form des Denkens dar und geht auf den französischen Philosophen und Mathematiker René Descartes (1596–1650) zurück. Siehe auch →Kritischer Rationalismus.

Rauchen. Inhalieren des Rauchs glühender Pflanzenteile. Die häufigste Form des Rauchens stellt der Zigarettenkonsum dar, es gibt aber auch bestimmte →Drogen, z. B. Haschisch, die auf diese Weise konsumiert werden. Die Weichen für das Gewohnheitsrauchen werden meist in der Pubertät gestellt: Die Nachahmung elterlichen Verhaltens, der Einfluss von Medien und Werbung sowie der Gruppenzwang innerhalb der →Peer-Group sind dabei die häufigsten Motive. Nikotin kann anregende oder beruhigende Wirkung haben und Hunger- und Angstgefühle sowie Aggressionen mindern. Es führt zunächst zu psychischer und dann zu pharmakologischer →Abhängigkeit, kann Lungenkrebs verursachen und gefäßschädigende Wirkung haben. Bei der Rauchentwöhnung treten ähnliche Entzugserscheinungen wie bei Drogenabhängigen auf (Reizbarkeit, Unlust, Müdigkeit).

Raumwahrnehmung. Tiefenwahrnehmung, räumliches Sehen. Fähigkeit zur →Wahrnehmung von Entfernungen sowie der Anordnung und des Umfangs von Objekten in einem Raum. Da hierfür eine dreidimensionale Wahrnehmung (Entfernung und Tiefe) notwendig ist, die Netzhaut des Auges jedoch nur zweidimensionale Bilder herstellen kann, wird angenommen, dass in einem kognitiven Prozess ein Abgleich mit bekannten Größen und Entfernungen stattfindet und so eine exakte Raumwahrnehmung ermöglicht wird.

Rausch. Veränderter Gefühlszustand, der durch den Missbrauch von →Alkohol, den Konsum von →Drogen, →Psychopharmaka oder, speziell beim Höhenrausch, durch einen Mangel an Sauerstoff im Gehirn ausgelöst wird. Ein Rausch ist häufig mit →Euphorie, gesteigerter Aktivität, einer eingeschränkten Fähigkeit zur →Selbstkontrolle sowie →Halluzinationen verbunden und kann zu →Aggressivität oder →Depressionen führen.

Rauschgifte. Synonym für →Drogen.

Reaktanz. Innerer Widerstand, der durch ein Verbot, das zu einer Einschränkung des Handlungsspielraums führt, ausgelöst wird. Ob und wie stark Reaktanz auftritt, ist von der Persönlichkeit desjenigen abhängig, der von einer Einschränkung betroffen ist.

Reaktion. Antwort des Organismus auf eine Reizeinwirkung, mit der physiologische sowie Veränderungen im Handeln, Denken und Fühlen verbunden sein können. Reaktionen unterscheiden sich hinsichtlich ihrer Komplexität. So spricht man bei simplen Reaktionen von →Reflexen (z. B. Hustenreflex), während komplexe Reaktionen Wechselwirkungen zwischen physiologischen und psychischen Abläufen umfassen können, etwa im Bereich der Sexualität (→sexueller Reaktionszyklus). Auch eine nachhaltige Veränderung von Einstellungen und Verhaltensweisen stellt im weitesten Sinn eine Reaktion dar.

Reaktionsbildung. Einer der von der →Psychoanalyse beschriebenen →Abwehrmechanismen, bei dem ein sozial unakzeptabler Triebwunsch durch die Entwicklung eines entgegengesetzten Verhaltens unterdrückt wird (z. B. Aggressivität durch eine betont freundliche Art im Umgang mit anderen).

Reaktionszeit. Zeitraum, bis vom Organismus eine Reaktion auf einen →Reiz erfolgt ist. Innerhalb der Reaktionszeit findet die Verarbeitung des Reizes im Gehirn statt, von dem anschließend eine entsprechende Information an das →Nervensystem weitergeleitet wird, die die Antwort des Organismus auf den empfangenen Reiz auslöst (z. B. eine Bewegung, das Ausführen einer Handlung). Die jeweilige Reaktionszeit ist abhängig von unterschiedlichen Faktoren, etwa der Wachheit einer Person oder dem Ausmaß der Anforderung, dem ein →Sinnesorgan ausgesetzt ist. Eine Reaktion kann z. B. ganz ausbleiben, wenn ein und derselbe Reiz immer wieder aufgenommen wird. Man spricht in diesem Fall von einer reaktiven Hemmung.

Reaktive Psychose. Form der →Psychose, die durch ein →Trauma ausgelöst wird.

Realitätsprinzip. Nach Auffassung der →Psychoanalyse steht das Realitätsprinzip dem →Lustprinzip gegenüber und hat die Funktion, triebgesteuerte Wünsche mit den Anforderungen der Umwelt sowie gesellschaftlichen Normen in Übereinstimmung zu bringen. Das Realitätsprinzip entwickelt sich in der Kindheit, wenn immer mehr Triebwünsche vom Kind aufgeschoben oder sublimiert werden können.

Rebirthing. Spezielle Form der →Atemtherapie. Rebirthing beruht auf der Grundannahme, dass die Persönlichkeit eines Menschen wesentlich von pränatalen (→pränatale Psychologie) sowie Geburtserfahrungen (→Geburt) geprägt ist. Durch bestimmte Atemtechniken sollen diese Erfahrungen wiedererlebt und die damit verbunden Spannungszustände im Organismus aufgelöst werden. Das Rebirthing wurde in den 70er-Jahren von dem Amerikaner Leonard Orr entwickelt.

Rechenschwäche. Dyskalkulie. Form der Lernstörung, bei der trotz altersdurchschnittlicher Intelligenz bei den Betroffenen erhebliche Schwierigkeiten beim Rechnen vorhanden sind.

Rechtspsychologie. Teilbereich der →Angewandten Psychologie, unter dem die →Forensische Psychologie und die Kriminalpsychologie (→Kriminalität) subsumiert werden.

Redundanz. Mitteilungen, die keine zusätzlichen Informationen beinhalten, weil der genannte Sachverhalt bereits dargestellt wurde (z. B. als inhaltliche Wiederholung in einer Hausarbeit). Durch das Vermeiden von Redundanz können Informationen besser aufgenommen werden, während Weitschweifigkeit dazu führt, dass die Aufmerksamkeit von Zuhörern oder Lesern nachlässt. Der Begriff stammt aus der →Informationstheorie.

Reflex. Unwillkürliche →Reaktion des Körpers auf einen wahrgenommenen Reiz. Unterschieden werden sekretorische und motorische Reflexe. Unter sekretorischen Reflexen wird die Ausschüttung von Sekreten durch die Körperdrüsen verstanden (z. B. Speichelfluss beim Anblick von Speisen), während motorische Reflexe eine Muskelaktivität in Gang setzen. Abhängig von der Art des Reizes laufen Reflexe auf stereotype Weise ab. Typische Reflexreaktionen sind

z. B. der Schluck- und Hustenreflex oder die Verengung der Pupille durch Lichtreize. Reflexe werden ohne Beteiligung des Gehirns über einen so genannten Reflexbogen gesteuert. Daran sind neben dem reizaufnehmenden →Sinnesorgan das Zentralnervensystem und das Organ, welches den Reflex ausführt, beteiligt. Dieses Organ wird Erfolgsorgan genannt.

Weiterhin werden Eigenreflexe (direkte oder einfache Reflexe) und Fremdreflexe (indirekte oder zusammengesetzte Reflexe) unterschieden. Bei Eigenreflexen befinden sich die Sinnesorgane, mit denen ein Reiz aufgenommen wird, in unmittelbarer räumlicher Nähe zum Erfolgsorgan, sodass der Reflex durch die Übertragung von Erregung über eine einzige →Synapse ausgelöst wird. Bei einem Fremdreflex wird die vom Reiz ausgehende Information hingegen erst durch verschiedene Nervenbahnen geleitet, bis der Reflex ausgelöst wird. Die Möglichkeiten der Beeinflussung von Reflexen (→bedingte Reflexe) bilden die Grundlage der →Konditionierung.

Reflexion. Prozess des Nachdenkens und Besinnens sowie die Vertiefung in die eigenen Gedanken. Von Selbstreflexion spricht man, wenn eine Person über sich selbst nachdenkt (z. B. um im Nachhinein ein bestimmtes Verhalten kritisch zu hinterfragen oder um sich über Aspekte der eigenen Persönlichkeit Klarheit zu verschaffen).

Reformpädagogik. Oberbegriff für eine zwischen 1890 und 1930 in den USA und Europa entstandene Bewegung, die aus unterschiedlichen Strömungen hervorging und eine grundlegende Erneuerung von Erziehung anstrebte. Ziel war es, eine Entbürokratisierung und Demokratisierung der Schulen sowie eine →Pädagogik, die dem Heranwachsenden mehr Chancen zur Entfaltung seiner Persönlichkeit einräumt, herbeizuführen. Hervorgegangen sind daraus unterschiedlichste Ansätze und Methoden, von denen einige bis heute Bestand haben, z. B. Produktionsschulen, Landeserziehungsheime, Erlebnispädagogik, →Waldorfpädagogik sowie Volkshochschulen.

Die einzelnen Pädagogen pflegten europaweit einen intensiven Erfahrungsaustausch. Wesentliche Impulse setzten die italienische Pädagogin Maria Montessori („Montessori-Pädagogik“), der französische Pädagoge Célestin Freinet („Freinet-Pädagogik“) sowie die englische Pädagogin Ellen Key („Pädagogik vom Kinde aus“), deren 1900 erschienenes Buch „Das Jahrhundert des Kindes“ programmatisch für die ganze Bewegung war. Die Reformpädagogik in Deutschland fand in der Zeit des Nationalsozialismus ihr Ende. Ab den 70er-Jahren wurden zahlreiche ihrer methodischen Ansätze wiederbelebt und in Regelschulen angewandt (z. B. Projektunterricht, offener Unterricht). Entstanden sind außerdem zahlreiche „Freie Schulen“ sowie mittlerweile renommierte Modellschulen, z. B. die „Laborschule“ in Bielefeld und die „Glockseeschule“ in Hannover.

Refraktärzeit. Verlängerung der →Reaktionszeit, die eintritt, wenn kurz nacheinander zwei Reize erfolgen und die Reaktion auf den ersten Reiz noch nicht vollständig abgeschlossen wurde (Doppeltätigkeitsinterferenzen).

Reframing. Therapeutische Technik, die den →Klienten dazu anregt, Probleme und Sachverhalte in einen neuen Zusammenhang zu stellen, sodass diese eine andere Bedeutung erhalten. Reframing wird insbesondere beim →Neurolinguistischen Programmieren (NLP) angewendet.

Regelkreis. Im Gegensatz zu Ursache-Wirkungs-Zusammenhängen (→Kausalität) besteht ein Regelkreis aus einem geschlossenen System, in dem durch Rückkopplungsprozesse ein Gleichgewichtszustand aufrechterhalten bleibt. Dies kann sich sowohl auf physiologische Prozesse, seelische Zustände als auch auf komplexe soziale Strukturen beziehen. Der Begriff stammt ursprünglich aus der →Kybernetik.

Regression. Begriff aus der →Psychoanalyse für einen Rückfall in Verhaltensweisen, die einer vorangegangenen Entwicklungsstufe entsprechen und i. d. R. mit weniger Anforderungen verbunden sind. Regression kann in Belastungssituationen auftreten, deren Bewältigung das →Ich eines Menschen überfordert, und dient dazu, die empfundene →Angst zu minimieren.

Rehabilitation. Wiedereingliederung behinderter oder kranker Menschen in die Gesellschaft und den Arbeitsprozess. Ziel von Rehabilitationsmaßnahmen ist es, zu verhindern, dass eine Behinderung oder Krankheit zu einer dauerhaften Beeinträchtigung des privaten, sozialen und beruflichen Lebens führt. Rehabilitation kann verschiedene Schwerpunkte haben. So wird die medizinische Rehabilitation nach schwerwiegenden Erkrankungen (z. B. nach einem Herzinfarkt) vollzogen, die berufliche Rehabilitation konzentriert sich auf den Erhalt der Arbeitskraft sowie die Wiedereingliederung in den Arbeitsprozess, und die psychosoziale

Rehabilitation unterstützt psychisch kranke Menschen bei der sozialen Wiedereingliederung. Diese unterschiedlichen Formen der Rehabilitation werden jeweils in spezialisierten Einrichtungen angeboten. Methoden, die in diesem Bereich häufig angewandt werden, sind die →Beschäftigungstherapie sowie weitere kreativ-gestalterische Ansätze, die das Selbstvertrauen und die Erlangung von →Fertigkeiten der Patienten unterstützen.

Reich, Wilhelm. Österreichisch-amerikanischer Arzt und Psychoanalytiker ungarischer Herkunft (1897–1957). Reich begründete die →Orgontherapie und beschäftigte sich mit dem Zusammenhang zwischen Sexualunterdrückung und der Entstehung von Neurosen. In den 20er-Jahren engagierte er sich stark in der Sexualaufklärung und gründete den „Deutschen Reichsverband für proletarische Sexualaufklärung“. Nach seiner Emigration in die USA (1939) intensivierte er seine Forschungen, mit denen er die allen Lebewesen innewohnende Lebensenergie (Orgon) wissenschaftlich nachzuweisen versuchte. Die von ihm vorgelegte Klassifizierung von Charakterstrukturen aufgrund emotional bedingter muskulärer Verkrampfungen wurde von Alexander →Lowen zur →Bioenergetik weiterentwickelt. Veröffentlichungen u. a.: „Die Massenpsychologie des Faschismus“, „Die Funktion des Orgasmus“.

Reifung. 1. Allgemeine Bezeichnung für Entwicklungs- und Wachstumsprozesse, die zur vollen Funktionsfähigkeit eines Organismus führen (→Wachstumstheorien) 2. Im engeren Sinne das Eintreten der Geschlechtsreife (→Pubertät).

Reiz. Vom Organismus wahrgenommene Signale und Informationen, die eine Reaktion im Verhalten und Erleben auslösen. Dabei kann es sich um Außenreize handeln, die aus der Umwelt aufgenommen werden (z. B. optische, akustische, chemische Reize), oder Innenreize, die aus dem Organismus selbst stammen. Unterschieden werden dabei verschiedene Arten von Reizen:

Adäquater Reiz: Reiz, der einer Aufnahme durch ein bestimmtes Sinnesorgan entspricht, z. B. eine Berührung durch die →Rezeptoren auf der Haut, die eine optimale Reizverarbeitung einleiten.

Inadäquater Reiz: Reiz, auf dessen Aufnahme ein Sinnesorgan nicht ausgerichtet ist und mit dem Irritationen oder Schmerzen ausgelöst werden können.

Aversiver Reiz: Reiz, der von einer Person als bedrohlich oder unange-

nehm erlebt wird und der i. d. R. Vermeidungsverhalten auslöst.
Bedingter Reiz (konditionierter Reiz): Reiz, der durch →Konditionierung erlernt wird.
Sublimaler Reiz (unterschwelliger Reiz): Reiz, der nicht bewusst wahrgenommen wird, aber dennoch eine Reaktion auslöst.
Unbedingter Reiz (unkonditionierter Reiz): Reiz, der bei einem Organismus zu einer angeborenen Reaktion führt (→Reflex).
Als Reizschwelle wird der Grad der Intensität bezeichnet, den ein Reiz aufweisen muss, damit er von einem Sinnesorgan aufgenommen werden kann. Überschreiten Reize hingegen ein bestimmtes Quantum an Intensität, sodass ein Organismus mit der Aufnahme überfordert ist, spricht man von Reizüberflutung (→Reizüberflutungstherapie). Ein Mangel an Außenreizen wiederum wird vom Menschen als unangenehm empfunden und kann u. U. zu Verhaltensauffälligkeiten führen. Ein Beispiel ist die so genannte Isolationshaft, in der Gefangene vollständig von Außenreizen abgeschirmt werden und die schließlich zu Willenlosigkeit und →Halluzinationen führen kann (→Folter).
Von Reizgeneralisierung spricht man, wenn die Kopplung von Reiz und Reaktion auf ähnliche Reize übertragen wird. Reizgeneralisierung ist innerhalb der →Lerntheorie von großer Bedeutung. Ursprünglich befasste sich die →Psychophysik mit der Wirkung von Reizen. Anders als im →Behaviorismus wurden dabei isolierte physikalische Reize (z. B. Lärm) und ihre Auswirkungen auf das menschliche Erleben untersucht. Inzwischen wird davon ausgegangen, dass Menschen keine isolierten Reize wahrnehmen, sondern komplexe Muster von Reizen.

Reiz-Reaktions-Modell. →Stimulus-Response-Modell. Bezeichnung für die grundlegende Annahme der →Lerntheorie, nach der auf jeden wahrgenommenen Reiz (Stimulus) eine Reaktion (Response = Antwort) des Organismus erfolgt.

Reizüberflutungstherapie. Flooding. Verhaltenstherapeutische Methode, die zur Behandlung von →Phobien (z. B. Platzangst, Höhenangst) eingesetzt wird. Das therapeutische Vorgehen besteht darin, den →Klienten in therapeutischer Begleitung mit der Angst auslösenden Situation zu konfrontieren (z. B. steigt ein Klient mit Platzangst zusammen mit dem Verhaltenstherapeuten wiederholt in einen Fahrstuhl, bis er die Erfahrung gewonnen hat, dass seine Furcht verschwindet). Siehe auch →Desensibilisierung.

Reliabilität. Zuverlässigkeit. Neben →Objektivität und →Validität stellt Reliabilität eines von drei Testgütekriterien (→Test) dar und steht für die Genauigkeit, mit der ein →Merkmal gemessen werden kann.

Religionspsychologie. Die Religionspsychologie ist aus der Religionswissenschaft entstanden und untersucht psychosoziale und intrapsychische Bedingungen für religiöses Erleben, religiöse Vorstellungen und Praktiken sowie die unterschiedlichen Erscheinungsformen von Religiosität und ihre Symbole. Obwohl das Erstarken fundamentalistischer religiöser Orientierungen diesem Teilgebiet der Psychologie eine neue Aktualität zuweist, nimmt die Religionspsychologie in Deutschland nur eine randständige Bedeutung ein.

REM-Phase. Abkürzung für Rapid-Eye-Movement-Phase. Phase des →Schlafs, in der verstärkt Augenbewegungen zu beobachten sind.

Replikation. Wissenschaftliche Methode zur Überprüfung der Ergebnisse von Studien und Untersuchungen. Dazu wird eine Untersuchung ein zweites Mal unter den gleichen oder aber unter variierten Bedingungen vollzogen.

Repräsentanz. Psychoanalytischer Begriff für die bewusste und unbewusste Vorstellung vom eigenen →Selbst oder die innere Vorstellung von →Bezugspersonen (→Objektrepräsentanz).

Repräsentation. Begriff aus der →Kognitiven Psychologie für die Abbildung von Erfahrungen im Gedächtnis, die als Vorstellungen im Bewusstsein gegenwärtig sind. Sie werden zur Verarbeitung von aktuellen →Wahrnehmungen sowie für Denkprozesse herangezogen. Unterschieden werden u. a. begrifflich-symbolische und bildlich-anschauliche Repräsentationen.

Repression. Lateinische Bezeichnung für →Unterdrückung.

Resignation. Folge von anhaltender →Entmutigung, die dazu führt, dass ein Mensch die →Hoffnung aufgibt, seine Lebensumstände verbessern zu können oder Glück zu erfahren. Resignation beschreibt einen Zustand, in dem sich eine anfängliche →Hoffnungslosigkeit bereits verfestigt hat.

Resistenz. 1. In der Medizin die Widerstandskraft eines Organismus gegenüber Krankheitserregern und psychischen Belastungen 2. In der →Klinischen Psychologie die Unveränderbarkeit von unerwünschtem →Verhalten, inneren →Konflikten oder →Symptomen des →Klienten nach länger andauernder psychotherapeutischer Behandlung. Gründe können z. B. →Widerstände des Klienten sein oder die mangelhafte Eignung einer therapeutischen Methode für die Problematik des Klienten.

Resonanz. 1. Allgemein Bezeichnung für die emotionale Anteilnahme, die eine Person bei einer anderen Person oder einer Gruppe auslöst (z. B. durch einen Vortrag oder die Darbietung einer künstlerischen Leistung) 2. Innerhalb einer →Psychotherapie bezeichnet der Begriff die einfühlsame Zuwendung zum Klienten sowie die Wahrnehmung feiner Nuancen seiner Emotionen durch den Therapeuten.

Resozialisierung. Wiedereingliederung straffällig gewordener Menschen in die Gesellschaft während und nach dem Strafvollzug. Ziel ist es, Menschen darauf vorzubereiten, künftig ein selbstverantwortliches Leben ohne Gesetzesübertretungen zu führen. Zu den Maßnahmen einer effektiven Resozialisierung gehören z. B. das Angebot von →Psychotherapie, →Sozialtherapie und das Absolvieren einer Ausbildung während der Haft sowie die Unterstützung durch Bewährungshelfer, die die soziale Integration der Straftäter nach einer Haftverbüßung begleiten. Resozialisierung stellt seit den 70er-Jahren in Deutschland das dominierende Prinzip im Strafvollzug dar. Dieser war im Gegensatz dazu zuvor vom Gedanken der Sühne für eine begangene Schuld dominiert.

Responseset. Bezeichnung für eine bestimmte Tendenz, mit der eine Versuchsperson einen Fragebogen beantwortet und die zu einer Verzerrung der Ergebnisse führt. Eine typische Form des Responseset ist die →Ja-Sage-Tendenz oder die Beantwortung von →Items entsprechend einer angenommenen Erwünschtheit.

Ressentiment. Oftmals unbewusste, feindselige Einstellung gegenüber einer Person oder Gruppe.

Ressourcen. In der →Psychologie Bezeichnung für die psychosozialen und persönlichen Reserven, auf die ein Mensch in Krisenzeiten zurückgreifen kann. Zu den Ressourcen zählen u. a. ein intakter und stabiler Freundeskreis (→soziales Netzwerk), finanzielle Rücklagen, eine akzeptable Wohnsituation und Selbstvertrauen. Als Ressourcenaktivierung wird eine →Intervention im Rahmen einer →Psychotherapie bezeichnet, mit der diese Potenziale gezielt zur Unterstützung des Klienten mobilisiert werden sollen.

Retardierung. Lateinische Bezeichnung für →Entwicklungsverzögerung.

Retina. →Netzhaut.

Rezeptor. Sinneszelle bzw. Endigung einer Nervenzelle, die zur Aufnahme von Umweltreizen dient. Im menschlichen Organismus sind verschiedene Arten solcher Rezeptoren vorhanden, die jeweils für spezifische Reize zuständig sind. Unterschieden werden u. a. Rezeptoren für die Wahrnehmung von Außenreizen (Exterorezeptoren) und solche, die für Reize im Körperinneren zuständig sind (Enterorezeptoren).

Rhetorik. Lehre von der wirkungsvollen öffentlichen Rede. Eine Person, die die Regeln der Rhetorik beherrscht, ist in der Lage, andere Personen zum interessierten Zuhören zu bewegen und zu überzeugen. Rhetorische Fähigkeiten sind nicht allein auf →Begabung zurückzuführen, sondern lassen sich gezielt trainieren. Dabei wird sowohl die sprachliche Ausdrucksfähigkeit geschult als auch der bewusste Einsatz der →Körpersprache.

Richter, Horst-Eberhard. Deutscher Psychoanalytiker und Arzt (*1923). Richter widmete sich der Untersuchung gestörter Eltern-Kind-Beziehungen und war an der Entwicklung des →Gießen-Tests sowie der Entwicklung sozialtherapeutischer Methoden beteiligt. Beachtung fanden außerdem seine gesellschaftspolitischen Analysen vor dem Hintergrund tiefenpsychologischer Theorien und sein soziales sowie umwelt- und friedenspolitisches Engagement. Veröffentlichungen u. a.: „Eltern, Kind und Neurose“, „Patient Familie“, „Lernziel Solidarität“, „Zur Psychologie des Friedens“.

Rigidität. Unflexibles Verhalten, mit dem hartnäckig an Gewohnheiten und Einstellungen, die eine angemessene Anpassung an neue Situationen erschweren, festgehalten wird.

Risiko. Handlung oder Situation, bei der Lebensgefahr sowie negative soziale Konsequenzen nicht ausgeschlossen werden können, wobei deren Eintreten nur durch eine →Wahrscheinlichkeit abgeschätzt werden kann. Als Risikofaktoren werden Verhaltensweisen, soziale Umstände oder Erbfaktoren bezeichnet, die das Entstehen von körperlichen oder psychischen Krankheiten begünstigen. So gehen z. B. Raucher ein größeres Risiko ein, an Lungenkrebs zu erkranken als Nichtraucher, Menschen, die von Armut betroffen sind, tragen ein höheres Krankheitsrisiko, ohne dass dies von ihnen beeinflusst werden kann usw. Zudem entstehen Risikofaktoren durch gesellschaftliche Einflüsse, z. B. durch neue Technologien oder die Erosion sozialer Sicherungssysteme. In den 80er-Jahren prägte der Soziologe Ulrich Beck hierfür den Begriff der Risikogesellschaft. Siehe auch →Individualisierung.

Innerhalb der Psychologie beschäftigt sich die Risikoforschung mit der Untersuchung psychologischer Faktoren und Persönlichkeitseigenschaften, die die Bereitschaft von Menschen, Risiken zu vermeiden bzw. sich ihnen auszusetzen, beeinflussen. Nachgewiesen werden konnte beispielsweise, dass die Risikobereitschaft in einer Gruppe generell steigt.

Ritual. Gesellschaftlich übermittelte Verhaltensregeln, die von den Mitgliedern einer Gesellschaft in gleicher Weise praktiziert werden. Ein typisches Ritual ist das gegenseitige Händeschütteln zur Begrüßung und Verabschiedung. Rituale haben die Funktion, soziales Handeln zu erleichtern, indem sie einen Handlungsrahmen vorgeben und dem Einzelnen somit die Sicherheit vermitteln, sich in sozialen Situationen zurechtfinden zu können.

Rogers, Carl Ransom. Amerikanischer Psychologe (1902–1987), Begründer der →Gesprächspsychotherapie und einer der führenden Vertreter der →Humanistischen Psychologie, der u. a. auch die →Pädagogik beeinflusste (→Personenzentrierter Ansatz). In Deutschland wurde die Gesprächspsychotherapie insbesondere durch das Psychologenehepaar →Tausch bekannt. Veröffentlichungen u. a.: „Die klientenzentrierte Gesprächspsychotherapie“, „Lernen in Freiheit“, „Der Mensch als Mittelpunkt der Wirklichkeit“.

Rolle. Zentraler Begriff der →Sozialpsychologie sowie der →Soziologie, der die Beziehung zwischen Individuum und Gesellschaft beschreibt. Der Begriff Rolle beinhaltet Erwartungen, die die Mitglieder einer Gesellschaft an den Inhaber einer bestimmten sozialen Position hinsichtlich seines Verhalten stellen. Dabei kann es sich um eine berufliche, um eine familiäre oder um eine Rolle handeln, die aufgrund des Geschlechts üblicherweise eingenommen wird (→Geschlechterrollen.) Ebenso wie →Rituale haben Rollen die Funktion, Handeln zu erleichtern, indem sie dem Einzelnen ein Verhaltensrepertoire gemäß der von ihm eingenommenen Rolle vorgeben.

Übernimmt eine Person gleichzeitig mehrere Rollen, die sich nicht miteinander in Einklang bringen lassen, entsteht ein Rollenkonflikt. Beispielsweise kann ein Vater in einen solchen Konflikt geraten, weil er sich einerseits an der Erziehung seiner Kinder gleichberechtigt beteiligen möchte, andererseits im Beruf eine Führungsposition innehat, die ihm wenig Zeit dazu lässt, oder weil sein Wunsch, ein fürsorglicher Vater zu sein, häufig noch nicht mit der vorgegebenen Geschlechterrolle übereinstimmt. Eine Rolle setzt immer eine aktive Rollenübernahme des Individuums voraus. So muss z. B. eine Führungsperson bereit sein, ihre Rolle durch entsprechende Verhaltensweisen auszufüllen (z. B. Entscheidungen fällen, kommunizieren, sich engagieren), wobei eine Entscheidungsfreiheit bestehen bleibt, inwieweit sie diesen Erwartungen tatsächlich entsprechen möchte. Rollendistanz ist die Fähigkeit einer Person, sich nicht vollständig mit der eingenommenen Rolle zu identifizieren, was ihr ermöglicht, diese immer wieder kritisch zu hinterfragen.

Rollenspiel. Verfahren, das in der →Pädagogik und der →Psychotherapie zum Einsatz kommt, um neue Fertigkeiten und Verhaltensweisen zu erlernen, mehr über sich selbst zu erfahren oder um psychische Konflikte erlebnisorientiert bearbeiten zu können. Dabei wird eine reale Lebenssituation nachgespielt und neue Handlungsmöglichkeiten ausprobiert (z. B. Möglichkeiten der Konfliktlösung oder des persönlichen Auftretens). Innerhalb der psychotherapeutischen Ansätze stellt das Rollenspiel die zentrale Technik des →Psychodramas dar.

Rorschach-Test. Testverfahren aus der Gruppe der Formdeutetests. Dabei werden die Probanden aufgefordert, zufällig entstandene Farbkleckse zu deuten, wodurch Rückschlüsse auf bestimmte Persönlichkeitsmerkmale gezogen werden können (→projektive Tests). Der Rorschach-Test wurde von dem schweizerischen Psychiater Hermann Rorschach (1884–1922) entwickelt.

Rosenthaleffekt. →Pygmalioneffekt.

Rubin'sche Vase. Auch Rubin'scher Becher. →Kippfigur, mit der eine →Wahrnehmungstäuschung aufgrund von Mehrdeutigkeit illustriert wird. Die Rubin'sche Vase kann entweder als weißes Gefäß auf schwarzem Grund oder als zwei Gesichter, die sich gegenüberstehen, betrachtet werden.

S

Sadismus. 1. Form des Sexualverhaltens, bei der Lust durch die körperliche oder seelische Gewaltausübung gegenüber dem Sexualpartner erlebt wird. Bei diesem handelt es sich häufig um eine Person, die komplementär dazu eine solche Behandlung als lustvoll erlebt (→Masochismus). 2. Allgemeine Bezeichnung für eine Triebrichtung, bei der eine Person das Zufügen von Schmerzen als lustvoll empfindet. Abgeleitet wurde der Begriff von dem französischen Schriftsteller Marquis de Sade (1740–1814), der in seinem Werk sadistische Sexualpraktiken beschrieben hat.

Sadomasochismus. Gleichzeitiges Vorhandensein der Triebrichtungen des →Sadismus und →Masochismus in einer Person.

Sander-Täuschung. Sander-Figur. Eine der optischen →Wahrnehmungstäuschungen. Bei der Sander-Täuschung erscheinen zwei gleichlange Seiten eines Dreiecks als unterschiedlich lang, wenn sie grafisch von einem Parallelogramm umgeben sind. Benannt wurde die Wahrnehmungstäuschung nach dem deutschen Psychologen Friedrich Sander (1889–1971).

Sanktion. Gesellschaftliche Reaktion auf Verhaltensweisen von Individuen, die dazu dienen, die Einhaltung sozialer Normen zu kontrollieren und zu beeinflussen. Unterschieden werden positive Sanktionen durch Belohnung (z. B. Auszeichnungen aufgrund besonderer Leistungen für die Gesellschaft) und negative Sanktionen durch →Bestrafung (z. B. Gefängnisstrafen).

Sättigung. →Psychische Sättigung.

Satzergänzungstest. Testverfahren, aus der Gruppe der →projektiven Tests, bei der Versuchspersonen aufgefordert werden, vorgegebene angefangene Sätze zu vervollständigen. Satzergänzungstests werden eingesetzt, um →Einstellungen und →Vorurteile zu untersuchen.

Sauberkeitsentwicklung. Reinlichkeitsentwicklung. Entwicklungsprozess, in dem das Kind fähig wird, körperliche Ausscheidungsfunktionen selbstständig zu kontrollieren. Die bewusste Kontrolle der Schließmuskeln ist i. d. R. nicht vor dem zweiten Lebensjahr möglich. Insbesondere die Psychoanalyse hat die negativen Folgen wie z. B. →Zwangsneurosen und Ängste beschrieben, die einer zu früh einsetzenden und allzu rigiden Sauberkeitserziehung folgen können.

Sceno-Test. →Szeno-Test.

Scham. Emotionale Reaktion, die auftritt, wenn eine Person ihren eigenen Erwartungen oder den Erwartungen ihrer Umwelt nicht gerecht wird und sich dessen in Form von Peinlichkeit gewahr wird. Scham wird als unangenehm empfunden, kann mit körperlichen Reaktionen (z. B. Erröten) verbunden sein und wird daher schnell verdrängt. In psychotherapeutischen Prozessen fällt es Patienten häufig schwer, Erinnerungen und Erlebnisinhalte auszusprechen und zu bearbeiten, die mit starken Gefühlen der Scham verbunden sind. Die Psychoanalyse bewertet das Fehlen von oder ein Übermaß an Scham als narzisstische Störung. →Narzissmus.

Schatten. Begriff aus der →Analytischen Psychologie für Anteile der Persönlichkeit, die von einer Person selbst abgelehnt und daher vom Bewusstsein ferngehalten werden.

Schema. 1. In der Psychologie sind kognitive Schemen innere Ordnungsvorstellungen und Erwartungen, die das Handeln und Denken unbewusst in ganz bestimmter Weise beeinflussen bzw. alles unter einem Blickwinkel geschehen lassen. 2. In der Theorie von Jean →Piaget sind Schemen Vorstellungen, die während der →Denkentwicklung ungefähr ab dem zweiten Lebensjahr entstehen und an die neue Informationen mithilfe der →Assimilation angepasst werden.

Schicksalsanalyse. Tiefenpsychologisch fundierte Methode der →Psychotherapie, bei der insbesondere das familiäre Umfeld untersucht wird, da davon ausgegangen wird, dass die Familie einen großen Einfluss auf Lebensentscheidungen wie die Berufswahl oder →Partnerwahl nimmt („familiäres Unbewusstes“). Die Schicksalsanalyse wurde in den 1930er-Jahren von dem ungarischen Arzt und Psychotherapeuten Leopold Szondi (1893–1986) entwickelt.

Schizoid. Persönlichkeitsstruktur, die durch Distanziertheit gegenüber anderen und der Umwelt sowie durch abgeflachte →Affekte und →Emotionen gekennzeichnet ist. Es besteht eine Ähnlichkeit zur →Schizophrenie.

Schizophrenie. Form der →endogenen →Psychose, die durch Störungen in den Bereichen des Denkens, Fühlens und der Wahrnehmung sowie dem Zugang zur eigenen Person gekennzeichnet ist. Dies kann zu massiven Störungen in den zwischenmenschlichen Beziehungen führen. Dem Begriff werden verschiedene Krankheitsbilder und Krankheitsverläufe untergeordnet (Erkrankungen aus dem schizophrenen Formenkreis).

Häufigste Erkrankungen aus dem schizophrenen Formenkreis sind: Paranoid-halluzinatorische Schizophrenie mit den charakteristischen Merkmalen Wahnvorstellungen und akustische →Halluzinationen.
Katatone Schizophrenie; charakteristisches Merkmal: motorische Störungen bis hin zur vollständigen körperlichen Erstarrung (→Stupor).
Hebephrene Schizophrenie; charakteristische Merkmale: Affekt- und Denkstörungen, die i. d. R. im Jugend- oder frühen Erwachsenenalter beginnen.
Der Verlauf der Krankheit variiert. Der Krankheitsbeginn kann sich z. B. durch eine Phase depressiver Verstimmung verbunden mit innerer Unruhe ankündigen, die stark ausgeprägt oder schleichend über mehrere Jahre hinweg verlaufen kann. In der Akutphase tritt in fast allen Fällen eine Intensivierung der →Symptome (Wahnvorstellungen, Halluzinationen, Denkstörungen) auf. Eine Akutphase („Schub") kann über mehrere Wochen fortbestehen. Danach folgt eine Phase, die von Depressionen (postpsychotische Depression) und Erschöpfungszuständen begleitet wird. Sowohl in der akuten Erkrankungsphase als auch in der postpsychotischen Depression kann es zu →Krisen mit Selbstmordgedanken kommen.
Bei einem Drittel der an Schizophrenie Erkrankten tritt eine Heilung ein, bei einem weiteren Drittel tritt die Erkrankung in Phasen immer wieder auf, während ein weiteres Drittel der Patienten dauerhaft beeinträchtigt bleibt. Die Behandlung erfolgt mit →Psychopharmaka sowie Sozial- und Psychotherapie.
Mit Unterstützung von Ärzten und Psychologen können Angehörige Verhaltensweisen entwickeln, die für ein erkranktes Familienmitglied hilfreich sind. Dazu gehört ein Umgang, der auf emotionaler Anteilnahme und Wertschätzung beruht, in Krisenzeiten für Entlastung und Beruhigung sorgt und Unterstützung in der Alltagsbewältigung und -strukturierung sowie eine einfühlsame Korrektur verzerrter Wahrnehmungen gewährleistet. Die bis dahin als Dementia praecox bezeichnete Gruppe von Erkrankungen wurde 1911 von Eugen →Bleuler unter dem Begriff Schizophrenie zusammengefasst.

Schlaf. Regelmäßig auftretende Regenerationsphasen, bei der Aktivität und Bewusstsein aufgehoben sind. Reguliert wird der Schlaf durch das Schlaf-Wach-Zentrum, das sich im Zwischenhirn befindet. Gekennzeichnet ist er durch die Abnahme des Blutdrucks, Verminderung der Hirndurchblutung, Rückgang der Atemfrequenz und ein charakteristisches Bild der Hirnstromkurve. Die Schlaftiefe wechselt im Verlauf der Schlafperioden mehrfach. Im ersten Drittel der Nacht dominieren die Tiefschlafstadien (notwendig für die Zellregeneration und gekennzeichnet durch die niedrigste Gehirnaktivität), während gegen Ende der Nacht die →REM-Phasen immer länger werden (gekennzeichnet durch schnelle Augenbewegungen „rapid-eye-movements“ und die höchste Gehirnaktivität). Aus dem REM-Schlaf werden gefühlsbetonte, bildhafte Träume erinnert. Neugeborene benötigen ganztägig Schlaf, der nur durch die Nahrungsaufnahme unterbrochen wird, Kleinkinder 12–15 Stunden und Schulkinder 9–11 Stunden. In der Pubertät pendelt sich der Schlafbedarf schließlich bei 7–8 Stunden ein. Insgesamt variiert das normale, individuelle Schlafbedürfnis jedoch zwischen 4 und 10 Stunden.

Schlafforschung: Die Schlafforschung konnte nachweisen, dass Schlaf eine wichtige Funktion bei der Regulierung des psychischen Geschehens übernimmt. Wird z. B. der Schlaf und damit die Traumtätigkeit unterbrochen, werden diese Traumphasen in den nachfolgenden Nächten nachgeholt. Die Erforschung des Schlafes findet in so genannten Schlaflabors statt, die mit zahlreichen Instrumenten ausgestattet sind, um am menschlichen Körper während des Schlafes umfangreiche Messungen (z. B. Augenbewegungen, Atemfrequenz und Hirnströme) vornehmen zu können.

Schlafstörung. Störungen des Schlafverhaltens, die auf seelische oder körperliche Ursachen zurückzuführen sind. Dabei werden folgende Schlafstörungen unterschieden:

Schlaflosigkeit/Insomnie: Kennzeichen: Störungen beim Einschlafen und Durchschlafen. Ursachen: seelische und körperliche Anspannung.

Schlafsucht/Hypersomnie: Kennzeichen: auffällig starke Müdigkeit. Ursache: körperliche Erkrankungen.

Schlafwandeln/Somnambulismus: Kennzeichen: nächtliches Umhergehen ohne Wachbewusstsein, das nicht erinnerbar ist; tritt häufig bei Kindern auf. Ursache: psychische Belastungen.

Zur Behandlung von Schlafstörungen werden häufig Schlafmittel (Hypnotika, siehe auch →Psychopharmaka) verabreicht, die allerdings die Traumphasen unterdrücken. Die Medikamente können zudem zur →Abhängigkeit führen.

Schlüsselqualifikationen. Basisqualifikationen. Persönlichkeitseigenschaften und →Fähigkeiten, die für die Teilnahme am Berufsleben notwenig sind und gleichzeitig dazu dienen, bestehende →Kenntnisse, Fähigkeiten und →Fertigkeiten zu erweitern. Zu den Schlüsselqualifikationen gehören →soziale Kompetenz, Team-, Entscheidungs- und Konfliktfähigkeit, Verantwortungs- und Einsatzbereitschaft sowie die Fähigkeit, selbstständig Informationen zu recherchieren und auch auszuwerten. Schlüsselqualifikationen werden i. d. R. nicht durch die Schule vermittelt, aber von Unternehmen und Betrieben bei der Bewerberauswahl stark nachgefragt. Sie können durch praktische Erfahrungen im Arbeitsleben allmählich erworben oder durch entsprechende Maßnahmen trainiert werden (z. B. im Rahmen der betrieblichen Personalentwicklung).

Schlüsselreiz. Begriff aus der →Verhaltensforschung für →Reize, die eine Instinkthandlung auslösen.

Schlussfolgerung. Denkprozess, der es ermöglicht, vorliegende Fakten und Informationen zu verknüpfen und daraus ein Ergebnis oder eine allgemeine Regel abzuleiten.

Schmecken. →Geschmack.

Schmerz. Unangenehme Empfindung, die aufgrund der Reizung von Schmerzrezeptoren auf der Haut oder an den Organen entsteht. Schmerz stellt eine Schutzfunktion des Körpers dar, da Schmerzunempfindlichkeit zu häufigen Verletzungen führt und lebensbedrohlich ist. Dadurch, dass Schmerzen wahrgenommen werden, wird der entsprechende Körperteil geschont oder behandelt.

Unterschieden wird akuter und chronischer Schmerz. Während akuter Schmerz eine vorübergehende Beeinträchtigung darstellt, spricht man von chronischem Schmerz immer dann, wenn das Schmerzempfinden über mehrere Monate hinweg anhält. Chronischer Schmerz kann zu psychischen Beeinträchtigungen wie Depressionen führen. Die Schmerzschwelle, das heißt, die Schwelle, ab wann der Schmerz bewusst wahrgenommen wird, ist bei Menschen individuell unterschiedlich. Sie kann z. B. durch psychische Belastungen herabgesenkt werden. Von Phantomschmerzen spricht man, wenn Schmerzen in Körperteilen wahrgenommen werden, die nicht mehr vorhanden sind (z. B. nach einer Amputation).

Schmerztherapie: Akute Schmerzzustände können durch die Einnahme von Schmerzmitteln, die zur Dämpfung des Schmerzzentrums im Gehirn und somit der Schmerzwahrnehmung führen, unterbunden werden. Chronische Schmerzen werden i. d. R. in speziellen Einrichtungen wie Schmerzambulanzen behandelt. In den interdisziplinären Einrichtungen werden von unterschiedlichen Fachkräften (Physiotherapeuten, Ärzte, Psychologen) unterschiedliche Heilmethoden angeboten. Ziel ist es, ungünstige Wechselwirkungen, die zu einer Verstärkung der Schmerzsymptome führen können, zu verhindern. Mithilfe von Psychotherapie wird etwa versucht, die Wahrnehmung des Schmerzes zu verändern (z. B. durch Abzug der Aufmerksamkeit vom Schmerzempfinden mithilfe von →Suggestionen).

Schnüffelstoffe. Chemische Produkte, die Lösungsmittel enthalten, etwa Klebstoffe, Farben und Reinigungsmittel, und deren freigesetzte Dämpfe eingeatmet werden („schnüffeln“). Aufgrund ihrer Wirkung auf das →Nervensystem rufen sie Rauschzustände hervor. Schnüffelstoffe werden z. B. häufig von (Straßen-)Kindern und Jugendlichen in armen Ländern konsumiert, um Hunger- und Einsamkeitsgefühle zu betäuben.

Schock. Zustand, der nach einer schwerwiegenden und plötzlichen seelischen oder körperlichen Verletzung einer Person eintritt (z. B. →Trauma, Unfall, Verletzung, Tod eines Angehörigen). Ein seelischer Schockzustand kann bis zu mehreren Tagen andauern, wobei die Betroffenen das Geschehene nur begrenzt realisieren können und einer inneren Erstarrung unterliegen, die sich erst allmählich löst und dann eine vollständige Bewusstwerdung des Ereignisses und dessen Verarbeitung möglich macht.

Schriftpsychologie. Grafologie. Psychologische Deutung der Handschrift einer Person, um daraus Rückschlüsse auf deren Persönlichkeit zu ziehen. Dabei werden z. B. die Größe der Schrift, der Druck, der vom Schreiber beim Schreibvorgang ausgeübt wird, die Neigung der Schrift, ihre Kantigkeit oder Abgerundetheit berücksichtigt. Die Schriftpsychologie als Methode der Diagnostik ist wissenschaftlich umstritten und spielt in der →Angewandten Psychologie keine Rolle mehr. Jedoch werden Grafologen häufig hinzugezogen, um etwa die Urheberschaft einer Handschrift zu ermitteln (z. B. durch den Vergleich von Schriftdokumenten). Dieses Verfahren wird als Schriftexpertise bezeichnet.

Schulangst. Bei Schülern auftretende Angst vor und während des Schulbesuchs, die durch Misserfolgserlebnisse, hohen Leistungsdruck oder Konflikte und Gewalterfahrungen im Kontext der Schule hervorgerufen wird.

Schuldfähigkeit. Zurechnungsfähigkeit. Fähigkeiten eines Menschen (bezogen auf seinen intellektuellen und psychischen Entwicklungsstand oder augenblicklichen Zustand), aufgrund derer er für seine Handlungen im juristischen Sinne zur Verantwortung gezogen werden kann. Laut Strafgesetzbuch kann bei einem Angeklagten auf „Schuldunfähigkeit" (→Unzurechnungsfähigkeit) oder „verminderte Schuldfähigkeit" plädiert werden, wenn seelische Störungen, schwere Bewusstseinstörungen zum Tatzeitpunkt (z. B. Handeln im →Affekt, unter Einfluss von →Drogen) oder geringe →Intelligenz vorliegen. Aufgabe des Psychologen ist es in einem solchen Fall, anhand biografischer Daten und des Verlaufs der Straftat eine differenzierte Begutachtung der Schuldfähigkeit im Einzelfall vorzunehmen.

Schuldgefühl. Subjektive Überzeugung, ein Unrecht begangen zu haben, die häufig mit Gefühlen der Reue sowie einem Bedürfnis nach Wiedergutmachung verbunden ist. In der Psychoanalyse gelten Schuldgefühle als Ausdruck des Gewissens (→Über-Ich) und führen dazu, dass eine Person zukünftig vermeidet, solche Handlungen zu begehen.

Schuleignung. Körperliche und geistige Voraussetzungen eines Kindes, die geforderte schulische Arbeit bewältigen zu können. Dazu müssen die körperliche Funktionstüchtigkeit, die Bereitschaft und Fähigkeit zur Übernahme von Aufgaben und eine altersentsprechende soziale Kompetenz gegeben sein. Wenn die Schuleignung nicht vorliegt, findet eine Rückstellung oder Überweisung in eine Sonderschule statt.

Schulpsychologe. Schulpsychologen haben die Aufgabe, Schülern, Schülergruppen oder Lehrern Hilfestellung zu geben, wenn im Zusammenhang mit dem Schulbesuch Probleme wie →Lernstörungen, Konzentrationsschwierigkeiten, Lese- und Rechtschreibschwierigkeiten, Motivationsstörungen, Prüfungsängste oder Probleme im Umgang mit anderen Schülern oder Lehrern auftreten. Schulpsychologen sind entweder fortgebildete Lehrer oder Diplom-Psychologen, deren fachliches Wissen insbesondere aus dem Bereich der →Pädagogischen Psychologie stammt.

Schultz-Hencke, Harald. Deutscher Mediziner und führender Vertreter der Neopsychoanalyse (1892–1953), der das menschliche Verhalten auf sechs Antriebe zurückführte, die er wiederum zu drei grundlegenden Strebungen zusammenfasste: das Besitzstreben, das Geltungsstreben und das Liebesstreben. Veröffentlichungen u. a.: „Lehrbuch der Traumanalyse“, „Der gehemmte Mensch“.

Schwachsinn. Nicht mehr gebräuchliche Bezeichnung für →geistige Behinderung.

Screening. Verfahren zur Auswahl von Testpersonen aus einer Gruppe anhand bereits vorliegender Daten, die für die Untersuchung relevant sind.

Sedativa. Beruhigungsmittel, die Reizbarkeit und Unruhe mildern, in hohen Dosen aber Müdigkeit auslösen. Siehe auch →Psychopharmaka.

Seele. →Psyche

Seelisches Gleichgewicht. Affektives Gleichgewicht. Zustand innerer Ausgeglichenheit. Eine Person, die sich im seelischen Gleichgewicht befindet, ist z. B. in der Lage, ihre eigenen Gefühle wahrzunehmen, sich in andere Menschen einzufühlen (→Empathie), ihre Umwelt realistisch einzuschätzen und ist außerdem motiviert, Leistungen zu erbringen und mit anderen Menschen in Austausch zu treten.

Sehen. Aufnahme elektromagnetischer Schwingungen durch die →Netzhaut (Retina) des Auges, durch welche als Licht wahrgenommene physikalische Reize in Nervenimpulse umgewandelt werden. Diese Impulse werden an die Großhirnrinde geleitet, wo sie zur →Wahrnehmung verarbeitet werden. Siehe auch →Farbwahrnehmung.

Seitigkeit. →Lateralität.

Sekundärgruppe. Im Gegensatz zur →Primärgruppe sind Sekundärgruppen zwar durch bestimmte gemeinsame Interessen, jedoch durch eine geringere emotionale Komponente gekennzeichnet. Typische Sekundärgruppen sind beispielsweise Arbeitsgemeinschaften, Seminar- oder Sportgruppen. Häufig handelt es sich dabei um Großgruppen (→Gruppe).

Sekundärprozess. Bezeichnung der →Psychoanalyse für bewusste, vom →Ich gesteuerte Denkvorgänge, die an den Anforderungen der Realität orientiert sind (den Gegensatz bildet der →Primärprozess).

Selbst. Die Gesamtheit der psychischen Vorgänge eines Menschen. Der Begriff umfasst sowohl die bewussten als auch die unbewussten Anteile des Psychischen und bezeichnet die eigene Person in Gegenüberstellung zu den Objekten der äußeren Welt.

Selbstaktualisierung. →Aktualisierungstendenz.

Selbstbefriedigung. Masturbation, Onanie. Stimulation der eigenen Sexualorgane ohne Beteiligung eines Partners bzw. Partnerin.

Selbstbeobachtung. →Introspektion.

Selbstbewusstsein. 1. Fähigkeit des →Ichs, sich seiner selbst bewusst zu sein; das Wissen über die eigenen Person. Der Begriff ist vergleichbar mit dem →Selbstkonzept. 2. Umgangssprachlich wird Selbstbewusstsein mit der Selbstverständlichkeit verbunden, mit der es einer Person gelingt, ihre Fähigkeiten, Kompetenzen und positiven Eigenschaften im Kontakt mit anderen einzubringen.

Selbstbild. →Selbstwahrnehmung.

Selbsterfahrungsgruppe. Von Psychotherapeuten angeleitete Gruppen, die das Ziel haben, durch Gespräche und Übungen die Selbstwahrnehmung und Kommunikationsfähigkeit der Teilnehmer zu erhöhen. Die dabei angewandten Verfahren stammen vorwiegend aus der →Humanistischen Psychologie. Insbesondere in den 80er-Jahren erlebten Selbsterfahrungsgruppen einen starken Boom (siehe auch →Encounter-Gruppe).

Selbsthilfegruppen. Regelmäßige, freiwillige Zusammenkünfte von Menschen, die von einem ähnlichen psychosozialen Problem oder einer Krankheit betroffen sind, um sich mithilfe von Gesprächskreisen gegenseitig zu unterstützen. Die Idee der Selbsthilfegruppen entstand in den 1930er-Jahren durch die →Anonymen Alkoholiker, nach deren Vorbild zahlreiche weitere Gruppen entstanden (→Emotions Anonymous, Narcotics Anonymous, Codependents Anonymous etc.) sowie solche, die sich nicht an diesem Modell orientieren (z. B. Selbsthilfegruppen für Krebspatienten, Stotterer, Menschen mit Kontaktstörungen, Elternselbsthilfegruppen, deren Kinder an →AD-HS leiden usw.). Kennzeichnend für die Gruppen, die als geschlossene oder offene Gruppen fungieren, ist, dass sie ohne professionelle Betreuung durch Psychologen und Sozialpädagogen stattfinden.
Nach anfänglicher Ablehnung durch Ärzte und Psychologen sind die positiven Auswirkungen der Teilname an einer Selbsthilfegruppe durch entsprechende Untersuchungen inzwischen wissenschaftlich belegt worden (Verbesserung der sozialen Kontakte, weniger Depressionen, mehr Informationen und aktive Auseinandersetzung mit der Erkrankung, von der man betroffen ist usw.). Aus der Selbsthilfebewegung heraus sind zahlreiche Initiativen entstanden, die öffentliche Aufklärung zu ihrem Themenkomplex leisten. Selbsthilfegruppen stoßen immer dann an Grenzen, wenn z. B. aufgrund einer akuten Krise eines Mitglieds eine professionelle →Intervention notwendig wird.

Selbstkongruenz. Übereinstimmung zwischen den Gefühlen und

Auffassungen einer Person mit ihrem Handeln und Verhalten. Selbstkongruenz ist einer der zentralen Begriffe innerhalb der →Gesprächspsychotherapie. Siehe auch →Echtheit.

Selbstkontrolle. Fähigkeit, →Affekte zu beherrschen und das eigene Verhalten unabhängig von aktuell wahrgenommenen Reizen zu regulieren. Als Selbstkontrolltechniken werden Verfahren im Rahmen der →Verhaltenstherapie bezeichnet, die erlernt werden, um unerwünschtes Verhalten zu unterlassen.

Selbstkonzept. Kognitive Vorstellung einer Person von sich selbst, bezogen auf ihre →Eigenschaften, →Fähigkeiten und →Einstellungen. In der →Gesprächspsychotherapie nimmt das Selbstkonzept eine wichtige Rolle ein, da Veränderungen, die durch einen psychotherapeutischen Prozess erzielt werden, häufig eine Veränderung des Selbstkonzeptes vorausgeht.

Selbstmord. Suizid, Selbsttötung. Absichtliche Herbeiführung des eigenen Todes. Für einen Selbstmord liegen i. d. R. komplexe →Motive vor (psychologische, medizinische, soziale und gesellschaftliche Gründe). Die Häufigkeit von Suizidhandlungen steigt bei Menschen mit →Depressionen und im Zusammenhang mit Alkohol- und Drogenmissbrauch. Als Ursache für eine Selbsttötung wird in der →Psychoanalyse eine vorausgegangene Kränkung angenommen. Wenn das narzisstische Gleichgewicht (→Narzissmus) nicht mehr aufrechterhalten werden kann, bleibt als einzige Möglichkeit der Kompensation die →Regression: Die Betroffenen wünschen sich in einen Zustand der vollkommenen Geborgenheit zurück, der im Tod gesucht wird. Auch Aggression spielt bei der Selbsttötung eine Rolle: Oft handelt es sich um den Verlust einer Person, an die jemand ambivalent gebunden ist. Die Aggression wird verdrängt und richtet sich als Selbsthass gegen die eigene Person.

Aus Sicht der Verhaltenstheorie geht einem Suizid eine nicht gelungene Bewältigung einer →Belastungssituation voraus (siehe →Coping). Lerntheoretisch wird Suizid mit Versagen in einer ungewohnten Situation erklärt, auf die das erlernte Verhalten nicht angewendet werden konnte.

Selbstmordgefährdung: Eine Selbstmordgefährdung (Suizidalität) kann im Zusammenhang mit einer →psychischen Störung, Phasen der →Trauer sowie einer psychischen →Krise vorliegen. Besonders häufig entsteht sie in Verbindung mit →Depressionen. Selbstmordgefährdung wird durch →soziale Isolation und Einsamkeit er-

höht. Nach einem missglückten Selbstmordversuch wiederholen zahlreiche Menschen einen Selbstmordversucht, ca. zehn Prozent von ihnen kommen dabei ums Leben.
Häufigkeit: Pro 100.000 Einwohner treten im Jahr durchschnittlich unter der männlichen Bevölkerung 20 Selbsttötungen auf, bei den Frauen sieben Selbsttötungen. Die Anzahl der Selbsttötungen liegt damit in der Bundesrepublik über der Anzahl von Menschen, die bei Verkehrsunfällen ums Leben kommen. Unter den Heranwachsenden steht Selbstmord an zweiter Stelle aller Todesursachen. Der Anteil alter Menschen an den Suizidfällen stieg in den letzten Jahren überproportional. Gesicherte Aussagen zur →Epidemiologie stoßen jedoch an Grenzen, weil viele Selbstmorde nicht als solche erkannt werden (z. B. herbeigeführte tödliche Unfälle mit dem PKW, Vergiftungen).
Die Suizidforschung versteht sich als eine inderdisziplinäre, empirische Wissenschaft. Sie begann mit der von dem französischen Sozialpsychologen Emile Durckheim (1858–1917) Ende des 19. Jahrhunderts vorgelegten Arbeit „Der Selbstmord“. In den Jahrhunderten zuvor waren Selbstmorde aus religiösen Gründen tabuisiert und Selbstmordversuche bestraft worden. Die beste Vorbeugung eines Selbstmords ist die Herstellung sozialer Bindungen.

Selbstverwirklichung. Realisierung und Ausschöpfung des eigenen Potenzials. Selbstverwirklichung stellt in der von Abraham H. →Maslow aufgestellten Hierarchie der →Bedürfnisse das höchste Ziel in der persönlichen Entwicklung dar. Der Wunsch nach Selbstverwirklichung gilt in der Persönlichkeitstheorie Carl R. →Rogers wie in vielen anderen Ansätzen der →Humanistischen Psychologie als eine grundlegende Kraft, die den Menschen in seiner persönlichen Entwicklung vorantreibt.

Selbstwahrnehmung. Einheitliches, stabiles, aber dennoch veränderbares Bündel von Gefühlen, Vorstellungen und Überzeugungen hinsichtlich der eigenen Person, das sich durch Selbstbeobachtung und durch →Fremdwahrnehmungen (das, was die Umwelt einer Person zurückspiegelt) bildet.

Selbstwertgefühl. Grundlegendes Gefühl bezüglich des eigenen Wertes, das die Einstellung zu sich selbst und das soziale Verhalten maßgeblich bestimmt. Der Selbstwert wird durch positive Rückmeldungen aus der Umwelt gestärkt. Gleichzeitig besteht ein Bestreben, Erfahrungen zu vermeiden, die das Selbstwertgefühl verletzen könnten. Durch negative Erfahrungen in der Kindheit kann das Selbstwertgefühl einer Person nachhaltig beeinträchtigt werden (z. B. durch →Ablehnung, →sexuellen Missbrauch).

Selektive Wahrnehmung. Bewusste und unbewusste Auswahl von →Reizen, da nicht alle vorhandenen Reize aus der Umwelt verarbeitet werden können.

Selffulfilling Prophecy. Korrelation zwischen der Erwartung eines bestimmten Ereignisses oder Verhaltens eines Menschen oder mehrerer Personen und der Wahrscheinlichkeit des Eintreffens, die dann wächst (selbst wenn die Erwartung unwahrscheinlich ist). So kann z. B. die innere Überzeugung, eine Prüfung nicht zu bestehen, so viele Selbstzweifel mobilisieren, dass sie tatsächlich nicht gelingt. Der Begriff wurde von dem amerikanischen Soziologen Robert Merton (*1910) eingeführt.

Senilität. Medizinischer Fachbegriff für Alterserscheinungen, die eine überdurchschnittliche Ausprägung aufweisen und sich beispielsweise in einer starken Gedächtnisschwäche manifestieren.

Sensibilisierung. In der Psychologie die Steigerung der Empfindsamkeit (Sensibilität) oder Wahrnehmungsfähigkeit. So kann z. B. durch eine →Psychotherapie eine höhere Sensibilisierung für bisher verleugnete Gefühle erzeugt werden. Sensibilisierung stellt oftmals die Voraussetzung dar, um gesellschaftliche Probleme anzugehen. So führen z. B. Informationen über die Folgen →sexuellen Missbrauchs zu einer Sensibilisierung von Lehrkräften, die sie befähigt, möglicherweise betroffene Schüler wahrzunehmen.

Sensible Phase. Entwicklungsabschnitt, in dem bestimmte Lern- und Erfahrungsprozesse möglich sind. So ist z. B. die Zeit unmittelbar nach der Geburt eines Kindes entscheidend für die Entstehung einer →Bindung zwischen Eltern und Kind.

Sensitivitätstraining. Methode in der Gruppentherapie mit dem Ziel, die Selbst- und Fremdwahrnehmung sowie die Kontakt- und Kommunikationsfähigkeit der Gruppenmitglieder zu stärken.

Sensomotorik. Gesamtheit aller durch Reize ausgelösten Aktivitäten im sensorischen und motorischen Bereich des Organismus.

Sensomotorische Intelligenz. Nach →Piaget das Anfangsstadium der →Denkentwicklung.

Sensorische Deprivation. Reizverarmung. Form der →Deprivation, die bei Abwesenheit von Reizen aus der Umwelt entsteht, z. B. ausgelöst durch das völlige Fehlen von Geräuschen durch einen Aufenthalt in schallisolierten Räumen. Eine sensorische Deprivation kann zu einer starken Beeinträchtigung der Befindlichkeit führen. Besteht sie über einen längeren Zeitraum hinweg, können →Halluzinationen auftreten.

Setting. In der Psychologie Bezeichnung für den äußeren Rahmen, in dem eine Psychotherapie durchgeführt wird. So gehört es beispielsweise zum Setting, ob ein Kotherapeut anwesend ist oder ob die Therapie wie bei einer klassischen →Psychoanalyse im Liegen durchgeführt wird.

Sexismus. Ideologie, die die Überlegenheit eines Geschlechts über das andere postuliert. Sexismus bezeichnet in patriarchalen Gesellschaften das von Männern ausgeübte diskriminierende Verhalten gegenüber Frauen, das auf der Annahme beruht, diese seien aufgrund ihrer Biologie dem Mann körperlich und intellektuell unterlegen. Aufrechterhalten werden kann Sexismus z. B. durch die geschlechtsspezifische Arbeitsteilung, bei der Frauen häufig für die Regeneration (Wiederherstellung der Arbeitskraft) des Mannes und die Erziehung der Kinder zuständig sind und von gesellschaftlicher Einflussnahme oft ausgeschlossen bleiben. Sichtbaren Ausdruck findet Sexismus z. B. in der →Pornografie. Der Begriff entstand in Anlehnung an den Begriff →Rassismus in den 1960er-Jahren.

Sexualberatung. Form der →Beratung, die sich auf Probleme im Zusammenhang mit der →Sexualität und auf Informationen zur Verhütung ungewollter Schwangerschaften spezialisiert hat.

Sexualerziehung. Pädagogische Maßnahmen, die Kenntnisse über die physiologischen und emotionalen Aspekte der Sexualität vermitteln, mit dem Ziel, eine positive Einstellung zur Sexualität und zum eigenen Körper zu entwickeln, offen über Fragen der Sexualität sprechen zu können sowie einen partnerschaftlichen Umgang mit dem Sexualpartner zu fördern.

Sexualität. Lustvoller Ausdruck der Geschlechtlichkeit des Menschen. Eine sexuelle Reaktion findet bereits bei Säuglingen und Kindern statt, ohne dass dies von ihnen als sexuelle Äußerungsformen aufgefasst wird (Masturbation, Interesse an den Geschlechtsunterschieden). Sexualität ist im gesamten Leben eines Menschen, also auch im Alter, vorhanden. Die Phasen der →frühkindlichen psychosexuellen Entwicklung (→orale, →anale Phase) sind von der →Psychoanalyse beschrieben worden, wo-

bei einige Auffassungen zunehmend in Frage gestellt werden.
Biologische Grundlagen: Sexualität ist ein angeborener Trieb (Fortpflanzungstrieb). Durch die Produktion von Hormonen, die verstärkt in der →Pubertät einsetzt, wird das Bedürfnis nach Sexualität anregt. Diese Hormone beeinflussen das sexuelle Verlangen und die Ausbildung der sekundären Geschlechtsmerkmale.
Bei sexueller Stimulation wirken Sexualreflexe wie →Auslösemechanismen. Die Berührung der weiblichen Klitoris bzw. des männlichen Gliedes wird von den Nervenzellen an das Gehirn weitergeleitet und eine vermehrte Durchblutung bzw. Erektion der Sexualorgane ausgelöst (siehe auch →sexueller Reaktionszyklus). Außerdem spielen bei der Auslösung sexueller Erregung ebenso psychische Aspekte wie erotische Vorstellungen und Fantasien eine wichtige Rolle. Während die rein biologische Sichtweise Sexualität als Triebabfuhr begreift, bei der die sexuelle Energie aufgrund der angeborenen Sexualtriebe nach Abfuhr verlangt („Dampfkesseltheorie"), betont die gegenwärtige Sexualwissenschaft neben den Triebanteilen die →Motivation, sexuelle Lust zu erfahren.
Gesellschaftliche Aspekte: Nachdem Sexualität jahrhundertlang tabuisiert und unterdrückt wurde, begannen Anfang des 20. Jahrhunderts erste Maßnahmen der Sexualaufklärung und Verhütungsberatung (siehe auch Wilhelm →Reich). In den 60er-Jahren fand in den Industrieländern die so genannte „sexuelle Revolution" statt, die zu einem offeneren Umgang mit der Sexualität geführt hat.

Sexualtherapie. Behandlung von psychisch bedingten sexuellen Funktionsstörungen wie Schmerzen beim Geschlechtsverkehr (Dyspareunie), Scheidenkrampf beim Eindringen des männlichen Gliedes (Vaginismus), mangelnde sexuelle Erregung und Verlangen (sexuelle Dysfunktion), Beeinträchtigungen der Orgasmusfähigkeit (orgastische Dysfunktion) oder Ejakulationsstörungen (z. B. vorzeitiger Samenerguss) des Mannes. Im Gegensatz zur →Partnertherapie befasst sich die Sexualtherapie nicht mit der Lösung von Beziehungsproblemen, sondern konzentriert sich allein auf Verhaltensänderungen im Bereich der Sexualität, etwa durch die Modifikation von Einstellungen gegenüber dem eigenen Körper oder zur Sexualität insgesamt. Eine häufig angewandte Methode ist die Masters-Johnson-Therapie. Sie wurde von den amerikanischen Sexualwissenschaftlern William Masters und Virginia Johnson entwickelt, die in den 50er-Jahren wissenschaftliche Untersuchungen zur sexuellen Reaktion (→sexueller Reaktionszyklus) beider Geschlechter unter Laborbedingungen vorgenommen hatten. Dabei werden die Partner z. B. gezielt zu Übungen angeleitet, die das Ausleben von Zärtlichkeit fördern, ohne dass dies mit sexuellen Leistungsanforderungen verknüpft ist.

Ein von Helen Kaplan in den 70er-Jahren entwickelter Ansatz bezieht psychoanalytische und psychodynamische Aspekt in die Sexualtherapie mit ein. Nach Kaplan lassen sich die Gründe für sexuelle Funktionsstörungen in vier Gruppen einteilen: 1. Grundsätzliche Unfähigkeit, sich auf sexuelles Erleben einzulassen 2. Leistungsdruck verbunden mit dem Bestreben, die Wünsche des Partners zu befriedigen aufgrund unbewusster Angst vor Zurückweisung 3. Übertriebene Selbstbeobachtung, die auf der unbewussten Angst vor sexuellen Kontakten basiert 4. Unfähigkeit, über Sexualität zu sprechen und sexuelle Wünsche artikulieren zu können. Generell werden als Ursachen sexueller Störungen ungünstige Erziehungseinflüsse (z. B. Verbot von →Selbstbefriedigung) betrachtet. Weitere Gründe können in Störungen der Partnerbeziehung liegen (z. B. mangelndes Vertrauen, sodass sexuelle Hingabe an den anderen nicht möglich ist).

Sexueller Missbrauch. Die Vornahme oder Veranlassung sexueller Handlungen an abhängigen Personen (z. B. Schutzbefohlene, Patienten, Wehrlose) besonders an Kindern. Im juristischen Sinn ist sexueller Missbrauch ein Verstoß gegen das sexuelle Selbstbestimmungsrecht und somit ein Straftatbestand, der mit einer Freiheitsstrafe bis zu fünf Jahren oder einer Geldstrafe geahndet wird. Bei der Mehrzahl der von sexuellem Missbrauch Betroffenen handelt es sich um Mädchen, wobei drei Viertel der Täter Familienangehörige sind (Väter, Stiefväter, Onkel, Großväter, Brüder).

Das Ausmaß des Missbrauchs reicht von irritierenden Äußerungen bis zum Geschlechtsverkehr. Häufig erfolgt sexueller Missbrauch über Jahre hinweg. Typisch für die Handlungen ist, dass die Opfer vom Täter psychisch unter Druck gesetzt werden, um sie zur Geheimhaltung zu verpflichten. Dies kann zu erheblichen Ängsten führen und tatsächlich verhindern, dass die Betroffenen sich einer Person anvertrauen. Folgen: Neben körperlichen Folgen (Verletzungen im Genitalbereich, Hauterkrankungen, Kopfschmerzen) zeigt sexueller Missbrauch auch eine Reihe psychischer Folgen. Dazu gehören psychosomatische Beschwerden, weil insbesondere kleine Kinder das Geschehene nicht verbalisieren können (Schlafstörungen, Schmerzen im Unterbauch ohne organischen Befund, Erstickungsanfälle, Juckreiz auf der Haut etc.), Konzentrationsstörungen, rapider schulischer Leistungsabfall, Veränderungen im Sozialverhalten (z. B. allgemeines Misstrauen) sowie die Verunsicherung der eigenen Wahrnehmung und Gefühle (z. B. weil der Täter dem Opfer vermittelt, seine Handlungen seien „normal" oder weil er plötzlich wieder in die Rolle des Familienmitglieds schlüpft, so als hätten die Übergriffe gar nicht stattgefunden). Im Erwachsenenalter treten häufig Alkohol- oder Drogenmissbrauch, autoaggressives Verhalten (z. B. „Ritzen", d. h. sich selbst Verletzungen zufügen), →Essstörungen (Magersucht, Bulimie) oder Persönlichkeitsstörungen wie die →Borderline-Störung auf. Die Betroffenen leiden unter Scham- und Schuldgefühlen, einem geringen →Selbstwertgefühl, Misstrauen gegenüber anderen Menschen und →Depressionen. Jungen verarbeiten sexuellen Missbrauch grundsätzlich anders als Mädchen. Bei ihnen findet eine starke →Identifikation mit dem Täter statt, sodass sie häufig →Gewalt als Bestandteil männlicher Identität übernehmen.

Sexueller Reaktionszyklus. Abfolge physiologischer Prozesse, die mit der sexuellen Erregung und dem Erleben eines Orgasmus verbunden sind. Der sexuelle Reaktionszyklus wurde von William E. Masters und Virginia E. Johnson in die vier Phasen (Erregungsphase, Plateauphase, Orgasmusphase und Rückbildungsphase) eingeteilt, die bei Männern und Frauen unterschiedlich ablaufen.

Signifikanz. In der Statistik die Bedeutsamkeit einer Erhebung. Ein Ergebnis kann z. B. signifikant sein, weil es mit einer bestimmten Häufigkeit auftritt und daher nicht auf Zufall zurückzuführen ist.

Simulation. 1. Realistische Nachbildung von Situationen oder Arbeitsvorgängen für Trainingsmaßnahmen oder zur detaillierten Untersuchung von Abläufen (z. B. im Bereich der →Arbeits-, Betriebs- und Organisationspsychologie). 2. Bewusstes Vortäuschen einer Krankheit oder psychischen Störung.

Sinnesorgane. Zusammenfassende Bezeichnung für alle Organe, die zur Aufnahme von Reizen aus der Umwelt oder dem eigenen Körper dienen. Dazu zählen das Seh-, Hör-, Geschmacks- und Riechorgan des Menschen sowie die Tastkörperchen der

Haut. Sie erfüllen die Funktion, die aufgenommenen Reize in elektrische Impulse umzuwandeln, sodass sie an das Gehirn weitergeleitet werden können. Als Teilgebiet der Physiologie beschäftigt sich die Sinnesphysiologie mit den Prozessen der Reizaufnahme und -verarbeitung.

Sinnestäuschungen. →Wahrnehmungstäuschungen.

Sinnlose Silben. Erstmals von Hermann →Ebbinghaus angewandte Methode zur Untersuchung von Gedächtnisleistungen. Dabei werden die Versuchspersonen aufgefordert, komplizierte Buchstabenkombinationen auswendig zu lernen.

Skalen. Durch Abstufungen charakterisiertes Instrument zum Messen oder Schätzen von →Merkmalen. Unterschieden werden →Ordinalskalen (Rangskalen), →Intervallskalen, →Nominalskalen und Verhältnis- bzw. Proportionalskalen (die im Gegensatz zu den anderen Skalen einen empirisch sinnvollen Nullpunkt aufweisen).

Skinner, Burrhus Fredric. Amerikanischer Psychologe (1904–1990), wichtigster Vertreter des Neobehaviorismus. Skinner führte zahlreiche experimentelle Versuche mit Tieren zur Erforschung des Lernverhaltens durch. Dazu arbeitete er mit dem so genannten Problemkäfig („Skinner-Box"), um gezielt die Auswirkungen von operantem →Konditionieren beobachten zu können (in der Box wurde den Versuchstieren z. B. Futter zugeführt, wenn sie in der Lage waren, bestimmte Hebelvorrichtungen zu betätigen). Skinners Arbeiten schufen die Grundlagen für das →Programmierte Lernen. Veröffentlichungen u. a.: „Futurum Zwei" (1980), „Jenseits von Freiheit und Würde" (1973).

Skript. Bezeichnung aus der →Kognitiven Psychologie für ein begrifflich repräsentiertes Schema, das sich aus alltäglich wiederholenden Handlungs- oder Ereignisabfolgen zusammensetzt.

Sleeper-Effekt. Subliminale Einstellungsveränderungen, die z. B. durch Werbung hervorgerufen werden können. Siehe auch →Sublimierung.

Somatisierung. Verschiebung psychischer →Konflikte auf die Ebene des Körpers. Somatisierungen treten i. d. R. dann auf, wenn der Konflikt nicht aktiv bearbeitet wird. Von einer Somatisierung spricht man beispielsweise, wenn eine Person starke →Prüfungsangst empfindet, keine Bewältigungsversuche unternimmt und am Tag der Prüfung aufgrund von Kopfschmerzen an der anstehenden Prüfung nicht teilnehmen kann (siehe auch →Psychosomatik).

Somnambulismus. Nacht- bzw. Schlafwandeln. →Schlafstörungen.

Sonderpädagogik. Auch Heilpädagogik, Behindertenpädagogik, Förderpädagogik. Eigenständiger Bereich der →Pädagogik, der sich an Kinder und Jugendliche wendet, die einer besonderen Förderung bedürfen. Dazu gehören körperlich oder geistig behinderte oder in ihrer emotionalen Entwicklung aufgrund sozialer Benachteiligung eingeschränkte Kinder und Jugendliche. Innerhalb der Sonderpädagogik gibt es spezifische Fachrichtungen wie Blindenpädagogik, Gehörlosenpädagogik, Lernbehindertenpädagogik etc. Die besonderen Bildungsmaßnahmen finden z. B. in Einrichtungen wie Sonderschulen, aber auch im außerschulischen Bereich wie Kindergärten, Heimen oder in sonderpädagogischen Förderzentren statt. Schulen für Behinderte bestehen in Deutschland seit Beginn des 20. Jahrhunderts. Besonders in den 60er-Jahren haben sich die einzelnen Teilbereiche der Sonderpädagogik weiter ausdifferenziert. Seit einigen Jahrzehnten wird zunehmend eine Integration von Behinderten und Nichtbehinderten praktiziert (→Integrationspädagogik).

Sozialcharakter. Teil der Persönlichkeit, der maßgeblich durch das soziale →Milieu geprägt wird und durch bestimmte Haltungen, Werte und Handlungsweisen gekennzeichnet ist. Starke soziale Einflüsse auf die Persönlichkeitsbildung gehen z. B. von der Berufsgruppe aus, der ein Mensch angehört.

Sozialdarwinismus. In Anlehnung an die →Evolutionstheorie von Charles →Darwin erhobene Behauptung, wonach auf gesellschaftlicher Ebene ein „Recht des Stärkeren" besteht und die z. B. dazu benutzt wird, besondere Fördermaßnahmen für benachteiligte Menschen in Frage zu stellen.

Soziale Arbeit. Oberbegriff für vielfältige Maßnahmen innerhalb der Sozialarbeit und Sozialpädagogik. Dazu zählen beispielsweise außerschulische Betreuungs- und Bildungsangebote für Kinder und Jugendliche (Jugendzentren, Kindertagesstätten), Hilfs- und Beratungsangebote für Menschen mit sozialen Problemen (Armut, Arbeitslosigkeit), die Betreuung von Randgruppen (Obdachlose, Drogenabhängige, Prostituierte, Asylbewerber) sowie familienunterstützende Maßnahmen. Sozialarbeiter und Sozialpädagogen verfügen über psychologisches und pädagogisches Wissen, über Kenntnisse in der Sozialgesetzgebung sowie diagnostische und beraterische Kompetenzen.

Ziel sozialer Arbeit ist die Stärkung der Selbsthilfekompetenz von Menschen, die →Rehabilitation behinderter und kranker Menschen, die Reintegration benachteiligter Individuen und Gruppen in die Gesellschaft, die →Prävention weiterer Entwicklungsgefährdungen sowie praktische Unterstützung (z. B. Hilfen beim Umgang mit Behörden). Eine besondere Form der Sozialarbeit stellt die aufsuchende Arbeit („Streetwork") dar, bei der gezielt Kontakt zu Menschen in ihrem unmittelbaren Lebensumfeld hergestellt wird (Rotlichtbezirke, soziale Brennpunkte in Stadtteilen), die selbst trotz einer akuten Problemlage keine Hilfsangebote nachfragen würden.

Entwickelt hat sich die soziale Arbeit aus der Armenfürsorge des 19. Jahrhunderts. Die erste soziale Frauenschule wurde 1905 durch das Engagement der Frauenrechtlerin und Sozialarbeiterin Alice Salomon (1872–1948) gegründet. In den 20er-Jahren wurden erstmals Männer in die Ausbildung aufgenommen. Heute werden Diplom-Sozialarbeiter vorrangig an Fachhochschulen sowie vereinzelt an Universitäten mit unterschiedlichen Schwerpunkten ausgebildet.

Soziale Isolation. Der sozialpsychologische Begriff bezeichnet einen Zustand von sozialer Distanz und Kontaktlosigkeit von einzelnen Menschen oder von Gruppen in einer Gesellschaft. Soziale Isolation kann einerseits freiwillig gewählt sein, beispielsweise aufgrund von Kontaktstörungen, andererseits auf sozialer Sanktion beruhen, etwa bei diskriminierendem Verhalten gegenüber religiösen Minderheiten oder verhaltensauffälligen Menschen.

Soziale Kompetenz. Emotionale und geistige Fähigkeit, mit anderen Menschen eine kooperative Beziehung einzugehen und sich mit der sozialen Umwelt in angemessener Weise auseinander setzen zu können. Eine Methode, nicht vorhandene soziale Kompetenzen zu trainieren, ist das Soziale-Kompetenz-Training, das als verhaltenstherapeutisches Verfahren eingesetzt wird, um Unsicherheiten im Zusammenhang mit sozialen Kontakten abzubauen. Siehe auch →soziales Lernen.

Soziale Kontrolle. In sozialen Gefügen gegebener selbsttätiger Ablauf von gegenseitigen Verhaltenskontrollen der Beteiligten, bei dem Regelverstöße entsprechend geächtet werden (z. B. durch soziale Ausgrenzung). Diese Kontrollfunktion ist beispielsweise in ländlichen Strukturen mit einem engen Netz an Nachbarschaftsbeziehungen stärker ausgeprägt als in einer anonymen Großstadt.

Sozialer Wandel. Veränderungen in den Strukturen einer Gesellschaft, die zur Modifikation von →Normen und →Werten führen und die auf die Bedingungen der Sozialisation (z. B. Erziehungsvorstellungen, Familienstrukturen) zurückwirken. Sozialer Wandel wird z. B. durch technologische Neuerungen, die zu Umwälzungen in den Arbeitsprozessen führen, oder durch demografische Verschiebungen ausgelöst. Siehe auch →Individualisierung.

Soziale Schicht. Bezeichnung für die Hierarchisierung der Gesellschaft nach Einkommen, beruflichem →Status, Bildungsstand und Vermögensverhältnissen der Mitglieder. Ob und welche Verhaltens- und Denkweisen für eine Schicht typisch sind, ist umstritten. In den 70er-Jahren war es z. B. innerhalb der Sozialwissenschaften üblich, die Gesellschaft in Unter-, Mittel- und Oberschicht einzuteilen, etwa um die vielfältigen Benachteiligungen der Kinder in der Unterschicht sichtbar zu machen (siehe auch →Chancengleichheit). Da durch die gesellschaftliche →Individualisierung die traditionelle Einteilung der Gesellschaft in Schichten immer uneinheitlicher wird, verliert der Begriff gegenwärtig an Bedeutung.

Soziales Lernen. Erlernen sozialer Verhaltensweisen wie Rücksichtnahme, konstruktive Konfliktbewältigung oder die Fähigkeit, die eigenen Interessen in einer Gruppe angemessen vertreten zu können und einen →Perspektivwechsel vornehmen zu können. Soziales Lernen findet häufig in informellen Zusammenhängen statt, z. B. im →Jugendalter in einer →Peer-Group oder in der Schule außerhalb des eigentlichen Unterrichts.

Soziales Netz. 1. Von der Gesellschaft eingerichtete Systeme, die Menschen im Verlauf ihres Lebens gegen Risiken absichern sollen (Krankenversicherung, Arbeitslosenversicherung etc.) 2. Soziales Beziehungsgeflecht, in das der Einzelne eingebunden ist und aus dem er Unterstützung in der alltäglichen Lebensgestaltung erfährt (Freunde, Eltern, Verwandte, Bekannte). Da die gesellschaftlich eingerichteten Netze durch die gesellschaftliche →Individualisierung zunehmend brüchiger werden, nimmt die Bedeutung der persönlichen Netzwerke zu.

Sozialisation. Lebenslanger Prozess, bei dem ein Mensch in ständiger, aktiver Auseinandersetzung mit seiner Umwelt die gültigen Werte, Normen, Verhaltens- und Handlungsmuster einer Gesellschaft übernimmt (→Verinnerlichung) und somit an dieser partizipieren kann. In diesem Prozess fungieren so genannte Sozialisationsinstanzen als Vermittler zwischen Individuum und Gesellschaft. Die primäre Sozialisation wird in der Familie geleistet (primäre Sozialisationsinstanz), an der sekundären Sozialisation wirken eine Vielzahl gesellschaftlicher Institutionen wie etwa Schule, →Peer-Group, Hochschule oder die Medien mit (sekundäre Sozialisationsinstanzen).

Sozialpsychiatrie. Bereich der →Psychiatrie, der die Verbreitung psychischer Krankheiten in bestimmten gesellschaftlichen Strukturen untersucht, sowie die sozialen Bedingungen, die die seelische Gesundheit fördern. Die Sozialpsychiatrie ist in der zweiten Hälfte des 20. Jahrhunderts entstanden. Ihre Konzepte werden in Deutschland in der gegenwärtigen Psychiatrie so weit wie möglich umgesetzt und haben das ehemalige, einseitig medizinisch orientierte Krankheitsmodell weitgehend abgelöst.

Sozialpsychologie. Teilgebiet der Psychologie, das sich mit den Auswirkungen sozialer Prozesse auf menschliches Erleben und Verhalten beschäftigt. Typische sozialpsychologische Fragestellungen sind z. B. die Bildung von →Stereotypen, →Vorurteilen und →Attributionen, die individuellen Voraussetzung für →Konformität oder Auswirkungen der verschiedenen →Führungsstile. Entwickelt hat sich die Sozialpsychologie aus der im 19. Jahrhundert entstandenen Völker- und →Massenpsychologie, wobei insbesondere letztere heute als unwissenschaftlich gilt. Wichtige Impulse gingen von der „Chicagoer Schule“ um George Herbert Mead (1863–1931) und der Kleingruppenforschung von Kurt →Lewin aus. Eine wichtige Aufgabe der Sozialpsychologie in Deutschland nach dem Zweiten Weltkrieg war die Erforschung der Ursachen des Faschismus. Im Rahmen des Psychologiestudiums wird Sozialpsychologie im Grundstudium gelehrt.

Sozialtherapie. Auch Soziotherapie. Therapeutische Methode, die bei psychisch und/oder körperlich Kranken, geistig Behinderten, Straffälligen oder Drogenabhängigen eingesetzt wird, um Störungen oder Defizite im Sozialverhalten auszugleichen.

Sozialwissenschaften. Oberbegriff für alle wissenschaftlichen Disziplinen, die sich mit dem Menschen und seinem sozialen Verhalten sowie dessen Bedingungen, Wirkungen und Folgen befassen. Neben der Psychologie gehören dazu z. B. →die Pädagogik, →die Soziologie, die Politologie, die Ethnologie und die Anthropologie.

Soziogramm. Grafische Wiedergabe von Gruppenstrukturen, die im Rahmen der →Soziometrie ermittelt wurden.

Soziologie. Eigenständige Disziplin innerhalb der →Sozialwissenschaften, die sich mit der Gesellschaft, ihren Strukturen sowie den Beziehungen zwischen Menschen, Organisationen, Gruppen und Institutionen befasst. Aufgabe von Soziologen ist es, soziologische Daten zu erheben und somit eine Vielzahl gesellschaftlicher Phänomene zu beschreiben und zu analysieren, z. B. Prozesse der politischen Willensbildung, das Auftreten von Kriminalität oder die Strukturen von sozialen Gebilden wie Betrieben, Familien und Institutionen. Ziel ist es u. a., gesellschaftliche Probleme zu erklären und Strategien für ihre Lösung zu entwickeln. Wichtige soziologische Schulen sind z. B. der →Symbolische Interaktionismus, die →Kritische Theorie oder die →Systemtheorie. Begründet wurde die Soziologie von dem französische Philosophen Auguste Comte (1798–1857). In Deutschland konnte sich die Soziologie an den Universitäten erst nach dem Zweiten Weltkrieg etablieren.

Soziometrie. Methode zur Analyse von Beziehungen in Kleingruppen, die das bestehende, aus Anziehung und Ablehnung gebildete Beziehungsgeflecht beschreibt. Dazu werden die einzelnen Mitglieder einer Gruppe etwa befragt, welchen Teilnehmern sie besondere Sympathie entgegenbringen. Die gewonnenen Daten lassen sich anschließend mit einem →Soziogramm darstellen. Die Methode wurde von Jakob L. →Moreno entwickelt.

Spaltung. Von der →Psychoanalyse beschriebener →Abwehrmechanismus. Es werden Objektspaltungen und Ich-Spaltungen unterschieden. Bei der Objektspaltung handelt es sich um einen Abwehrmechanismus der frühen Kindheit, der dazu führt, dass Bezugspersonen intrapsychisch in „gute" und „böse" Anteile aufgespalten werden (siehe auch →Borderline-Störung). Bei der Ich-Spaltung werden Teile der Erfahrung und Persönlichkeit abgespalten, die nicht den Ansprüchen des →Über-Ich genügen (→multiple Persönlichkeitsstörung).

Spearman, Charles Edward. Englischer Psychologe (1863–1945), der die →Zweifaktorentheorie der Intelligenz entwickelte und als Mitbegründer der →Faktorenanalyse gilt.

Speed. Umgangssprachliche Bezeichnung für Aufputschmittel. Siehe auch →Ecstasy, →Psychopharmaka.

Speed-Test. Tests zur Beurteilung des Leistungsniveaus, bei denen die Geschwindigkeit berücksichtigt wird, mit der ein Test vollzogen wurde (siehe auch →Power-Test).

Spiel. Zweckfreies, oftmals ritualisiertes Tun, das ohne äußeren Zwang ausgeübt wird und die vorherrschende Tätigkeit des Kindes darstellt. Häufig erfüllt ein Spiel den Nebeneffekt, dass damit auf lustvolle Weise später notwendige und realitätsbezogene →Fähigkeiten eingeübt werden (→Funktionslust). Kennzeichnend für das Spiel ist, dass die beiden Polaritäten Spannung und Entspannung erreicht werden. Allgemein hat das Spiel die Funktion, →Fantasie, →Kreativität und Umwelterfahrungen anzuregen. Es werden folgende Arten des Spielens unterschieden: Funktionsspiele (das Ausführen von sensorischen und motorischen Körperfunktionen wie z. B. Greifen), Explorationsspiele (die Erkundung der objekthaften Umgebung), Fiktionsspiele (das fiktive Ausführen von Handlungen z. B. in Rollenspielen), Regelspiele (die Einhaltung der von den Spielpartnern verabredeten Regeln) und Konstruktionsspiele (das auf Gegenstände gerichtete Spielen).

Spielsucht. Pathologisches Glücksspiel. Substanzungebundene Form der →Sucht. Spielsucht ist gekennzeichnet durch einen Zwang zu Glücksspielen, der dazu führt, dass größere Geldsummen und ein erheblicher Teil der verfügbaren Zeit für diese Spiele aufgebracht wird. Um die emotionale Erregung aufrechtzuerhalten, wird dabei die Höhe des eingesetzten Geldes sowie die Häufigkeit des Spielens zunehmend gesteigert. Unterbleibt das Spielen, treten innere Unruhe und Reizbarkeit auf. Wie auch bei anderen Formen der →Abhängigkeit kommt es zu schwer wiegenden Störungen im privaten Umfeld, insbesondere durch Vertrauensbruch, da das Verspielen größerer Geldsummen gegenüber dem Partner häufig verheimlicht wird. Ein spezifisches Problem der Spielsucht ist die eintretende Verschuldung. Nach den gängigen →Klassifikationssystemen psychischer Störungen liegt bei Spielsucht eine Störung der Impulskontrolle vor.

Spieltheorie. Auf der Wahrscheinlichkeitsrechnung basierende mathematische Theorie zur Beschreibung von strategischen Spielen, die z. B. auch auf Kauf-, Koalitions- oder Arbeitsverhandlungen anwendbar ist. Unterschieden werden Nullsummenspiele (der Gewinn des einen Spielers stellt den Verlust des Mitspielers dar), kooperative Spiele (kooperatives Spielverhalten bringt jedem Mitspieler Vorteile) sowie nicht-kooperative Spiele (die Lösung des Spiels ist für alle Mitspieler mit einem Dilemma verbunden). Das bekannteste Beispiel für ein nicht-kooperatives Spiel ist das „Gefangenendilemma". Dabei werden zwei Personen, die gemeinsam eine Straftat begangen haben, getrennt voneinander verhört und vor die folgenden Situationen gestellt: a) wenn beide gestehen, erhalten beide eine geringere Strafe b) wenn einer gesteht und einer leugnet, wird der Erstere freigelassen und der andere streng bestraft c) wenn beide leugnen, kommen beide frei. Um das optimale Ergebnis zu erreichen, nämlich dass beide frei gelassen werden, müssten beide leugnen. Doch da keiner sicher weiß, was der andere tut, gestehen beide. Begründet wurde die Spieltheorie 1944 von dem Mathematiker John von Neumann (1903–1957) und dem Wirtschaftswissenschaftler Oskar Morgenstern (1902–1977).

Spieltherapie. Psychotherapeutische Behandlungs- und Diagnoseform, die bei Kindern und Jugendlichen als Einzel- oder Gruppentherapie zur Anwendung kommt. Da Heranwachsende innere Konflikte oftmals noch nicht ausreichend verbalisieren können, werden ihnen diverse Spielmaterialien zur Verfügung gestellt. Die Konflikte können mithilfe dieser Materialien im →Spiel dargestellt oder nachgespielt werden, sodass eine emotionale Entlastung herbeiführt wird (→Katharsis). Als Hauptströmungen der Spieltherapie gelten die von Anna →Freud begründete tiefenpsychologische Richtung sowie die klientenzentrierte Spieltherapie (siehe auch →Gesprächspsychotherapie), die von der amerikanischen Psychotherapeutin Virginia Axline in den 40er-Jahren entwickelt wurde.

Spitz, René. Österreichisch-ungarischer Psychoanalytiker (1887–1994), der sich mit den entwicklungspsychologischen Aspekten der Psychoanalyse und der frühen Mutter-Kind-Beziehung befasste. Veröffentlichungen u. a.: „Vom Säugling zum Kleinkind", „Die Entstehung der ersten Objektbeziehungen".

Spontaneität. Ungehemmtes Handeln, bei dem →Impulse sofort und unmittelbar umgesetzt werden.

Spontane Remission. Plötzliches Nachlassen von Symptomen einer Krankheit oder einer psychischen Störung ohne therapeutische Einflussnahme.

Sportpsychologie. Als Teilgebiet der →Angewandten Psychologie befasst sich die Sportpsychologie mit den psychischen, psychosomatischen und psychosozialen Auswirkungen sportlicher Handlungen auf das Individuum. In diese Untersuchungen werden alle Personengruppen einbezogen, die im Umfeld sportlichen Handelns

eine Rolle spielen (z. B. Zuschauerverhalten bei Sportveranstaltungen, Verhalten von Trainern).
Einzelne Fragestellungen befassen sich beispielsweise mit der Erforschung von Motivstrukturen, die Menschen zum Leistungssport bewegen, den psychischen Auswirkungen sportlicher Aktivitäten auf bestimmte Gruppen (Behinderte, alte Menschen) oder den Veränderungen für das Wohlbefinden und das Sozialverhalten eines Individuums durch regelmäßige sportliche Betätigungen. Die ersten Lehrstühle für Sportpsychologie wurden in Deutschland in den 60er-Jahren an den Universitäten eingerichtet. Inzwischen werden die Erkenntnisse der Sportpsychologie z. B. für die Ausbildung von Trainern und Sportlehrern genutzt.

Sprachbarriere. Mangelnde Sprachbeherrschung, die z. B. durch einen unzureichenden Wortschatz oder eine undifferenzierte Syntax entsteht und den sozialen Aufstieg behindert. So verfügen z. B. Kinder aus sozial schwachen Familien i. d. R. über geringere sprachliche Ausdrucksmöglichkeiten, was dazu führen kann, dass ihre schulischen Leistungen trotz vorhandener Intelligenz geringer bewertet werden.

Sprache. Komplexes und vielseitiges Zeichensystem, das der Kommunikation, also der Mitteilung von Gedanken und Gefühlen, sowie der Durchsetzung von Absichten dient. Ihre Komplexität hat dazu geführt, dass eine eindeutige und allgemein gültige Definition von Sprache nur schwer zu erreichen ist. Ganz allgemein wird Sprache als Zeichensystem verstanden, das die Grundlage der menschlichen Verständigung darstellt und dessen Zeichen nur im Kontext einen eindeutigen Sinn ergeben. Die Fähigkeit zu sprechen und die Sprache anderer zu verstehen ist abhängig von der individuellen organischen und kognitiven Kompetenz. Unterschieden werden geschriebene und gesprochene Sprache sowie Laute, Mimik und Gestik. Zudem unterscheidet man innerhalb einer Sprache Dialekte (regionale Besonderheiten), Soziolekte (Sprache bestimmter Gruppen) und Idiolekte (Sprache von Individuen). Sprachen sind keine starren Gebilde, sondern entwickeln sich durch Einflüsse aus Gesellschaft, Politik und nationaler Kultur stetig weiter. Der Gebrauch einer Sprache setzt kommunikative Kompetenz voraus und stellt eine Form sozialen Handelns dar.
Der Begriff Sprache wird nicht nur im Zusammenhang mit Menschen benutzt, sondern findet auch in der Tierwelt Verwendung, etwa wenn

vom Ausdruck von Affekten, die Rede ist, die auch eine Form der Kommunikation darstellen.

Sprachentwicklung. Zusammenspiel individueller Lernprozesse und Umweltanregungen, die die Fähigkeit entstehen lassen, Sprache zu verstehen und selbst einzusetzen. Die Sprachentwicklung findet im engen Zusammenhang mit der Denkentwicklung statt, wobei auch die Funktionsleistung bestimmter Teile des Gehirns und des →Nervensystems gewährleistet sein muss. Bestandteile dieses Prozesses sind die Fähigkeit, Laute zu bilden (Phonologische Entwicklung), das Erlernen von Wortbedeutungen (Semantik), die Kombination und Anpassung von Wortbedeutungen (Morphologie) sowie die Regeln des Satzaufbaus (Syntax). Der Spracherwerb stellt die erste Stufe der Sprachentwicklung dar, wird durch Vorstufen eingeleitet und verläuft in einer bestimmten Abfolge aufeinanderfolgender Entwicklungsstadien:

Vorstufen des Spracherwerbs (unterteilt nach Lebensalter/Phase und Fähigkeiten):

Neugeborene, Säuglinge: Schreie und Laute, die von den Bezugspersonen nach einiger Zeit als spezifische Äußerung von Bedürfnissen und Gefühlszuständen des Kindes verstanden werden (z. B. Differenzierung, ob ein Säugling aufgrund von Hunger oder Einsamkeitsgefühlen schreit).

Ab 2. Lebensmonat: 1. Lallphase; Lallen als →Funktionslust

Ab 5. Lebensmonat: 2. Lallphase; gezielte Lautnachahmung

Beginn der Sprachentwicklung:

Ab ca. 12. Lebensmonat: Sprechen einzelner Worte („Mama“)

Ab ca. 16. Lebensmonat: Sprechen von zwei aneinander gereihten Worten („Will haben“)

Ab ca. 2. Lebensjahr : Beginn des Sprechens in Sätzen.

Sprachfreie Tests. Auch non-verbale Tests. →Intelligenztests, deren Anforderungen darin bestehen, z. B. grafische Muster zu ergänzen, sodass sie auch von Personen mit →Sprachstörungen vollzogen werden können.

Sprach- und Sprechstörungen. Zusammenfassende Bezeichnung für Sprachstörungen, die keine bekannten Gründe haben (z. B. Stottern), die durch eine Beeinträchtigung des Sprachzentrums und durch psychische Störungen verursacht werden sowie Sprechstörungen, die durch mangelhafte Sprechorgane bzw. Sprechmuskulatur (z. B. Hasenscharte) bedingt sind. Auch die verzögerte Sprachentwicklung im Kindesalter gilt in weiterem Sinne als Sprechstörung. Mithilfe verschiedener Methoden der →Logopädie können

Sprachstörungen behandelt werden. Beispiele für Sprach- und Sprechstörungen:
Sprachstörungen:
Aphasie: Vollständiger Verlust des Sprachverständnisses oder Sprechvermögens, infolge einer Erkrankung des Sprachzentrums im Gehirn.
Agrammatismus: Unfähigkeit zum korrekten grammatikalischen Satzbau, tritt häufig im Zusammenhang mit der Sprachentwicklung auf und verschwindet im Verlauf der Sprachentwicklung i. d. R. von selbst.
Sprechstörungen:
Dysarthie: Hirnorganisch bedingte Sprechstörung, besonders Störung der Lautbildung, die dazu führt, dass die Betroffenen langsam und undeutlich sprechen.
Dysphonie: Störung in der Stimmbildung (raue Stimme, z. B. bei Heiserkeit).
Dyslalie (Stammeln): Auslassen bestimmter Laute (Mogilalie). Ersatz von Lauten durch andere (Paralalie). Fehlerhafte Lautbildung (Dyslalie). Auslassen des s-Lautes (Sigmatismus).
Lalophobie: Angst vor dem Sprechen, tritt oft als Folge von Stottern auf.
Stottern (Laloneurose, Balbuties): Psychisch bedingte Redestörung, die z. B. durch belastete Familienverhältnisse oder die Unterdrückung kindlichen Sprechens (Über-den-Mund-fahren) ausgelöst werden kann.

Sprachzentrum. Gehirnbereich, der für das Sprechen und das Verständnis von Sprache zuständig ist. Unterschieden werden das →Broca-Zentrum und das →Wernicke-Zentrum. Das Broca-Zentrum steuert v. a. die Motorik des Sprechens, während das Wernicke-Zentrum für die Sprachwahrnehmung und -erkennung zuständig ist. Das optische Sprachzentrum ist für die Fähigkeit zu lesen verantwortlich. Bei Rechtshändern liegt das Sprachzentrum in der linken Gehirnhälfte, bei manchen Linkshändern in der rechten Gehirnhälfte des Großhirns (→Hemisphärendominanz).

S-R-Modell. Abkürzung für →Stimulus-Response-Modell.

Staabs-Test. →Szeno-Test.

Stammeln. Dyslalie. Störungen in der Lautbildung einzelner Wörter, besonders durch Auslassen oder Vertauschen von Silben. Stammeln stellt bis zum 4. Lebensjahr eine normale Phase der Sprachentwicklung dar. In späteren Lebensphasen gilt Stammeln als →Sprachstörung.

Standardabweichung. Begriff aus der deskriptiven →Statistik für die durchschnittliche Streuung von Messwerten um den →Mittelwert.

Statistik. Teilgebiet der quantitativen Forschung, bei dem mit mathematischen Formeln Daten berechnet und ausgewertet werden. Die am häufigsten angewandten Verfahren sind die deskriptive (beschreibende) Statistik und die Interferenzstatistik (schlussfolgernde Statistik). Bei der deskriptiven Statistik handelt es sich um ein Verfahren, mit dem Daten geordnet und grafisch dargestellt werden. Die Interferenzstatistik stellt ein Verfahren zur Überprüfung statistischer Hypothesen (Nullhypothese) dar.

Status. Position in einem sozialen System, das mit einer bestimmten Einschätzung hinsichtlich der Kompetenz, Macht und den entsprechenden materiellen Vorteilen verbunden ist. Unterschieden werden der erworbene Status (durch eigene Leistung erreicht), der zugeschriebene Status (durch die Geburt erhalten) und der übertragene Status (den z. B. eine Ehefrau über ihren Mann erhält).

Statusdiagnostik. Form der Diagnostik, mit der im Gegensatz zur →Prozessdiagnostik der gegenwärtige Zustand einer Person feststellt wird.

Steiner, Rudolf. Schweizer Begründer der →Anthroposophie (1861–1925). Steiners anthroposophische Lehre bildet die Grundlage der Waldorf-Schulen. Veröffentlichungen u. a.: „Die Ausdrucksfähigkeit des Menschen in Sprache“, „Die Erkenntnis des Menschenwesens nach Leib, Seele und Geist“, „Die zwölf Sinne des Menschen“.

Sterbebegleitung. Psychosoziale und medizinische Begleitung eines sterbenden Menschen durch Ärzte, Psychologen und Sozialarbeiter sowie Freunde und nahe Angehörige. Ziel der Sterbebegleitung ist es, Wertschätzung und emotionales Angenommensein zu vermitteln, körperliche Schmerzen zu lindern und zum Erhalt der Würde des Menschen beizutragen. Psychologen haben im Rahmen von Sterbebegleitung zudem die Aufgabe, nahe stehende Menschen auf den bevorstehenden Tod vorzubereiten und sie darin zu unterstützen, den Kontakt mit dem Sterbenden aufrechtzuerhalten. Spezielle Einrichtungen, in denen Sterbebegleitung geleistet wird, sind →Hospize. Nach der schweizerischen Sterbebegleiterin und Psychiaterin Elisabeth Kübler-Ross verläuft die emotionale Auseinandersetzung Sterbender mit dem nahen Tod in fünf Phasen, wobei nicht jeder Mensch alle diese Phasen zwingend durchlaufen muss. Dazu gehören 1. Leugnung 2. Wut 3. Verhandeln (mit dem Schicksal oder Gott) 4. Depression aufgrund der Einsicht in das Unveränderbare und 5. das Sich-Fügen, das auch ein gesteigertes Selbstvertrauen beinhaltet.

Sterbehilfe. →Euthanasie.

Sterbeforschung . →Thanatologie.

Stereotyp. Begriff aus der →Sozialpsychologie für sich wiederholende, starre Meinungen, Sichtweisen und Einstellungen, die häufig Vereinfachungen komplexer Zusammenhänge darstellen, zu Vorurteilen führen können und die realistische Wahrnehmung einer anderen Person oder Gruppe von Personen verhindert (z. B. „Lehrer sind faul" etc.).

Stern, William. Deutsch-amerikanischer Philosoph und Psychologe (1871–1938), der Schüler von Hermann →Ebbinghaus war und wichtige Beiträge zur →Differenziellen sowie zur →Entwicklungspsychologie lieferte. Veröffentlichungen u. a.: „Über Psychologie der individuellen Differenzen" (1900), „Die differentielle Psychologie" (1911), „Psychologie der frühen Kindheit" (1914), „Die menschliche Persönlichkeit" (1923).

Stichprobe. Sample. Teilmenge aus einer Gesamtheit von Personen oder Variablen, die z. B. für eine wissenschaftliche Untersuchung ausgewählt wird. Unterschieden werden dabei Zufallstichproben sowie Quoten-Stichproben. Während die Zufallsstichprobe eine zufällige Auswahl an Merkmalsträgern darstellt, entspricht die Quoten-Stichprobe hinsichtlich der Merkmale den Proportionen in der Gesamtgruppe (Population).

Stierlin, Helm. Deutscher Psychoanalytiker, Arzt und Familientherapeut (*1926), der das „Heidelberger familiendynamische Konzept" entwickelte. Der familientherapeutische Ansatz berücksichtigt fünf Perspektiven: 1. Wie weit ist eine individuelle Entwicklung des einzelnen Familienmitglieds gegeben (bezogene Individuation)? 2. Wie weit bestehen Abhängigkeit und welche Impulse werden für die Selbstständigkeitsentwicklung des Einzelnen ausgelöst (Bindung und Ausstoßung)? 3. Welche →Delegationen finden statt (Delegation)? 4. Welche grundlegenden Emotionen (z. B. Schuld) bestehen zwischen der Generation der Kinder, der Eltern und der Großeltern (Mehrgenerationenperspektive)? 5. Welche infrafamiliären Beziehungen bestehen aktuell in einer Familie (Status der Gegenseitigkeit)? Veröffentlichungen u. a.: „Delegation und Familie" (1978), „Von der Psychoanalyse zur Familientherapie, Familiendynamik" (1976).

Stigmatisierung. Etikettierung; Zuschreibung negativer Merkmale an eine Person seitens der Gesellschaft. Der „negative Stempel" kann zur →Diskriminierung und sozialen Ausgrenzung führen.

Stimmung. Im Gegensatz zu →Affekten eine über einen längeren Zeitraum hinweg andauernde Gefühlslage, die eine emotionale Tönung bildet, auf der das aktuelle emotionale Erleben einer Person basiert. Beispiel: Freude über ein Ereignis wird anders erlebt, wenn sich ein Person in einer niedergeschlagenen Stimmung befindet, als wenn sie sich unbeschwert fühlt. Die Stimmung beruht auf der seelischen und körperlichen Gesamtverfassung und kann durch äußere Umstände unbewusst, aber auch bewusst mithilfe von z. B. Musik stimuliert werden. Zu auffälligen Stimmungsschwankungen kann es im Zusammenhang mit →psychischen Störungen kommen.

Stimulus-Response-Modell. Auch S-R-Modell. Reiz-Reaktions-Modell, nach dem das Verhalten eines Organismus als Reaktion auf eine vorausgegangene Reizeinwirkung gedeutet wird. Siehe auch →Lerntheorie.

Stottern. Form der →Sprachstörung, bei der einzelne Silben, Laute und Wörter wiederholt werden. I. d. R. ist Stottern psychisch bedingt, es kann aber auch Folge einer organischen Hirnschädigung sein.

Strafe. →Bestrafung.

Stress. Belastung des menschlichen Organismus, die bei längerem Fortbestehen Schädigungen hervorrufen kann. Verursacht wird Stress durch so genannte Stressoren, d. h. Reize, die das Gleichgewicht des Organismus stören, weil sie dessen Bewältigungskapazitäten überschreiten. Zu den Stressoren gehören z. B. physikalische Reize wie →Lärm sowie psychische oder soziale Belastungen (z. B. traumatische Erfahrungen, Beziehungsprobleme bzw. Arbeitsplatzverlust).

Die Intensität von Stress wird individuell unterschiedlich wahrgenommen. Sie ist abhängig von den Ressourcen, die einer Person zur Bewältigung der Belastung zur Verfügung stehen und der vorgenommenen kognitiven Bewertung der Situation. Stress kann einerseits als Herausforderung erlebt werden, auf die das Individuum mit einer Leistungssteigerung reagiert (siehe auch →Eustress) oder andererseits als Übermaß an Belastung, das mit Gefühlen von Überforderung verbunden ist (siehe auch →Disstress). Im Fall von Disstress zeigt der Körper eine physiologische Reaktion, die derjenigen entspricht, die er auch in Bedrohungssituationen erzeugt (Ausschüttung von Adrenalin, Steigerung der Herzschlagfrequenz, Kontraktion der Blutgefäße etc.). Da diese nur durch körperliche Aktivität abgebaut werden können, was häufig unterbleibt, können Funktionsstörungen des Körpers die Folge

sein. (→Psychosomatik).
Als Folge von Stress können ebenso →Angst, →Wut, →Depressionen, →Reizbarkeit und im Extremfall ein →Burn-Out-Syndrom auftreten. Eine Möglichkeit, Stress abzubauen, stellen z. B. die verschiedenen Entspannungsverfahren dar (z. B. →Autogenes Training, →Yoga).

Strukturelle Störung. →Frühstörung.

Strukturmodell. →Topografisches Modell.

Studienberatung. Beratungsangebote, zu denen Hochschulen in der Bundesrepublik verpflichtet sind und die sich speziell an Studierende wenden, um diese hinsichtlich ihrer Studienmöglichkeiten zu beraten. Die Beratungsstellen bieten darüber hinaus psychosoziale Beratung sowie psychologische Hilfestellungen bei Lernstörungen und Prüfungsängsten an.

Stupor. Körperliche und geistige Regungslosigkeit, die im Zusammenhang mit →Psychosen, aber auch mit körperlich bedingten Verwirrtheitszuständen, z. B. bei hohem Fieber oder durch Vergiftungen, auftritt.

Subjektivität. Im Gegensatz zur →Objektivität eine durch persönliche Gefühle und Einstellungen bestimmte Sichtweise, die somit subjektiv ist. Die Subjektivität des Forschers wird z. B. im Rahmen →quantitativer Forschungsmethoden nicht ausgeschlossen, sondern einer bewussten Reflexion unterzogen.

Subkultur. Teilkulturen innerhalb einer Gesellschaft, die für sich geschlossene Systeme darstellen und sich durch charakteristische Werthaltungen, Verhaltensweisen und Symbole von der übrigen Gesellschaft abgrenzen. In den 70er-Jahren gingen von Teilen der Subkultur nachhaltige gesellschaftsverändernde Wirkungen aus (z. B. Hippie-Bewegung, Studentenbewegung). Mitunter werden Subkulturen im Verlauf der gesellschaftlichen Entwicklung wieder in die Gesellschaft integriert. Siehe auch →Randgruppe.

Sublimierung. Begriff aus der →Psychoanalyse für die Transformation von (libidinösen) Triebwünschen in sozial anerkannte Formen der Aktivität wie z. B. intellektuelle oder künstlerische Leistungen und Ausdrucksformen.

Subliminale Wahrnehmung. Unterschwellige Wahrnehmung. →Wahrnehmung von Reizen, die unterhalb der üblichen Wahrnehmungsschwelle liegen.

Sucht. →Abhängigkeit von Stoffen (z. B. Drogen, Alkohol, Medikamente) oder von Tätigkeiten (z. B. Arbeiten, Spielen, das Internet nutzen, Es-

sen). Sucht ist charakterisiert durch ein nicht zu unterdrückendes Verlangen, den entsprechenden Suchtstoff zu konsumieren oder die entsprechende Handlungen auszuführen (psychische →Abhängigkeit).
Suchtexperten unterscheiden zwischen Gewohnheit, Abhängigkeit und einer Suchtkrankheit, wobei die Grenzen fließend sind. Gewohnheit bezeichnet ein Verhaltensmuster, welches häufig wiederholt wird, jedoch noch relativ leicht veränderbar ist. Abhängigkeit hingegen stellt ein zwanghaftes Verhalten dar, das keine Korrektur mehr möglich macht. In diesem Stadium empfinden Betroffene die Wirkung des Suchtmittels als für sie existenziell, sodass sie nicht mehr darauf verzichten können. Nach Ansicht vieler Suchtexperten beginnt eine Suchterkrankung dann, wenn das ganze Leben des Betroffenen von dieser Abhängigkeit beherrscht wird. Bei vielen stoffgebundenen Süchten kann zudem eine körperliche Abhängigkeit hinzukommen, die dazu führt, dass Entzugserscheinungen auftreten, sobald der entsprechende Stoff dem Körper nicht mehr zugeführt wird.
Ursachen: Die verschiedenen Aspekte, die Ursache einer Suchtentwicklung sein können, werden häufig mit dem „Vier-M-Modell" (Mensch, Milieu, Markt, Mittel) beschrieben. Dabei werden psychische Faktoren (z. B. Labilität, Konfliktunfähigkeit, Einsamkeit), das soziale Umfeld (z. B. belastende Familienverhältnisse, Konsum von Suchtmitteln in der →Peer-Group, fehlende Bindungen), die Verfügbarkeit der Mittel (Alkohol, Zigaretten, elektronische Medien, Spielhallen) und die von den Mitteln ausgehenden Wirkungen (Euphorie, Entspannung) einbezogen. Sucht wird auch als Versuch des Problemlösens verstanden, wenn z. B. die persönlichen Ressourcen (Familienbindung, soziales Netz) nicht ausreichen.
Folgen: Soziale Ausgrenzung, Verwahrlosung, körperliche Auszehrung, Verschuldung.
Prävention: Neben Aufklärung und Informationen über die Gefahren des Konsums von Drogen, Alkohol und anderen Suchtmitteln werden zunehmend Ansätze praktiziert, die die Problemlösungskompetenzen und das Selbstvertrauen stärken (→Lebenskompetenzen).

Suggestion. Beeinflussung des Denkens, Wollens, Fühlens und Handelns durch sich selbst (Autosuggestion) oder andere (Fremdsuggestion). Sie wirkt besonders bei labilen Persönlichkeiten (→Labilität).

Suggestivfrage. Frage, die mit der Absicht der Beeinflussung gestellt wird, sodass eine Antwort in einer bestimmten Richtung nahe gelegt wird (z. B. „Finden Sie nicht auch, dass ...).

Suizid. →Selbstmord.

Sullivan, Harry Stack. Amerikanischer Psychiater und Psychoanalytiker (1892–1949), der →Neurosen und →Psychosen als durch Angst entstandene Entwicklungsdefizite betrachtete.

Sündenbock. Umgangssprachlicher Begriff für Menschen, auf die andere Personen eigene unerwünschte Persönlichkeitsbestandteile projizieren oder die für gesellschaftliche Probleme verantwortlich gemacht werden. So bekommen z. B. Jugendliche ausländischer Herkunft eine Sündenbockfunktion, wenn sie von rechtsextremistisch orientierten Jugendlichen für schlechte Berufsaussichten verantwortlich gemacht werden. Ein Sündenbock hat u. a. die psychologische Funktion, eine bestehende →Gruppe durch seine →Stigmatisierung als Außenstehender zu stabilisieren.

Supervision. Angebot für Menschen in helfenden Berufen (Psychologen, Psychotherapeuten, Sozialpädagogen, Ärzte etc.), um ihre Arbeit unter fachlicher Anleitung zu reflektieren. Im Mittelpunkt kann dabei die Interaktion mit dem Patienten/Klienten, die Zusammenarbeit im Team der Helfer oder die Beziehung der helfenden Person zur Institution, in der er arbeitet, stehen. Supervision wird als Einzelsupervision oder Gruppensupervision durchgeführt. Historisch ist sie in amerikanischen Wohlfahrtsverbänden entstanden, um die Arbeit von Laienhelfern zu kontrollieren.

Symbiose. In der Psychologie bezeichnet der Begriff die gegenseitige →Abhängigkeit in einer zwischenmenschlichen Beziehung, etwa die Mutter-Kind-Beziehung. Symbiosen in einer Partnerschaft deuten auf eine mangelnde →Autonomie der Beziehungspartner hin.

Symbol. Zeichen, die einen Bedeutungsbereich vertreten. So werden z. B. Laute durch Buchstaben symbolisiert oder der christliche Glaube durch das Kreuz.

Symbolischer Interaktionismus. Theorie aus der →Sozialpsychologie, nach der soziale Interaktion deshalb stattfinden kann, weil die Menschen einer Gesellschaft gemeinsame Systeme von Symbolen teilen und verstehen. Als wichtigster Vertreter des Symbolischen Interaktionismus gilt der amerikanische Sozialpsychologe George Herbert Mead (1863–1931).

Sympathikus. Teil des →Nervensystems, der vorrangig körperliche Prozesse steuert, die mit Anstrengung verbunden sind.

Symptom. Anzeichen für eine Krankheit oder Störung. Bestimmte

Verhaltensweisen oder körperliche Veränderungen weisen auf bestimmte psychische Störungen oder Krankheiten hin.

Synapse. Teil der →Nervenzelle, der eine entscheidende Funktion bei der Übertragung von Informationen an eine andere Nervenzelle übernimmt. Da sich Nervenzellen nicht direkt berühren, können die Aktionspotenziale der Zellen auch nicht direkt übertragen werden, sondern werden durch Synapsen überbrückt. Synapsen bestehen aus der präsynaptischen Nervenendung der einen Zelle und der postsynaptischen Membran der anderen Zelle. Um eine Information übertragen zu können, werden in den präsynaptischen Nervenendungen Neurotransmitter (→Botenstoffe) ausgeschüttet, die von der postsynaptischen Membran der Nachbarzelle aufgenommen werden. Die Wirkung von →Psychopharmaka und →Drogen lässt sich darauf zurückführen, dass sie in den komplexen chemischen Prozess, der in den Synapsen stattfindet, eingreifen. Allein im menschlichen →Gehirn sind schätzungsweise 100 Billionen Synapsen vorhanden.

Syndrom. Gruppe von →Symptomen, die, miteinander verbunden, charakteristisch für eine Krankheit oder psychische Störung sind.

Systemische Therapie. Übergeordnete Bezeichnung für Therapieformen, etwa →Familien- oder →Partnertherapien, die die Dynamik und Rückkopplungsprozesse in einem geschlossenen System berücksichtigen, sodass die psychische Störung eines der Mitglieder des Systems als Störung im Gesamtsystem betrachtet wird.

Systemtheorie. Kennzeichnend für ein System ist die gegenseitige Abhängigkeit seiner Bestandteile. Die Systemtheorie analysiert diese Abhängigkeiten und die entsprechenden Wechselwirkungen. In der Psychologie sind solche Ansätze z. B. in der →Feldtheorie von Kurt →Lewin zu finden. Innerhalb der →Klinischen Psychologie stellen die Familientherapie und die Partnertherapie systemische Ansätze dar (→Systemische Therapie).

Szeno-Test. Auch Sceno-Test. Projektiver Test, der zur →Diagnostik in der therapeutischen Arbeit mit Kindern eingesetzt wird. Das Testmaterial besteht aus Figuren, mit denen das Kind eine Spielszene gestalten kann. Aufbau der Szene, die Erklärungen des Kindes, die fertige Szene und die dazu gemachten Äußerungen des Kindes werden protokolliert und auf der Grundlage tiefenpsychologischer Annahmen ausgewertet.

T

Tabu. Ursprünglich religiöses Verbot, dessen Übertreten massiv sanktioniert wurde. Tabus bestehen auch in modernen Gesellschaften fort, z. B. das in fast allen Gesellschaften vorhandene Tabu des Geschlechtsverkehrs zwischen nahen Verwandten (→Inzest).
Ein bewusster Tabubruch kann z. B. erfolgen, um auf gesellschaftliche Missstände hinzuweisen und diese ins öffentliche Bewusstsein zu rücken, um den Anstoß zu einer Auseinandersetzung zu geben. So versuchten z. B. prominente Frauen Anfang der 70er-Jahre, durch ihr öffentliches Bekenntnis zur Abtreibung eine Diskussion über den Schwangerschaftsabbruch einzuleiten.
In der Praxis der →Psychotherapie ist häufig zu beobachten, dass es Ereignisse in der Familiengeschichte gibt, die mit einem Tabu belegt werden, was zur Folge hat, dass über bestimmte Vorkommnisse nicht mehr gesprochen wird (Familiengeheimnisse). Ziel einer Therapie kann es u. a. sein, solche Tabubereiche aufzudecken.

Tagesreste. Begriff aus der →Traumdeutung für Inhalte und Symbole eines Traums, die sich auf tatsächliche Erlebnisse am Vortag zurückführen lassen.

Tagtraum. Auch Wachtraum. Angenehme Vorstellungen, die mithilfe der →Fantasie bewusst produziert werden. Tagträume treten besonders dann auf, wenn der reale Alltag eines Menschen sich aktuell als unerfreulich darstellt. Aus tiefenpsychologischer Sicht übernehmen Tagträume die Funktion, →Wünsche zu erfüllen, die in der Realität versagt bleiben.

Taktile Wahrnehmung. Wahrnehmung von Berührungen, Druck, Schmerzen sowie von Temperaturschwankungen über unterschiedliche Sensoren und Nervenendungen der Haut.

Talent. Herausragende, angeborene →Begabung in einem bestimmten Bereich, die aber nicht schon ins Geniale hineinreicht. Siehe auch →Genialität.

Tanztherapie. Ganzheitliche, erlebnis- und körperorientierte Form der →Psychotherapie. In der Tanztherapie werden die Bewegungsabläufe eines Menschen sowohl zur →Diagnose als auch, durch eine entsprechende Beeinflussung, als Methode zur Verbesserung des seelischen Wohlbefindens genutzt, da davon ausgegangen wird, dass sich →psychische Störungen durch einen mangelnden Kontakt zwischen Körper und Seele auszeichnen. Im Gegensatz zu vielen anderen Bewegungstherapien, bei denen die Bewegungen durch innere Zustände und Bilder ausgelöst werden, orientiert sich die Tanztherapie an den durch Musik ausgelösten akustischen Reizen.

Historisch betrachtet nahm Tanz als Mittel, Gefühle und psychische Prozesse zum Ausdruck zu bringen, in der Menschheitsgeschichte eine wichtige Funktion ein. Er wurde u. a. im Zusammenhang mit religiösen →Traditionen und Heilungszeremonien eingesetzt und begleitete wichtige Entwicklungsübergänge des Menschen, z. B. als Hochzeits- oder Geburtstanz.

TAT. Thematischer Apperzeptions-Test. Form eines →projektiven Tests, bei dem den Versuchspersonen insgesamt 30 Abbildungen sozialer Situationen vorgelegt werden, die diese interpretieren müssen. Diese Interpretation wird nach festgelegten Auswertungskriterien gedeutet, um daraus Rückschlüsse auf Persönlichkeitsmerkmale wie →Moral und →Leistungsmotivation einer Person abzuleiten. Der TAT wurde von dem amerikanischen Psychologen Henry A. Murray in den 40er-Jahren entwickelt.

Tausch, Anne-Marie. Deutsche Psychologin (1925–1983), die wichtige Beiträge zur Etablierung der →Gesprächspsychotherapie in Deutschland leistete. Anne-Marie Tausch trug zudem durch ihre Arbeiten dazu bei, dass die Theorien von Carl R. →Rogers auch für die →Pädagogik nutzbar gemacht werden konnten. Veröffentlichungen u. a.: „Erziehungspsychologie“, „Gesprächspsychotherapie“.

Taxonomie. 1. Allgemeine Bezeichnung für die Einordnung in ein System, die nach festgelegten Regeln erfolgt. 2. In der →Pädagogischen Psychologie bezeichnet der Begriff die systematische Einordnung von erreichten Lernzielen nach kognitiven, affektiven und psychomotorischen Prinzipien.

Taylorismus. Begriff aus der →Arbeits-, Betriebs- und Organisationspsychologie. Taylorismus bezeichnet eine Methode, mit der eine Steigerung der Produktivität in Arbeitsprozessen erzielt werden soll. Sie wurde im ausgehenden 19. Jahrhundert von dem amerikanischen Ingenieur Frederik W. Taylor (1856–1915) entwickelt, der dazu die Bewegungsabläufe von Beschäftigten beim Ausführen von Tätigkeiten exakt analysierte, um Vorgaben zu machen, wie diese optimiert werden können. Unter dem Begriff werden inzwischen zahlreiche Maßnahmen der ökonomischen Unternehmensführung subsumiert (z. B. Lohnsysteme, mit denen eine Produktionssteigerung erzielt werden soll, effektive Betriebsführung etc.).

Teamwork. Gruppenarbeit. Gleichberechtigte Zusammenarbeit in einer Kleingruppe, die es jedem Mitglied ermöglicht, seine individuellen Stärken und Fähigkeiten für die Lösung einer gemeinsamen Aufgabe einzubringen. Teamwork setzt beim Einzelnen Teamfähigkeit voraus, d. h. die Bereitschaft, sich in ein Team einzufügen, sowie soziale Kompetenzen, die eine konstruktive Mitarbeit ermöglichen. Teamwork gilt an vielen Arbeitsplätzen mittlerweile als eine der →Schlüsselqualifikationen.

Teilleistungsstörungen. Auch Teilleistungsschwächen. Bezeichnung für eine Lernstörung bei Kindern, die nur einen Leistungsbereich betrifft, während alle anderen Bereiche unberührt bleiben, wobei die Betroffenen über eine dem Altersdurchschnitt vergleichbare →Intelligenz verfügen. Die am häufigsten auftretende Teilleistungsstörung ist die →Lese-Rechtschreib-Schwäche.

Telefonberatung. Spezielle Form der Beratung, bei der zwischen Berater und →Klient kein direkter Kontakt besteht, daher die Anonymität des Hilfesuchenden gewahrt bleibt und somit die Hemmschwelle für die Inanspruchnahme der Beratung sinkt. Typische Formen der Telefonberatung sind die Telefonseelsorge, die häufig ehrenamtlich von speziell geschulten Laienhelfern durchgeführt wird, sowie die Einrichtung spezieller Hotlines während der Zeugnisvergabe, bei der Schüler, die Konflikte mit den Eltern aufgrund schlechter Zeugnisnoten befürchten, telefonischen Kontakt mit Schulpsychologen, Sozialpädagogen sowie Kinder- und Jugendpsychotherapeuten aufnehmen können. Ähnliche Formen anonymer Beratung werden zunehmend im Internet (E-Mail-Kontakt zu einem Berater) angeboten (z. B. für Jugendliche, die mit →Gewalt oder Drogenproblemen konfrontiert sind).

Telekinese. Parapsychologische Erscheinung, wobei Gegenstände vermeintlich aufgrund psychischer Energien bewegt werden können. →Parapsychologie.

Telepathie. Umgangssprachlich als →Gedankenübertragung bezeichnetes Phänomen der →Parapsychologie.

Temperament. Typische Art eines Menschen, auf seine Umwelt zu reagieren sowie Bezeichnung für den Ablauf seiner psychischen Prozesse. Die erste Temperamentslehre wurde von dem griechischen Arzt Hippokrates (460 v. Chr.–ca. 370 v. Chr.) formuliert, der das Temperament eines Menschen von einer typspezifischen, vorherrschenden „Körperflüssigkeit" ableitete. In dieser →Typologie liegen die Anfänge der →Differenziellen Psychologie. In der gegenwärtigen Psychologie ist diese Lehre jedoch nur noch aus geschichtlichen Gründen relevant.

Temperamentslehre nach Hippokrates:

Phlegmatiker: Gleichgültiger bis apathischer Mensch, der in seinem Handeln langsam, schwach, aber auch beständig erscheint.

Sanguiniker: Wechselhafter Stimmungsmensch. Der Sanguiniker zeichnet sich durch ein lebendiges, extrovertiertes und fröhliches Wesen aus, ist in seinen Stimmungen jedoch wechselhaft.

Melancholiker: Der „Schwärmer". Melancholiker weisen eine Neigung zur →Hypochondrie auf und sind bisweilen niedergeschlagen oder depressiv.

Choleriker: Willens- und Gefühlsmensch, der schnell aufbrausend und gereizt reagiert.

Test. In der Psychologie Bezeichnung für verschiedene Methoden, mit denen die Ausprägung psychischer Merkmale (z. B. →Intelligenz) oder deren Vorliegen (z. B. →Vorurteile) zu Forschungszwecken, zum Erstellen einer →Diagnose oder zur Überprüfung von Kenntnissen und Eignungen festgestellt wird. Dabei werden qualitative (z. B. →projektive Tests wie der →Rorschach-Test) und quantitative Tests (psychometrische Tests, z. B. →Intelligenztests) unterschieden.

Alle Tests, die wissenschaftlichen Kriterien entsprechen, müssen die Testgütekriterien →Objektivität, Zuverlässigkeit (→Reliabilität) und Gültigkeit (→Validität) erfüllen. Die Auswertung eines Tests erfolgt entweder mithilfe statistischer Methoden (→Statistik) oder anhand der Analyse eines Einzelfalls, auf deren Grundlage z. B. eine →Intervention geplant werden kann.

Testbatterie. Testsystem. Zusammenstellung mehrerer Einzeltests mit dem Ziel, die →Validität des Testverfahrens zu erhöhen.

Testtheorie. Theoretische Grundlagen zur Konstruktion und Durchführung von Tests, die wissenschaftliche Ansprüche erfüllen. Unterschieden werden die klassische Testtheorie und die probabilistische (stochastische) Testtheorie, wobei letztere geschaffen wurde, um die Nachteile der klassischen Testtheorie auszugleichen.

Thalamus. Teil des →Zwischenhirns, der v. a. für die Verarbeitung von Empfindungen wie Schmerz, Wärme und Kälte sowie für solche, die über den Tastsinn empfangen wurden, zuständig ist. Das Verarbeitungszentrum steuert außerdem Mimik und Gebärden.

Thanatophobie. Gesteigerte Angst vor dem Tod.

Thanatopsychologie. Thanatologie, Psychologie des Todes. Aufgabe der Thanatopsychologie ist es, menschliches Erleben und Verhalten im Zusammenhang mit →Tod und Sterben zu untersuchen. Dazu gehört z. B. festzustellen, wie das Wissen um die eigene Sterblichkeit Bewusstsein und Handeln von Menschen beeinflusst und welche Reaktionen durch eine unmittelbare Konfrontation mit dem Tod hervorgerufen werden können. Weitere Fragestellungen beschäftigen sich mit der individuellen Entwicklung von Todesvorstellungen, der Angst vor dem Tod, mit Sterbeprozessen und den psychischen Belastungen, die durch den Tod eines Menschen bei dessen Angehörigen, aber auch bei Ärzten und Pflegepersonal ausgelöst werden. Ziel ist es u. a., die psychologische Begleitung Sterbender zu verbessern.

Thanatos. →Todestrieb.

Thematischer Apperzeptionstest. →TAT.

Themenzentrierte Interaktion. Methode der Gruppenarbeit („Lebendiges Lernen"), die in den 70er-Jahren von Ruth →Cohn auf der Grundlage theoretischer Annahmen der →Psychoanalyse sowie der →Humanistischen Psychologie entwickelt wurde. Zur Themenzentrierten Interaktion (TZI) gehören Axiome, die ihr Menschenbild und die implizierten Werthaltungen verdeutlichen.

Aufgabe eines Gruppenleiters ist es, ein Gleichgewicht zwischen vier gleichwertigen Bestandteilen eines dynamischen Gruppenprozesses aufrechtzuerhalten.

Strukturmodell der TZI:

Ich: Jeder Teilnehmer ist aufgefordert, bewusst und verantwortlich zu entscheiden und für sich selbst zu sprechen.

Wir: Die Gruppenmitglieder haben das Ziel, ihr gemeinsames Anliegen zu verwirklichen. Treten Schwierigkeiten bei einem der Teilnehmer auf, müssen diese zunächst geklärt werden („Störungen haben Vorrang").

Es: Zur Bearbeitung des Themas oder zur Lösung einer Aufgabe kann jeder Teilnehmer einen persönlichen Zugang finden.

Globe: Das Umfeld der Gruppe muss in die Organisation und Strukturierung des Gruppenprozesses einbezogen werden.

Einige der von der Themenzentrierten Interaktion formulierten Regeln wurden auch auf andere Zusammenhänge übertragen, etwa die Maxime „Störungen haben Vorrang“. Soll z. B. eine sachorientierte Zusammenarbeit innerhalb von →Teamwork stattfinden, muss jeder Teilnehmer das Recht haben, Störungen in seiner Befindlichkeit auszusprechen, sodass eine Klärung dieses Zustands herbeigeführt werden kann (z. B. „Es stört mich, wenn hier geraucht wird.“).

Eine weitere Maxime, die die pädagogische und psychotherapeutische Praxis beeinflusst hat, ist das Senden von „Ich-Botschaften“. Dies bedeutet, dass Personen aufgefordert sind, ihre Bedürfnisse und Gefühle in einer direkten statt in einer allgemeinen Form auszudrücken („Ich fühle mich in dieser Situation unwohl!“ statt „In einer solchen Situation fühlt man sich immer so unwohl!“).

Theorie der kognitiven Dissonanz. →kognitive Dissonanz.

Therapie. Allgemeine Bezeichnung für die Behandlung von →Krankheiten oder →psychischen Störungen. Für Letzteres wird im engeren Sinn der Begriff →Psychotherapie gebraucht.

Thorndike, Edward Lee. Amerikanischer Psychologe (1874–1949) und einer der führenden Vertreter des →Behaviorismus. Thorndike entwickelte die →instrumentelle Konditionierung und führte zahlreiche experimentelle Versuche mit Tieren durch, aus denen er das →Versuch-und-Irrtum-Lernen, die Funktion der →Verstärkung und das →Gesetz des Erfolgs ableitete.

Thurstone, Louis Leon. Amerikanischer Psychologe (1887–1955), der mithilfe der →Faktorenanalyse sieben Primärfaktoren ermittelte, die für die menschliche →Intelligenz bestimmend sind.

Thurstone-Skala. Skala zur Messung von →Einstellungen, auf der für jedes →Item mögliche Antwortpaare vorgegeben sind.

Tic. Unwillkürliche, sich wiederholende Muskelzuckungen oder Lautäußerungen. Unterschieden werden einfache motorische Tics (z. B. Augenblinzeln, Grimassieren), vokale Tics (z. B. das Schnalzen mit der Zunge) und komplexe Tics wie etwa die →Echolalie oder die im Zusammenhang mit dem →Tourette-Syndrom auftretende Koprolalie.

Tiefenpsychologie. Oberbegriff für psychologische Schulen, die unbewussten seelischen Konflikten bei der Entstehung von →psychischen Störungen eine zentrale Funktion zuweisen. Dazu gehört insbesondere die von Sigmund →Freud entwickelte →Psychoanalyse sowie die von

Carl G. →Jung entwickelte →Analytische Psychologie und die →Individualtherapie Alfred →Adlers. Neben diesen klassischen Richtungen, die bereits Anfang des 20. Jahrhunderts entwickelt wurden, bestehen neuere Formen wie die →Bioenergetik (Alexander →Lowen) oder die →Transaktionsanalyse (Eric →Berne).

Tiefenwahrnehmung. →Raumwahrnehmung.

Tinbergen, Nikolaas. Niederländischer Zoologe (1907–1988). Tinbergen gilt neben Konrad →Lorenz als Begründer der modernen →Verhaltensforschung und wurde zusammen mit diesem und Karl von Frisch 1973 mit dem Nobelpreis für Medizin ausgezeichnet.

Tinnitus. Auch Tinnitus aurum. Anhaltende Ohrgeräusche, von denen Betroffene subjektiv stark beeinträchtigt werden. Da ein Tinnitus häufig erstmals in Stresssituationen auftritt, gilt er als eine psychisch bedingte Erkrankung (→Psychosomatik).

Tod. Zustand, in dem die biologischen Funktionen eines Organismus vollständig zum Erliegen gekommen sind. Im Unterschied zu allen anderen Lebewesen ist sich der Mensch der eigenen Sterblichkeit bewusst. Wie er mit diesem Wissen umgeht, wird innerhalb der Psychologie von der →Thanatopsychologie untersucht.

Todestrieb. Thanatos. Nach Auffassung von Sigmund →Freud ein menschlicher →Trieb, der im Gegensatz zum →Lebenstrieb →Aggressionen und Zerstörungswut freisetzen kann, die entweder gegen die Außenwelt oder gegen die eigene Person gerichtet werden. Der Todestrieb wird normalerweise vom Lebenstrieb neutralisiert. Kennzeichnend für →psychische Störungen ist, dass diese Dichotomie aufgehoben ist und somit destruktive Impulse auftreten können. Das Konzept des Todestriebes gilt innerhalb der psychoanalytischen Theorie inzwischen als umstritten. Ein Grund dafür ist der fehlende biologische Nachweis eines solchen Triebes im menschlichen Organismus.

Token-Ökonomie. Alternative Bezeichnung für →Münzverstärkersysteme.

Toleranz. Fähigkeit eines Menschen, von seinen persönlichen →Einstellungen, Meinungen und Weltanschauungen abweichende Ansichten anderer Menschen zu akzeptieren. Tolerantes Verhalten basiert in hohem Maße auf →Ich-Stärke, während Menschen mit schwach ausgebildeter Identität oder →autoritärer Persönlichkeitsstruktur häufig zu Intoleranz und →Vorurteilen neigen. →Ambiguitätstoleranz.

Tonus. Spannungszustand des Körpergewebes, besonders der Muskulatur, der vom Gehirn reguliert wird und auch im Ruhezustand durch Nervenimpulse ständig aufrechterhalten wird.

Topografisches Modell. Auch Topisches Modell, Strukturmodell. Von Sigmund →Freud beschriebenes Modell zur Gliederung und Verortung psychischer Prozesse. Dabei unterschied Freud zunächst →Unbewusstes, Vorbewusstes und Bewusstes, später unterteilte er den psychischen Apparat in die →Instanzen →Ich, →Es und →Über-Ich.

Topologische Psychologie. Synonym für →Vektorpsychologie.

Totale Institution. Begriff aus der →Soziologie für Institutionen, in denen die Privatsphäre von Menschen aufgehoben wird und diese keinen Einfluss mehr auf ihre alltägliche Lebensgestaltung nehmen können. Totale Institutionen sind beispielsweise psychiatrische Krankenhäuser oder Gefängnisse. Der Begriff wurde von dem amerikanischen Soziologen E. Goffman (1922–1982) eingeführt, nachdem er die Situation von Menschen in der →Psychiatrie untersucht hatte.

Tourette-Syndrom. Neurologisches Krankheitsbild, das durch plötzlich auftretende, von den Betroffenen nicht zu kontrollierende muskuläre sowie verbale →Tics in Form obszöner Äußerungen (Koprolalie) charakterisiert wird. Das Tourette-Syndrom ist häufig mit zwanghaften Störungen, →Hyperaktivität und Aufmerksamkeitsstörungen (→ADHS, Hyperkinetisches Syndrom) verbunden. Die Symptome zeigen sich in einem periodischen Wechsel und können zeitweise ganz verschwinden, wobei ihr Auftreten bei Stress und unter Anspannung zunimmt. Da die Entladung des Tics für einige Zeit unterdrückt werden kann, halten sich die Betroffenen bevorzugt in einer Umgebung auf, in der sie sich geschützt fühlen (z. B. Familie, Freunde). Die Krankheit beginnt im Kindesalter, etwa ab dem siebten Lebensjahr. In der Pubertät kommt es zu einer Verstärkung der →Symptome, die danach meistens wieder abflauen. Angenommen wird, dass das Tourette-Syndrom durch gestörte Stoffwechselvorgänge im Gehirn hervorgerufen wird, die genauen Ursachen sind bisher jedoch nicht geklärt. Benannt wurde das Krankheitsbild nach dem französischen Nervenarzt Georges Gilles de la Tourette, der es erstmals im Jahr 1885 beschrieb.

Tradition. Werte und Normen, die von Generation zu Generation weitergegeben werden (→Akkulturation).

Training. Intensive und gezielte Übungen zum Erwerb spezifischer Kenntnisse sowie zur Erweiterung oder Modifikation von Erlebnis- und Verhaltensweisen (z. B. Erlernen von Entspannungstechniken, Abbau von →Aggressionen, Prüfungsvorbereitung etc.).

Traits. Bezeichnung für beständige →Eigenschaften und Verhaltensweisen einer Person. Der Begriff wird insbesondere in der →Persönlichkeitspsychologie verwendet.

Tranquilizer. Anxiolytika. →Psychopharmaka, die eine beruhigende Wirkung erzielen und umgangssprachlich daher als Beruhigungsmittel bezeichnet werden.

Transaktionsanalyse. TA. Psychotherapeutische Methode, die Konzepte der →Psychoanalyse, der →Individualtherapie und der →Humanistischen Psychologie beinhaltet und von dem Psychiater Eric →Berne entwickelt wurde. Charakteristisch für die Transaktionsanalyse ist ihr Konzept wechselnder →Ich-Zustände (Kindheits-Ich, Eltern-Ich, Erwachsenen-Ich).

Nach Auffassung von Berne bestehen zwischenmenschliche Transaktionen aus Botschaften, die jeweils aus einem der Ich-Zustände heraus gesendet werden und beim Empfänger der Botschaft wiederum auf einen bestimmten Ich-Zustand treffen. Zu →Konflikten kann es immer dann kommen, wenn eine Transaktion nicht komplementär verläuft, d. h. eine Botschaft bei einem Empfänger auf einen anderen Ich-Zustand trifft (gekreuzte Transaktion). Ziel der Transaktionsanalyse ist es, herauszuarbeiten, welche Transaktionsmuster sich bei einer Person häufig wiederholen, da sie als Ausdruck eines grundlegenden →Lebensplans (Skript) betrachtet werden (Skriptanalyse).

Transfer. Übertragung bereits erlernter Fähigkeiten auf andere Anwendungsbereiche. Durch einen Transfer können negative oder positive Effekte erzielt werden, da durch Transferleistungen die Lösung einer neuen Aufgabe sowohl gefördert als auch behindert werden kann. Ein Transfer ist deshalb immer dann hilfreich, wenn er auf ein ähnliches Wissensgebiet erfolgt, das analoge Denkprozesse oder Reaktionen erfordert.

Transmitter. Stoffe oder Substanzen, die Erregungen im →Nervensystem weitergeben bzw. übertragen. →Botenstoffe, →Neurotransmitter.

Transpersonale Psychologie. Oberbegriff für Richtungen der Psychologie, die das individuelle Erleben und Verhalten um spirituelle Aspekte erweitern, die über die Persönlichkeit des Einzelnen hinausgehen. Solche

Aspekte sind z. B. in der →Analytischen Psychologie Carl G. →Jungs (→Archetypen) enthalten. Andere Konzepte stellen eine Erweiterung der →Humanistischen Psychologie dar, in die beispielsweise Elemente östlicher Philosophien einbezogen wurden. Eine Form der Psychotherapie auf einer solchen Grundlage ist z. B. die Psychosynthese, die das Ziel hat, die Persönlichkeit eines Menschen mit einer übergeordneten Instanz, dem Transpersonalen Selbst, in Einklang zu bringen.

Transsexualität. Bezeichnung für das subjektive Empfinden eines Menschen, nicht dem Geschlecht anzugehören, über dessen Geschlechtsmerkmale er verfügt. Im Gegensatz zur →Intersexualität ist jedoch das biologische Geschlecht eindeutig ausgeprägt, sodass bei den Betroffenen häufig der Wunsch entsteht, durch einen operativen Eingriff sowie eine hormonelle Behandlung die körperlichen Merkmale des Geschlechts zu erhalten, dem sie sich ihrem seelischen Erleben nach zugehörig fühlen (Geschlechtsumwandlung). Da solche medizinischen Eingriffe mit schwer wiegenden Auswirkungen auf das weitere Leben verbunden sind, machen sie häufig eine psychologische Begleitung der Betroffenen vor und nach dem Eingriff notwendig.

Transvestismus. Vorliebe, Kleidung und Körpersprache des anderen Geschlechts zu tragen bzw. anzunehmen, was als lustvoll erlebt wird.

Trauer. Emotionale Reaktion auf die Erfahrungen eines Verlusts. Trauer kann z. B. durch den →Tod einer nahe stehenden Person oder durch die Verarbeitung von negativen Kindheitserlebnissen wie →Ablehnung oder →Vernachlässigung im Rahmen einer Psychotherapie ausgelöst werden. Die Trauer aufgrund des Todes einer →Bezugsperson wird in der Psychologie in verschiedene Phasen eingeteilt. Demnach stehen am Anfang ein Schockzustand sowie Verzweiflung, denen ein sozialer Rückzug folgt, in dem der Schmerz über den Verlust intensiv erlebt wird, bevor sich eine Person ihrer sozialen Umwelt neu zuwenden und öffnen kann. In diesem Zusammenhang wurde von Sigmund →Freud der Begriff Trauerarbeit eingeführt. Er besagt, dass eine aktive Auseinandersetzung mit der Trauer nötig ist, da deren Unterdrückung zu andauernder Niedergeschlagenheit und →Depressionen führen kann.

Traum. Innere Erlebnisbilder, die während des Schlafes, insbesondere in der →REM-Phase, auftreten. Unterschieden werden verschiedene Arten von Träumen, etwa →Albträume,

Einschlafträume, luzide Träume (Träume, in denen sich der Träumer bewusst ist, dass er gerade träumt) sowie Träume, in denen erlittene →Traumata wirklichkeitsnah wiedererlebt werden.

Das Traumgeschehen findet während des Schlafs immer statt, wird aber nicht in jedem Fall vom Träumenden nach dem Aufwachen erinnert. Die Erinnerungsfähigkeit variiert von Person zu Person und ist beim Einzelnen nicht während aller Phasen des Lebens gleich stark vorhanden. Generell wird die Erinnerungsfähigkeit begünstigt, wenn sich jemand mit den Inhalten seiner Träume bewusst beschäftigt. In der Psychologie wird zur Erforschung des Traumgeschehens (Traumforschung) z. B. mit sog. Traumtagebüchern gearbeitet. Bei dieser Methode werden Versuchspersonen aufgefordert, ihr Traumgeschehen nach dem Aufwachen zu protokollieren. Nachgewiesen werden konnte beispielsweise, dass die produzierten Traumbilder stark mit den Persönlichkeitseigenschaften der Versuchspersonen zusammenhängen (z. B. Aggressivität).

Trauma. 1. Seelische Erschütterung und Verletzung, die die →Bewältigungsstrategien eines Menschen überfordern. Ein Trauma kann durch fortgesetzte psychische Verletzungen ebenso ausgelöst werden wie durch ein plötzlich eintretendes Ereignis, das mit massiven Gefühlen der Ohnmacht bis hin zur Todesangst verbunden ist und möglicherweise zur völligen Zerstörung des bis dato bestehenden Wertesystems eines Menschen führt. Traumatisierungen (Vorgang der seelischen Verletzung und Erschütterung) können z. B. durch →sexuellen Missbrauch, Vergewaltigung, →Folter oder durch das Miterleben von Kriegshandlungen verursacht werden, wobei für das Ausmaß der Traumatisierung nicht die Intensität der erlebten Gewalt und Bedrohung entscheidend ist, sondern das Maß der subjektiv erlebten Hilflosigkeit. Weist ein Trauma eine bestimmte Intensität auf, dessen Auswirkungen auch lange Zeit nach der erlittenen Traumatisierung weiter fortbestehen, spricht man von einer →Extremtraumatisierung, die u. U. zu einer →posttraumatischen Belastungsstörung führen kann.

Von Retraumatisierung wird gesprochen, wenn durch aktuelle Erfahrungen Erlebnisqualitäten des ursprünglichen Traumas wiederbelebt werden und diese eine Verschlimmerung des psychischen Zustands der traumatisierten Person auslösen, weil sie mit ähnlichen Ohnmachtserfahrungen verknüpft sind. Eine Retraumatisierung kann z. B. während eines Asylverfahrens erfolgen, wenn ein Mensch, der Opfer von Folter geworden ist, durch Personen befragt wird, die nicht entsprechend psychologisch geschult sind, oder durch ein Gerichtsverfahren, in dem Gewaltopfer ihre Erfahrungen detailliert schildern müssen. Ein Ansatz, solche Retraumatisierungen zu vermeiden, ist z. B., sexuell missbrauchten Kindern eine Aussage vor Gericht zu ersparen, da inzwischen Videoaufnahmen der Befragung durch einen Psychologen als Beweismittel zugelassen werden. 2. In der Medizin Bezeichnung für eine körperliche Verletzung. Jede Verletzung des Körpers stellt gleichzeitig eine seelische Verletzung da.

Traumdeutung. Methode, bei der über die Interpretation des Trauminhalts ein Zugang zu unbewussten Motiven und Konflikten eines Menschen hergestellt wird. Nach Auffassung von Sigmund →Freud sind im Traum neben →Tagesresten, →Affekten und Triebwünschen Ängste und Kindheitserinnerungen in symbolischer und verdichteter Form vorhanden. Wie das Unbewusste insgesamt unterliegt auch der Traum nicht der Logik, d. h. die Traumbilder erscheinen i. d. R. in verfremdeten, assoziativen und bisweilen skurrilen Bildern.

Die Traumdeutung unterscheidet zwischen der Subjekt- und der Objektstufe eines Traumes. Bei einer Deutung auf der Subjektstufe werden alle Eigenschaften, Handlungen und Gefühle der in einem Traum vorkommenden Personen als Aspekte der Persönlichkeit des Träumers angesehen. Die Deutung auf Objektstufe betrachtet Handlungen der im Traum vorkommenden Personen als Abbildung von real vorhandenen Konflikten mit wichtigen Personen aus dem Alltag.

Außerdem wird bei der Arbeit mit Träumen im Rahmen einer Psychotherapie berücksichtigt, dass ein Traumbild nicht nur eine einzige Bedeutung hat, sondern verschiedene Zusammenhänge symbolisieren kann. Als grundlegendes theoretisches Werk gilt die von Sigmund →Freud verfasste „Traumdeutung" (1900). Neben der Psychoanalyse hat die Traumdeutung inzwischen Eingang in viele weitere Therapieformen gefunden. Eine Besonderheit nimmt die Traumdeutung nach Carl G. →Jung ein, nach der im Traum nicht nur Bilder aus dem persönlichen Unbewussten auftreten können, sondern ebenso →Archetypen, die dem →kollektiven Unbewussten entstammen.

Tremor. →Zittern.

Trennung. Auflösung einer Partnerschaft oder Ehe. Da der Wunsch nach

Trennung häufig nur von einem der Partner ausgeht, ist sie insbesondere für den anderen Partner mit psychischen Belastungen verbunden. Für die weitere Entwicklung von Kindern eines Paares, das sich trennt oder scheiden lässt, ist es von Bedeutung, dass weiterhin eine Beziehung zu beiden Elternteilen erhalten bleibt. Siehe auch →Objektkonstanz.

Trial-and-Error-Learning. →Versuch-und-Irrtum-Lernen.

Trieb. Subjektiv wahrgenommener Drang, der nicht bewusst entstanden ist. Ein Trieb versetzt den Organismus in einen Spannungszustand, während seine Befriedigung als lustvoll erfahren wird. Zu den Trieben gehören angeborene, körperliche Bedürfnisse wie die Befriedigung von Hunger, Durst oder der Sexualtrieb.

Tiefenpsychologische Konzepte betrachten Triebe in einem unmittelbaren Kontext mit seelischen →Motiven. So gilt das Triebmodell als zentrales Konstrukt innerhalb der Psychoanalyse. Demnach wird menschliches Verhalten durch dranghafte körperliche Impulse ausgelöst. Freud nahm zunächst den Sexualtrieb als bestimmend an, später ersetzte er diesen durch die Vorstellung von einem Lebenstrieb (→Libido), dem er einen →Todestrieb gegenüberstellte. Davon abweichend betrachtete z. B. Alfred →Adler das Streben nach Macht als wesentlich für den Menschen.

Generell gilt, dass die Regulation der Triebe von sozialen und kulturellen Vorstellungen stark überformt wird. So lernt ein Mensch im Verlauf seiner →Sozialisation, die Befriedigung von Triebbedürfnissen einzuschränken (Triebverzicht), ihre Umwandlung (→Sublimierung) und den Aufschub der Befriedigung.

Trisomie 21. Chromosomenanomalie. Ursächlich für das →Down-Syndrom.

Trotz. Verhaltensweisen, die Widerstand gegenüber Anforderungen oder Anweisungen anderer signalisieren. Eine intensive Phase des Trotzes findet in der frühen Kindheit etwa zwischen dem 2. und 5. Lebensjahr statt, in der das Kind versucht, seinen Willen gegenüber Erwachsenen zu behaupten und Selbstständigkeit zu entwickeln. Die sog. Trotzphase ist somit für die Entwicklung einer eigenen →Ich-Identität von großer Bedeutung. In dieser Entwicklungsphase können typische Trotzreaktionen auftreten (Wutanfälle, Schreien, Aufstampfen, sich auf den Boden werfen etc.).

Während die traditionelle Pädagogik Trotz als Verhaltensweise betrachtete, die in jedem Fall unterdrückt und sanktioniert werden sollte, ist in der

Gegenwart zu beobachten, dass aufgrund einer weniger repressiven Erziehung die Trotzphase ebenfalls weniger intensiv ausfällt und Eltern sowie Erzieher mit Gelassenheit auf entsprechende Verhaltensweisen reagieren. Gelingt in dieser Entwicklungsphase die Herstellung von →Autonomie nicht, führt dies dazu, dass auch im Erwachsenenleben bewusste oder unbewusste Trotzreaktionen, z. B. gegenüber Autoritätspersonen, auftreten und einen störenden Einfluss auf das Verhalten eines Menschen ausüben können.

Typ-A-Verhalten/Typ-B-Verhalten. Begriffe aus der →Psychosomatik, mit denen Verhaltensweisen von Menschen beschrieben werden, bei denen aufgrund des Verhaltens ein erhöhtes Risiko für eine koronare Herzerkrankung besteht bzw. ein solches Risiko nicht gegeben ist. Die Typenzugehörigkeit wird anhand von Fragebögen und Interviews ermittelt. Das Modell wurde von den amerikanischen Kardiologen Meyer Friedman und Ray H. Roseman beschrieben und gilt als wissenschaftlich umstritten. →Stress.

Typ A: Persönlichkeit, die in ihrem Verhalten durch Ungeduld, Aggressivität, Feindseligkeit, starkes Konkurrenzdenken und somit ständigen Stress gekennzeichnet ist und daher aufgrund erhöhter Blutdruckwerte ein hohes Risiko für eine Herzerkrankung aufweist.

Typ B: Persönlichkeiten, die weniger Konkurrenzdenken und mehr Gelassenheit aufweisen als Typ A und deren Risiko daher gering ist.

Typologie. Typenlehre. Einordnung von Personen aufgrund bestimmter Merkmale in Gruppen, die häufig in der →Differenziellen Psychologie vorzufinden sind. Bekannte Typologien sind die Typenlehre von Kretschmer (→Körperbautypen) oder die Beschreibung der →Temperamente durch Hippokrates. Weitere Typologien, die innerhalb der Psychologie beschrieben wurden, beziehen sich z. B. auf →Lerntypen, Denktypen, Einstellungstypen, Sprechtypen oder Weltanschauungstypen. Viele dieser Typologien sind inzwischen nicht mehr haltbar und stellen Vorläufer der →Persönlichkeitspsychologie dar.

TZI. Abkürzung für →Themenzentrierte Interaktion.

U

Überbehütung. Auch Overprotection. Erziehungsverhalten, das durch eine übermäßig beschützende Haltung gegenüber dem Kind gekennzeichnet ist. Da der Erfahrungsraum der Heranwachsenden dadurch erheblich eingeschränkt wird, kann die Entwicklung von eigenen →Fähigkeiten, von Selbstständigkeit, Selbstvertrauen und Durchsetzungsfähigkeit sowie einer eigenen →Identität durch die mangelnde Abgrenzung zur →Bezugsperson erschwert werden. In einer Überbehütung drückt sich häufig eine unbewusste →Ablehnung des Kindes aus.

Überdetermination. Begriff aus der →Psychoanalyse für die Tatsache, dass bei der Entstehung von →Neurosen, →Fehlleistungen oder →Träumen mehrere voneinander unabhängige Faktoren zusammenwirken.

Überflutungstherapie. Auch Flooding. →Reizüberflutungstherapie.

Überforderung. Arbeits- und Lernanforderungen, die die →Fähigkeiten und das vorhandene →Wissen einer Person deutlich überschreiten. Überforderung kann zu →Versagensängsten und einem Absinken der →Lernmotivation führen. Anhaltende Überforderung, die z. B. durch Leistungsdruck seitens der Eltern, Schule oder Hochschule ausgelöst wird, kann bei Schülern und Studenten →Lernstörungen oder →psychische Störungen hervorrufen. Überforderung stellt das Gegenteil einer Unterforderung dar.

Übergangsperioden. Begriff aus der →Entwicklungspsychologie. Übergangsperioden sind Lebensphasen, in denen aufgrund biologischer Ursachen vom Individuum überdurchschnittlich starke Anpassungsleistungen erbracht werden müssen, wie z. B. beim Eintreten der →Pubertät oder der Wechseljahre oder durch soziale Umstände wie Schul-, Berufs- oder Renteneintritt. Ähnlich wie bei einem →kritischen Lebensereignis kann dies die Anpassungsfähigkeit einer Person überfordern. So erleben z. B. viele Menschen den Übergang in das Rentenalter als Verlust, wenn es ihnen im Vorfeld nicht gelungen ist, sich neue Aktivitäten und Interessensgebiete zu erschließen, mit denen sie die Lebenszeit jenseits der Berufstätigkeit ausfüllen können.

Über-Ich. Nach Sigmund →Freud psychische Instanz, die das →Ich-Ideal und die moralischen Werte der Persönlichkeit repräsentiert. Das Über-Ich versucht die nicht akzeptierbaren Regungen und Triebwünsche des →Es aufgrund ihres beängstigenden oder peinlichen Charakters zu kontrollieren. Wenn Verhalten, Antriebe und Wünsche nicht dem Ich-Ideal entsprechen, ruft dies Schuld-, Scham- und Minderwertigkeitsgefühle hervor. Das Über-Ich entwickelt sich etwa ab dem 3. Lebensjahr durch →Verinnerlichung der Wertungen und Anforderungen des sozialen Umfelds, besonders der Eltern. Eine zu strenge Ausprägung des Über-Ich wird als Ursache verschiedener psychischer Störungen angesehen.

Überkompensation. Begriff aus der →Individualpsychologie. Siehe auch →Kompensation.

Überlernen. Fortgesetzte Übung eines Lernstoffs, der bereits vollständig beherrscht wird. Überlernen fördert die Speicherung eines Stoffes nur geringfügig. Der Effekt, der erzielt werden kann, wird immer geringer, je länger das Überlernen fortgeführt wird.

Übersättigungstherapie. Technik innerhalb der →Verhaltenstherapie, bei der ein →Klient ein unerwünschtes Verhalten, das von ihm als angenehm erlebt wird, so lange praktizieren kann, bis aufgrund von Ermüdungserscheinungen eine →Hemmung entsteht und die Verhaltensweise daher künftig unterbleibt.

Übersprungshandlungen. Begriff aus der →Verhaltensforschung. Als Übersprungshandlung wird ein Verhalten bezeichnet, das im Kontext einer Handlungskette sinnlos ist und allein dazu dient, überflüssige Erregung abzuführen. Als klassisches Beispiel für eine Übersprungshandlung werden innerhalb der Verhaltensforschung Hähne angeführt, die während des Kampfes plötzlich beginnen, auf dem Boden nach Essbarem zu picken. Im menschlichen Bereich zählt das Sich-am-Kopf-Kratzen aus Verlegenheit dazu.

Übertragung. Begriff aus der →Psychoanalyse für einen unbewussten Vorgang, bei dem Gefühle, Erwartungen und Einstellungen, die ursprünglich einer wichtigen →Bezugsperson aus der →Kindheit galten, auf andere Menschen übertragen werden. Innerhalb einer psychoanalytischen Behandlung wird dieser Mechanismus genutzt, um →Konflikte durch die Übertragung auf den Analytiker bearbeiten zu können (siehe auch →Durcharbeiten). Von Übertragungswiderstand wird gesprochen, wenn ein Patient bewusst versucht, eine Übertragung zu unterdrücken, etwa weil diese mit starken Gefühlen der Peinlichkeit oder Scham besetzt ist.

Übertragungen, die der Psychoanalytiker im Kontakt mit dem Patienten entwickelt, werden als →Gegenübertragung bezeichnet. Anders als der Patient muss der Analytiker in der Lage sein, diese zu kontrollieren. Gegenübertragungen können z. B. im Rahmen einer →Supervision bearbeitet werden.

Übung. Fortgesetztes und systematisches Wiederholen eines Lernstoffes oder einer Tätigkeit mit dem Ziel der Leistungsverbesserung. Der Lerneffekt, der durch Übung erzielt wird, ist zu Beginn des Übens am größten und sinkt allmählich ab. Durch fortgesetztes Üben können Fähigkeiten dennoch immer weiter verbessert werden.

Ultradiane Rhythmen. Teil des →Biorhythmus, dessen Zeitverläufe von Millisekunden bis zu einigen Stunden umfassen. Zu den ultradianen Rhythmen gehören etwa die Vibration der Muskeln oder die →REM-Phasen des Schlafes. Siehe auch →infradiane Rhythmen, →zirkadiane Rhythmen.

Ultrakurzzeitgedächtnis. Ikonisches Gedächtnis. Teil des →Gedächtnisses, in dem Informationen und flüchtige Reize für sehr kurze Zeit aufgenommen werden, bevor sie teilweise an das Kurzzeitgedächtnis weitergeleitet werden.

Umstrukturierung. Auch Umzentrieren. Begriff aus der →Gestaltpsychologie für die Änderung der Problemlösungsstrategie. Problemlösungen werden oft erst möglich, weil Teilaspekte eines Problems neu zusammengefasst und angeordnet oder einzelne Aspekte einer gesonderten Betrachtung unterworfen werden.

Umweltpsychologie. →Ökologische Psychologie.

Unbedingter Reflex. Auch unbedingte Reaktion. Angeborene Reaktionen des →Organismus auf einen Reiz, die entweder kaum oder gar nicht zu beeinflussen ist. Dazu zählen z. B. Flucht- oder Schutzreflexe bei einer wahrgenommenen Gefahr.

Unbewusstes. Nach Auffassung Sigmund →Freuds Teil der →Psyche, in dem Erfahrungen abgespeichert sind, die nicht mehr bewusst erinnert werden können, von denen aber dennoch ein Einfluss auf das →Bewusstsein und das →Vorbewusste ausgeht. Unbewusste Inhalte zeigen sich z. B. im →Traum oder in →Fehlleistungen. Ziel tiefenpsychologisch orientierter →Psychotherapien ist es, unbewusste Konflikte einer Bewusstwerdung und somit Bearbeitung zugänglich zu machen. In der →Analytischen Psychologie wird zudem zwischen einem persönlichen und einem →kollektiven Unbewussten unterschieden.

Underachievement. Leistungen einer Person, die unterhalb dessen liegen, was aufgrund ihrer →Intelligenz zu erwarten wäre. Das Gegenteil von Underachievement stellt →Overachievement dar.

Unerledigte Handlung. →Zeigarnik-Effekt.

Unfall- und Sicherheitspsychologie. Teilgebiet der →Angewandten Psychologie, das verhaltens- und erlebnisbezogene Ursachen und psychische Folgen von Verkehrs- und Arbeitsunfällen erforscht. Ziel es ist, daraus Erkenntnisse für eine wirksame Prävention von Unfällen abzuleiten. Zum Aufgabenbereich der Unfall- und Sicherheitspsychologie gehört es z. B., die Unfallneigung einer Person in Abhängigkeit von Persönlichkeitsmerkmalen zu untersuchen oder auch die Reaktionsfähigkeit von Menschen zu trainieren, für deren beruflichen Einsatz diese zwingend notwendig ist. Siehe auch →Verkehrspsychologie.

Ungeschehenmachen. Von der →Psychoanalyse beschriebener →Abwehrmechanismus. Durch Ungeschehenmachen wird eine Handlung im Nachhinein negiert, so als hätte sie gar nicht stattgefunden. Diese Form der Abwehr tritt z. B. im Zusammenhang mit Zwangshandlungen (→Zwangsneurose) auf.

Unipolare Affektpsychose. Verlaufsform einer →Psychose, die sich entweder nur in einer anhaltenden →Depression oder nur in einem andauernden Zustand manischer Phasen manifestiert. Siehe auch →bipolare Affektpsychose, →Manie.

Unterbewusstes. →Unbewusstes.

Unterdrückung. 1. Begriff aus der →Psychoanalyse für das bewusste Fernhalten von unerwünschten Impulsen (z. B. →Aggressionen) aus dem →Bewusstsein. 2. Im gesellschaftspolitischen Kontext die Behinderung einer freien Entfaltung der →Persönlichkeit durch gesellschaftliche Strukturen. Siehe auch →Repression, →Emanzipation, →Gewalt.

Unterrichtsforschung. Lehr-Lern-Forschung. Forschungsgebiet innerhalb der →Pädagogischen Psychologie und der →Pädagogik, das die Wechselbeziehungen zwischen Lehrenden und Lernenden in Unterrichtssituationen erforscht. Dabei wird z. B. untersucht, welche Einflüsse von dem Lehrerverhalten und der Steuerung von Unterrichtsprozessen auf die Lernerfolge der Schüler ausgehen. Die verschiedenen Faktoren können durch unterschiedliche Variablen zueinander in Beziehung gesetzt werden.

Unterschwellige Wahrnehmung. Auch subliminale Wahrnehmung.

Bezeichnung für die Aufnahme von →Reizen, die von ihrer Intensität her zu schwach sind, um vom →Organismus bewusst wahrgenommen zu werden, da diese unterhalb der Reizschwelle liegen (→Reiz). Unterschwellige Wahrnehmung lässt sich daraus erklären, dass die Reizschwelle individuell unterschiedlich ist und in bestimmten Situationen deutlich herabgesetzt sein kann.

Unzurechnungsfähigkeit. Schuldunfähigkeit einer Person im juristischen Sinne, weil sie die Tat ausgeführt hat, als sie unter dem Einfluss von →Drogen stand oder ein anderweitig gestörter Bewusstseinszustand vorlag.

Urangst. Begriff aus der Psychoanalyse für die früheste Form der Angst, die durch das →Trauma der →Geburt (Trennung von der Mutter) hervorgerufen wird.

Ursachenzuschreibung. →Kausalattribution.

Ursache-Wirkungs-Beziehungen. →Kausalität.

Urschreitherapie. →Primärtherapie.

Urszene. Von Sigmund →Freud verwandte Bezeichnung für eine Situation, in der das Kind zufällig den Geschlechtsverkehr der Eltern beobachtet und den Vater dabei als aggressiv gegenüber der Mutter wahrnimmt.

Urteilsbildung. Vorgang, mit dem ein vorausgegangener Denkprozess beendet wird. Unterschieden werden Sach- und Werturteile. Während Sachurteile als wissenschaftlich, objektiv, beweisbar und empirisch falsifizierbar gelten, sind Werturteile normativ, ethisch, subjektiv, nicht beweisbar oder falsifizierbar.

Urvertrauen. Grundlegendes Gefühl gegenüber der Umwelt und hinsichtlich der Kontaktaufnahme mit anderen Menschen. Das Urvertrauen entsteht in den ersten Lebensmonaten eines Kindes, wenn es erlebt, von seinen →Bezugspersonen angenommen, gewollt und akzeptiert zu werden und diese seine Bedürfnisse erfüllen. Nach dem von Erik H. →Erikson beschriebenen Stufenmodell zur psychosozialen Entwicklung stellt die Entwicklung von Urvertrauen die erste Entwicklungsaufgabe dar. Misslingt diese, weil der Säugling z. B. starke →Ablehnung erfährt, entsteht ein Urmissvertrauen, das eine störungsfreie Bewältigung aller weiteren Entwicklungsaufgaben erschwert. Die Folge mangelnden Urvertrauens zeigt sich im Erwachsenenalter z. B. in der Schwierigkeit, enge zwischenmenschliche Beziehungen einzugehen, in mangelnder Kontaktfähigkeit oder in emotionaler Verschlossenheit.

V

Validität. Gültigkeit. Grad der Genauigkeit, mit dem ein Test das misst, was er zu messen vorgibt. Eines der Haupttestgütekriterien, welches über die Messgenauigkeit eines Tests im Hinblick auf ein Kriterium Aussagen macht. Eine entsprechende Überprüfung wird als Validierung bezeichnet. Unterschieden werden interne und externe Validierung. Die interne Validität beschreibt die Ausschaltung derjenigen Fehlerquellen, welche die Wirkung der unabhängigen Variablen auf die abhängigen Variablen beeinflussen könnten. Die externe Validität beschreibt dagegen das Ausmaß, in dem das Ergebnis einer untersuchten Stichprobe für die entsprechende Population generalisiert werden kann. Darüber hinaus wird unterschieden zwischen inhaltlicher Validität, kriteriumsbezogener Validität und Konstruktvalidität.

Vandalismus. Zerstörungswut. Mutwillige Beschädigung oder Zerstörung von fremdem bzw. öffentlichem Eigentum, ohne dass damit ein Zweck verbunden wird (z. B. Zerstörung von Telefonzellen). Vandalismus tritt häufig in Wohngebieten ohne Nachbarschaftsbeziehungen auf und kann durch eine Verbesserung der sozialen Infrastruktur abgebaut werden.

Variable. In der →Statistik Bezeichnung für eine veränderliche mathematische Größe. Variablen sind Merkmalsausprägungen, die uneinheitlich auftreten. Unterschieden werden abhängige Variabeln (AV) und unabhängige Variabeln (UV). Die abhängige Variable steht in einem →Experiment für dasjenige →Merkmal, das gemessen wird. Als unabhängige Variablen gelten die Ausgangsbedingungen des Experiments, die für die Untersuchung der abhängigen Variable verändert werden. Beispiel: Wie wirken sich Lärm, Müdigkeit, Hunger und Durst (= unabhängige Variablen) auf die Konzentrationsfähigkeit (= abhängige Variable) einer Person aus?

Varianz. Bezeichnung aus der →Statistik für die Streuung bzw. Dispersion von Messwerten einer Verteilung. Die Varianz ist umso größer, je uneinheitlicher die gewonnenen Werte sind. Als Varianzanalyse wird eine Methode innerhalb der →Statistik bezeichnet, bei der die Streuung untersucht und verglichen wird, sodass der

Einfluss unterschiedlicher unanhängiger Variabeln auf die abhängige Variable statistisch erfasst werden kann.

Vaterbindung. Bezeichnung für eine im Erwachsenenalter fortbestehende Abhängigkeit des Sohns, aber v. a. der Tochter vom Vater. Analog zur →Mutterbindung des Sohnes bezeichnet die Vaterbindung eine zu starke Beziehung der Tochter zum Vater, die u. U. die Beziehung zum anderen Geschlecht negativ beeinflussen kann, wenn die Ablösung vom Vater unvollständig oder ganz unterbleibt. Bei Männern ist eine Vaterbindung häufig mit Autoritätskonflikten verknüpft (z. B. weil ein Mann sich seinem Vater unbewusst unterlegen fühlt und sich beweisen möchte).

Vaterimago. In der →Analytischen Psychologie Carl C. →Jungs das im →kollektiven Unbewussten existierende Bild des Vaters, das nicht nur die reale äußere Person wiederspiegelt, sondern auch mit fantasierten und imaginierten Aspekten angereichert ist.

Vaterschaft. 1. Verwandtschaftsverhältnis, das für einen Mann durch den biologischen Akt der Zeugung eines Kindes entsteht. 2. Soziale Rolle, als primäre männliche →Bezugsperson für ein Kind zu fungieren. Die Rolle des Vaters unterliegt gegenwärtig einem grundlegenden gesellschaftlichen Wandel. Während sie jahrhundertclang vielfach in einer strafenden und normgebenden Funktion bestand und der Vater als Familienoberhaupt in erster Linie als Erzeuger und Ernährer der Nachkommen diente, ist inzwischen eine Verschiebung hin zur partnerschaftlichen Erziehung der Kinder zu beobachten. Nachdem die entwicklungspsychologische Forschung lange Zeit allein die Bedeutung der Mutter-Kind-Beziehung untersuchte, rückt seit den 70er-Jahren auch die Bedeutung des Vaters in den Blickpunkt. Die Ergebnisse der Väterforschung belegen, dass der Vater in der frühen Kindheit ebenso in der Lage ist, Fürsorge gegenüber dem Kind zu entwickeln (siehe auch →Mutterinstinkt).

Nachgewiesen werden konnte zudem, dass Väter einen wesentlichen Einfluss insbesondere auf die →Persönlichkeitsentwicklung von Jungen nehmen. Die Abwesenheit des Vaters stellt insbesondere für Jungen einen Risikofaktor für eine gesunde Entwicklung dar. Ist der Vater hingegen als Bezugsperson verfügbar, haben Jungen die Möglichkeit zu einer positiven Identifikation und gelangen dadurch insgesamt zu einer sichereren →Geschlechtsidentität (siehe auch →Männerforschung). Aufgrund der gesellschaftlichen →Individualisierung variieren die Ausgestaltung und Konstellationen der Vaterrolle stark (z. B. Anstieg der Zahl allein erziehender Väter, Vater in einer Patchworkfamilie).

Vegetative Dystonie. Das Beschwerdebild zeigt sich in einer unverhältnismäßig starken oder schwachen Reaktion auf die Umwelt sowie Schlafstörungen, Magenschmerzen und weiteren körperlichen →Symptomen, ohne dass ein organischer Befund vorliegt. Eine vegetative Störung entsteht als Folge von Regulationsstörungen im →vegetativen Nervensystem, wenn aufgrund einer länger anhaltenden Belastungssituation eine seelische Überforderung entsteht (z. B. Stress durch Arbeit, seelische Anspannung durch Beziehungskonflikte).

Vegetatives Nervensystem. Teil des →Nervensystems, das nicht über Willensanstrengungen beeinflussbar ist. Das vegetative Nervensystem ist für die Regulation grundlegender organischer Vorgänge zuständig (z. B. Verdauung, Atmung, Stoffwechsel).

Vegetotherapie. Synonym für die von Wilhelm →Reich begründete →Orgontherapie.

Vektorpsychologie. Topologische Psychologie. Von Kurt →Lewin eingeführtes mathematisches Modell der →Feldtheorie, das dazu dienen soll, Erklärungen über das individuelle →Verhalten von Menschen zu ermöglichen. Demnach ist das Verhalten durch Kräfte der Anziehung und Abstoßung bestimmt, die mithilfe der Vektormathematik und Topologie erfasst werden.

Verallgemeinerung. →Generalisierung.

Veranlagung. →Anlage.

Verbalisierung. Im allgemeinen Sinne die Bezeichnung für den Ausdruck von Gefühlen, Gedanken und inneren Erlebnisinhalten in Worte. In der →Gesprächspsychotherapie die Widerspiegelung des Erlebens, Empfindens und Wünschens des Patienten durch einfache Worte seitens des Therapeuten.

Verdichtung. Nach Sigmund →Freud ein Mechanismus des Unbewussten, der mehrere Vorstellungselemente zu einer Einheit verbindet, besonders in Träumen.

Verdrängung. →Abwehrmechanismus, der Triebwünsche und damit zusammenhängende Vorstellungen, Gedanken oder Erinnerungen vom Bewusstsein fernhält, wenn diese mit anderen Forderungen (z. B. des Gewissens) in Konflikt stehen und daher nicht akzeptiert werden dürfen. In Träumen, Fehlleistungen oder Krankheitssymptomen kann das Verdrängte wieder zum Vorschein kommen und so das Leben eines Individuums stark beeinflussen. Deshalb wird in der psychoanalytischen Therapie versucht, verdrängte psychische Inhalte ins Bewusstsein zu bringen, um eine Verarbeitung zu ermöglichen. Siehe auch →Vergessen.

Vererbung. Biologischer Vorgang der Weitergabe genetischer Informationen von den Eltern an ihre Nachkommen. Vererbung spielt in der Psychologie im Zusammenhang mit der Frage nach der Vererbbarkeit von Persönlichkeitseigenschaften (→Anlage-Umwelt-Problematik) oder psychischen Störungen eine Rolle.

Verfolgungswahn. Symptom, das im Zusammenhang mit einer →Psychose oder als Folge von →Alkoholismus auftreten kann und bei dem die Betroffenen einer verzerrten →Wahrnehmung unterliegen. Personen, die an einem Verfolgungswahn leiden, entwickeln die Vorstellung, sie würden von anderen Menschen oder fremden Mächten bedroht, kontrolliert oder verfolgt.

Verführungstheorie. Eine von Sigmund →Freud 1896 öffentlich vorgetragene Annahme, dass neurotischen Symptomen ein realer sexueller Missbrauch zu Grunde liegt. Diese Theorie wurde von Freud bereits im Jahr 1897 widerrufen, möglicherweise um der erfahrenen sozialen →Isolation aufgrund des Tabubruches zu entkommen.

Vergessen. Prozess, durch den Gelerntes oder Wahrgenommenes nicht mehr oder nur noch teilweise reproduziert werden kann. Die Möglichkeit, etwas zu vergessen, wird wahrscheinlicher, je unwichtiger und umfangreicher die aufgenommenen Inhalte waren und je länger der Vorgang der Einspeicherung im Gedächtnis zurückliegt.

Häufig sind scheinbar vergessene Inhalte weiterhin im Gedächtnis vorhanden, können aber nicht durch die üblichen Prozesse des Erinnerns abgerufen werden. So konnte gezeigt werden, dass Menschen unter →Hypnose in der Lage sind, Dinge zu erinnern, zu denen sie bei normalem →Bewusstsein keinen Zugang mehr hatten. Im Alltag werden daher häufig Techniken und Hilfen benutzt, um das Erinnerungsvermögen zu unterstützen („Knoten im Taschentuch").

Auch der von der →Psychoanalyse beschriebene Vorgang der Verdrängung (→Abwehrmechanismus) stellt eine Form des Vergessens dar, der dazu dient, unangenehme Erfahrungen von der Erinnerung fernzuhalten. Nachgewiesen werden konnte z. B., dass Kindheitserlebnisse von vielen Menschen positiver erinnert werden als sie tatsächlich erlebt wurden. Prozesse des Vergessens sind in der Psychologie erstmals von Hermann →Ebbinghaus 1885 untersucht und mit der →Ersparnismethode beschrieben worden.

Vergessenskurve. →Ersparnismethode.

Verhalten. Alle Aktivitäten lebender →Organismen. In der Psychologie ist das Verhalten v. a. ein zentrales Thema des →Behaviorismus, der sich ausschließlich auf direkt beobachtbares Verhalten bezieht. Heute schließt der Verhaltensbegriff auch Erlebnisprozesse und geistige Tätigkeiten mit ein.

Verhaltensauffälligkeit. Oberbegriff für Verhaltensweisen, die im Zusammenhang mit einer sozialen Situation als unerwartet oder unangemessen angesehen werden. Als Verhaltensauffälligkeit gelten z. B. Aufmerksamkeitsstörungen (→ADHS), →Hyperaktivität, aggressives Verhalten oder →Überangepasstheit.

Besonders im Kinder- und Jugendalter sind geschlechtsspezifische Unterschiede in Ausmaß und Erscheinungsform der Verhaltensauffälligkeiten festzustellen. Insgesamt treten Verhaltensauffälligkeiten bei Jungen zwei- bis dreimal so häufig auf wie bei Mädchen. Sie äußern sich in →Aggressivität und →Hyperaktivität, während bei Mädchen →Depressionen, →Überangepasstheit oder →Essstörungen vorherrschen.

Die Ursache kann auf →endogene und →exogene Faktoren zurückgeführt werden, die oftmals zusammenwirken und sich gegenseitig verstärken. Zu den endogenen Faktoren sind z. B. leichte Behinderungen oder Einschränkungen in der Funktion der →Sinnesorgane zu zählen. Als exogene Ursachen gelten soziale Faktoren wie ungünstiges Erziehungsverhalten, eine belastende Familiensituation, Gewalterfahrungen (→Kindesmisshandlung) oder andere traumatische Erlebnisse (z. B. Trennung der Eltern, Tod eines Familienmitglieds).

Der Begriff Verhaltensauffälligkeit löst den bis in die 70er-Jahre verwendeten Begriff der Verhaltensstörung ab, um eine →Stigmatisierung der Betroffenen zu vermeiden. Von einer Verhaltensauffälligkeit kann erst dann gesprochen werden, wenn ein erwartungswidriges Verhalten fortgesetzt über mindestens sechs Monate hinweg auftritt.

Von einigen Kinder- und Jugendpsychologen wird zudem die Auffassung vertreten, dass Auffälligkeiten, die von Heranwachsenden erfolgreich bewältigt werden können, deren weitere Entwicklung positiv beeinflussen und zu mehr Selbstbewusstsein und Selbstvertrauen führen können.

Die Überwindung von Verhaltensauffälligkeiten kann durch eine →Kinder- und Jugendpsychotherapie sowie gezieltes Verhaltenstraining unterstützt werden.

Verhaltensbeobachtung. →Beobachtung.

Verhaltensforschung. Auch Ethologie, vergleichende Verhaltensforschung. Die Verhaltensforschung untersucht das Verhalten von Tieren und erklärt durch entsprechende Vergleiche menschliches Verhalten. Als wichtigste Ergebnisse der Verhaltensforschung gilt die Entdeckung der Bedeutung von →Schlüsselreizen und die der →Prägung sowie der Nachweis, dass Verhalten aus einer Kombination von Angeborenem und Erlerntem besteht. Die Verhaltensforschung wurde maßgeblich durch die Arbeiten von Konrad →Lorenz und Nikolaas →Tinbergen in den 1930er-Jahren vorangetrieben.

Verhaltensgenetik. Psychogenetik. Interdisziplinäre Wissenschaft von Naturwissenschaftlern (Biologen, Verhaltenswissenschaftlern) und Sozialwissenschaftlern (Psychologen, Soziologen, Anthropologen), die als Teilgebiet der Vererbungslehre (Genetik, siehe →Vererbung) die Anteile der Erbfaktoren an der Ausprägung menschlichen Verhaltens und von Persönlichkeitsmerkmalen untersucht.

Verhaltensmedizin. Nutzbarmachung verhaltenstherapeutischer Techniken für die →Gesundheitsförderung und Heilung von →Krankheiten. Die Verhaltensmedizin basiert auf der Annahme, dass erlerntes Verhalten zur Entstehung von Krankheiten beigetragen hat und somit einen Beitrag zur Gesundung eines Patienten geleistet werden kann, wenn es wieder verlernt wird. Anwendungsgebiete sind z. B Essstörungen (Über- und Untergewicht) und Herzkreislaufstörungen (Beeinflussung des Risikoverhaltens). Die Verhaltensmedizin ist in den 70er-Jahren in den USA entstanden.

Verhaltensmodifikation. Änderung von unerwünschtem Verhalten durch Einsatz pädagogischer, sozialpädagogischer oder therapeutischer Maßnahmen, die auf den Erkenntnissen der →Lernpsychologie basieren. Anwendungsgebiete sind z. B. Verhaltensauffälligkeiten in der Familie oder im Unterricht sowie Leistungs- und Konzentrationsstörungen.

Verhaltensmuster. Bestimmte, wiederkehrende und aneinandergereihte Folge von Verhaltensweisen, die i. d. R. bei einem Individuum wiederholt in derselben Weise ablaufen. Dazu gehören auch physiologische Veränderungsvorgänge wie z. B. Schreckreaktionen von Kleinkindern.

Verhaltensstörung. Veraltete Bezeichnung für →Verhaltensauffälligkeit.

Verhaltenstherapie. Therapeutische Richtung, die auf der →Lerntheorie basiert. Innerhalb der Verhaltenstherapie wird davon ausgegangen, dass Verhaltensstörungen erlernt wurden (z. B. →Phobien, →Zwangstörungen) und somit mithilfe unterschiedlicher Techniken wieder verlernt werden können. Klassische verhaltenstherapeutische Techniken sind die systematische →Desensibilisierung, →Aversionstherapien, →Bekräftigung, →Rollenspiele (Lernen am Modell), →Reizüberflutungstherapien, das →Biofeedbacktraining sowie →Münzverstärker-Systeme. Im Gegensatz zu tiefenpsychologischen Richtungen bleiben die psychischen Ursachen für das störende Verhalten unberücksichtigt.

Für eine →Diagnose wird der Klient vom Therapeuten einer Verhaltensanalyse unterzogen. Dazu wird der Klient aufgefordert, aus seiner Sicht störende Verhaltensweisen sowie die Bereiche, in denen diese auftreten, darzustellen. Aufgabe des Therapeuten ist es, mögliche Reizkonstellationen, die als Auslöser dieser Verhaltensweisen dienen, herauszufiltern und anhand dessen die notwendigen Schritte der →Intervention (Therapieplan) zu entwickeln. Häufig werden von Therapeuten und Klienten gemeinsam greifbare und erreichbare Ziele abgesprochen (Zielanalyse). Verhaltenstherapien werden als →Einzel- oder Gruppentherapien in Form von →Kurztherapien ermöglicht. Siehe auch →kognitive Verhaltenstherapie.

Verifikation. Richtigkeits- oder Wahrheitsnachweis; Vorgang, der eine →Hypothese durch Beobachtung und Erfahrung bestätigt, sodass diese als wissenschaftliche Erkenntnis gelten kann.

Verinnerlichung. Internalisierung. Vorgang während der →Sozialisation, bei dem von den Heranwachsenden →Werte und →Normen der Eltern und Erzieher als eigene übernommen werden. Nach psychoanalytischer Auffassung bilden diese Internalisierungen einen Teil des →Über-Ichs.

Verkehrspsychologie. Teilgebiet der →Angewandten Psychologie, das die wissenschaftlich begründbare Verbesserung des Verkehrswesens hinsichtlich verkehrstechnischer Situationen, der Schulung der Verkehrsteilnehmer und der Vermeidung von Unfällen anstrebt.

Verkehrung ins Gegenteil. Bezeichnung für einen von der →Psychoanalyse beschriebenen →Abwehrmechanismus, bei dem peinliche oder als unzulässig empfundene Triebwünsche und Gefühle in ihr Gegenteil verkehrt werden.

Verleugnung. Bezeichnung für einen von der Psychoanalyse beschriebenen →Abwehrmechanismus, der unakzeptable Gefühle wie Minderwertigkeit oder Ängste verleugnet.

Verlust. Siehe →Objektverlust, →Trennung.

Vermeidungsverhalten. Verhalten, mit dem eine Person versucht, Ereignisse oder Reize zu umgehen, die mit →Angst, Scham oder anderen unangenehmen Gefühlen verbunden sind. Je näher eine Person der unangenehmen Situation kommt, umso stärker wird das Bedürfnis der Vermeidung.

Vernachlässigung. Form der →Kindesmisshandlung, die sich in einer nicht ausreichenden Befriedigung körperlicher oder emotionaler Bedürfnisse des Kindes äußert. Vernachlässigung kann ein Kind in allen Entwicklungsbereichen nachhaltig beeinträchtigen und zur →Verwahrlosung führen.

Verneinung. Begriff aus der Psychoanalyse für einen →Abwehrmechanismus, mit dem zuvor verdrängte und wieder bewusst gewordene Inhalte negiert werden.

Versagensangst. Subjektiv wahrgenommene →Angst, Leistungsanforderungen und Erwartungen nicht gerecht zu werden oder an persönlichen Entwicklungsaufgaben zu scheitern. Versagensängste können in Schule, Ausbildung, Beruf oder Privatleben auftreten (z. B. den sexuellen Erwartungen des Partners nicht gerecht zu werden, die Erwartungen der Herkunftsfamilie hinsichtlich des Berufswegs nicht zu entsprechen etc.).

Versagung. Psychoanalytische Bezeichnung für unterbliebene Bedürfnisbefriedigungen, etwa die →Frustration oraler Bedürfnisse im Säuglingsalter (→orale Phase). Da ein Kind erst im Verlauf seiner Entwicklung lernt, →Bedürfnisse aufzuschieben oder auf deren →Befriedigung ganz zu verzichten, können sich Versagungen in der frühen Kindheit auf die weitere Entwicklung negativ auswirken. Häufig fällt es Menschen, die in der Kindheit vielen Versagungen ausgesetzt waren, im Erwachsenenalter schwer, zu genießen und zu entspannen. Das Gegenteil von Versagung stellt die →Verwöhnung dar.

Verschiebung. Bezeichnung für einen von der →Psychoanalyse beschriebenen →Abwehrmechanismus, bei dem ein mit Affekten besetzter Inhalt auf einen anderen, als eher unwichtig empfundenen Inhalt übertragen wird. Eine Verschiebung findet auch und vor allem in Träumen statt.

Verstärkung. Bekräftigung. Bei der →Konditionierung verwendete Bezeichnung für Konsequenzen auf ein bestimmtes →Verhalten, mit denen das betreffende →Verhalten beeinflusst werden soll. Eine Verstärkung von Verhalten kann mithilfe positiver und negativer Verstärker erzielt werden. Als positive Verstärker gelten Belohnungen und Erfolgserlebnisse. Das Abschwächen oder Ausbleiben von unangenehmen Reize wird als negativer Verstärker bezeichnet. Durch die Verstärker soll erreicht werden, dass das betreffende Verhalten in Zukunft häufiger auftritt. Erhält eine Person die Verstärkung nicht von seiner Umwelt, sondern belohnt sich selbst, spricht man von Selbstverstärkung. Verstärkung wird systematisch in →Verhaltenstherapien, aber auch in Erziehungsprozessen eingesetzt.

Verstehende Psychologie. Richtung der Psychologie, die naturwissenschaftliche Methoden zur Erforschung psychischer Vorgänge ablehnt und stattdessen ausschließlich eine Beschreibung dieser Vorgänge für angemessen hält, die auf der Grundlage einfühlenden Verstehens und Nacherlebens gewonnen wird. Die Verstehende Psychologie wurde im ausgehenden 19. Jahrhundert von Wilhelm →Dilthey begründet. Wichtige Vertreter dieser Richtung sind u. a. der Psychologe Eduard Spranger (1882–1963) sowie der Philosoph Karl Jaspers (1883–1969).

Verstimmung. 1. Leichte Beeinträchtigung der Gefühlslage, die durch Ereignisse oder körperliche Beschwerden entsteht und relativ schnell vorübergeht. 2. Stimmungsschwankung, die ohne erkennbare Ursachen entsteht und relativ lange anhält. Sie wird dem krankhaften Bereich zugeordnet und tritt z. B. bei manisch-depressiven Störungen auf.

Versuch. →Experiment.

Versuchsleitererwartungseffekt. Beeinflussung von Versuchspersonen bzw. Versuchsergebnissen durch Erwartungen und Vorurteile des Versuchsleiters, ohne dass sich dieser dessen bewusst ist wie z. B. beim →Pygmalion-Effekt.

Versuchsperson. →Proband.

Versuchsplanung. Planung der genauen Versuchsanordnung vor der Durchführung eines →Experiments, um Bedingungen zu schaffen, mit denen der Versuchsverlauf optimal kontrolliert und die Auswertung der Ergebnisse systematisch und effektiv erfolgen kann.

Versuch-und-Irrtum-Lernen. Form des →Lernens, bei der Handlungen immer wieder ausprobiert werden, bis diejenige gefunden ist, die zum gewünschten Ziel führt. Diese von E. L. →Thorndike beschriebene Lernform findet zunächst ohne Einsicht statt, Erfolge werden zufällig erreicht.

Verteilung. Innerhalb der empirischen Sozialforschung bezeichnet der Begriff jenen Raum, der durch die Streuung von Messwerten in einer Menge von Probanden oder um gewisse Kriteriumswerte wie z. B. dem →arithmetischen Mittel gebildet wird. Dabei werden →Häufigkeitsverteilungen (bei diskreten Merkmalen) und →Dichteverteilungen (bei stetigen Merkmalen) unterschieden. Grafisch können Verteilungen in Form von Histogrammen, Polygonen oder in Tabellenform dargestellt werden. Innerhalb der Statistik werden verschiedene Verteilungsformen mathematisch begründet, welche verschiedenen statistischen Schlüssen zugrunde liegen, etwa Normal-, z-, t-Verteilung.

Vertrauen. →Urvertrauen.

Verwahrlosung. Zustand, der eine fehlende Anpassung an Sozial-, Leistungs- und allgemeine Verhaltensanforderungen beschreibt. Verwahrlosung ist die Folge von gestörten Familienverhältnissen und milieubedingten sozialen Mängeln. Dies kann z. B. zu Leistungsverweigerung, Drogenmissbrauch oder Vernachlässigung der eigenen Erscheinung oder Räumlichkeiten führen. Wenn die Betroffenen Kinder oder Jugendliche sind, können Jugendämter Fremdunterbringung veranlassen, um die weitere Entwicklung nicht zu gefährden.

Verwirrung. Beeinträchtigung des →Bewusstseins, das sich in Einschränkungen der räumlichen oder zeitlichen Orientierung sowie in →Denkstörungen manifestiert. Verwirrung kann als Folge von Alkohol- und Drogenmissbrauch oder im Zusammenhang mit einem →Schock, einer →Psychose oder mit →Demenz auftreten.

Verwöhnung. Verhaltensweisen, die dazu dienen, einer Person Anstrengungen und →Frustrationen zu ersparen, keine Forderungen an sie zu stellen und ihre →Bedürfnisse und Wünsche bereitwillig und möglichst umfassend zu erfüllen. Sie zeigt sich häufig im Verhältnis eines Elternteils zum Kind und enthält das unbewusste Motiv, dieses zu vereinnahmen.

Als anhaltendes Erziehungsverhalten führt Verwöhnung dazu, dass Heranwachsende keine Frustrationstoleranz erlernen und in der Entwicklung von →Selbstständigkeit und →Ich-Stärke massiv behindert werden. Kinder und Jugendliche, die stark verwöhnt wurden, reagieren auf Anforderungen und Frustrationen häufig mit →Aggressionen oder →Trotz. Im

Erwachsenenleben kann die erfahrene Verwöhnung zu Langeweile, Antriebs- und Interesselosigkeit führen, weil von den Betroffenen Anstrengungen weiterhin vermieden werden. Eine Definition dessen, was als Verwöhnung anzusehen ist, wird immer auch von den herrschenden Erziehungsnormen mitbestimmt. So besteht z. B. bei Psychologen und Pädagogen mittlerweile Einigkeit darüber, dass es im Säuglingsalter keine Verwöhnung geben kann, da der Säugling immanent auf eine umfassende Bedürfnisbefriedigung angewiesen ist (siehe auch →Versagung). Hingegen wurde vor einigen Jahrzehnten noch die Auffassung vertreten, dass bereits in der frühen Kindheit Bedürfnisaufschub erlernt werden müsse, um einer allzu großen „Verzärtelung" vorzubeugen.

Vier-Ohren-Modell. Kommunikationspsychologisches Modell, das von dem Psychologen Friedemann Schulz von Thun beschrieben wurde und eine Weiterentwicklung des von Paul →Watzlawick postulierten Grundsatzes darstellt, nach dem jede →Nachricht eine inhaltliche Information sowie eine Aussage zur Beziehungsebene zwischen Sender und Empfänger beinhaltet (→Kommunikation). Nach Schulz von Thun kann jede Nachricht bis zu vier Aspekte umfassen, wobei diese jeweils unterschiedlich stark gewichtet sind. Nicht alle werden an den Empfänger direkt kommuniziert. Unterschieden werden explizite und implizierte Botschaften. Letztere bezeichnen diejenigen Botschaften, die nicht direkt mitgeteilt werden.

Sachaspekt: Information, die durch eine Nachricht übermittelt werden soll.

Beziehungsaspekt: Aussage darüber, welche Beziehung zwischen Sender und Empfänger besteht.

Selbstoffenbarungsaspekt: Botschaft über den Sender einer Nachricht.

Appellaspekt: Botschaft darüber, welches Verhalten der Sender mit einer Nachricht bei dem Empfänger auslösen möchte.

Ein Beispiel: Die Nachricht von Person A an Schüler B „Nächste Woche schreiben wir die Statistik-Klausur. Wollen wir sie zusammen vorbereiten?", enthält 1. einen Sachaspekt (Statistik-Klausur) 2. einen Beziehungsaspekt (A findet B sympathisch und hat Lust, mit ihm etwas gemeinsam zu machen) 3. einen Selbstoffenbarungsaspekt (A lernt lieber in einer Kleingruppe als allein) und 4. einen Appellaspekt („Lass uns gemeinsam lernen!"), wobei Selbstoffenbarungs- und Appellaspekt die implizierten Botschaften darstellen.

Nach dem Vier-Ohren-Modell sind beim Empfänger von →Nachrichten, je nach seiner Persönlichkeitsstruktur, eine von vier Formen vorherrschend, nach der eine Nachricht entschlüsselt werden kann:

1. Sachohr: Der Empfänger einer Nachricht konzentriert sich auf die Sachebene und ist für die Beziehungsebene nicht empfänglich.

2. Beziehungsohr: Menschen, die sich auf diese Wahrnehmungsform konzentrieren, suchen auch in Nachrichten, die keinen Beziehungsaspekt enthalten, nach einer solchen Botschaft. Häufig handelt es sich dabei um Menschen, die unsicher sind und sich leicht von anderen angegriffen fühlen.

3. Selbstoffenbarungsohr („diagnostisches Ohr"): Im Gegensatz zum Beziehungsohr ermöglicht das Selbstoffenbarungsohr, die Emotionen des Senders tatsächlich zu entschlüsseln. Das Selbstoffenbarungsohr ist z. B. die Voraussetzung dafür, dass sich ein Psychologe in seinen Klienten einfühlen kann.

4. Appellohr: Jede Nachricht wird vom Empfänger nach implizierten Wünschen und Bedürfnisse untersucht. Diese Form des Nachrichtenentschlüsselns ist z. B. typisch für Menschen mit einem →Helfer-Syndrom.

Vigilanz. Zustand der Wachheit, Aufmerksamkeit und Reaktionsbereitschaft. Eine hohe Vigilanz ist z. B. an Arbeitsplätzen notwendig, die eine schnelle Reaktionsfähigkeit erforderlich machen sowie im Straßenverkehr. Positiv auf die Vigilanz wirken sich häufige Ruhepausen, Helligkeit und ein guter allgemeiner Gesamtzustand einer Person aus. Ein akzeptables Maß an Vigilanz ist immer dann gegeben, wenn eine Person weder unter- noch überfordert wird.

Viktimologie. Teilbereich der Kriminologie, der sich mit der Erforschung von Beziehungen zwischen Tätern und Opfern einer Straftat beschäftigt (→Opferforschung) und die Entwicklung von Maßnahmen der Prävention und der Therapie zum Ziel hat.

Virtuelle Realität. Bezeichnung für eine künstliche oder wirklichkeitsnahe Welt, die durch einen Computer simuliert wird. Personen können mittels technischer Geräte wie einer elektronischen Brille oder einem Datenhandschuh in diese Welt versetzt werden und interaktiv in sie eingreifen. Die entsprechende Technik wird bei Fahr- und Flugsimulatoren verwendet, ist aber auch für Medizin, Raumfahrt, Architektur und die Unterhaltungsbranche von Interesse.

Visualisierung. 1. In der Psychologie Bezeichnung für eine therapeutische

Technik, mit der versucht wird, den →Klienten anzuregen, innere Vorstellungsbilder zu entwickeln, die dazu beitragen können, eine seelische Entspannung zu fördern und Ängste aufzulösen. 2. In Lernsituationen werden Visualisierungen als Lern- und Präsentationstechniken eingesetzt, z. B. wenn Inhalte durch Schaubilder und Grafiken dargestellt und mit technischen Mitteln (z. B. Beamer, Overheadprojektoren, Flipchart) einer Gruppe zugänglich gemacht werden, um die Aufnahme eines Lernstoffes zu erleichtern.

Visuelle Wahrnehmung. →Sehen.

Volition. →Wille.

Völkerpsychologie. →Ethnopsychologie.

Volljährigkeit. Volljährigkeit tritt in Deutschland mit der Vollendung des 18. Lebensjahres ein. Die wichtigsten damit verbundenen Veränderungen sind das aktive und passive Wahlrecht, die uneingeschränkte Geschäftsfähigkeit sowie die vollständige Strafmündigkeit.

Vorbewusstes. Nach Auffassung von Sigmund →Freud ist das Vorbewusste zwischen dem →Bewussten und dem →Unbewussten angesiedelt. In ihm sind Inhalte enthalten, die zwar aktuell nicht bewusst sind, aber jederzeit in das Bewusstsein gehoben werden können. Während den Inhalten des Unbewussten der Zugang zum Vorbewussten durch →Zensur verwehrt wird, werden die Inhalte des Vorbewussten durch eine zweite Zensur lediglich vom Bewussten ferngehalten, um die Aufmerksamkeit bei einem einzigen Objekt zu halten. Es wird davon ausgegangen, dass es sich dabei um einen Schutzmechanismus handelt, der immer nur so viel an schmerzhaften Erinnerungen in das Bewusstsein gelangen lässt, wie von einer Person emotional verkraftet werden kann.

Vorbild. Eine lebende oder historische Person, die das eigene →Ich-Ideal repräsentiert (z. B. Verwandte, berühmte Künstler, Politiker oder Wissenschaftler) und zur Entwicklung einer eigenen →Identität beiträgt. →Lernen (am Modell).

Vorderhirn. →Gehirn.

Vorpubertät. Zeit vor dem eigentlichen Eintreten der →Pubertät zwischen dem 10. und 12. Lebensjahr. Die Vorpubertät setzt ebenso wie die Pubertät bei Mädchen früher ein als bei Jungen.

Vorschulerziehung. Oberbegriff für pädagogische Maßnahmen, die gezielt auf die Schule vorbereiten, wie etwa Ausbildung der kognitiven, motorischen und sozialen Fähigkeiten.

Vorstellung. Psychische, von konkreten aktuellen Sinnesreizen unabhängige Bilder, die mithilfe vergangener Wahrnehmungen und der →Fantasie zu neuen Vorstellungsinhalten zusammengefügt werden. Sie treten nicht automatisch oder zufällig auf, sondern z. B. im Zusammenhang mit →Denkvorgängen. Der Person ist dabei bewusst, dass es sich bei diesen inneren Bildern nicht um reale →Wahrnehmungen handelt.

Vorurteil. Vorgefasste Meinung, die nicht an Erfahrungen oder Sachinformationen überprüft wurde. Ein Vorurteil kann sich auf Dinge, Menschen oder Gruppen beziehen, denen positive oder negative Eigenschaften zugesprochen werden.

Vorurteile lassen sich anhand von Einstellungsskalen oder Interviews ermitteln. Die ersten Forschungen zur Entstehung von Vorurteilen begannen in den 50er-Jahren in den USA und führten diese in erster Linie auf Erziehungspraktiken zurück, die →autoritäre Persönlichkeiten hervorgebracht haben. Spätere Forschungsarbeiten analysierten z. B. stärker verdeckte Vorurteile. So gehört es zwar mittlerweile zur politischen Kultur, keine Vorurteile z. B. gegen Migranten zu äußern, was aber nicht zwangsläufig bedeutet, dass diese Vorurteile nicht mehr existent sind.

Da Vorurteile bereits im frühen Kindesalter von den →Bezugspersonen übernommen werden, wurden insbesondere in der →Pädagogik und →sozialen Arbeit zahlreiche Methoden entwickelt, mit deren Hilfe Vorurteile abgebaut werden können (siehe auch →Interkulturelle Erziehung).

Voyeurismus. Gewinnung sexueller Lust durch das Beobachten von entblößten Körpern oder sexueller Handlungen. Voyeurismus kann in der Partnerschaft ein Element normaler Sexualität sein.

Vp. Abkürzung für Versuchsperson. →Proband.

VR. Abkürzung für →Virtuelle Realität.

Vulnerabilität. Erhöhte psychische Empfindsamkeit gegenüber Stress und Belastungen, sodass die Widerstandsfähigkeit eingeschränkt wird.

W

Wahn. →Paranoia.

Wahnsinn. Veraltete Bezeichnung für →Psychose.

Wahrnehmung. Aufnahme und Verarbeitung von Reizen aus der Umwelt oder dem eigenen Körper. Aufgrund von Wahrnehmungen ist der Mensch in der Lage, mit seiner Umwelt in Kontakt zu treten und sich Wissen anzueignen. Wahrnehmung erfolgt mithilfe von Sinnesorganen, etwa über die Augen (→Sehen) und das →Gehör. Entscheidend dabei ist, dass die Verarbeitung der wahrgenommenen Sinnesempfindungen immer eine subjektive Komponente enthält und von den Gefühlen, Einstellungen und Bewertungen des Wahrnehmenden beeinflusst wird. Wie stark psychische Einflüsse die Wahrnehmung bestimmen können, zeigt sich z. B. an →Halluzinationen oder anderen Formen verzerrter Wahrnehmung, die im Zusammenhang mit psychischen Störungen auftreten können (z. B. →Verfolgungswahn).

Die Entwicklung der Wahrnehmungsfähigkeit steht in enger Beziehung zur →Denkentwicklung und vollzieht sich beim Säugling zunächst über das Tasten und Schmecken (→Nahsinne). Später kommen das Gehör und das Sehen hinzu, bis ca. ab dem 10. Lebensjahr eine analog zum Erwachsenen funktionierende Wahrnehmungsfähigkeit vorhanden ist.

Die Beschreibung und Untersuchung der menschlichen Wahrnehmung wurde zunächst durch die →Psychophysik geleistet und nimmt mittlerweile innerhalb der →Allgemeinen Psychologie breiten Raum ein. Gesetzmäßigkeiten der visuellen Wahrnehmung (→Sehen) wurden insbesondere durch die →Gestaltpsychologie (siehe →Gestaltgesetze) beschrieben.

Selektive Wahrnehmung (selektiv = auf Auswahl beruhend): Da Menschen nicht alle Reize, denen sie ausgesetzt sind, aufnehmen können, ohne damit die Verarbeitungskapazität zu überfordern, wird immer nur ein Teil der vorhandenen Reize wahrgenommen. Selektive Wahrnehmung, d. h. die Auswahl der Reize, erfolgt sowohl bewusst als auch unbewusst.

Soziale Wahrnehmung: 1. Beeinflussung der Wahrnehmung durch kulturelle Werte und soziale Normen, die in einer Gesellschaft vorherrschend sind. 2. Bezeichnung für die Wahrnehmung der sozialen Umwelt, die es ermöglicht, anhand der Verhaltensweisen anderer etwas über deren Gefühle und Einstellungen zu erkennen. Sie kann durch Vorurteile des Wahrnehmenden beeinflusst werden.

Unterschwellige Wahrnehmung: Bezeichnung für Wahrnehmungsprozesse, bei denen Reize nicht bewusst oder nur teilweise bewusst aufgenommen werden, aber dennoch eine Beeinflussung der Gefühle erfolgt. Unterschwellige Wahrnehmung macht sich z. B. die Werbung zu Nutze.

Wahrnehmungstäuschung. Verzerrungen in der Wahrnehmung von Reizen, die 1. durch eine falsche Interpretation und kognitive Einordnung hervorgerufen werden, beispielsweise durch Objekte, die eine mehrdeutige Interpretation zulassen, etwa Umkehrbilder (Vexierbilder) wie die →Rubin'sche Vase oder der →Necker'sche Würfel. 2. Wahrnehmungstäuschungen können durch geometrisch-optische Täuschungen hervorgerufen werden, bei denen die Sinnesorgane Reizmuster wahrnehmen, die von der üblichen Reizaufnahme abweichen und daher an den Sinnesorganen Irritationen hervorrufen. Die erste wissenschaftliche Arbeit zu Wahrnehmungstäuschungen wurde 1854 von dem Mathematiker Johann J. Oppel (1815–1894) vorgelegt (→Oppel-Täuschung). Inzwischen sind in der Psychologie eine Reihe ähnlicher Täuschungen beschrieben worden (→Hering-Täuschung, Müller-Lyer'sche-Täuschung, →Poggendorff-Täuschung, Sander-Täuschung, →Zöllner-Täuschung etc.) 3. Wahrnehmungstäuschungen können durch den Einfluss von →Drogen oder aufgrund einer →psychischen Störung hervorgerufen werden (→Halluzinationen). In diesem Fall entstehen Wahrnehmungen, obwohl kein entsprechender Reiz vorliegt (z. B. das Hören von Stimmen).

Wahrscheinlichkeit. 1. Subjektive Einschätzung, ob ein Ereignis eintreffen oder nicht eintreffen wird, wobei die Einschätzung auf der Grundlage vorangegangener Erfahrungen erfolgt. 2. In der →Statistik entspricht die Wahrscheinlichkeit, mit der Werte auftreten, i. d. R. der Gauß'schen →Normalverteilung, d. h. mittlere Werte sind am häufigsten, extrem abweichende Werte seltener vertreten.

Waldorfpädagogik. Erziehungslehre auf Grundlage der von Rudolf →Steiner begründeten →Anthroposophie. Waldorfpädagogik wird in der weltweiten Bewegung von Waldorfschulen sowie in Waldorfkindergärten praktiziert. Charakteristisch für das Lernen in Waldorfschulen sind ein Verzicht auf Noten und ihr Ersatz

durch individuelle Lernentwicklungsberichte („Charakteristika"). Neben den Naturwissenschaften liegt ein Schwergewicht auf den musisch-künstlerischen Fächern. Eine weitere Besonderheit dieser Schulen ist die Unterrichtung von →Eurythmie.
Geschichte: Die erste Waldorfschule wurde in Deutschland 1919 gegründet. Ein bis dato bestehender Zusammenschluss der Waldorfschulen wurde 1941 von den Nationalsozialisten aufgelöst. Nach dem Zweiten Weltkrieg entstanden in Deutschland wieder zahlreiche solcher Schulen, die für viele Eltern eine Alternative zu staatlichen Schulen darstellen.
Entwicklungspsychologische Grundlagen: Nach Auffassung Rudolf Steiners werden die Lebensphasen Kindheit und Jugend durch die beiden physiologischen Ereignisse Zahnwechsel und Geschlechtsreife in drei Episoden unterteilt. Unterschieden werden das Vorschulalter, das Grundschul- und das Jugendalter. Besonders in der ersten Epoche findet Entwicklung aus seiner Sicht v. a. durch die Nachahmung der Erwachsenen statt. Ein zentraler Gesichtspunkt für die Pädagogik der Waldorfkindergärten ist es daher, dass die Erzieher als →Vorbilder der Kinder fungieren können. In der zweiten und dritten Phase werden Autorität bzw. freie Urteilsbildung betont.

Waschzwang. Symptom einer →Zwangsneurose, bei der eine exzessive Reinigung der Haut, meistens der Hände, betrieben wird. Ein Waschzwang in extremer Form kann zu Hautschädigungen führen.

Watson, John Broadus. Amerikanischer Psychologe (1878–1958). Watson begründete 1913 mit seinem Aufsatz „Psychology as the behaviorist views it" die psychologische Schule des →Behaviorismus. Zentral für den Behaviorismus ist die Annahme, dass Verhalten aufgrund angeborener oder erlernter Reaktionen auf Reize erfolgt, ohne dass daran psychische Vorgänge beteiligt sind. Auf der Grundlage des Behaviorismus entwickelte sich später die →Kognitive Psychologie.

Watzlawick, Paul. Amerikanischer Psychotherapeut österreichischer Herkunft (*1921). Watzlawick lehrte und forschte seit 1960 in den USA (Palo Alto). Zusammen mit Gregory →Bateson untersuchte er die Bedeutung menschlicher →Kommunikation bei der Entstehung von psychischen Störungen, insbesondere der →Schizophrenie (→Double-Bind-Situation). Von Watzlawick stammt der Ausspruch „Man kann nicht nicht kommunizieren". Veröffentlichungen u. a.: „Wie wirklich ist die Wirklichkeit“ (1979), „Menschliche Kommunikation“ (1974).

Weber-Gesetz. Untersuchungen zeigen, dass zwei ungleich starke Reize in einem bestimmten Verhältnis stehen müssen, um als verschieden erkannt zu werden. Die Gesetzmäßigkeit wurde erstmals von dem Physiologen Ernst Heinrich Weber (1795–1878) in der Mitte des 19. Jahrhunderts festgestellt und später von Gustav Theodor →Fechner spezifiziert. Demnach ist die Empfindungsstärke proportional zum Logarithmus der Reizstärke. Das Weber-Gesetz wird häufig auch als Weber-Fechner-Gesetz bezeichnet.

Wechsler, David. Amerikanischer Psychologe rumänischer Abstammung (1896–1981), der →Tests zur Feststellung von Intelligenzleistungen entwickelte, die weltweit Verbreitung fanden. Der in Deutschland am häufigsten benutzte und modifizierte Test dieser Art ist der →Hamburg-Wechsler-Intelligenztest, der jeweils in einer Fassung für Erwachsene und Heranwachsende vorliegt.

Weckamine. Medikamente, die eine Steigerung der körperlichen und geistigen Leistungsfähigkeit auslösen („Aufputschen“) und gleichzeitig den Appetit mindern. Bei regelmäßiger Einnahme besteht Suchtgefahr (siehe auch →Psychopharmaka).

Wendung gegen die eigene Person. Einer der von der →Psychoanalyse beschriebenen →Abwehrmechanismen, bei dem das Triebziel (unabhängiges Objekt) durch die eigene Person ersetzt wird.

Werbepsychologie. Praxisfeld der →Angewandten Psychologie und →Wirtschaftspsychologie. Die Werbepsychologie nutzt psychologische Erkenntnisse, um daraus Strategien und Methoden für effektive Werbung zu entwickeln. Ziel ist, das Verhalten von Konsumenten zu beeinflussen, z. B. indem neue Bedürfnisse geweckt oder bestehende Bedürfnisse verstärkt werden. Als ihr Vorläufer gilt die Reklamepsychologie, die in den 20er-Jahren mithilfe der →Gestaltgesetzte die Wirkung von Grafiken auf den Betrachter untersucht hat. Siehe auch →Wirtschaftspsychologie.

Wernicke-Zentrum. Teil des Sprachzentrums im →Gehirn, das für die →Wahrnehmung von →Sprache zuständig ist.

Werte. 1. Begriff aus der Statistik für den Ausdruck von Messergebnissen in Zahlen. 2. Beschaffenheit von Dingen oder Sachverhalten, um derentwillen diese erstrebt und verwirklicht werden. Ähnlich wie gesellschaftliche →Normen stellen Werte Handlungs- und Verhaltensorientierungen dar, die sich im Verlauf der →Sozialisation im Austausch mit der Umwelt herausbilden. Kennzeichnend für die →Postmoderne ist eine Pluralität von Werten (Vielzahl von Weltanschauungen, die keine Einheit bilden). Insbesondere in den 70er-Jahren wurde ein grundsätzlicher Wertewandel festgestellt, mit dem die bis dato gültigen Wertorientierungen wie Leistung und Pflichterfüllung durch Werte wie Selbstentfaltung, Lebensfreude und →Emanzipation ersetzt wurden. Die Umgestaltung der Werte wirkte sich in wichtigen Bereichen des menschlichen Zusammenlebens aus. So wurden beispielsweise Praktiken der Kindererziehung (→antiautoritäre Erziehung) und die bis dahin gültigen →Geschlechterrollen nachhaltig modifiziert (siehe auch →Zeitgeist).

In der Psychologie spielen Werte in verschiedenen Teilgebieten eine Rolle. So untersucht die →Entwicklungspsychologie die Entwicklung von Werten in Abhängigkeit zum Lebensalter, die →Differenzielle Psychologie die Unterschiede in den Werthaltungen von Personen und die →Sozialpsychologie die Zusammenhänge zwischen aktuellen gesellschaftlichen Werten und dem Verhalten von Personen.

Wertheimer, Max. Deutsch-amerikanischer Psychologe (1880–1943), einer der Mitbegründer der →Berliner Schule der →Gestaltpsychologie; lieferte wichtige Beiträge zur Wahrnehmungs- und →Denkpsychologie.

Widerstand. Begriff aus der →Psychoanalyse für meist unbewusste Verhaltensweisen des Patienten, die ein Fortschreiten der psychoanalytischen Behandlung verhindern. Widerstand kann sich z. B. in Form mangelnder Mitarbeit an einem bestimmten Themenkomplex oder als Verstoß gegen das →Setting (z. B. durch häufiges Zuspätkommen zur Therapiestunde) äußern.

Nach psychoanalytischer Auffassung tritt Widerstand bei jedem Patienten und im Rahmen einer Behandlung wiederholt auf, weil der Patient die Konfrontation mit unbewussten Inhalten vermeiden möchte, deren Bewusstwerdung mit starken Gefühlen der →Angst, Schuld oder Scham verbunden ist. Ebenso wie die →Übertragung wird der Widerstand des Patienten im Rahmen der Behandlung durchgearbeitet.

Wiederholungszwang. Psychoanalytischer Begriff für ein Verhalten, mit dem eine Person unbewusst immer wieder Situationen aufsucht, in der sie schmerzhafte und frustrierende Erfahrungen erlebt. Die Psychoanalyse geht davon aus, dass dabei negative Erfahrungen aus der Vergangenheit wiederholt werden (z. B. ein Kindheitstrauma), die dem Betreffenden jedoch nicht mehr bewusst sind.

Ein Wiederhohlungszwang kann z. B. bei einer Frau, die von ihrem Vater abgelehnt wurde und sich ihres Schmerzes nicht gewahr ist, dazu führen, dass sie immer wieder Beziehungen zu Männern eingeht, die ihre Wünsche nach Bindung nicht beantworten (z. B. Dreiecksbeziehungen). Ein Wiederholungszwang kann erst aufgelöst werden, wenn die verdrängten Erfahrungen erinnert werden können. Dazu ist häufig eine therapeutische Begleitung notwendig.

Wille. Bewusstsein darüber, Handlungen und Ziele auf der Grundlage freier Entscheidungen bestimmen und ausführen zu können – im Gegensatz zu solchen, die durch biologische Triebe, neurotische Zwänge oder Fremdbestimmung vorgegeben sind. Dabei werden u. U. innere und äußere Widerstände überwunden („den eigenen Willen durchsetzen").

In der →Alltagspsychologie wird häufig zwischen willensstarken oder willensschwachen Personen unterschieden. Willensstarke Personen sind in der Lage, schnell Entscheidungen zu treffen und durchzusetzen. Willensschwachen Personen wird hingegen nur eine geringe Entscheidungs- und Durchsetzungsfähigkeit sowie ein Fehlen klarer Ziele zugeschrieben.

Die Erforschung des menschlichen Willens erfolgte in der Psychologie erstmals zu Beginn des 20. Jahrhunderts durch Wilhelm →Wundt und dem Psychologen Narziß K. Ach (→Würzburger Schule). In der gegenwärtigen Psychologie wird der Wille im engen Kontext mit →Motivation betrachtet und von der →Allgemeinen Psychologie untersucht.

Winnicott, Donald. Englischer Psychoanalytiker und Kinderarzt (1896–1971), der sich, beeinflusst von Melanie →Klein, mit der frühen Entwicklung des Kindes im Zusammenhang mit der Beziehung zur Mutter befasste. Veröffentlichungen u. a.: „Familie und individuelle Entwicklung" (1965), „Reifungsprozesse und fördernde Umwelt" (1965).

Wirtschaftspsychologie. Als Teilgebiet der →Angewandten Psychologie untersucht die Wirtschaftspsychologie menschliches Erleben und Verhalten im Zusammenhang mit ökonomischen Belangen. Die Wirtschaftspsychologie teilt sich in fünf Teildisziplinen auf: 1. Psychologie gesamtwirtschaftlicher Prozesse; 2./3. Markt- und Werbepsychologie; 4./5. Arbeits- und Organisationspsychologie. Aufgabe der Wirtschaftspsychologie sind

beispielsweise die Erforschung von Kundenbedürfnissen, die Entwicklung effektiver Marketingkampagnen sowie die Analyse von Arbeitsplätzen und des Betriebsklimas in Unternehmen. Wirtschaftspsychologen sind z. B. im Personalwesen für die Personalauswahl und -entwicklung zuständig, begleiten Prozesse der Veränderung betrieblicher Strukturen und des Managements, entwickeln und veranstalten Weiterbildungsmaßnahmen, unterstützen Konfliktlösungen am Arbeitsplatz, z. B. um →Mobbing vorzubeugen, oder arbeiten in der Marktforschung oder →Werbepsychologie.
Die Ausbildung zum Wirtschaftspsychologen findet entweder im Rahmen des Psychologiestudiums oder in einem gesonderten Studiengang statt und besteht in der Kombination von wirtschaftlichen, rechtlichen und psychologischen Kenntnissen. Wirtschaftspsychologie kann zudem im Rahmen eines Betriebswirtschaftsstudium an vielen Universitäten als Nebenfach gewählt werden.

Wissen. Im Gedächtnis verfügbare und abrufbare Informationen, Kenntnisse und Erfahrungen, die es einem Individuum ermöglichen, seine Umwelt zu verstehen, handelnd in diese einzugreifen und die gleichzeitig die Voraussetzung für weitere Lern- und Denkprozesse darstellen. Dabei werden verschiedene Arten des Wissens unterschieden:
Deklaratives Wissen (Faktenwissen, „Was-Wissen"): Wissen, das auf Fakten beruht und Sachverhalte beinhaltet, z. B. „Psychologie ist die Wissenschaft vom menschlichen Erleben und Verhalten."
Prozedurales Wissen („Wie-Wissen"): Wissen, um gelernte Fertigkeiten anwenden zu können, z. B. wissen, wie ein Referat geschrieben werden kann.
Metakognitives Wissen („Wissen über das Wissen"): Wissen darüber, in welchem Umfang Wissen vorhanden ist und wie es genutzt werden kann, z. B. darüber, ob das gelernte Wissen bereits ausreicht, um die anstehende Prüfung zu bestehen.
Mit Fragen über die effektive Vermittlung und den Erwerb von Wissen beschäftigt sich die → Pädagogische Psychologie (z. B.: Wie stark ist der Wissenserwerbs von Intelligenz und Motivation einer Person abhängig?). Die Wissenspsychologie ist ein Teilgebiet der →Kognitiven Psychologie, das untersucht, wie verfügbares Wissen im Gedächtnis abgespeichert, abgerufen und von einer Person angewandt wird.

Wissenschaft. System von objektiven, methodisch begründeten Sätzen über einen bestimmten Gegenstandsbereich, der jeweils von den wissenschaftlichen Einzeldisziplinen bestimmt wird (z. B. Sozialwissenschaften wie →Psychologie, →Soziologie und →Pädagogik oder Naturwissenschaften, etwa Biologie, Mathematik, Chemie etc.). Zur Methodik der Wissenschaften gehören grundsätzlich die Definition der Voraussetzungen, die Bildung von Annahmen und Theorien und die Darlegung von Gesetzen. Wissenschaftliche Erkenntnisse sind vom Alltagswissen deutlich abzugrenzen und werden durch Forschungen auf den unterschiedlichsten Wissensgebieten erzielt. Dem gegenwärtigen Wissenschaftsverständnis nach überwiegt die →quantitative Forschung vor einer →qualitativen Forschung. Seit sich die →Psychologie zu einer eigenständigen Wissenschaft entwickelt hat, orientiert sie sich stark an den Anforderungen einer exakten Wissenschaft (z. B. durch die Ausführung von →Experimenten statt einer →Introspektion).

Wissenschaftler haben neben der Forschung die Aufgabe, die Ergebnisse ihrer Arbeit zu publizieren, sie den Studierenden an Universitäten und Hochschulen zu vermitteln sowie Nachwuchswissenschaftler auszubilden. Mit Erkenntnisprinzipien der Wissenschaften wie den Grundlagen, Methoden, der Ethik und dem Transfer von Ergebnissen wissenschaftlicher Forschung in die Praxis beschäftigt sich die Wissenschaftstheorie (siehe auch →Konstruktivismus, →Kritischer Rationalismus, →Phänomenologie, →Positivismus, →Systemtheorie).

Wissensgesellschaft. Gesellschaftsform, die sich gegenwärtig konstituiert, und für die eine Dominanz von →Wissen in fast allen gesellschaftlichen Bereichen charakteristisch ist. So wird z. B. in der Wirtschaft die Herstellung von Gebrauchsgütern zunehmend durch die Produktion von Informationen sowie dem Angebot von Ergebnissen kognitiver und kreativer Arbeit abgelöst. Der Übergang in die Wissenschaftsgesellschaft erfordert vom Individuum die Bereitschaft zum →lebenslangen Lernen.

Witz. Erfundene oder reale Begebenheit, die erzählt oder bildlich dargestellt wird und durch eine unerwartete Pointe beim Zuhörer Lachen hervorruft. Nach Sigmund →Freud kommt dem Witz insbesondere die Funktion zu, mit einem →Tabu versehene oder unbewusste Inhalte in einer gesellschaftlich akzeptierten Form darzustellen und auszudrücken.

Workaholic. Bezeichnung für eine Person, die an →Arbeitssucht leidet.

Wundt, Wilhelm Max. Deutscher Psychologe und Philosoph (1832–1920). Wundt gründete 1879 in Leipzig das weltweit erste Institut für →Experimentelle Psychologie und schuf damit die Grundlage, auf der sich die Psychologie zu einer eigenständigen Wissenschaft entwickeln konnte. Von Wundt stammt eine Einteilung der Gefühle in drei Größen, nach der diese zwischen den Polen Lust-Unlust, Spannung-Entspannung und Erregung-Ruhe zu verorten sind.

Wunsch. Bestreben, einen Gegenstand zu erhalten oder eine Erfahrung zu machen, dessen Besitz oder deren Erleben als angenehm und lustvoll angenommen wird, ungeachtet dessen, wie realistisch die Erlangung ist. Als Wunschdenken bezeichnet man eine Denkform, die bei Kindern und retardierten (→Retadierung) Erwachsenen auftritt und bei der kein Abwägen anhand der äußeren Realität stattfindet, sondern Erwartungen, Hoffnungen und Sehnsüchte das Denken bestimmen. Nach Auffassung von Sigmund →Freud bestimmen Wünsche das →Unbewusste. So kann z. B. durch die Produktion von Traumszenen eine Wunscherfüllung geleistet werden.

Würzburger Schule. Psychologische Schule, die sich zu Beginn des 20. Jahrhunderts der Erforschung des →Denkens und des →Willens widmete. Die Würzburger Schule entstand als Abspaltung der →Leipziger Schule und wurde von Oswald Külpe (1862–1915), einem Schüler Wilhelm →Wundts, gegründet. Wichtige Vertreter der Würzburger Schule waren u. a. die Psychologen Karl Bühler (1879–1963) und Narziß K. Ach (1871–1946). Letzterer widmete sich erstmals der Erforschung des menschlichen →Willens.

Wut. Aggressiver →Affekt, der ähnlich wie →Zorn mit körperlichen Erregungszuständen verbunden ist. Wut kann z. B. als Folge einer Kränkung auftreten (narzisstische →Kränkung). Wird die motorische Spannung, die mit Gefühlen der Wut verbunden ist, nicht abgeführt, kann dies langfristig zum Entstehen psychosomatischer Erkrankungen (→Psychosomatik) führen. Insbesondere in körper- oder erlebnisorientierten →Psychotherapien wie etwa der →Bioenergetik oder der →Gestalttherapie werden die Klienten häufig dazu ermutigt, Gefühle von Wut auszudrücken, weil dies den Zugang zu Kränkungen und seelischen Verletzungen erleichtern kann.

Y

Yerkes-Dodson-Gesetz. Gesetzmäßigkeit zwischen der Erregungsintensität eines Organismus und dem Erbringen von Lernleistungen. Nach dem Yerkes-Dodson-Gesetz bietet ein mittleres Erregungsniveau die beste Voraussetzung, um eine optimale Lerngeschwindigkeit zu erreichen, während das Leistungsvermögen bei stärkerer und schwächerer Aktivität des Organismus abnimmt. Diese Gesetzmäßigkeit wurde 1906 von den amerikanischen Psychologen Yerkes und Dotson formuliert und zuerst im Experiment an Tieren nachgewiesen.

Yoga. Östliche, von Hinduismus und Buddhismus beeinflusste Meditationstechnik, die die Psyche durch bestimmte körperliche Übungen, Atem- und Konzentrationstechniken von weltlichen und physischen Dingen entlasten soll. Im Westen wird Yoga hauptsächlich als Entspannungsverfahren oder zur gesteigerten Körperbeherrschung genutzt. Es gibt verschiedene Schulrichtungen des Yogas, wobei die in der westlichen →Zivilisation gebräuchlichste Form das Hatha-Yoga darstellt, bei dem zum Teil recht anstrengende körperliche Übungen im Vordergrund stehen. Beeinflusst vom Yoga, entwickelte der Arzt Johannes H. Schultz das →Autogene Training.

Young-Helmholtz-Dreifarbentheorie. Theorie der →Farbwahrnehmung. Demnach ermöglicht die Erfassung der Farben Rot, Grün und Blau über die Rezeptoren der →Netzhaut durch Kombinationen auch die Wahrnehmung aller anderen Farben. Die Theorie wurde von dem Physiologen Thomas Young um 1800 vorgelegt und ist von dem Mediziner und Physiologen Herrmann von Helmholtz bestätigt und differenziert beschrieben worden.

Z

Zapfen. Rezeptoren auf der →Netzhaut des Auges, die Licht aufnehmen und die →Farbwahrnehmung möglich machen.

Zeichentests. Tests, die insbesondere im Rahmen der Persönlichkeitsdiagnostik verwandt werden. Dabei wird die Testperson aufgefordert, z. B. bestimmte Objekte frei nachzuzeichnen, sie zu ergänzen oder ein vorgegebenes Thema entsprechend zu bearbeiten. Zeichentests gehören zur Gruppe der →projektiven Tests und werden meistens bei Kindern und Jugendlichen angewendet.

Zeigarnik-Effekt. Gesetzmäßigkeit, wonach unerledigte und unterbrochene Vorgänge oder Handlungen besser im Gedächtnis haften bleiben als erledigte. Auf diese Weise wird die Motivation zur Beendigung unterbrochener Handlungen erklärt. Völlige Entspannung kann erst im Anschluss daran eintreten. Der Effekt wurde nach der russischen Psychologin Bluma V. Zeigarnik (1900–1988), einer Schülerin Kurt →Lewins, benannt, die diesen Zusammenhang durch experimentelle Forschungen in den 1920er-Jahren nachweisen konnte.

Zeit-Bewegungs-Studien. Begriff aus der →Arbeits-, Betriebs- und Organisationspsychologie. Zeit-Bewegungs-Studien dienen dazu, die Arbeitsbelastungen an einem bestimmten Arbeitsplatz zu untersuchen. Dabei werden Arbeitsabläufe in kleine Einheiten zerlegt und überprüft, wie viel Zeit notwendig ist, um eine Tätigkeit effektiv auszuführen. Die Ergebnisse der Studien spielen z. B. bei der Entlohnung eine Rolle.

Zeiterleben. Subjektives Gefühl der Wahrnehmung von Zeit im menschlichen Bewusstsein. Zeiterleben orientiert sich etwa am Tagesrhythmus (Schlafens- und Essenszeiten) und wird häufig als „innere Uhr“ umschrieben. Eine Vorstellung davon, wie viel Zeit ein Vorgang benötigt, wie lange Ereignisse zurückliegen und wie viel Zeit bis zum Eintreten zukünftiger Ereignisse vergehen wird, bildet sich erst ab dem Grundschulalter heraus, während in der frühen Kindheit eine solche Vorstellung noch nicht vorhanden ist. Das subjektive Zeiterleben stimmt nicht immer mit der objektiv verstrichenen Zeit überein. Generell wird Zeit, wenn sie in Gemeinschaft verbracht oder mit einer interessanten Tätigkeit bzw. mit einem inneren Erregungszustand verbunden ist, als kürzer wahrgenommen. Das Zeiterleben kann zudem durch die Einnahme von →Drogen, →Psychopharmaka oder durch →psychische Störungen wie →Depressionen verzerrt werden. So haben Depressive häufig das Gefühl, dass die Zeit kaum voranschreitet.

Zeitgedächtnis. Alternative Bezeichnung für das episodische →Gedächtnis, in dem eine Erinnerung gemeinsam mit dem zeitlichen Zusammenhang, in dem das Ereignis eintrat, abgespeichert wird.

Zeitgeist. Werthaltungen, die im Gegensatz zu überdauernden, grundsätzlichen →Normen einer Gesellschaft im engen Kontext mit gesellschaftlichen Entwicklungen auftreten und sich stärker verändern (z. B. Konsumverzicht oder Karrierebewusstsein). Die geistig-kulturellen Strömungen sind für die jeweilige Zeitepoche kennzeichnend.

Zeitmanagement. Fähigkeit, die verfügbare Zeit so einzuteilen, dass sie ausreicht, um notwendige Arbeits- und Lernprozesse effektiv vollziehen zu können, ohne dabei in →Stress zu geraten. Optimales Zeitmanagement spielt bei allen Arbeits- und Lernprozessen eine Rolle, die selbstständig und selbstverantwortlich organisiert und strukturiert werden müssen. So setzt das Lernen im Rahmen eines Studiums i. d. R. höhere Kompetenzen hinsichtlich des Zeitmanagements voraus als das schulische Lernen.

Zen-Meditation. Meditationsmethode mit dem Ziel, „Erleuchtung" und Selbstbeherrschung zu erfahren. Zu dem Zweck wird der sog. Lotussitz eingenommen und sich auf einen kontrollierten Atem konzentriert.

Zensur. 1. Mittel der →Leistungsbeurteilung innerhalb schulischer Lernprozesse 2. Begriff aus der →Psychoanalyse für eine Bewertung von Inhalten oder verdrängten Regungen, die in das Bewusstsein treten möchten, aber aufgrund einer Art inneren Schranke ferngehalten werden. Die Zensur kann sich z. B. auf einen →Traum auswirken oder die freien →Assoziationen in einer →Psychoanalyse behindern. 3. Im gesellschaftlichen Kontext wird der Begriff für die Unterdrückung der freien Meinungsäußerung von Menschen benutzt, z. B. durch totalitäre Regime, die über die Auswahl von Nachrichten und Informationen bestimmen.

Zentrale Tendenz. Begriff aus der →Statistik. →Maße der zentralen Tendenz.

Zentralnervensystem. ZNS. Bezeichnung für die Gesamtheit der nervösen Elemente, Zellen und Leitungsbahnen, die innerhalb von →Gehirn und Rückenmark liegen. Dem Rückenmark kommt die Funktion zu, Reize aus den Muskeln und Sehnen der Extremitäten sowie der Haut an das →Gehirn weiterzuleiten.

Zerebrale Lähmung. Bewegungsunfähigkeit der Gliedmaßen trotz intakter Muskulatur und Nervenbahnen aufgrund von Verletzungen des Großhirns.

Zerebralisation. Die Herausbildung des →Gehirns im Verlauf der Entwicklungsgeschichte des Menschen; Bezeichnung für die Zunahme von Nervenzellen und die Differenzierung des →Nervensystems.

Zergliederndes Denken. Denkform, bei der zur Lösung einer Aufgabe einzelne Denkschritte logisch geplant und systematisch nacheinander ausgeführt werden.

Zerstörungstrieb. →Destruktionstrieb.

Zirbeldrüse. Epiphyse. Drüse im menschlichen →Gehirn, die wesentlich an der Regulierung des Wach-Schlaf-Rhythmus beteiligt ist (→zirkadiane Rhythmen). Zudem produziert die Drüse das Hormon Melatonin. Wird die Zirbeldrüse bei Kindern entfernt, setzt eine verfrühte Geschlechtsentwicklung ein.

Zirkadiane Rhythmik. Teil des →Biorhythmus, der sich hinsichtlich seiner Wiederkehrdauer an den Tag-/Nachtrhythmus anlehnt. Der Ablauf körperlicher Verrichtungen wie das Schlafbedürfnis, Nahrungsaufnahme oder Schwankungen der Körpertemperatur unterliegt tageszeitlichen Wechseln. Siehe auch →infradiane Rhythmen, →ultradiane Rhythmen.

Zittern. Tremor. Schnelle Muskelbewegungen, die entweder den ganzen Körper erfassen oder sich als Unfähigkeit, die Hände in einer ruhigen Position zu halten, manifestieren. Zittern kann oftmals willentlich nicht beeinflusst werden und tritt z. B. in emotional belastenden Situationen, als Folge von Nervenerkrankungen (z. B. →Parkinson'sche Krankheit) oder Alkoholmissbrauch auf.

Zivilisation. Lebensweise einer Gesellschaft, die sich in einer hohen Nutzung von Technik und Wissenschaft sowie einer Verfeinerung der Verhaltensweisen zeigt und sich von einem ungeformten Naturzustand menschlichen Zusammenlebens abhebt. Die Begriffe Zivilisation und →Kultur werden z. T. synonym verwendet.

Der Historiker Norbert Elias (1897–1990) hat den Zivilisationsprozess in Europa beschrieben, der vom ausgehenden Mittelalter bis in die frühe Neuzeit (10.–18. Jahrhundert) stattfand, wobei von den Menschen immer mehr äußere Zwänge verinnerlicht werden mussten und mit der Zeit eine immer stärkere Kontrolle von →Affekten (→Selbstkontrolle) geleistet wurde. Durch die Zivilisation sind neue Belastungen entstanden, die sich z. B. in Zivilisationskrankheiten (→Krankheit) aufgrund falscher Ernährungsgewohnheiten und Bewegungsmangel manifestieren.

ZNS. Abkürzung für →Zentralnervensystem.

Zöllner-Täuschung. Wahrnehmungstäuschung: Parallel verlaufende Linien erscheinen nicht mehr als parallel, sondern als zusammenlaufend, sobald sie von geraden Strichen, die von links unten nach rechts oben einerseits und Strichen von links oben nach rechts unten andererseits unterbrochen werden. Benannt wurde diese Form der optischen Täuschung nach dem Astronomen Johann K. F. Zöllner (1834–1882).

Zone der aktuellen Leistung / Zone der nächsten Entwicklung. Begriffe aus der →Entwicklungspsychologie. Die Zone der nächsten Entwicklung umschreibt zukünftige →Fähigkeiten und Leistungen, insbesondere solche, die vom Kind bereits mit Unterstützung einer →Bezugspersonen ausgeführt werden können. Die Zone der aktuellen Leistung hingegen markiert den derzeitigen Entwicklungsstand und alle Anforderungen, die eine Person selbstständig bewältigen kann und die gleichzeitig die Ausgangsbasis für die nächste Entwicklung darstellen, sodass dieser Theorie zufolge Entwicklung in einem wechselseitigem Prozess von Unterstützung und Selbstständigkeit stattfindet. Sie wurde von dem russischen Psychologen und einem der führenden Vertreter der →Kulturhistorischen Schule, Lew S. Wygotski (1896–1934), in den 1930er-Jahren formuliert.

Zufallsstichprobe. Zufallsauswahl. Stichprobe, bei deren Auswahl jeder Einfluss, außer dem des Zufalls, ausgeschaltet wird. →Randomisierung.

Zukunftsangst. Ängste, die durch gesellschaftliche und politische Einflüsse und Entscheidungen ausgelöst werden und sich z. B. in Angst vor Terror, vor Arbeitslosigkeit, Umweltzerstörung oder Altersarmut äußern. Zukunftsängste können die Lebenszufriedenheit und das Wohlbefinden von Menschen erheblich beeinträchtigen und im Vergleich zu persönlichen Ängsten (z. B. die Angst, den Partner zu verlieren) eine größere Bedeutung einnehmen.

Zukunftsforschung. Futurologie. Interdisziplinäre Forschungsrichtung, die mögliche gesellschaftliche Entwicklungen und ihre Auswirkungen auf das Individuum sowie das Zusammenleben von Menschen untersucht. Angesichts des rapiden technologischen Fortschritts in den Industrienationen steigt die Bedeutung der Zukunftsforschung.

Zullinger, Hans. Schweizer Psychoanalytiker und Pädagoge (1893–1965). Zullinger lieferte wichtige Beiträge für die Übertragbarkeit tiefenpsychologischer Erkenntnisse auf die →Pädagogik. Durch die von ihm vorgenommene Bearbeitung des →Rorschach-Tests kann dieser auch für die Untersuchung von Gruppen herangezogen werden.

Zurechnungsfähigkeit. In der Kriminologie der Begriff für die Frage nach der Schuld und vollen Verantwortung eines Täters für seine Tat, die davon abhängt, ob die Folgen für den Täter vorauszusehen waren oder ob die Person aufgrund von Bewusstseinsstörungen, Intelligenzbeeinträchtigung oder schweren →Psychosen als nicht oder vermindert schuldfähig betrachtet wird. →Schuldfähigkeit.

Zorn. Form des →Affekts, die sich z. B. als aggressive Reaktion auf Kränkungen und Einschränkungen der persönlichen Handlungsmöglichkeiten zeigt.

Zwang. 1. Allgemeine Bezeichnung für jede Form der äußeren Einflussnahme auf das Denken oder Handeln einer Person gegen deren Willen 2. In der →Klinischen Psychologie Bezeichnung für triebartig auftretende Impulse, die bei Betroffenen wider alle Vernunft und Einsicht zu bestimmten Handlungen, Gedanken und Gefühlen führen können, die nicht kontrollierbar sind und sich in →Zwangsneurosen manifestieren können. Von einer zwanghaften Persönlichkeit wird gesprochen, wenn eine Person in rigider Weise an Verhaltensmaßstäben wie Pünktlichkeit, Ordnung und Genauigkeit (Pedanterie) festhält. Die Ausprägung der Merkmale ist wahrscheinlich auf der Grundlage genetischer Veranlagung und gleichzeitig anlagemäßiger Neigung zum Nachdenken, Grübeln und gefühlsmäßigem Haften in der Vergangenheit im Zusammenhang mit bestimmten Umwelteinflüssen in der →analen Phase zu sehen.

Zwangscharakter. Bezeichnung für einen Menschen mit übersteigerten Merkmalen der zwanghaften Persönlichkeitsstruktur. →Zwang.

Zwangsneurose. Anankasmus. Psychische Störung, die sich in Zwangsgedanken, -handlungen oder Gedankenimpulsen manifestiert. Zwangsgedanken stellen wiederkehrende Gedanken und Vorstellungen dar, die sich den Betroffenen aufdrängen, von ihnen nicht unterdrückt werden können und das Verhalten stark beeinflussen. Als Zwangshandlungen werden solche Handlungen bezeichnet, die in stereotyper Weise wiederholt werden, wie z. B. →Zählzwang oder →Waschzwang. Zwangsgedanken und Zwangshandlungen treten oftmals gemeinsam auf und können das Alltags-, Berufsleben und die sozialen Kontakte der Betroffenen erheblich beeinträchtigen. Betroffene werden von den Zwangserscheinungen quasi beherrscht, gegen alle Einsicht können sie die Symptomatik nicht abstellen. Die Gründe, die zur Ausbildung einer Zwangsstörung führen, sind nach Auffassung der →Psychoanalyse in einer strengen Reinlichkeitserziehung oder einer Ablehnung sexueller Wünsche zu suchen (→Reinlichkeitsentwicklung). Zu ihrer Behandlung wird insbesondere die →Verhaltenstherapie angewendet, bei der die Betroffenen lernen, dass die von ihnen empfundene Anspannung und Angst aufgelöst werden kann, ohne dass die Zwangshandlung ausgeführt werden muss.

Zwangsstörung. →Zwangsneurose.

Zweifaktoren-Theorie der Intelligenz. Modelle zur Erklärung der →Intelligenz auf Grundlage der →Faktorenanalyse. Demnach beruht jede Intelligenzleistung auf einem allgemeinen Faktor (g-Faktor) sowie auf spezifischen Faktoren (s-Faktor). Das von Charles E. →Spearman entwickelte Modell konnte empirisch nicht belegt werden und wird nur noch als eingeschränkt gültig betrachtet.

Zweites Gesicht. Bezeichnung für die laut volkstümlichem Verständnis bei manchen Menschen vorhandene Fähigkeit oder „Gabe", Personen und Ereignisse außerhalb der greifbaren Wirklichkeit zu erkennen.

Zwillingsforschung. Empirische Forschungsmethode, bei der eineiige und zweieiige Zwillingspaare vergleichend beobachtet werden, um das Gewicht der anlagebedingten und der umweltbedingten Faktoren bei psychischen und physiologischen Merkmalen zu klären. Die Zwillingsforschung beruht auf der Grundannahme, dass alle auftretenden Differenzen zwischen eineiigen Zwillingspaaren auf Umwelteinflüsse zurückzuführen sind, da eineiige Zwillinge im Gegensatz zu zweieiigen Zwillingen über identische Erbinformationen verfügen.

Zwischenhirn. →Gehirn, bestehend aus →Thalamus und →Hypothalamus. Es steuert z. B. hormonelle Vorgänge und die des →vegetativen Nervensystems.

Zwitter. Hermaphrodit, veraltete Bezeichnung für →Intersexualität.

Zyklonose. Wetterfühligkeit.

Zyklothymie. Stimmungsschwankungen zwischen →Depression und →Euphorie (→bipolare affektive Störung).

Zynismus. Destruktive Grundhaltung einer Person, die sich in verbalen Äußerungen zeigt und bei anderen aufgrund empfundener Missachtung ihrer Wertordnungen o. Ä. zu emotionalen Verletzungen führen kann. Der Begriff Zynismus wurde von einer philosophischen Schule der Antike, der Philosophie der Kyniker, abgeleitet.

Zytologie. Lehre von den Zellen.